강도의
과학과
잠재성의
철학

INTENSIVE
SCIENCE
AND
VIRTUAL
PHILOSOPHY

Intensive Science and Virtual Philosophy by Manuel DeLanda

Copyright © 2002, Continuum International Publishing Group
All rights reserved.
Korean translation copyright © 2009 by Greenbee Publishing Company
This Korean edition published by Arrangement with Continuum International
Publishing Group, UK through Yu Ri Jang Literary Agency, Korea

강도의 과학과 잠재성의 철학—잠재성에서 현실성으로

초판1쇄 펴냄 2009년 06월 30일
초판3쇄 펴냄 2022년 10월 14일

지은이 마누엘 데란다
옮긴이 이정우·김영범
펴낸이 유재건
펴낸곳 (주)그린비출판사
주소 서울시 마포구 와우산로 180, 4층
대표전화 02-702-2717 | **팩스** 02-703-0272
홈페이지 www.greenbee.co.kr
원고투고 및 문의 editor@greenbee.co.kr

편집 이진희, 구세주, 송예진, 김아영 | **디자인** 이은솔, 박예은
마케팅 육소연 | **물류유통** 류경희 | **경영관리** 윤혜수

이 책의 한국어판 저작권은 유리장 에이전시를 통한
Continuum International Publishing Group과의 독점계약으로 (주)그린비출판사에 있습니다.
저작권법에 의하여 한국 내에서 보호를 받는 저작물이므로 무단전재와 무단복제를 금합니다.
책값은 뒤표지에 있습니다. 잘못 만들어진 책은 구입처에서 바꿔 드립니다.
ISBN 978-89-7682-326-7 04100

독자의 학문사변행學問思辨行을 돕는 든든한 가이드 _(주)그린비출판사

RHIZOME · II
NEW HORIZONS
리좀총서 II
01

강도의 과학과 잠재성의 철학

잠재성에서 현실성으로

마누엘 데란다
지음

**이정우
김영범**
옮김

그린비

'리좀총서 II'를 발간하며

현재 나오고 있는 '리좀총서 I: 들뢰즈와 더불어'가 들뢰즈에 대한 좋은 연구서들을 번역해 모아 놓고 있다면, 이번에 새로 시작하는 '리좀총서 II: 새로운 지평들'은 들뢰즈 이후 그의 사유와 대결하면서 자신의 사유를 펼치고 있는 대표적인 인물들의 저서를 모아 놓고자 한다.

　오늘날 "들뢰즈 이후"의 시간을 채워 나가고 있는 사유들은 크게 세 측면으로 볼 수 있다. 하나는 들뢰즈의 존재론──잠재성의 존재론──을 정교화해 나가는 작업으로서, 이번에 번역해 내는 데란다의 저작은 아마 그 첫손가락에 꼽힐 수 있을 것이다. 특히 21세기 존재론의 핵심적인 화두라 할 '생명'의 존재론이 이 '총서 II'의 중요한 갈래를 형성할 것이다. 또 하나의 핵심 측면은 들뢰즈/가타리의 윤리학과 정치철학──소수자의 윤리학과 정치철학──을 구체화해 나가는 측면이다. 이 역시 오늘날 우리에게 당면한 가장 시급한 과제들 중 하나라 할 것이다. 마지막으로 들뢰즈 사유를 아시아의 철학 전통을 포함해 좀더 보편적인 철학사적 지평으로 발전시켜 나가는 길이다. 기학氣學, 불교佛敎, 도교道敎를 비롯한 여러 아시아 철학의 전통들과 들뢰즈를 대화시킴으로써 많은 성과들을 일구어 낼 수 있을 것으로 기대한다. 이 총서는 첫번째 갈래에 무게중심을 두고서 시작해 조금씩 두번째, 세번째 갈래들로 나아갈 것이다.

이번 '총서 II'의 발간은 들뢰즈 이후 새롭게 열리고 있는 사유의 지평들을 모아 놓음으로써 우리 자신 그런 지평으로 나아가 '현재의 사유'에 참여할 수 있는 교두보의 역할을 할 수 있을 것이다(여기에서 "우리"란 한국어를 읽고 쓰는 사람들을 말한다). 그리고 한국의 저자들이 새로운 지평을 열어 갈 수 있는 단계(독자적인 저술들의 단계)에 이르면, 이 총서의 최종 목표인 '리좀총서 III'를 시작할 수 있을 것이다. 그런 날이 빨리 오기를 바란다. 그러나 철학에는 지름길이라는 것도 요령이라는 것도 없으며, 또 운이라는 것도 없다.

철학아카데미 원장
이정우

옮긴이 서문

많은 사람들이 지적하듯이 들뢰즈의 존재론은 '잠재성의 존재론'이다. 그러나 이 '잠재성'이란 칸트의 물자체처럼 현실성이 끝나는 곳에서 시작되는 것이 아니다. 현실성과 잠재성을 가르는 날카로운 선은 없다. 우리 몸의 표면이 현실성이라면 몸 전체(의 생성)는 잠재성이다. 사회에서 나타난 현상들이 현실성이라면 심층적인 구조와 생성은 잠재성이다. 잠재성은 현실화된다. 들뢰즈에게 초월성이나 물자체는 존재하지 않으며 현실성과 잠재성의 역동적인 관계만이 존재한다.

들뢰즈의 잠재성의 존재론은 『차이와 반복』에서 포괄적으로 전개되었다(이에 비해 우리 삶의 표면의 논리는 『의미의 논리학』에서 다루어졌다). 특히 이 책의 4장은 잠재성과 그 현실화를 가장 농밀하게 다루고 있는 장이다(5장의 강도론이 4장의 내용을 보완해 주고 있다). 이 대목을 읽기 어려운 이유에는 여러 가지가 있으나 그 중 하나는 고도의 수학적 지식들이 활용되고 있다는 점에 있을 것이다.

이번에 번역하는 마누엘 데란다의 『강도의 과학과 잠재성의 철학』은 들뢰즈의 사유에 있어 가장 중요하면서도 또 난해하기도 한 이 대목을 명료하게 풀어 준다는 점에서 의미를 가진다. 들뢰즈에 대한 숱한 주석서들 중에서도 유니크한 의미를 띠고 있는 책이며, 어떤 면에서는 들뢰즈 연구서 그 이상의 저작이라고 할 수 있을 것이다. 들뢰즈 존재론의 해명을 넘어서 데란다의 논의 자체가 21세기에 전개될 존재론의 한 토대를 놓고 있다고 할 수 있다. 이 저작은 20세기 후반 철학사의 최대 성취라 할 들뢰즈의 존재론을 넘어 21세기 존재론으로 나아가는 결정적인 지대에 서 있는 저작이다.

데란다는 실험영화 제작, 컴퓨터 프로그래머, 건축가 등 다채로운 이력을 지닌 독특한 인물로서, 군사軍事 계통의 기관에서 일하기도 했다. 그가 영화, 컴퓨터, 건축 등을 단지 스쳐 지나가기만 한 것은 아니다. 그가 이 계통들에서 이룬 성과들은 모두 수준 높은 것들이고 영향력 있는 것들로 알려져 있다. 그만큼 다재다능한 능력을 가진 인물인 것으로 보인다. 그러나 한 인터뷰에서 당신이 정말 되고 싶은 것이 무엇이냐는 질문에 데란다는 "철학자"라고 답하고 있다.

데란다 철학의 출발점은 들뢰즈이다. 데란다는 그의 다양한 경력이 암시하듯이 제도적 의미에서 철학 수업을 철저히 받은 인물은 아니다. 그의 저작들에 깊이 있는 철학사적 논의는 그다지 나오지 않는다. 반면 그의 저작들에는 일반적인 철학자들/비평가들의 주석서에서는 기대하기 어려운 독자적인 지식들과 분석들이 등장한다. 다시 말해 데란다의 주석은 일반 인문학자들의 주석들과는 전혀 다른 성격을 띤다는 것이다. 그의 주석은 다른 주해서들로는 해결되지 않는 많은 문제들의 해결을 제시하고 있다고 할 수 있다.

데란다는 들뢰즈에 관한 상당수의 논문들을 썼다(데란다의 저술 목록 전체는 www.cddc.vt.edu/host/delanda에 수록되어 있다). 대개 양적으로도 풍부하고 또 질적으로도 명료한 논문들로서 들뢰즈 연구자들이라면 꼭 읽어 봐야 할 글들이다. 이번에 번역한 『강도의 과학과 잠재성의 철학』은 이 논문들의 결론을 전반적으로 정리해서 들뢰즈의 존재론을 일관되게 해명하고 있는 저작이다.

데란다는 이 밖에도 『비선형 역사 100년』*A Thousand Years of Nonlinear History*, 1997이라는 흥미로운 저작을 펴냈다. 서기 1000년에서 2000년에 이르는 천 년간의 역사를 독특한 방식으로 해명하고 있는 이 저작은 『천의 고원』의 속편이라 할 수 있을 듯하다. 또 『인공지능 시대의 전쟁』*War in the Age of Intelligent Machines*, 1992에는 컴퓨터, 군사, 건축 등등에 대한 그의 지식이 잘 나타나 있으며 비릴리오의 저작들과 함께 읽어 보는 것도 좋을 것이다. 2006년에는 『새로운 사회철학: 배치 이론과 사회적 복잡성』*A New Philosophy of Society: Assemblage Theory and Social Complexity*이라는 흥미진진한 저작을 펴내 들뢰즈/가타리의 사회철학을 잇고 있다.

최근에는 데란다에 관한 연구들도 속속 나오고 있다. 따라서 이 책의 번역은 들뢰즈에 관한 또 하나의 주석서를 번역하는 것 이상의 의미를 담고 있을 것이다. 그것은 브라이언 마수미Brian Masumi, 키스 안셀-피어슨Keith Ansell-Pearson, 에가와 다카오江川高男, 군지페기오-유키오郡司ペギオ-幸夫, 에릭 알리에즈Eric Alliez, 질 샤틀레Gilles Châtelet 등과 더불어 "들뢰즈 이후"를 선도하고 있는 우리 시대의 중요한 한 철학자를 소개한다는 의미를 담고 있다.

들뢰즈의 철학에 대한 연구들은 개념적 수준에서가 아니라 형상적figurative 수준에서 이루어지는 경우가 적지 않은 것 같다. 그러나 형상적 이해/향유는 개념적 이해를 전제할 때에만 학문적으로 의미를 가질 수 있다. 모든 사상적/학문적 오해의 출발점은 개념으로 인식되어야 할 것이 이미지로서 즉물적으로 받아들여지는 데 있다. 들뢰즈 연구가 형상적인 수준, 이미지의 수준이 아니라 개념의 수준으로 나아가는 것이 절실하다. 일전에 번역했던 피어슨의 책(『싹트는 생명』, 산해, 2005)과 더불어 이번에 번역하는 데란다의 저작이 이런 수준으로 나아가는 데 결정적인 동력을 제공해 줄 것이라고 생각한다.

몇 년 전에 알랭 소칼Alan Sokal이라는 희대의 사기꾼 ─ 더 정확히 말해 깡패 ─ 이 등장해 "지식계"를 발칵 뒤집어 놓았던 사건이 있었다. 그때 당시 이 사악한 물리학자에게 동조하면서 무책임하기 그지없는 언사들을 뱉어 냈던 사람들이 이 책을 꼭 읽었으면 좋겠다. 그리고 그들이 자신들의 경솔함을 한 번 되돌아보고 학자로서의 정직함에 대해 "진지하게" 생각해 볼 기회를 가졌으면 좋겠다.

2009년 봄
이정우, 김영범

차례

'리좀총서 Ⅱ'를 발간하며 **4**
옮긴이 서문 **6**
서론: 들뢰즈의 세계 **13**

1장
잠재적인 것의 수학 : 다양체, 벡터-장, 변환군 **25**
다양체의 의미와 구조 **30**
대칭 파괴와 분화 **42**
다양체의 존재론: 들뢰즈의 분석 **68**
잠재적인 것의 양상 **74**
유형학적 사유의 극복 **89**
결론 **94**

2장
잠재적인 것의 공간적 현실화 **97**
본질주의 생물학에서 강도의 생물학으로 **101**
강도적 개체화에 의한 형태와 질의 발생 **111**
강도란 무엇인가 **124**
자신의 창조물들 아래로 숨어 버리는 강도를 발견하기 **135**
이데아적 사건들로서의 특이성 **146**
의사-인과율의 문제 **156**
결론 **167**

3장
잠재적인 것의 시간적 현실화 169
외연도적 시간과 강도적 시간 **178**
강도적 시간의 양상들 **191**
생명의 발생 및 진화와 강도적 시간 **198**
이질적 종들의 배치 : 공생共生의 역할 **203**
계열들 간의 소통과 아이온의 시간 **212**
다양체의 시간 **227**
결론 **235**

4장
잠재성과 물리 법칙들 239
법칙들에서 특이성들로 **246**
외−명제적이고 전−표상적인 **261**
비선형적−문제론적 과학 **278**
의사−원인 작동자의 인식론적 의미 **292**
결론 **309**

보론: 들뢰즈의 용어법 313
존재론적 목록 **316**
「천의 고원」 **327**
「안티오이디푸스」 **334**
「철학이란 무엇인가?」 **339**

참고문헌 **354**
찾아보기 **360**

| 일러두기 |

1 이 책은 Manuel DeLanda, *Intensive Science and Virtual Philosophy*(Continuum, 2002)를 완역한 것이다. 다만 독자들이 본문 내용을 좀더 쉽게 이해할 수 있도록 옮긴이들이 원서에 없는 소제목을 붙였다.

2 원서에서 이탤릭체로 강조한 부분은 고딕체로 표시했다.

3 본문의 주석은 모두 각주로 표시되어 있으며, 옮긴이 주는 끝에 '―옮긴이'라고 표시했다. 또 옮긴이가 본문에 첨가한 내용은 대괄호([ ])로 묶어 표시했다.

4 단행본에는 겹낫표(『 』)를, 영화·단편·시 등에는 낫표(「 」)를 사용했다.

5 외국 인명이나 지명, 작품명은 2002년에 〈국립국어원〉에서 펴낸 '외래어 표기법'을 따라 표기했다.

서론_들뢰즈의 세계

특정한 독자들을 염두에 두고서 책을 쓰는 데에는 늘 몇 가지 위험이 따른다. 가장 두드러지는 것은 겨냥했던 독자층을 완전히 놓쳐 버리는 경우이다. 주제가 주목을 끌지 못해서든, 아니면 논의 방식이 표준이나 기대를 충족시키지 못했기 때문이든. 그러나 이것과 결부되어 있는 또 다른 위험도 있다. 특별히 염두에 둔 독자층이 아니었으나 뚜껑을 열었을 때 책의 독자층임이 판명된 그러한 사람들을 놓치는 경우가 그 하나이다. 그래서 한 권의 책은 독자들을 모두 놓쳐 버리게 되기에 이른다. 예컨대 서구 철학계에서 역사와 지리가 이 세계를 서로 거의 완전히 배타적인 두 진영 —— 영미 철학계와 유럽대륙 철학계 —— 으로 갈라 놓았으며, 두 진영은 각각의 스타일, 연구 성과의 선점research priorities, 오랫동안 쌓인 전통을 가지고 있다. 예컨대 어떤 철학서가 두 진영의 어느 한쪽에 서기보다 한 진영의 철학자를 다른 진영의 스타일로 논의하고자 한다면, 그 책은 한 사람의 독자조차도 확보할 수가 없을 것이다. 대륙의 철학자들에게는 너무 영미적이고, 영미의 철학자들에게는 너무 대륙적일 것이기에 말이다.

    이 책은 바로 그런 위험에 노출되어 있다. 이 책은 질 들뢰즈의 철학을 영미의 과학철학자들과 (철학적 관심을 가진) 과학자들에게 해설해 주려는 책이기 때문이다. 영미의 철학자들·과학자들이 들뢰즈의 원 저작들에 처음 접한다면 도무지 무슨 말인지 이해하기 힘들 것이다. 어쩌면 그들은 그 책들에서 그들이 "포스트모던" 사상들이라고 부르는 유형의 책들과의 표면적인 유사성을 발견하고서는 그 저작들을 거부할지도 모른다. 이하에서 들뢰즈의 사유가 이러한 유형의 사상들과는 아무런 관련성도 없음을 논의하겠거니와, 그의 실험적인 스타일이 그러한 인상을 줄 수는 있다. 어려움의 또 다른 원천은 들뢰즈가 사용하는 철학적 근거들resources에 있다. 스피노자, 라이프니츠, 니체, 베르그송 등의 철학이 오늘날의 철학에 많은 것을 주고 있는 것은 사실이지만, 이들은 영미의 과학자들과 철학자들이 선호하는 인물들은 아니다. 이런 이유 때문에 여기에서 내가 제시하는 내용이 들뢰즈의 텍스트들에 대한 직접적인 해석이라고는 할 수 없다. 차라리 그것은 〔들뢰즈와는〕 전혀 다른 이론적 근거들과 논증 방식들을 사용해서 그의 철학을 재구성한 것이라 해야 할 것이다. 이 재구성의 핵심이 그의 생각을 내가 겨냥하는 독자층이 받아들일 수 있는 것으로 만드는 데만 있지는 않다. 나는 여기에서 들뢰즈 철학의 결론들이 그가 이용한 근거들이나 사용한 논법들에 따라 달라질 수 있는 것이 아니며, 이론적인 가정들과 전략들에서의 변화들에 휘둘리지 않는 것들임을 보여 주고자 한다. 분명, 전적으로 상이한 출발점들 및 전적으로 상이한 경로들을 따라서 똑같은 결론들이 도출될 수 있다면 그러한 결론들의 정당성

validity은 강화될 것이다.

그러나 부연이 필요하다. 내가 여기에서 시도하는 것은 들뢰즈의 철학체계 전체의 재구성은 아니다. 대신 나는 그의 작품에서 특수한 그러나 근본적인 측면, 즉 그의 존재론에 초점을 맞추었다. 한 철학자의 존재론은 그가 실재하는 것으로 가정하는 존재들의 집합set of entities, 그가 현실적으로 존재하는 것으로 제시하는 존재들의 유형들 types of entities〔에 대한 사유〕이다.[1] 철학사에는 매우 다양한 존재론적 입장들commitments이 등장했지만, 거칠게 구분하자면 크게 세 가지의 입장들이 존재한다. 어떤 철학자들에게 실재는 그것을 지각하는 인간 마음으로부터 독립적으로는 존재하지 않는다. 그래서 그들의 존재론은 대개 정신적 존재들mental entities로 구성된다. 그것들이 초월적 대상들로서 생각되든, 아니면 반대로 언어적 표상들이나 사회적 관습들로 생각되든. 다른 철학자들은 일상적으로 경험하는 대상들이 마음과는 독립적인 존재라는 점을 인정하지만, 물리적 인과 같은 관찰 불가능한 관계들이든 아니면 전자電子들 같은 관찰 불가능한 존재들이든 이론적 존재들이 그러한 존재론적 자율성을 가지고 있다고는 생각하지 않는다. 마지막으로 실재가 인간 마음으로부터 전적으로 독립해 존재한다는 점을 인정하고, 관찰 가능한 것과 관찰 불가능한 것 사이의 차이 및 이 구분이 함축하는 인간중심주의를 거부하는 철학자들도 존재한다. 마지막 유형의 철학자들은 **실재론적 존재론**realist ontology

---

[1] 데란다는 'exist in reality', 'actually exist'라는 표현을 썼지만 너무 좁은 표현이다. 존재론은 실존하는exist 존재들만이 아니라 다른 방식으로 존재하는 존재들(예컨대 가능적 존재들) 및 존재 방식들을 모두 포괄하는 담론이기 때문이다. ─옮긴이

을 가진 철학자들로 불린다. 들뢰즈는 이러한 실재론적 철학자이다. 이 점만으로도 그는 기본적으로 비실재론적 입장을 취하고 있는 대부분의 포스트모던 철학자들과는 구분된다.

다른 한편 실재론적 철학자들이 이 정신 독립적인 실재의 내용에 대해 의견 일치를 보는 것은 아니다. 특히 들뢰즈는 일반적 형태의 실재론에서 인정하는 여러 존재들을 인정하지 않는다. 가장 두드러진 예로서, 실재론적 사유들 중 어떤 것들은 세계를 잘 갖추어진 대상들로 구성된 것으로 생각한다. 이런 대상들의 동일성은 그것들이 내포하는 본질에 의해 보장되며, 이 본질이란 이 대상들의 존재를 정의해 주는 일련의 핵심적인 성질들을 뜻한다. 들뢰즈는 본질들을 사유하는 실재론자가 아니며, 그 밖의 다른 어떤 초월적 존재들을 사유하는 실재론자도 아니다. 그래서 그의 철학에서는 대상들에게 그것들의 동일성을 주는 것이 무엇인가, 그리고 시간을 관통해 이 동일성을 보존해 주는 것이 무엇인가를 설명하기 위해 다른 무엇인가가 필요해진다. 간단히 말해 이 다른 무엇은 바로 역동적인 과정dynamical process이다. 이 과정들 중 어떤 것들은 물질적이고 에너지적이며 다른 것들은 그렇지 않다. 그러나 후자의 경우 또한 어디까지나 물질과 에너지의 세계에 내재적이다. 그래서 들뢰즈의 과정존재론process ontology은 소박한 실재론을 특징 짓는 본질주의와 갈라서며, 동시에 비실재론자들이 자율적인 실재〔본질〕의 가정에 던지는 주된 반박들 중 하나를 벗어난다. 다른 한편 그가 비실재론자들의 공격을 얼마나 잘 방어할 수 있는가는 실재를 채우고 있는 존재들이 어떻게 어떤 초월적인 것에도 기대지 않고서도 산출될 수 있는가를 설명하는 방식에 의존한다. 이 때문에 나는 들뢰즈의 논증 스타일 또는 그의 언어와 독립적으로 들뢰즈의 생각의 원천을 재구성하려 하는 것이다. 요컨대 나는 들뢰즈의 말들words이 아니라 오로지 들뢰즈의 세계world에만 관심을 가질 것이다.

 이 책의 기본 계획은 다음과 같다. 1장은 역동적 과정들의 추상적인(또는 차라리 잠재적인) 구조를 해명하기 위해서 필요한 형식적인〔수학적인〕개념들을 도입한다. 나는 들뢰즈의 것과 동일한 수학적 토대(미분기하학, 군론) 위에서 논하겠지만, 그와는 달리 독자들이 이런 분야들에 이미 익숙하다고 가정하고서 논하지는 않을 것이다. 내가 보여주고자 하는 것은 들뢰즈가 구사하는 전문적인 기법들이 (분석철학적 맥락에 놓고 보아도) 전적으로 적절하지만, 그 세부 사항들에 대한 그의 논의는 너무나도 압축되어 있고 또 너무 수준 높은 독자들을 가정하고 있어 오해를 살 여지가 충분히 있다는 점이다. 1장은 들뢰즈의 설명을 좀더 친절한 설명으로 대체한 것이라고 할 수 있으며, 독자들로 하여금 수학적 다양체들, 변환군들, 벡터-장들 같은 수학 개념들에 익숙해질 수 있도록 이끌 것이다. 아울러 이 추상적인 개념들이 구체적인 물리적 과정들을 모형화하는 방식들에 대해서도 논할 것이다. 들뢰즈의 농도 높은 논의들을 최대한 풀어서 설명하려 애썼지만, 여기에서 다루어질 내용들은 적지 않은 독자들에게 여전히 따라가기 쉽지 않은 것들로 느껴질 것이다. 나는 그런 독자들의 경우 이 1장을 건너뛰고서 읽기를 권한다. 2, 3, 4장에서 다루어지는 구체적인 주제들을 먼저 읽고서 그 후 그 논의들의 기초가 된 형식적인 근거를 살펴보는 것도 하나의 방식일 수 있다.

 2장과 3장은 들뢰즈의 세계에 살고 있는 상이한 존재들의 산출을 다룬다. 기본 테마는 다음과 같다. 실재론자의 관점에서 본다면, 본질들을 제거한다는 것은 반드시 그것을 대체할 무엇인가를 제시해야 함을 함축한다. 비실재론자들은 본질들을 정신이 만들어 내는 것들로 간단히 처리하고 그것들을 사회적 관습들로 환원시킬 수 있다. 그러나 실재론적 철학자는 이와 달리 새로운 실재를 제시해야 할 짐을 진다. 본질주의를 이해하는 한 방식은 그것을 형태의 발생에 관한 이론으로, 즉 'morphogenesis'의 이론으로 보는 것이다. 이 경우 물리적〔현실적〕존재들은 이상적인 형식들〔이데아들〕의 충실한, 또는 그렇지 못한 실현들로서 간주된다. 실현의 상세한 과정은 대개 주어지지 않는다. 본질들은 영원히 자기동일성을 유지하는 모델들로서 이해되며, 구체적인 존재들은 이 모델들의 단순한 복사물들로서 이해된다. 복사물들은 보다 높거나 낮은 완전도degree of perfection에 따라 모델들을 닮는다. 들뢰즈는 시간 속에서 같은 것으로 유지되는 이 선재하는 형식들이 함축하는 거짓된 발생을 다른 것[2]의 개념에 기반하는 형태발생 이론으로 대체하고자 한다. 그는 차이를 유사성의 결핍으로서 부정적으로 파악하기보다는 역동적인 과정을 이끌어 내는 것으로서 긍정적으로 혹은 생산적으로 파악한다. 가장 좋은 예들로서는 온도, 압력, 속도, 화학적 농도에서의 차이들 같은 강도적 차이들일 것이다(이 차이들은 결정체의 형태발생이나 식물, 동물의 형태발생에 대한 과학적 설명에서 핵심적인 역할을 한다). 2장은 이 강도적 발생intensive genesis의 공

---

2) 여기에서 '다른 것'은 '어떤 다른 것'을 뜻하는 것이 아니라 다른 것 일반, 달라짐의 운동, 'differentiation' 자체를 가리킨다. ─옮긴이

간적 측면들을, 3장은 시간적 측면들을 다룬다.

들뢰즈의 존재론을 재구성한 후 나는 4장에 이르러 그의 인식론에 대해 간략한 설명을 제공하고자 했다. 실재론적 철학자라면 이 두 영역을 밀접하게 다루지 않을 수 없을 것이다. 이 점은 소박한 실재론의 경우에 가장 분명하게 나타난다. 이 경우 진리란 한편으로 실재를 채우고 있는 존재들의 일련의 집합과 다른 한편으로 이 사실들을 표현하는 문장 사이의 일치=상응 관계로서 이해된다. 만일 존재들의 한 집합이 그 성원들이 공유하는 본질에 의해 정의된다고 가정한다면, 이 집합들이 [그 본질에 의해] 원래 주어져 있고 그것들이 세계에 대해 알아야 할 모든 것이라고 결론짓는 것은 상대적으로 간단한 것이 된다. 세계가 기본적으로 닫혀 있고 전적으로 새로운 존재들의 집합이 자연 발생적으로는 출현할 수 없다는 존재론적 가정은 이제 [위와 같은] 인식론적 가정과 짝을 이룰 수 있으며, 참[眞]인 문장들과 실재-사실들 사이의 상응은 절대적인 것이 될 수 있다. 실재론적 철학자가 결국 이 극단적으로 소박한 견해에 어느 정도까지 동의할지는 불확실하지만, 들뢰즈가 실재론을 재구축하면서 이 가정들 중 하나를 거부하고 그것들을 다른 것들로 대체한다는 점은 분명하다.

앞의 세 장이 닫힌 세계에 대한 그릇된 가정을 제거하려는 시도를 담고 있다면, 4장에서는 이 단순한 상응이라는 관념을 논박하려 할 뿐 아니라 그것을 넘어 진리라는 관념 자체를 비판적으로 논하려devalue 한다. 달리 말해, 나는 실재-사실들을 표현하는 참인 문장들이 존재한다는 것을 받아들인다 해도 이 사실 서술적인factual 문장들의 대부분은 시시한 것들이라는 점을 주장할 수 있음을 논증할 것이다. 사상가의 역할은 진리들을 언표하거나 사실들을 수립하는 데 있는 것이 아니라, 참된 사실들의 거대한 더미에서 중요하고 [일정한 맥락에서] 상관적인 relevant 것들과 그렇지 않은 것들을 가려내는 데 있다. 진리가 아니라 **중요성과 상관성**이야말로 들뢰즈 인식론의 핵심 개념들이며, [이런 맥락에서] 실재론의 과제는 이 개념들이 주관적인 평가나 사회적 관례로 환원되지 않도록 그것들을 근거 짓는 데 있다. 이 점은 우리가 들뢰즈의 입장을 [진리에 관한] 상응론의 언어학적 판본이 아닌 수학적인 판본과 대조시켜 보면 훨씬 명료해진다. 이 경우 [일반적으로] 상응 관계란 물리적 대상의 상태들과 그 대상의 본질을 포착하는 수학적 모델들에서 나온 해解들 사이에 존재하는 것으로 가정된다. 대조적으로 들뢰즈는 해들보다는 정확히 제기된 문제들problems의 역할을 강조한다. 하나의 잘 제기된 문제란 중요한 것과 중요하지 않은 것, 보다 수학적으로 말해 특이한 것들the singular과 보통의 것들the ordinary에 대한 객관적인 구분을 포착하고 있는 것이다.

    4장은 문제론적problematic 인식론을 탐구하고 있는데, 그것을 우리에게 보다 친숙하다고 할 법할 (자연과학을 지배하는) 공리적인 axiomatic 또는 정리적인theorematic 판본들과 비교하고 있다. 이 장의 주요 결론을 미리 요약한다면, 공리적인 인식론에서는 일반 법칙들의 역할이 강조되지만 문제론적인 인식론에서 법칙들 자체는 사라진다. 하지만 세계에 대한 지식의 객관성(특이한 것들과 보통의 것들의 구분에 의해 포착되는 객관성)을 희생시키지 않으면서. 그러한 결론이 진정 가능하다면, 내가 들뢰즈를 과학자들과 [영미 계통의] 과학철학자들로 구성된 청중의 요구에 맞추어 재구성했다 해도 이들의 기준에 맞추어 그를 왜곡시키는 일은 결코 없을 것이다. 반면 자연과학과 분석철학은 들뢰즈와의 이 만남을 통해서 심대한 변화를 겪게 될 것이다. 자연과학은 그 객관성을 보존하겠지만 그것이 그토록 중시하는 법칙들을 내버리게 될 것이고, 분석철학은 그것의 엄격함과 명료함을 보존하겠지만 사실들과 해들에 초점을 맞추는 그 배타적인 관점을 내버리게 될 것이다. 그리고 더욱 중요한 것은 세계 자체가 달라진 모습으로 나타날 것이라는 사실이다. 우리에게 사실들을 단번에 모두once and for all 제공하는 참된 문장들의 집합이 존재할 수 있다는 생각, 닫혀 있고 완성되어 있는 세계를 가정하는 생각 자체가 새롭고 창발적인unexpected 존재들을 낳는 발산적인 과정들로 가득 찬 열린 세계——우리로 하여금 스냅 숏을 찍도록 허용할 만큼, 최종적인 진리로서 스스로를 드러낼 만큼 〔하나의 동일성으로서〕 오래 지속되지 않는 그런 세계——에 자리를 내줄 것이기 때문이다.

서론을 끝내기 위해서 여기에서 내가 시도한 재구성이 간과하고 있다고 보일 수도 있을 다른 청중들을 위해 몇 마디를 덧붙여야 할 것 같다. 이 청중들이란 곧 들뢰즈주의자 철학자들, 그리고 들뢰즈 철학에 관심 있는 다양한 사상가들과 예술가들이다. 우선 들뢰즈의 저작들은 과정의 존재론과 문제의 인식론 말고도 다른 다양한 내용들을 담고 있다. 그는 영화, 회화, 문학의 본성과 같은 다양한 주제들에 뛰어난 공헌을 남겼으며, 주체성과 언어의 본성과 생성에 대한 매우 독특한 견해들을 제시하기도 했다. 적절하게든 부적절하게든, 이 주제들이 대부분의 들뢰즈 독자들의 주의를 끈 주제들이다. 그래서 내가 이 저작에서 이런 주제들에 대해 거의 논하지 않고 있는 것이 놀랍게 느껴질

지도 모르겠다. 그러나 여기에서 시도된 들뢰즈 철학의 재구성이 성공적인 것이라면, 이러한 주제들 역시 적어도 간접적으로는 새로운 조명을 받게 될 것이다. 들뢰즈의 세계가 어떤 것인지 우선 이해한다면, 바로 그런 세계에서 영화, 언어, 주체성 등이 어떤 것일 수 있는지가 보다 분명하게 이해되기 시작할 것이기 때문이다.

다른 한편 이 재구성이 들뢰즈의 세계에 충실할 수 있으려면, 내가 그의 말들을 적절히 해석해야 함은 물론이다. 들뢰즈의 텍스트들이 그가 의도하지 않았던 청중들(과학자들 및 영미 철학자들)을 위해 재구성될 수 있으려면, 거기에 얼마간의 폭력이 가해져야 하는 것은 불가피하다. 그래서 내가 그의 사유를 그 자신과는 다른 방식으로 재구성할 때마다, 내가 그에게서 일탈한 방식들 및 그 이유에 대해서 각주에서 가능한 한 상세하게 밝히고자 했다. 그리고 또 다른 종류의 폭력이 불가피한데, 이것은 그의 사유를 그의 동지인 펠릭스 가타리의 사유로부터 비틀어 짜야wrenching 했기 때문이다. 이 재구성에 있어 나는 들뢰즈의 존재론과 인식론을 그의 초기 저작들에 입각해 다루었으며, (그의 초기 저작들에 이미 그 씨앗이 뿌려져 있었던) 그의 (가타리와의) 공동 작업들에서는 일정 부분만을 뽑아 음미했다. 이 때문에 나는 계속해서 들뢰즈만을 언급할 것이며, 들뢰즈와 가타리의 공동 저작들을 인용할 경우에도 '그들'이 아닌 '그'라는 인칭대명사를 사용할 것이다. 마지막으로 또 하나의 폭력이 있다. 들뢰즈는 하나의 용어를 미확정적으로 사용함으로써 그것이 미리 고착화되는 것을 피하려고 했고, 이것이 그의 글쓰기를 유동적인fluid 스타일로 만들었다. 그의 용어들을 고정시키는 것은 마치 살아 있는 나비를 잡아서 핀에 꽂는 것처럼 느껴질 것이다. 이 때문에 일종의 해독제로서 이 책의 뒤에 부록을 달았다. 이 재구성에서 내가 사용한 용어법을 그의 저작들이 담고 있는 보다 역동적이고 다의적인 용어법과 비교해서 보여 주고자 한 것이다. 이렇게 함으로써 그의 세계를 보여 주기 위해서 일단 고정시킬 수밖에 없었던 용어들에 다시 본래의 역동성을 회복시켜 주고자 했다. 나는 그의 세계가 그 모든 개방성과 발산성을 유지하기를 원한다. 바로 그 때 들뢰즈의 말들에서 얼핏 느끼게 되는 강도 높은 표현성expressivity, 나아가 광기와도 같은 측면들이 다름 아닌 세계 자체가 내포하고 있는 측면들로서 새롭게 다가오게 될 것이다.

MANUEL DELANDA

1장

잠재적인 것의 수학

다양체, 벡터—장, 변환군

1장_ 잠재적인 것의 수학 : 다양체, 벡터-장, 변환군

들뢰즈의 작품에 줄곧 등장하는 개념들 중에서 끝까지 살아남았다는 점에서 두드러지는 하나의 개념이 있다. 다양체multiplicity 개념이 그것이다. 그의 초기 저작에서 등장해 핵심적인 중요성을 부여받은 이 개념은 그 의미와 기능이 변치 않은 채 그의 마지막 작품에까지 등장한다.[1] 이 개념에 대한 형식적[논리-수학적] 정의는 상당히 전문적이며, 수학의 여러 분과들(미분기하학, 군론, 동역학계 이론)에서 유래하는 요소들을 포함한다. 이 장에서 나는 이 중요한 개념을 정의하는 데 필요한 전문적인 배경을 논하겠지만, 형식적 논의를 위한 무대를 마련하기 위한 약간의 기초 정보에 대한 언급들이 도움을 줄 것 같다. 우선

---

[1] 내가 아는 한 '다양체'라는 용어는 『베르그송주의』(*Le bergsonisme*, 1966)에서 처음 등장한다. Gilles Deleuze, *Bergsonism*, trans. Hugh Tomlinson and Barbara Habberjam, New York : Zone Books, 1988, p. 39. 마지막에 등장한 곳은 가타리와의 마지막 공저인 『철학이란 무엇인가?』(*Qu'est-ce que la philosophie?*, 1991)이다. Gilles Deleuze and Félix Guattari, *What Is Philosophy?*, trans. Hugh Tomlinson and Graham Burchell, New York : Columbia University Press, 1994, p. 15.

우리는 다양체라는 개념이 어떤 역할을 떠맡고 있는가 하는 물음을 던질 수 있다. 대답은 이렇다. 다양체 개념은 오래된 철학 개념인 본질 개념을 대체한다. 한 사물의 본질은 그것의 동일성, 즉 그것을 바로 그것일 수 있게 해주는 데 필수적인 근본 특징들을 설명해 주는 것이다. 또한 그러한 본질은 여러 사물들에 의해 공유될 수도 있다. 그래서 한 본질의 이런 공통의 소유는 또한 이 대상들이 왜 서로 유사한지, 그리고 어떻게 그것들을 〔다른 사물들로부터〕 구분해 주는 자연종(自然種, natural kind)이 성립하는지를 설명해 준다.

본질 개념을 가장 잘 보여 주는 전통적인 예들 중 하나를 들어 보자. 어떤 사람을 인간종의 구성원으로 만들어 주는 것이 무엇인가라고 묻는다면, 그에 대한 대답은 예컨대 '합리적 동물'이 될 것이다. 인간의 본질에 대한 엄밀한 정의는 지금 우리의 문제가 아니다(합리성과 동물성이 인간의 본질적 속성들이 아니라고 한다면 다른 속성들을 제시하면 될 것이다). 문제의 핵심은 〔인간의 본질을〕 정의해 주는 일련의 특성들이 존재한다는 것이며, 또 이 특성들의 집합이 인간종의 동일성 그리고 〔그 종에 속하는〕 각 구성원들 사이의 유사성resemblance을 설명해 준다는 것이다. 반면 들뢰즈 존재론에 있어 하나의 종(이나 다른 어떤 자연종)은 그것의 본질적 특질에 의해서가 아니라 차라리 그것을 발생시키는 형태발생적 과정morphogenetic process에 의해 정의된다. 종들은 시간을 배제한 범주들을 표상하기보다는 역사적으로〔시간적으로〕 구성된 존재들이다. 따라서 구성원들의 유사성은 자연도태의 공통된 과정을 겪었다는 사실에 의해 설명되며, 종 자체의 지속적인 동일성은 그것이 다른 종들로부터 분리되어 재생산되어 왔다는 사실에 의해 보장된다. 요컨대 종에 대한 본질주의적 설명이 기본적으로 정태적이라면 형태발생적 설명은 애초부터 동태적이라 하겠다. 또한 본질주의적 설명이 물질과 에너지의 영역을 초월하는 요인들(예컨대 영원한 원형들)에 호소한다면, 형태발생적 설명은 물질세계에 내재적인 형태를-발생시키는form-generating 원천들만 사용함으로써 모든 초월적인 요인들을 배제한다.

물론 동물종과 식물종만이 전통적으로 본질들에 의해 정의되어 온 유일한 자연종들은 아니다. 다른 많은 자연종들, 예컨대 화학 원소들이나 일련의 소립자들 역시 전형적으로 같은 방식으로 정의된다. 이 모든 경우에 있어 시간이 배제된 범주들을 역사적 과정들로 대체할 필요가 있을 것이다. 그러나 이런 작업이 성공한다 해도, 그것만으로는 절반의 성공에 불과하다. 왜인가. 주어진 과정의 세부 사항들이 그 산물들 사이의 유사성을, 즉 그것들을 같은 종류에 속하는 구성원들로 분류할 수 있게 해주는 비슷한 측면들을 설명해 준다 해도, 여전히 설명해야 할 것이 남기 때문이다. 즉 과정의 유사성들을 설명해야 하는 것이다. 그리고 이런 공통의 특징들을 설명하고자 하면서, 우리는 본질들을 뒷문으로 슬쩍 다시 도입하고픈 유혹에 빠진다. 이러한 본질은 대상 또는 대상들의 종류가 지닌 본질이 아니라 과정들의 본질이지만, 그러나 여전히 본질이다. 다양체 개념이 도입된 것은 바로 이런 악순환을 타파하기 위한 것이다. 다양체 개념이 그토록 조심스럽게 구성되어야 하는 것도 바로 이 악순환의 강고함 때문이다. 구성의 매 단계마다 본질주의의 함정을 피해 가야 하는 것이다. 미리 이야기하자면, 나는 길고 전문적인 개념적 우회로를 거쳐 다음과 같은 결론에 도달할 것이다. 다양체들은 가능성들의 공간들, 즉 형태발생적 과정들이 보여주는 규칙성들을 설명해 주는 공간들의 구조를 특성화한다.[2] 나는 '공간'에 대한 적절한 개념 규정을 시도함으로써 시작하려 한다. 적절하게 규정될 경우, 이 공간 개념은 순수하게 기하학적이어서만은 안 되며 과정의 물음들에도 연결될 수 있어야 할 것이다.

다양체의 의미와 구조

'다양체' 개념은 '수학적 다양체' manifold 개념과 밀접하게 연관되어 있다.[3] 이 용어는 일정한 특성을 갖춘 기하학적 공간을 가리킨다. 수학적 다양체에 특유한 사항들(과 이 개념이 본질주의를 벗어나게 해줄 수 있도록 제시하는 사항들)을 파악하기 위해서는, 이 개념의 역사적 유래를 간단히 설명할 필요가 있다. 문제들의 해결을 위해 기하학적 풀이 과정을 사용하는 것이 그리스 이래 이어져 온 오래된 방법이기는 했지만, 16세기 이래 다양한 물리적 문제들의 공식화에 곡선들과 궤적들이 폭넓게 사용됨으로써 새로운 문제 해결적 원천들을 개발해 낼 필요가 생겨났다. 데카르트와 페르마는 이 점을 염두에 두고서 (지금은 우리에게 친숙한) 새로운 방법을 발명해 냈다. 그것은 임의의 축들

---

2) 미리 말한다면, 이 다양체 개념은 결국 잠재성을 개념화하는 한 방식이며 『천의 고원』 *Mille plateaux*의 용어로는 혼효면plan de consistance 또는 (논의의 층위에 따라서는) 추상기계la machine abstraite에 해당한다. 잠재성으로부터 현실성이 분화되어 나오며, 때문에 데란다는 다양체를 '가능성들의 공간'으로 규정하고 있다. 물론 이 규정은 어떤 관점 —— 지금은 공간적-수학적 관점 —— 에서의 규정이며 다양체에 관한 규정 전체는 아니라는 점에 주의해야 한다. —옮긴이

3) 'multiplicity'와 'manifold'는 모두 프랑스어에서 'multiplicité'로 표기된다. 'multiplicity'가 'manifold'를 포함한다고 볼 수 있으며, 저자가 'manifold'를 썼을 때는 '수학적 다양체'로 번역한다. —옮긴이

을 통해 고정된 2차원 공간에 곡선들을 자리 잡게 하는embed 방법이다. 이렇게 놓일 경우 두 축에 기준해 곡선의 모든 점들은 두 수의 짝을, 즉 좌표를 부여받게 된다. 그 결과 점들 사이의 기하학적 관계들은 수들 사이의 〔대수학적〕 관계들로 표현될 수 있게 된다. 마침 당시 새로 개발된 대수학이 이러한 작업에 딱 들어맞았다. 요컨대 이러한 번역 장치가 대수학의 공식들이 기하학적 문제들의 해결에 동원될 수 있게 해준 것이다.

'수학적 다양체'라는 용어는 데카르트와 페르마의 해석기하학에 속하기보다는 가우스와 리만의 미분기하학에 속한다.[4] 그러나 기본 발상은 같다. 문제 해결적 원천들의 새로운 저장소에서 해결책을 뽑아내기. 지금의 경우 이 저장소는 미적분학이다. 미적분학이 응용되던 초기에 그것은 둘 이상의 양적 변화들 사이에서 성립하는 관계들〔함수관계들〕을 포함해 여러 문제들을 해결하기 위해 사용되었다. 특히 이 관계들이 한 양이 다른 양(들)에 상대적으로 보여 주는 변화율로서 표현될 경우, 미적분학은 그 율의 순간적인 값〔순간 변화율〕을 찾아낼 수 있었다. 예컨대 변화하는 양들이 공간적 위치와 시간이라면, 우리는 하나가 다른 하나에 대해 드러내는 변화율——속도——의 순간적인 값들을 계산해 낼 수 있다. 이 발상을 기하학에서의 원천으로서 활용함으로써 중대한 성과를 이룰 수 있었다. 이제 하나의 기하학적 대상

---

4) 해석(解析, analysis)은 일차적으로 극한limit 개념을 다루는 분야로 규정될 수 있다. 데카르트의 해석기하학analytical geometry에서 연원하며, 그 후 급수, 미적분 등등을 포괄하면서 수학의 대표적인 분야 중 하나가 되었다. 미분기하학differential geometry은 유클리드 기하학과 같은 정태적인 기하학이 아니라 미분적 운동을 도입한 기하학으로서, 해석학(解析學, analysis)과 일정 부분 겹친다.—옮긴이

(예컨대 곡선 또는 곡면)을 그 성질들 중 일부의 변화율에 의해서, 예컨대 두 점 사이에서 그 곡률의 변화율에 의해서 특성화할 수 있게 된 것이다. 미적분이라는 도구를 사용함으로써 수학자들은 이 변화율의 '순간적인' 값들, 즉 주어진 무한소infinitesimally small point에서의 곡률값을 찾아낼 수 있게 된 것이다.

19세기 초에 이르러 가우스가 이 미분적 원천들을 활용하기 시작했을 때, 2차원 곡면曲面은 여전히 오래된 데카르트적 방법을 통해서 연구되고 있었다. 우선 표면[2차원 곡면]을 [세 개의] 축들로 고정된 3차원 공간에 놓는다. 다음에는 이 축들을 사용해서 표면의 모든 점에 각각의 좌표들을 할당한다. 마지막으로 표면의 형태를 결정하는 점들 사이의 기하학적 연결선들links을 수들 사이의 대수학적 관계들로서 표현한다. 그러나 가우스는 미적분 덕분에 평소의 방식으로 표면 자체 위의 무한소 점들infinitesimal points에 초점을 맞추되(즉 전적으로 국소적인 정보를 가지고서 작업하되) 전체 좌표공간global embedding space에의 준거 없이도 표면 연구를 진행할 수 있음을 깨달았다. 기본적으로 가우스는 좌표축들을 표면 자체에 자리 잡게 하는 방법(즉 표면을 '좌표화하는' 방법)을 개발해 냈으며, 일단 이렇게 점들이 수들로 번역된다는 것을 확인하게 되자 그것들 사이의 관계들을 특성화하기 위해 (대수학적 방정식들이 아니라) 미분방정식들을 사용하기 시작했다. 수학자이자 수학사가이기도 한 모리스 클라인이 지적했듯이, 전체 좌표공간을 제거함으로써 그리고 표면을 그것 자체의 국소적 성질들에 입각해 다룸으로써 "가우스는 하나의 표면은 그 자체로서 하나의 공간이라는 전적으로 새로운 개념을 개진시켰다."[5]

표면을 공간 자체로서 연구한다는 발상은 리만에 의해서 더 상세히 연구되었다. 가우스는 2차원의 경우를 붙들고서 씨름했으며, 그래서 우리는 그의 제자(리만)가 그 다음 경우 즉 3차원 곡면들을 연구했으리라고 추측할 수 있다. 그러나 리만은 좀더 일반적인 문제의 해결로 성공적으로 나아갔다. n차원의 표면들 또는 공간들의 연구로 나아간 것이다. 이 n차원 곡曲구조들curved structures은 그 자체 내의 intrinsic[6] 특징들을 통해서만 정의되었으며, '수학적 다양체'라는 말은 바로 이 구조들을 가리키기 위해 처음으로 사용되었던 것이다. 리만의 작업은 상당히 과감한 작업이었으며, 그를 가변적인 차원수를 갖춘 추상공간들의 영역으로 데려갔다. 가우스는 이 공간들을 상위차원(N+1) 공간에의 준거 없이 연구할 수 있었다. 클라인은 이 점을 다음과 같이 지적한다. "리만에 의해 제시된 공간의 기하학은 단지 가우스의 미분기하학을 확장시킨 것은 아니었다. 그것은 공간 연구의 방식

---

5) Morris Kline, *Mathematical Thought from Ancient to Modern Times*, vol. 3, New York : Oxford University Press, 1972, p. 882(강조는 인용자). 보조적인 차원을 제거해 표면을 공간으로 만듦으로써, 미분differentiation 연산 및 다양한 계량 기하학metric geometries의 연구가 가능하게 되었다. 클라인이 말하고 있듯이, "그래서 만일 구球의 표면이 그 자체 공간으로서 연구된다면, 그것은 자체의 기하학을 가지게 된다. 그리고 친숙하게 사용되어 온 위도와 경도 개념이 점들의 좌표로서 사용되고 있긴 하지만, 그 표면의 기하학은 더 이상 유클리드적인 기하학이 아니다. …… 그러나 물론 (기존의 익숙한 방식대로) 3차원 공간 내의 표면으로서 다루어지는 한에서는 여전히 그것(구 표면의 기하학)은 유클리드적이다." Ibid., p. 888. 가우스의 좌표화 작업은 보조 차원 또는 좌표공간을 제거할 수 있는 길을 확보해 준 것이다. 자세한 내용을 이해하기 위해서는 다음을 보라. Lawrence Sklar, *Space, Time, and Space-Time*, Berkeley : University of California Press, 1977, pp. 27~42.
6) 원서에 쓰인 들뢰즈의 주요 개념어들을 다음과 같이 옮겼다. immanent : 내재적인. interior : 내부적인 또는 내면적인. intrinsic : 자체 내의. endogenic : 내생적인. internal : 내적인. inherent : 내속하는. ― 옮긴이

전체를 재사유한 것이었다."⁷⁾ 여기에 우리는 공간적 문제들을 정립하는 이 새로운 방식은, 잘 알려져 있듯이 몇십 년이 지난 후 아인슈타인을 비롯한 여러 물리학자들을 통해서, 물리학이 공간(더 정확히는 시공간)의 물음에 접근하는 방식을 완전히 바꾸어 버렸다는 사실을 덧붙일 수 있을 것이다.

들뢰즈의 다양체 개념이 함축하는 기초적인 특징들은 수학적 다양체의 이 두 가지 성격 ― 가변적인 차원수, 그리고 보다 중요하게는 보조적(상위의) 차원의 부재 ― 을 공유한다. 결국 면 외적인extrinsic 좌표화, 즉 면 외적으로[초월적으로] 정의된 통일성은 배제되는 것이다. 들뢰즈는 다음과 같이 쓰고 있다. "다양체는 다자와 일자의 조합을 지시하는 것이 아니다. 그것은 차라리 다자 자체에 속하는 조직화[場]이며, 때문에 하나의 계系로서 성립하기 위해 특정한 통일성을 필요로 하는 것이 아니다."⁸⁾ 반면 본질들은 [그것들을] 정의해 주는 통일성(예컨대 인간의 본질을 정의해 주는 합리성과 동물성의 통일성)을 가지며, 더 나아가 그것들의 용기容器로서 기능하는 또는 그것들을 포함하는 초월공간⁹⁾에 존재하는 것으로 간주된다. 반면 다양체의 경우, "그것이

---

7) Kline, *Mathematical Thought from Ancient Modern Times*, p. 890.
8) Deleuze, *Difference and Repetition*, trans. Paul Patton, New York: Columbia University Press, 1994, p. 182. 예컨대 그는 다음과 같이 말한다. "어떤 경우이든 다양체는 그것을 포함하는 외적 준거들 또는 균일 공간에의 참조 없이 면 내적으로[자체 내적으로] 정의된다." Ibid., p. 183. 또한 다음을 보라. Deleuze and Guattari, *A Thousand Plateaus*, Minneapolis: University of Minnesota Press, 1987, pp. 8~9. "통일성은 언제나 고려된 계의 차원에 보조적인 공차원empty dimension에서 작동한다(초코드화). …… [그러나] 다양체는 결코 초코드화에 스스로를 허락하지 않으며, 그 선들의 수에, 즉 그 선들에 부착된 수들의 다양체에 보조적인 그런 차원을 필요로 하지 않는다."
9) 중세 철학의 용어로 하면 '보편자'를 뜻한다. ―옮긴이

아무리 많은 차원들을 가지게 된다 해도 …… 자체에 내재하는 차원들에 보조적인 〔또 하나의〕 차원을 가지지는 않는다. 바로 이 점이 그것을 자연적이고 내재적인 존재로 만든다."[10] 이에 대해 이는 개념들 사이의 순수하게 형식적인 차이들일 뿐이라고, 또 바로 그렇기 때문에 필연적으로 좀더 심층적인 존재론적 차이를 지적해 주는 것은 아니라고 반박할 수 있으리라. 만일 물질적 대상들 및 자연종들의 동일성에 대한 설명으로서 제시되어 온 본질들을 대체하고자 한다면, 다양체들이 그러한 물질적 대상들 및 종들을 낳는 물리적 과정들과 어떻게 관련 맺고 있는지를 밝혀야 할 것이다.

이러한 목표의 달성은 수학적 다양체의 기하학적 성질들과 〔물리학적·생물학적〕 형태발생적 과정을 정의하는 성질들 사이의 보다 긴밀한 관계 수립을 함축한다. 이 경우 〔문제 해결의〕 원천들은 동역학계들의 이론으로부터 온다. 이 계들에 있어 한 수학적 다양체의 차원들은 하나의 특수한 물리적 과정 또는 계의 성질들을 나타내기 위해 사용되지만, 수학적 다양체 그 자체는 그 물리적 계가 가질 수 있는 가능한 상태들의 공간이 된다.[11] 달리 말해, 이 이론에서 수학적 다양체들은 물리적 과정들의 모형들로서 사용됨으로써 물질적 실재에 연결된다. 하나의 특수한 물리적 대상의 동역학적 행동(상대적으로 간단한 경우

---

10) Deleuze and Guattari, *A Thousand Plateaus*, p. 266. 인용한 언급은 다양체들에 대해서가 아니라 '혼효면' plane of consistency에 관련된 언급이다. 그러나 혼효면이란, 다음 장에서 상세히 설명하겠지만, 다양체들에 의해 구성되는 공간 이외의 것이 아니다.
11) 들뢰즈가 그의 다양체들을 정의할 때면, 그는 단순한 기하학적 대상들로서의 수학적 다양체들을 가리키기보다는 항상 질적인 다양체들을 가리키는 것으로 보인다. 이 다양체들의 차원은 〔수학적 다양체들의 경우와는 달리〕 동역학계의 자유도(또는 독립변수들)를 가리킨다. 이 개념을 처음으로 도입한 시점에서, 그는 이렇게 말한다. "리만은 그 차원들에 의

들을 들자면 예컨대 진자나 자전거의 동역학적 행동)을 모형화하고자 할 때, 첫번째 단계는 그러한 대상이 변화할 수 있게 해주는 관련된 방식들의 수(이를 한 대상의 자유도라고 말한다)를 결정하는 것이며, 다음은 미분[방정식]을 사용해서 그러한 변화들을 서로 관련시키는 것이다. 예컨대 하나의 진자는 오로지 그것의 위치와 운동량에 있어서만 변화할 수 있으며, 따라서 자유도 2를 가진다(물론 진자는 높은 온도에서 녹아 버릴 수도 있고, 또 다이너마이트에 의해 폭파될 수도 있다. 진자가 변화하게 되는 방식이야 수없이 많다 하겠다. 그러나 동역학적 관점에서는 이런 방식들을 접어 둘 수 있다). 자전거는, 만일 그것의 운동하는 모든 부분들(핸들, 앞바퀴, 크랭크-체인-뒷바퀴의 어셈블리, 그리고 두 페달)을 고려한다면, 자유도 10을 가진다(다섯 부분은 각각 위치와 운동량 양자에 있어 변할 수 있다).[12]

다음으로 각각의 자유도를 수학적 다양체의 각 차원들에 사상寫像한다.[13] 진자의 가능성들의 공간은 2차원 면면을 필요로 하겠지만,

---

해, 또는 그 독립변수들에 의해 규정될 수 있는 사물들을 '다양체들'로 정의했다. 그는 이산적discrete 다양체들과 연속적 다양체들을 구분했다. 전자는 자체의 계량metrics의 원리를 포함한다. …… 후자는 다른 어떤 것에서(결국 그것들 내에서 펼쳐지는 현상들에서 또는 그것들 내에서 작용하는 힘들에서이긴 하지만) 계량 원리를 찾아냈다." Deleuze, *Bergsonism*, p. 39. 그리고 다른 곳에서는, 본질들을 대체하는 구체적 보편자들 또는 다양체들을 가리키기 위해 '이데아' Idea라는 말을 사용하면서 이렇게 말하고 있다. "하나의 이데아는 n차원의, 연속적인, 정의된 한 다양체이다. 색——아니면 차라리 색의 이데아——은 3차원 다양체이다. 나는 '차원들'이라는 말로 하나의 현상을 밑받침해 주는 변수들 또는 좌표들을 뜻하며, '연속성'이라는 말로 이 변수들에 있어 변화들 사이의 관계들의 집합을 뜻하며, …… '정의'라는 말로 이 관계들에 의해 상호적으로 규정된 요소들, 다양체가 그 순서와 계량을 변화시키지 않는 한 변할 수 없는 요소들을 뜻한다." Deleuze, *Difference and Repetition*, p. 182.

12) 이 다소 단순화된 예는 다음 저작에서 취했다. Ian Stewart, *Does God Play Dice? The Mathematics of Chaos*, Oxford: Basil Blackwell, 1989, ch. 6.

자전거의 경우라면 10차원 공간을 포함하게〔필요로 하게〕될 것이다. 이 사상 작업이 이루어질 경우 특정한 한 순간의 대상의 상태는 수학적 다양체에서의 한 단일한 점이 될 것이다. 이때 이 수학적 다양체는 상태공간state space이라 불린다. 나아가 이 모델에 있어 한 점(예컨대 시계의 경우 한 시점에서의 똑딱)을 움직이게 해서 그 곡선 또는 궤적을 서술할 수 있다면, 대상의 상태 변화들을 포착할 수 있다. 이렇게 해서 물리학자는 이 궤적들의 행동을 연구함으로써 한 대상의 변화를 연구할 수 있다. 여기에서 주의할 점은 방금 내가 든 예가 두 개의 대상〔진자, 자전거〕을 들어 말하고 있긴 하지만 이것들의 상태공간이 포착하고 있는 것은 그것들의 정적인 성질들이 아니라 그 성질들이 변화하는 방식이라는 점이다. 다시 말해 상태공간은 어떤 과정을 포착한다. 다른 모델들과 마찬가지로 여기에서도 일종의 교환이 발생한다. 우리는 대상의 상태 변화들의 복잡성을 모델링하는 공간의 복잡성과 교환하는 것이다.[14] 달리 말해 한 대상의 순간적 상태(그것이 아무리 복잡하다 해도)가 하나의 단일한 점이 된다는 점에서 이는 극단적인 단순화라고 할 수 있다. 그러나 반면 대상의 상태가 놓이게 되는 공간은 더욱 복잡해진다(예컨대 자전거의 3차원 공간은 10차원의 상태공간이 된다).

복잡한 동역학적 과정들을 가능한 상태들의 공간〔상태공간〕에서의 궤적들로 모델화함으로써 이루어진 극단적인 단순화 외에도, 여기에는 또 다른 이점이 존재한다. 수학자들은 관련된 물리적 문제들의

---

13) 사상mapping은 한 집합과 다른 집합 사이에 대응관계를 성립시키는 행위이다. — 옮긴이
14) 구체적인 설명으로 다음을 보라. 이정우, 『접힘과 펼쳐짐』, 거름, 2001, §38. — 옮긴이

연구와 해결을 위한 새로운 원천들을 제시할 수 있게 된 것이다. 특히 이 공간의 어떤 특징들, 즉 많은 상이한 모델들에 공통되는, 나아가 많은 물리적 과정들에 공통되는 반복적인 또는 정형적인 행동을 결정하는 특징들을 분석하기 위해서 위상학적 원천들을 사용할 수 있게 된 것이다. 이러한 접근법의 주요 개척자는 19세기의 위대한 수학자들 중 한 사람인 앙리 푸앵카레였다. 푸앵카레는 그의 연구를 실제 물리계를 모델화하는 미분방정식이 아니라 아주 단순한 한 방정식에서 시작했다(이 방정식은 너무나 단순해서 물리학에 응용할 수가 없을 정도였지만, 푸앵카레는 그것을 가지고서 자유도 2인 모든 모델들의 반복적인 특질들을 탐구할 수 있었다). 그는 2차원 수학적 다양체들의 어떤 특별한 위상학적 특징들(특이성들singularities이라 불린 특징들)을 발견하고 분류했다. 바로 이 특이성들이 궤적들의 행동을 크게 좌우하며, [상태공간에서의] 이 행동이 바로 물리계의 상태들의 현실적인 과정을 표상하므로 결국 물리계 자체의 행동을 좌우하게 된다.[15]

---

15) "같은 미분방정식의 상이한 해-곡선들(즉 궤적들) 사이의 관계를 탐구함으로써, 푸앵카레는 국소적 분석[해석解析]에서 시작해서 한 특이점의 [가까운] 주변neighborhood에서 이 곡선들이 보이는 행동을 검토했다. …… 그는 특이점들의 네 가지 가능한 유형들이 존재한다는 점을 보여 주었고, 해-곡선들 근처nearby의 행동에 입각해 그것들을 분류했다. 노드들=매듭들(nodes, *noeuds*): 무한의 해-곡선들이 이를 통과한다. 말안장들=고개들(saddle points, *cols*): 오로지 두 개의 해-곡선만이 이를 통과한다. …… 초점들=난로들(foci, *foyers*): 해-곡선들은 나선적 로가리듬logarithm의 방식으로 이에 접근한다. 중심들(centers, *centres*): 해-곡선들은 서로를 포괄하면서enveloping 이 주위에 갇힌다. 이 네 유형들이 필연적으로 존재한다는 것을 보여 주기 위해 직접적인 대수적 연산을 사용한 후, 푸앵카레는 이들의 분포distribution를 연구했다. 그가 발견한 바에 따르면, 일반적인 경우 오직 세 유형 ─ 매듭들, 고개들, 난로들 ─ 만이 자주 나타나며, 중심들은 예외적인 상황들에서만 나타난다." June Barrow-Green, *Poincaré and the Three Body Problem*, American Mathematical Society, 1997, p. 32. 거칠게 말해서, 푸앵카레는

특이성들은 궤적들에서의 끌개들attracters로 작용함으로써 〔수학적 다양체의〕 행동에 영향을 준다. 이는 무엇을 뜻하는가. 상당수의 궤적들이, 그것들 모두가 끌개──끌음attraction의 '장'[16]──의 '영향권'에 속하는 곳에서 시작되는 한, 수학적 다양체의 상이한 자리들에서 진화에서 출발할지라도 결국 정확히 같은 최종 상태(끌개)에서 끝날 것이라는 점이다. 상이한 궤적들이 이런 의미에서 같은 최종 상태에로 이끌린다면, 특이성들은 한 계system의 내속적인 또는 자체 내적인 장기적 경향들──계가 다른 힘들에 의해 제약받지 않는 이상 결국 받아들이게 되는 상태들──을 나타낸다고 할 수 있다. 어떤 특이성들은 위상학적 점들이며, 그래서 그것들이 궤적들의 정해진 경로로서 정의하는 최종 상태는 안정된steady 상태이다. 푸앵카레는 이 외에도 또한 어떤 환상선들(環狀線, closed loops)이 끌개로서 작용한다는 사실을 발견했고, 그것들을 '극한-원들' limit cycles이라고 불렀다. 어떤 극한-원(또는 주기적 끌개)에로 이끌린 궤적들이 받아들일 수밖에 없는

(다양한 물리적 모델들에서 나타나게 되어 있는) 일련의 반복적인 '위상학적 형식들'이 존재한다는 사실만이 아니라 이 형식들 중 어떤 것들은 다른 것들보다 '좀더 포괄적'generic이라는 사실을 발견했다. 다시 말해, 다양한 모델들에서 나타나는 특이성들의 분포를 연구할 경우 우리는 그것들 중 어떤 것──중심들──이 다른 것들보다 덜 빈번하게 나타난다는 것을 알 수 있다. '포괄적'이라는 개념의 의미는 사실상 지금도 진화하고 있는 개념이다. 이에 대해 다음을 보라. Ralph Abraham and Christopher Shaw, *Dynamics: The Geometry of Behavior*, vol. 3, Santa Cruz: Aerial Press, 1985, pp. 19~34〔들뢰즈가 『의미의 논리』(이정우 옮김, 한길사, 1999), 122쪽에서 특이성들의 예를 들면서 열거하고 있는 "고개, 매듭, 교차로〔난로〕, 중심"이 바로 푸앵카레의 이 네 가지 유형을 뜻한다. 아울러 특이성의 개념에 대해 이정우, 『사건의 철학』(철학아카데미, 2003), 5강 및 『접힘과 펼쳐짐』, 5강을 참조하라.─옮긴이〕.
16) 'basin'은 보다 일반적으로 사용되는 'field'와 구분하기 위해서 작은따옴표를 붙여 '장'으로 번역했다.─옮긴이

최종 상태는 진동하는oscillatory 상태이다. 그러나 안정된 상태의 끌개들을 다루든 아니면 주기적인 끌개들 또는 다른 끌개들을 다루든, 중요한 것은 그것들이 반복적인 위상학적 특징들이라는 사실이다. 달리 말해, 상이한 물리계들을 나타내는 상이한 방정식 집합들이 끌개들의 유사한 분포를 보일 수 있으며, 따라서 유사한 안정적 행동을 보여 줄 수 있다는 것이다.

하나의 다양체를 정의하기 위한 작업의 일부로서, 특이성들이 어떻게 물리적 형식들의 탄생을 이해하는 전혀 새로운 방식으로 이끌어 가는가를 보여 주는 간단한 예를 제시하고 싶다. 다양한 물리적 구조들이 그 구성 요소들이 에너지 흐름에서의 일정한 필요에 직면하고자 함에 따라 자연발생적으로 형성된다. 이 구성 요소들은 예컨대 최소 자유에너지의 점을 찾음으로써 구축될 것이다. 표면장력을 최소화함으로써 구형球形을 획득하는 비누 거품, 또는 결합에너지를 최소화함으로써 입방체 형태를 띠는 보통의 소금 결정체 등을 그 예로 들 수 있을 것이다. 이 형식들〔형태들〕은 (최소 에너지의 점을 나타내는) 단일한 한 점인 끌개에 의해 구조화된다. 즉 우리는 이 형식들에로 이끌어 가는 과정의 상태공간을 상상할 수 있다. 상황을 서술하는 한 방식은 하나의 위상학적 형식(한 수학적 다양체에서의 단일한 한 점)이, 각각 상이한 기하학적 성질들을 가진 구들이나 입방체들을 포함해, 상이한 물리적 형식들을 낳는 하나의 과정을 이끈다고 보는 것이다. 들뢰즈가 특이성들은 "기하학적이기보다는 위상학적인 함축적〔잠재적〕 형식들"과 같다고 말했을 때 그가 뜻하고자 한 바가 바로 이것이다.[17] 이런 생각은 본질주의적 접근법과는 대조된다. 본질주의적 접근을 취할 경우라면,

비누 거품이 구형을 띠는 현상에 대한 설명은 구형성sphericity이라는 본질을 통해서, 즉 이상적(이데아적)인 형식들로서 활동하는 기하학적으로 특징 지어진 본질들을 통해서 틀 지어진다는 것이 될 것이다.

이제 잠시 특이성들이 띠고 있는 위상학적 성격의 의미와 맥락에 대해 이야기해 보자. 여기서 중요한 것은 특이성들은 지속적인 경향들을 결정함으로써 상태공간을 구성하는 가능성들을 구조화한다는 점, 따라서 결국 상태공간에 의해 모형화된 (물리적 과정으로 열린) 가능성들을 구조화한다는 점이다. 나아가 특이성들은 반복된다는 점이 중요하다. 이것은 특이성들이 각 과정들 고유의 물리적 메커니즘에 독립적으로 그것들을 특성화해 준다는 점을 뜻한다. 앞의 예를 다시 취한다면, 비누 거품의 생산을 지배하는 메커니즘은 소금 결정체를 지배하는 메커니즘과 판이하게 다르지만 두 경우 모두 결국은 (에너지의) 최소화 과정인 것이다. 이 메커니즘으로부터의 독립성은 특이성들(또는 차라리 그것들이 정의해 주는 다양체들)이 본질들의 대체라는 목표에 뛰어나게 공헌할 수 있도록 만들어 준다.[18]

그러나 앞에서도 말했듯이, 우리는 이 지점에서 특이성들을 한 과정의 본질에 상응하는 등가물equivalent로 만들지 않도록 조심해야 한다. 이런 오류를 피하기 위해서 다양체를 본질로부터 구분하고 그것의 부가적인 형식적 성질들을 논할 것이며, 그 후 앞에서와 마찬가지로

---

17) Deleuze and Guattari, *A Thousand Plateaus*, p. 408.
18) 들뢰즈는 말한다. "플라톤주의를 전복시키기 위해서는 무엇보다도 우선 본질들을 제거해야 하며 그것들을 특이성들의 분출(현실화)로서의 사건들로 대체해야 한다." Deleuze, *Logic of Sense*, trans. Mark Lester and Charles Stivale, ed. Coustantin V. Boundas, New York: Columbia University Press, 1990, p. 53.

이 순수하게 개념적인 차이들이 물리적 과정의 물음들에 연관되는 방식에 대해 논의할 것이다.

대칭 파괴와 분화

문제가 되고 있는 형식적 차이는 본질들과 다양체들이 (현실적) 존재들entities로서 특화되는 방식과 관련된다. 전통적으로 본질들이 하나의 명석하고 판명한 본성을 소유하고 있는 것으로 간주된 반면(명석함과 판명함은 또한 이 본질들 중 하나를 파악하는 철학자의 마음에 나타나는 관념들을 특징 짓기도 한다), 다양체들은 그 구조상 애매하고 판명하다.[19] 다시 말해, 하나의 다양체를 정의하는 특이성들은 집합들의 형태로 나타나며 이 집합들은 단번에 주어지는 것이 아니라 반복되는 계열들을 따라 펼쳐짐으로써 한 다양체의 본성을 점진적으로 특화(종별화)하는 방식으로 구조화된다.[20] 이것이 의미하는 바는 우선은 은유를 통해서

---

19) '애매'하고 '판명'하다는 것은, 공간적으로 비유해 말한다면, 각각의 존재는 그 경계선이 실선으로 정확히 그어져 있지 않지만(점선으로 그려져 유동적이지만), 그럼에도 서로 간에는 분명하게 구분된다는 것을 뜻한다. 즉 각각은 명료하지clear 않지만 서로 간에는 분명하다는distinct 것을 뜻한다. 들뢰즈는 이를 '비정확한' anexact이라는 말로 표현한다. ─ 옮긴이

20) 이성의 빛(또는 사물들의 본질적 진리를 포착할 수 있는 능력으로서의 합리성)의 이미지에 대해 논하면서, 들뢰즈는 말한다. "자연의 빛이라는 바로 그 개념화는 이데아idea에 붙어 있는 것으로 가정된 어떤 가치 ─ '명석하고 판명한' ─ 로부터 분리될 수 없다. …… 능력들에 대한 독트린에서 이데아의 복권은 명석하고 판명한 것의 파열과 디오뉘소스적 가치의 발견을 필요로 한다. 이 가치에 따를 때, 이데아는 판명한 한에서 필연적으로 애매하며, 보다 애매할수록 보다 판명하다." Deleuze, *Difference and Repetition*, p. 146. 여기에서 '이데아'는 다양체들을 가리키며, 들뢰즈가 이 플라톤적인 용어를 사용한다는 사실은 그가 본질들을 다양체들로 대체하려 한다는 것을 보여 준다. "이데아들은 결코 본질들이 아니다. 문제들이 이데아들의 대상인 한에서, 문제들은 정리적인theorematic 본질들이기보다는 사건들, 감응들affections, 사고事故들accidents의 편에 속한다. …… 결과적으로 이데아들의 영역은 비본질적인 것의 영역이다." Ibid., p. 186.

예시될 수 있을 것이며, 그 다음에는 정확한 전문적인 정의를 통해서 주어질 수 있을 것이다. [적절한] 은유는 하나의 알, 즉 분화된 조직들과 기관들을 갖춘 유기체로 충분히 발생하기까지 펼쳐지는('배아발생' embryogenesis으로 알려져 있는 과정) 수정란이다. 배아발생에 대한 본질주의적인 해석들에서 조직들과 기관들은 알 속에 이미 주어져 있는 것들로서 가정되어 있지만, 오늘날 대부분의 생물학자들은 이 전성설(前成說, preformism)——기관들과 조직들이 미리 형성되어 있다는preformed 가정과 그에 따라서 명료하고 분명한 본성을 가지고 있다고 보는 입장——을 포기했으며 알이 발생함에 따라 분화된 구조들이 점진적으로 나타난다는 생각을 받아들이고 있다.[21] 물론 알이 미분화된 덩어리인 것은 아니다. 그것은 생화학적인 농축의 지대들과 노른자위(또는 핵)의 비대칭적인 위치에 의해 수립된 극極들에 의해 정의되는 애매하지만 판명한obscure yet distinct 구조를 가지고 있다. 그러나 그것이 필수적인 생화학적 실체들[물질들]과 유전정보를 가지고 있다 해도, 이 실체들과 정보는 최종적인 유기체의 명석하고 판명한 청사진을 포함하고 있지 않다.[22]

알이라는 은유가 내가 지금 그으려 하고 있는 구분에 대한 생생한

---

21) 이 생각은 '후성설'(後成說, epigenesis)이라 불린다. 발생학의 선구자인 폰 바에르K. E. von Baer에 의해 확립되었다.——옮긴이
22) "배아발생[의 이른 시기] 동안의 자기-배열self-assembly은 직접적인 유전자 개입에 의해 매개되지 않는다. 모든 전사[傳寫, transcriptions: DNA로부터 mRNA가 만들어지는 과정]가 [억제자의 사용을 통해서] 억제되었을 때에도, 규칙적인 세포분열[卵割]의 패턴들은 유지된다. 그러나 알의 세포질과 핵 양자兩者의 분자적 조직화의 극성은 …… 정상적인 발생을 위해 본질적이다. 그래서 [초기] 배아발생의 주된 특징들——세포 분화, 내역(內繹, induction), 패턴 형성의 결정——은 모두 (미리 형성된 정보 제공적informational 거대분자들

예시를 제공해 주기는 하지만, 결국 그것은 단지 유용한 유비일 뿐이다. 다행히 은유에 의존하지 않고서 점진적인 분화라는 생각을 정의할 수 있게 해주는 전문적인 방식들이 존재한다. 이 경우 원천은 19세기에 이루어진 또 하나의 핵심적인〔수학적〕혁신, 즉 군론群論에서 온다. 군론 역시 앞에서 이야기한 미분기하학과 마찬가지로 20세기 물리학의 기초적인 수학 기법을 구성하는 한 부분이 되었다. '군' group이라는 용어는 (일정한 성질들을 가진) 항들의 한 집합 및 그 항들을 위한 조합의 규칙을 가리킨다. 성질들 중 가장 중요한 것은 '내부성' closure이라고 이름 붙은 성질이다. 내부성이란 집합 내의 어떤 두 항이든 그것들을 조합하려 규칙을 사용할 때 그 결과 또한 그 집합에 속하는 항이 된다는 것을 뜻한다. 예컨대 양의 정수들의 집합은 조합 규칙으로 덧셈을 사용할 경우 내부성〔이라는 성질〕을 보여 준다. 어떤 두 정수이든 그 둘을 더함으로써 다른 양의 정수를, 즉 본래의 집합에 속하는 다른 요소를 얻을 수 있기 때문이다.[23]

    수의 집합들(또는 다른 많은 수학적 대상들)이 군의 예시들로서 사용될 수는 있겠지만, 점진적 분화를 정의할 목적이라면 대상들이 아닌

의) 난卵 형성 과정[oogenesis: 최초에 알을 창조해 내는 과정]을 통해 도래하는 공간적인 분포로부터 유래한다. 배아발생의 단초를 이루는 조건은 난 형성이다. 배아발생의 후성적 과정은 난 전체의 거대분자들의 위상조직학적 자기조직화와 정향에 입각해 이루어진다." Vladimir Glisin, "Molecular Biology in Embryology: The Sea Urchin Embryo", *Self-Organizing Systems: The Emergence of Order*, ed. Eugene Yates, New York: Plenum, 1987, p. 163.
〔'induction'은 발생학의 용어로서 흔히 '유도誘導'로 번역된다. 배가 분화할 때, 하나의 배역胚域이 이웃 배역에 영향을 주어 분화의 방향을 유도하는 과정을 말한다. 질베르 시몽동Gilbert Simondon은 'induction', 'traduction', 'transduction'을 구분하는데, 이것은 들뢰즈/가타리의 용어로 하면 탈영토화가 커지는 정도를 뜻한다. 번역의 일관성을 위해 각각 '내역', '번역' 飜譯, '횡역' 橫譯으로 옮겼다. —옮긴이〕

변환들(과 조합 규칙, 즉 그 변환들의 계속적인 적용)을 그 성원으로서 가지는 군들을 생각할 필요가 있다. 예컨대 90도의 회전들(즉 0도, 90도, 180도, 270도의 회전들)로 구성된 집합은 〔내부성을 갖춘〕 하나의 군을 형성한다. 계속되는 어떤 두 회전도 또한 그 군에 속하는 회전을 산출해 내기 때문이다(360도는 0도로 간주된다). 변환군變換群들의 중요성은 그 불변항들invariants에 입각해 기하학적 형태들을 분류할 수 있다는 점에 있다. 이 군의 회전들 중 하나를 하나의 입방체 위에서 수행한다면, 변환을 보지 못한 관찰자는 어떤 변화가 실제 발생했다는 것을 인지하지 못할 것이다(다시 말해, 입방체의 시각적인 외관이 이 관찰자에게는 불변인 것으로 보일 것이다). 반면 예컨대 45도의 회전들 하에서라면 입방체는 불변인 것으로 남지 못할 것이다. 구球라면 사정이 다르다. 구는 몇 도의 회전들 하에서건 시각적으로 불변의 형태를 유지한다. 이를 수학적으로 말하자면 회전 변환에 관련해 구는 입방체보다 더 큰 대칭성을 가진다고 할 수 있다. 다시 말해 대칭성의 정도는 하나의 성질을 불변의 것으로 머물게 하는 (한 군 내에서의) 변환들의 수에

---

23) Joe Rosen, *Symmetry in Science*, New York: Springer-Verlag, 1995, ch. 2. 조합의 규칙을 갖춘 항들의 모임은 내부성 외에도 연합성associativity, 그리고 동일성 요소 및 역逆의 요소를 포함한다. (제로를 포함하며, 조합 규칙으로 덧셈을 사용하는) 양의 정수들의 집합은 연합성을 보여 준다. 두 수의 더하기 결과와 세번째 수의 더하기가 다른 두 수를 더해 얻은 결과들에 첫번째 수를 더해 얻은 결과와 똑같기 때문이다〔(a+b)+c=a+(b+c). 교환법칙을 말한다.—옮긴이〕. 그것은 또한 '동일성 요소'를 포함한다. 동일성 요소는 임의의 한 항에 더해졌을 때 그 항에 변화를 주지 않는 요소이다(이 경우 동일성 요소란 결국 0, 즉 제로를 말한다). 그러나 그것은 하나의 군은 되지 못한다. 역의 요소들, 즉 다른 항들과 결합되었을 때 동일성 요소를 낳는 요소들을 결하고 있기 때문이다. 예컨대 -3이 +3에 더해졌을 때 (동일성 요소인) 0이 산출된다. 그러나 -3은 양의 정수들의 집합의 원소가 아니다. 따라서 정수들이 하나의 군을 형성하려면 우리는 거기에 음수들을 포함시켜야 하는 것이다.

의해 측정되며, 형태들 사이의 관계들은 한 형태의 군이 다른 형태의 군에 포함될 경우 (또는 그것의 하위 군일 경우) 수립될 것이다.

기하학적 대상들을 그 대칭성의 정도에 의해 분류하는 것은 기하학적 형태들을 그 본질에 입각해 분류하던 전통적 방식으로부터의 큰 일탈을 나타낸다. 후자의 방식으로 접근할 때 우리는 모든 입방체들에, 또는 모든 구들에 공통된 성질들의 집합을 찾게 되는 데 비해, 군들은 이 형태들을 그 정적인 성질들에 입각해 분류하기보다는 이 형태들이 어떻게 활동적인 변환들에 의해 영향 받는가(또는 영향 받지 않는가)에 입각해서 분류한다. 다시 말해, 형태들은 그것들에게서 발생하는 사건들에 어떻게 응답하는가에 입각해서 분류된다.[24] 이 내용을 달리 말한다면, 이 새로운 접근법 역시 항들을 한 성질(그것들의 대칭도)에 의해 분류하고 있지만, 이 성질은 결코 분류되고 있는 항의 자체 내 성질이 아니라 항상 특정한 변환(또는 변환군)에 상대적인 성질인 것이다. 덧붙여 말한다면, 대칭성을 통한 접근법은 역동적인 관계들을 다른 방식으로 분류할 수 있게 만든다. 둘 또는 그 이상의 항들이 위의 입방체나 구처럼 관련되어 있을 때, 즉 하나의 변환군이 다른 하나의 하위 군일 때, 대칭성을 얻거나 잃어버림으로써 항들 중 하나를 다른 하나로 변환시키는 과정을 생각할 수 있게 된다. 예컨대 하나의 구는 어떤 변환들에 대한 불변성을 상실함으로써, 보다 전문적으로 표현해 대칭 파괴적인

---

24) 이 주제에 대한 표준적인 서술들은 사건으로서의 변환보다는 사건의 입력과 출력에 중점을 둠으로써 대칭에 기반한 분류들의 이 역동적인 측면을 모호하게 만들어 버리고 있다. 다시 말해, 변환은 하나의 과정이지만 [이런 서술들에서] 수학적으로 중요시되는 것은 변환된 대상의 초기 상태와 최종 상태[일 뿐]인 것이다. 다음을 보라. Ian Stewart and Martin Golubitsky, *Fearful Symmetry*, Oxford: Blackwell, 1992, pp. 32~33.

전이transition를 겪음으로써 '입방체가 될' 수 있다. 순수 기하학의 영역에서 이 변형transmutation은 다소 추상적인 것으로 물리학이나 생물학의 세계에서 일어나는 일들에 무관한 것으로 보일 수 있으나, 이 구체적인 영역들에는 대칭 파괴적인 전이들을 보여 주는 많은 예들이 존재한다.[25]

물리적 과정에 있어 파괴된 대칭을 통한 변형들은 예컨대 상전이相轉移[26]의 형식으로 발생할 수 있다. 상전이란 한 물리계를 한 상태에서 다른 상태로 전환시키는 어떤 매개변수(예컨대 온도)의 임계값들에서 발생하는 사건이다. 임계점들의 예로는 물이 얼음 상태에서 액체 상태로 또는 액체 상태에서 증기 상태로 변화하게 되는 점들을 들 수 있다.

한 물질의 기체 상태와 고체 상태를 비교해 본다거나, 또 단순화를 위해서 완전히 균일한 기체와 완전한 결정체結晶體 배열을 가정해 보면, 파괴된 대칭의 측면은 분명하게 드러난다. 이 이상적 조건들 하에서 기체는 모든 이전, 회전, 반사…… 하에서 불변의 성질들을 드러낼 것이며, 반면 고체는 이 변환들의 일부(부분집합)에서만 불변인 것으로 드러날 것이다. 예컨대 기체의 경우 일정하게 이동했을 때에라도 기본적으로 같은 상태를 유지하는 반면(다시 말해, 관찰자는 그러한 이동이 일어났는지의 여부를 말할 수 없을 것이다), 고체의 경우 그것을 주

---

[25] 예컨대 현대 우주론의 대표적인 가설들 중 하나인 '빅뱅 이론'이 '대칭성 파괴'를 통해 우주의 탄생을 설명하는 것을 들 수 있다. 생명체의 진화 과정에서는 매우 다양한 형태의 대칭성 파괴가 작동한다. 존재론적으로 말해서 대칭성 파괴란 단순한 질적 차이들의 등장이 아니라 심층적인 구조적 차이들의 등장을 뜻한다고 볼 수 있다. ─ 옮긴이

[26] 상전이phase transitions란 고체, 액체, 기체 사이에서의 변환을 말한다. ─ 옮긴이

어진 일정한 시간에 결정체의 한 단위(또는 복수의 단위들)만큼 옮길 때에만 시각적으로 불변인 것으로 드러날 것이다. 달리 말해, 기체는 고체보다 더 많은 대칭성을 보유하며 대칭 파괴적인 상전이를 겪음으로써 고체가 될 수 있다.[27] 앞에서 든 은유적인 예 — 완전한 유기체로 분화하는 수정란 — 는 이제 다음과 같이 문자 그대로의 의미로 전환될 수 있다: 동그란 알(卵)의 점진적인 분화는 대칭 파괴적 과정들의 복잡한 연쇄cascade를 통해서 이루어진다.[28]

이제 점진적 분화라는 생각을 다양체의 개념에 통합시켜 이해해 보자. 이는 곧 점진적 분화의 개념이 어떻게 상태공간의 용어들로 번역될 수 있는가를 보여 주는 일이다. 앞에서 말했듯이, 한 존재를 정의함에 있어 본질주의를 벗어나기 위해서는 상태공간의 측면을 다루어야 한다. 그리고 상태공간에서 중요한 것은 특이성들이다. 하나의 특이성(또는 특이성들의 집합)은 대칭 파괴적인 전이를 겪을 수 있으며 다른 특이성으로 전환될 수 있다. 이 전이들은 분기分岐[29]라 불리며, 한 특수한 상태에 하나 또는 그 이상의 '조절 스위치들'(control knobs, 전문용어로는 조절 매개변수들)을 덧붙임으로써 연구될 수 있다(이 스위치들이 모형화된 계를 지배하는 외부 충격들이나 섭동들의 세기를 결정한다). 이 조절 매개변수들은 임계값들을, 즉 계의 이전의 대칭성을 파

---

27) Stewart and Golubitsky, *Fearful Symmetry*, p. 97. 파괴된 대칭성에 대한 이 예시는 이상적인 고체들과 기체들을 가정하고 있을 뿐만 아니라 기체의 용기와 결정체의 격자가 모든 방향으로 무한임을 가정하고 있다. 불변성을 정의하기 위해 '관찰자' 개념을 사용하는 것은 단지 편의상의 장치일 뿐이다. 사실상 주관적인 관점을 피할 수 있는 것이다. 다음을 보라. Rosen, *Symmetry in Science*, pp. 173~174.
28) Stewart and Golubitsky, *Fearful Symmetry*, ch. 7.
29) 'bifurcation'은 '갈라치기'로 번역되기도 한다. — 옮긴이

괴하면서 특정한 분기가 발생하게 되는 강도의 문턱들을 드러내곤 한다. 예컨대 일점—點 끌개에 의해 구조화된 상태공간은 두 개의 일점 끌개를 갖춘 다른 상태공간으로 분기할 수 있고, 또 하나의 일점 끌개가 그 본래의 대칭성을 일부 잃어버림으로써 하나의 주기적 끌개로 분기할 수도 있다.[30] 끌개들로서의 많은 것들이 반복적인 형식들로 되돌아오며, 그래서 분기는 그러한 형식들의 반복적인 계서들sequences을 정의할 수 있다. 예컨대 어떤 계서는 시작은 점 끌개에서 하지만 조절 매개변수가 임계값에 도달했을 때 불안정해져 주기적 끌개로 분기한다. 그리고 다시 이 원환적 특이성이 다른 임계값에서 불안정해질 수 있으며 그것을 카오스적chaotic 끌개로 변환시키는 불안정성들의 계서(주기를 이중화하는 갖가지 분기들)를 겪는다.

분기들의 이 대칭 파괴적 연쇄는 이제 실제 물리적 과정들에서 발생하는 계서들과 연계된다. 예컨대 앞에서 언급한 연쇄의 〔물리적〕 실현은 분명히 구분되는 유체역학적 흐름 패턴들(안정 상태, 원환적 흐름, 소용돌이치는 흐름)에 대한 (많이 연구되어 왔던) 계열에서 발생한다. 이 반복적인 흐름 패턴들 각각은 온도나 속도에서의 잘 정의된 임계 문턱들에서 잇달아 나타난다. 상전이들의 계열은 물탱크를 아래에서 가열함으로써 시작될 수 있다. 온도가 낮을 경우 꼭대기로부터 바닥까지 열의 흐름——열 전도傳導——은 단순하고 지속적이며, 기체의 대칭도對稱度를 가진 밋밋한, 특징 없는, 전반적인 패턴만을 보여 준

---

30) Ralph Abraham and Christopher Shaw, "Dynamics: A Visual Introduction", *Self-Organizing Systems*, p. 576.

다. 그러나 온도의 임계점에 도달하면 이 일정한 흐름이 갑자기 사라지며, 이번에는 열 대류對流가 발생해 시계 방향 또는 반시계 방향으로 회전하는 밀집된 물 회전들이 형성된다. 이제 물탱크는 구조를 가지게 되고, 같은 이유로 대칭성을 어느 정도 상실하게 된다. 그리고 다시 온도가 계속 강화됨으로써 또 다른 문턱에 도달하게 되며, 흐름이 그 질서정연한 주기적 형태를 상실함으로써 하나의 새로운 패턴 ─ 교류攪流 ─ 이 발생한다. 전도-대류-교류의 계열을 낳는 연쇄는 분명 보다 복잡하며 (액체 물질을 가열하기보다는 가속화하는) 쿠에트-테일러 기구Couette-Taylor apparatus라 불리는 특수한 기계를 사용함으로써 상세하게 연구될 수 있다. 적어도 일곱 개의 상이한 흐름 유형들이 이 기계를 통해 드러나는바, 그 각각은 속도에서의 한 특수한 임계점에서 나타나며 또 (기구의 단순한 원통 모양 때문에) 각각의 상전이는 실린더의 변환군에서 일어나는 파괴된 대칭성에 직접적으로 관련될 수 있다.[31]

이 예로부터 알 수 있듯이, 분기들의 연쇄는 한 물리계 내에서 충실하게 실현될 수 있다. 그러나 이 실현은 수학적 연쇄와는 유사성을 가지지 않는다. 특히 메커니즘 독립적인 수학적 연쇄와는 달리 물리적 실현은 특수한 메커니즘들을 포함한다. 우선 인과적 상호 작용들과 그 효과들이 존재한다. 우리의 예로 되돌아오자면, 용기 내로의 열의 유입은 물은 가열될 경우 팽창한다는(즉 밀도가 작아진다는) 조건 하에서

---

31) Stewart and Golubitsky, *Fearful Symmetry*, ch. 5. 또한 다음을 보라. Gregoire Nicolis and Ilya Prigogine, *Exploring Complexity*, New York: W. H. Freeman, 1989, pp. 12~15.

층이 지는 밀도 차이의 형성을 야기한다. 이 밀도 그래디언트 자체는 물의 점도와 같은 다른 힘들과 상호 작용하며, 한 계가 한 유입 패턴에서 다른 패턴으로 돌아설 것인가의 여부는 이 다른 힘들 사이의 균형에 의해 결정된다. 예컨대 밀도 그래디언트는 운동에서의 작은 차이들(섭동들)──부드럽고 일정한 steady-state 흐름에 약간의 세부 사항들을 덧붙일 수 있는, 그러나 유체의 점도에 의해 약화되는 차이들──을 증폭시키곤 한다. 그러나 열의 흐름이 강화될 경우, 계는 섭동들을 증폭시키게 되고 또 밀집된 소용돌이의 형성을 허용하게 됨으로써 (밀도 그래디언트가 점도를 극복하기에 충분한) 임계점에 도달하게 된다. 그래서 대류에로의 전이 아래에는 매우 특수한 사건들의 계열이 깔려 있다고 할 수 있다. 다른 한편, 생물학자 브라이언 굿윈이 지적한 바 있듯이, 이 유체역학적 계서의 일부분은 그것과 전혀 다른 과정에서도 발견된다. 이 과정은 수정란을 온전한 개체로 전환시키는 복잡한 형태발생적 계서이다. 유체역학에서의 일련의 흐름 패턴들이라는 다른 하나의 예를 서술한 후 굿윈은 말한다.

> 서술의 핵심은 형태발생적 유형들이 생명체들의 수력학적 성질들로부터 유래한다는 제안에 있지 않다. …… 내가 강조하고 싶은 것은 단지 많은 유형 산출적 과정들은 발생하는 유기체들과 하나의 특성을, 즉 공간적인 세부 사항이 (단순히 과정을 지배하는 법칙들의 결과로서) 점진적으로 펼쳐 내는 특성을 공유한다는 사실뿐이다. 수력학적 예에 있어 우리는 처음에는 매끄러웠던 smooth 유체 흐름이 어떻게 방벽을 지나 대칭 파괴적 사건을 통과하는지, 그 결과 공간적으로 주기적인

패턴을 낳고, 또 그 결과 그 주기성으로부터 전개되는 국소적이고 비선형적인 세부의 정교화를 낳는지를 볼 수 있다. 배아발생embryonic development은 유사한 질적 과정을 따른다. 처음에는 매끄러운 일차적 축들이(이것들 자체가 한 균일한 상태로부터의 공간적 분기의 결과이거니와) 〔곤충의 신체에서의〕 절편들과 같은 공간적으로 주기적인 패턴들로 분기한다. …… 그리고 그 안에서 보다 세밀한 세부들이 …… 비선형성들과 계기하는 분기들의 점진적인 표현을 통해서 …… 전개된다. 그러한 펼쳐짐에 있어 유전자의 산물들의 역할은 (특정한 형태학을 낳는) 일련의 패턴 이행들을 용이하게 함으로써 특정한 형태발생적 경로를 안정화하는 데 있다.[32]

들뢰즈의 관점에서 보았을 때, 극히 중요한 것은 다양체들의 바로 이 보편성(또는 메커니즘으로부터의 독립성)이다. 언제나 추상적이고 일반적인 존재들인 본질들과는 달리 다양체들은 구체적 보편자들이다. 즉 분기들(물리적 과정들의 경향들에 있어 급작스러운 이행들로서 실현되는)에 의해 함께 묶이는 끌개들(물리적 과정에서의 경향들로서 실현되는)의 구체적인 집합들이다. 본질들의 일반성과는 달리, 그리고 이 일반성으로 하여금 한 본질의 구체화들instantiations을 제공할 수 있게 해주는 유사성과는 달리, 한 다양체의 보편성은 대개 발산적이다. 다시 말해, 한 다양체의 상이한 실현들은 어느 것이든 그것과 유사하지 않

---

32) Brian Goodwin, "The Evolution of Generic Forms", *Organizational Constraints on the Dynamics of Evolution*, eds. J. Maynard Smith and G. Vida, Manchester: Manchester University Press, 1990, pp. 113~114.

으며 그것이 채택할 수 있는 잠재적인[33] 발산하는 형식들의 집합에는 원칙적으로 끝이 없다. 이 유사성의 결여는 다양체들이 최종적인 산물이 아닌 과정들에 형식을 제공하며 그 결과 같은 다양체를 현실화하는 과정들에서 크게 다른 최종 결과들이 나올 수 있다는 사실에 의해 증폭된다. 예컨대 구형의 비누 거품과 입방체인 소금 결정은 서로 비슷하지 않을 뿐 아니라 그것들의 생산을 이끌어 가는 위상학적 점과 전혀 유사하지 않다.

    방금 내가 정의했던 점진적 분화의 개념은 이미 말했듯이 다양체들의 애매하지만 판명한 본성을 본질들의 명료하고 판명한 동일성으로부터, 그리고 또한 〔42쪽의 각주 20에서 말했듯이〕 이성의 빛이 정신이 포착하는 본질들에 비추는 명료함으로부터도 구분하기 위한 것이었다. 이제 최종적인 구분선을 그어야 한다. 추상적인 일반 존재들로서 서로 날카롭게 구분되어 병치되는 본질들과는 달리, 구체적 보편자들은 함께 연속체로 짜이는 meshed together into a continuum 것으로서 이해되어야 한다. 나아가 이것은 다양체들이, 영원한 원형들의 저장소와는 전혀 다른 연속적인 내재적 공간을 형성해 서로 엉겨 붙게 되는 식별 불가능성의 지대들을 창조함으로써, 그것들의 동일성을 와해시킨다는 것을 뜻한다. 들뢰즈가 말하듯이, 다양체들〔이데아들〕은 공존한다. 그러나

---

[33] '잠재적인'은 'virtual'의 번역이고, '잠세적' 潛勢的은 'potential'의 번역이다. 수학적 맥락에서는 '멱' 冪으로 번역하기도 한다. 지금 문장의 용법에는 이 뉘앙스도 함께 들어 있다. '힘'의 한 종류를 뜻할 때는 '포텐셜'로 번역했다. —옮긴이

그것들이 그렇게 하는 것은 '자연의 빛'의 균일성을 결코 가지지 않는 점들, 모서리들, 그리고 미광微光들 하에서이다. 매 경우 애매함들과 그림자 지대들이 그것들의 구분에 상응한다. 〔다양체들은〕서로 구별되지만, 그것들을 구현하는 형식들 및 항들과 똑같은 방식으로는 결코 아니다. 그것들은 그 완만한 종합을 결정하는 조건들에 따라 객관적으로 만들어지기도 하고 만들어지지 않기도 한다. 이것은 그것들이 차이화되어differentiated 갈 수 있는 가장 큰 역능을 분화될differenciated 수 없는 무능력과 결합시키기 때문이다.[34]

들뢰즈는 파괴되는 대칭성들을 통해 한 다양체가 점진적으로 펼쳐지는〔현실화되는〕 과정(차이생성)을 다양체들로 이루어진 연속적 공간이 점진적으로 특화되는 과정(분화) —— 이 과정을 통해 불연속적인

---

[34] Deleuze, *Difference and Repitition*, p. 187. 들뢰즈는 '대칭 파괴적 연쇄'라는 용어를 명시적으로 쓰고 있지는 않지만, 하나의 다양체가 어떻게 점진적으로 결정될 수 있는가를 설명하려는 맥락, 정확히 바로 그 맥락에서 "군들을 정위定位시키기"embedding를 언급하고 있다. Ibid., p. 187. 아쉽게도 군들에 대한 그의 간략한 논의는 (군 이론의 창시자인) 갈루아Évariste Galois의 상당히 애매한 측면, '장들의 첨가' adjunction라 불리는 것을 사용하고 있다. 그럼에도 이 두 공식화는 등가적이다. 수의 장들과 군들은 19세기가 개발해 낸 두 가지 상호 관련된 추상적 대상들이기 때문이다. 계기적인 첨가에 의해 그 장이 포화됨에completed 따라 점진적으로 특화되는 대수학적 문제는 파괴된 대칭성들의 점진적인 계열에 의해 특화되는(그 결과 점점 더 미분되는, 점점 더 홈이 패이는 공간들을 낳는) 추상적인 매끈한smooth 공간과 등가이다. 갈루아에 대한 들뢰즈의 논의는 전문적인 측면에서는technically 옳다. 그러나 그것은 '군들을 정위시키기'에 입각한 등가적 공식화만큼 명료하고 직관적이지는 않다. 그래서 이 재구성에서 나는 보다 명료한 쪽을 택할 것이다. 그러나 장들을 사용하든 군들을 사용하든, 점진적 차생progressive differentiation의 어떤 형식이 들뢰즈적 다양체 개념에 있어 핵심적인 요소인 것은 분명하다〔영어에는 'differenciation'이라는 말이 없기 때문에 데란다는 여러 군데에서 'differentiation'이라는 말로 '차이생성'(차이화)과 '분화'를 함께 뜻하고 있다. 혼란을 피하기 위해 맥락에 따라 변별해서 번역했다. ― 옮긴이〕.

공간 구조들로 된 이 세계가 태어난다——과 구별한다. 나는 이 미묘한 유형학적 구분에 집착하지는 않을 것이다. 현실로부터 분리된 차원으로서 존재하는 초월적인 하늘과는 달리, 들뢰즈는 다양체들의 연속체를 상상할 것을 요구한다. 우리에게 친숙한 3차원 공간으로 그리고 그렇게 공간적으로 구조화된 내용들로 스스로 분화되는 다양체들의 연속체를.[35]

연속적인 공간이 불연속적인 공간들을 낳음으로써 점진적으로 정의된다는 것이 무슨 뜻인가를 보자. 우선 하나의 공간은 단지 점들의 집합인 것이 아니다. 그것은 이 점들을 잘 정의된 인접성proximity 혹은 근접성contiguity의 관계들을 통해서 이웃관계들neighbourhoods로 묶는 방식을 동반하는 집합이다. 우리에게 친숙한 유클리드 기하학에서 이 관계들은 점들이 서로 얼마나 가까운가를 보여 주는 고정된 길이들 또는 거리들에 의해 규정된다. '길이'의 개념(과 아울러 이와 연관된 '면적', '부피' 같은 개념들)은 계량적metric 개념이라 불린다. 그래서 유클리드 기하학의 공간들은 계량적 공간들이라 불린다.[36] 그러나, 거

---

35) 이 다양체들의 연속체를 들뢰즈는 '혼효면'이라 부른다.—옮긴이
36) "하나의 공간을 단순한 점들의 집합과 대립하는 것으로서 구분해 주는 것은 그 점들을 함께 묶는 어떤 개념이다. 그래서 유클리드 공간에서 점들 사이의 거리는 점들이 서로 간에 얼마나 가까운가를 말해 준다. …… 프레셰(Maurice Fréchet ; 위상수학의 한 개척자)가 지적했듯이, 결합시키는binding 성질이 꼭 유클리드적 거리함수distance function일 필요는 없다. 특히 그는 계량적 공간들의 집합을 도입함으로써 거리의 개념을 일반화했다. 하나의 계량적 공간에서(예컨대 2차원 유클리드 공간), 우리는 한 점의 이웃관계에 대해 이야기할 수 있고 이때 이 이웃관계란 그 점으로부터의 거리가 일정 이하인 모든 점들을 뜻하게 된다. …… 그러나 주어진 점들로 구성된 한 집합의 부분집합들이라 할 이웃관계들이 계량=메트릭의 도입 없이도 어떤 방식으로든 구체화된다고 가정할 수도 있다. 그러한 공간

리들이 계속 고정되어 있으려 하지 않아, 고정된 거리들이 근접성을 정의하지 못하는 다른 공간들도 존재한다. 예컨대 어떤 위상공간 topological space은 (본성을 바꾸어 가면서 그것을 정의해 주는) 이웃관계들 없이도 늘려질 수 있다. 그런 이상한 공간들에 대처하기 위해서 수학자들은 어떤 계량 개념도 전제하지 않은 채 다만 '무한소적 infinitesimal 근접성' 같은 비계량적 개념들만을 가지고서 '가까이 있음'이라는 성질을 정의하는 방식들을 고안해 왔다. 이것을 어떤 식으로 특성화하든 계량공간과 비계량공간의 구분은 들뢰즈 존재론에 있어서 결정적인 것이다.[37] 나아가 핵심적인 것은 계량공간들과 비계량공간들을 연결시킬 잘 정의된 전문적인 방법들이 존재한다는 사실이다. 결국 계량공간들은 비계량공간들의 점진적 분화의 산물이 된다. 그러한 대칭 파괴적인 연쇄가 이 경우에 어떻게 작동하는지 설명하기 위해서

들은 이웃관계 위상수학을 가진다고 말해진다." Kleine, *Mathematical Thought*, p. 1160(강조는 인용자). 나는 이 책을 통해 '메트릭 공간(계량공간)'과 '비메트릭 공간(비계량공간)'이라는 개념 쌍을 방금 인용했던 구절에 따라 사용할 것이지만, 좀더 자유로운 방식으로 쓸 것이다. 예컨대 나는 위상수학적 공간들은 "최소least 메트릭"으로, 유클리드 공간들은 "최대most 메트릭"으로 부를 것이다. 물론 엄밀하게 계량적인 그 어떤 성질에 의존하는가의 여부에 따라 공간들의 특징을 구분해 보는 것이 좀더 엄밀한 방법이긴 하겠지만 말이다.

37) 들뢰즈는 베르그송을 따라 늘 상이한 두 유형의 다양체에 대해, 즉 계량적 다양체와 비계량적 다양체에 대해 이야기한다. 그는 이를 각각 "홈 파인"과 "매끄러운"이란 말로 부르고 있다. 이 점에서 들뢰즈의 입장을 정확히 해석하기 위해서는 그가 펠릭스 클라인의 작업을 참조했는지를 파악하는 것이 중요하다. 클라인은 계량과 비계량 사이의 관계를 군포함group inclusion의 관계로 보았기 때문이다. 이섭게도 내가 아는 한 들뢰즈는 클라인에 대해 논한 바 없다. 다른 한편, 들뢰즈는 비계량 기하학들의 존재에 대해 명확히 알고 있었으며 이 모두를 하나의 용어('매끄러운 공간')로 포괄해서 부르고 있다. "그것은 연속체적인(벡터적인, 사영적인, 위상학적인) 공간과 홈 파인(계량적인) 공간 사이의 차이이다. 첫번째 경우 '공간은 셈 없이 채워지며' 두번째 경우 '공간은 채워지기 위해서 셈해진다.'" Deleuz and Guattari, *A Thousand Plateaus*, p. 361(강조는 인용자).

우리는 19세기 기하학의 역사를 간단하게나마 우회할 필요가 있다.

당대에 대부분의 물리학자들과 수학자들은 물리공간의 구조가 유클리드 공간에 의해 점유되어 있다고 믿었으나, 이미 매우 다른 성격을 띤 여러 다른 기하학들이 등장하고 있었다. 그것들 중 몇 가지(예컨대 로바쳅스키Nikolai Lobachevskii에 의해 개발된 비유클리드 기하학)는 유클리드 기하학과 계량적인 성질을 공유했다. 그러나 다른 기하학들의 경우 사실상 계량적 개념들은 근본적인 것이 아니었다. 우리에게 다양체의 개념을 선사해 준 가우스-리만의 미분기하학이 하나의 예

인용구에서 주어진 정의들은 들뢰즈/가타리 자신의 것이지만, 보다 수학적인 정의들과 연계되어 있음이 분명하다. 계량공간은 채워지기 위해서는 셈해져야 한다. 정주적 문명들은 땅 위에 살기 위해서는 그것을 측정된(또는 셈해진) 구획들plots로 분절해야 한다. "양-식good sense은 …… 농업적이다. 그것은 농업상의 문제 ― 울타리들의 획정 ― 와 분리해서 생각할 수 없다. 중간계급들의 거래는 그들의 일부가 서로 간에 균형을 맞추고 조절한다는 것을 전제한다. 증기엔진과 가축, 그러나 또한 재산들과 계급들은 양-식의 생생한 원천들이다. 특정한 시대에 솟아오른 사실들로서만이 아니라 영원한 유형들로서도 그렇다." Deleuze, *Logic of Sense*, p. 76. 〔양-식과 상-식common sense에서의 'sense'는 의미, 방향, 감각을 모두 뜻한다. 그래서 양-식은 일방통행로, 정해진 방향, 옳은/좋은 감각 등을 모두 뜻하고, 상-식은 함께-나아갈 방향, 통념, 공통 감각 등을 모두 뜻한다. 앞의 '홈 파인'의 뉘앙스에 조응한다. ─ 옮긴이〕

공간을 계량화하는, 그것을 본질적으로 외연적인extensive 것으로서 다루는 정주적 방식에 들뢰즈는 (액체의 경우에 볼 수 있는) 공간 점유의 내포적인/강도적인intensive 방식, 즉 공간을 분절하거나 셈하지 않고서 점유하는 방식을 대립시킨다. 그는 이 대안을 '유목적 분포/배분'이라고 부른다. 정주적 분포와 유목적 분포의 구분은 우선 유형학적 사고의 물음들과 관련해 『차이와 반복』에서 제시되었으며(Deleuze, *Difference and Repetition*, pp. 36~37), 그 후 실제 유목문명과 정주문명에 대한 역사적 비교에 관련해서 다시 제시되었다. "…… 유목적 궤적이 흔적들 또는 관습적 길들을 따라간다 해도, 정주적 길의 기능을 채우는 것은 아니다. 그 기능이란 결국 각 개인에게 하나의 몫을 할당하고 몫들 사이의 소통을 조절함으로써 사람들에게 닫힌 공간을 분배하는parcel out 것이기 때문이다. 유목적 궤적은 그 반대를 행한다. 사람들(이나 동물들)을 열린 공간에 배분하는distributes 것이다. …… 정주적 공간이 벽들, 울타리들, 그리고 이것들 사이에 난 길들로 홈이 파인〔계량화된〕 공간이라면, 유목적 공간은 궤적과 더불어 지워지고 옮겨지는 '특질들'traits에 의해서만 식별되는 매끄러운〔계량화되지 않은〕 공간이다." Deleuze and Guattari, *A Thousand Plateaus*, p. 380.

이거니와, 다른 기하학들(사영기하학, 아핀기하학, 위상기하학 등)도 있었다. 뿐만 아니라, 유클리드 기하학이 여전히 왕좌를 지키고 있었음에도, 어떤 수학자들은 그것의 기본 개념들이 사실상 새로운 기하학들의 기초를 형성하는 비계량적 개념들로부터 도출될 수 있다는 사실을 깨달았다. 특히 19세기의 영향력 있는 또 한 사람의 수학자인 펠릭스 클라인은 그가 알고 있는 모든 기하학들이 그 불변항들에 입각해 변환군들로 묶일 수 있다는categorized 것, 그리고 상이한 군들이 서로 포함관계를 형성한다는 것을 깨달았다.[38] 오늘날의 용어로 말해서 이것은 상이한 기하학들이 파괴된 대칭성의 관계들을 통해서 서로 관계 맺고 있음을 뜻한다.

예컨대 유클리드 기하학에 있어 길이, 각, 형태 등은 회전, 이동, 투사를 포함하는 군에 의해 변경되지 않는다. 이것은 엄밀한 변환들의 군이라 불린다. 그러나 이 계량적인 성질들은 다른 기하학들을 특성화하는 변환들의 군들 아래에서는 불변으로 머물지 못한다. 아핀기하학이라 불리는 기하학의 경우 유클리드 기하학을 특성화하는 군에 새로운 변환들을 덧붙인다. 이 변환들은 선형적 변환들이라 불리거니와, 이 경우 선들이 평행한다거나 직선을 이룬다는 등의 성질들은 변화하지 않지만, 그것들의 길이는 변한다. 또 사영기하학의 경우 엄밀한 변환들과 선형적 변환들에 (한 조각의 필름에 빛을 쪼이는 것에 상응하며, 그 광선들을 하나의 스크린 위에서 자르는 것과 등가인) 사영의 변환들을 덧붙인다(좀더 전문적으로 말해, 이 기하학은 '사영성' pro-jectivities이라 불리

---

38) Kline, *Mathematical Thought*, p. 917.

는 변환들을 덧붙인다). 이 변환들은 유클리드 기하학의 성질들이나 아핀기하학의 성질을 반드시 그대로 놓아 두는 것은 아니다. 이 점은 (흔히 길이들의 크기를 증가시키는) 필름 프로젝터나 (평행선들을 흔들어 놓는) 그것과 일정한 각을 이루는 사영 스크린을 상상해 보면 쉽게 떠올릴 수 있다.

    이 세 기하학이 위계적인 층위들(사영-아핀-유클리드)을 형성하는 것으로 볼 경우, 각 층위의 하위 변환군이 상위의 변환군을 포함한다는 것, 거기에 새로운 변환들을 덧붙이고 있다는 것을 쉽게 알 수 있을 것이다. 달리 말해, 각각의 층위는 상위 층위보다 더 많은 대칭성을 포함한다. 이 점은 위계의 위로 올라가면서 대칭 파괴적인 연쇄가 점진적으로 더 많은 분화된 기하학적 공간들을 생산해야 한다는 것, 거꾸로 말해 아래로 내려가면서 분화를 그만큼 더 잃어버린다는 것을 뜻한다. 예컨대 유클리드 기하학에서 더 내려가면 우리는 점점 더 많은 형태들이 서로 같아져서 보다 더 적은 수의 집합들을 형성하는 것을 볼 수 있다. 즉 유클리드 기하학의 경우 두 삼각형은 각 변들이 같은 길이를 가지면 등가적인 데 비해 아핀기하학의 경우 모든 삼각형들은 (그 길이에 관계없이) 같다. 달리 말해, 아래로 내려갈수록 등가의 삼각형들의 집합은 덜 분화되어 있다. 또는 다른 예를 들자면, 유클리드 기하학에서 두 원추 단면들(원들, 타원들, 포물선들, 쌍곡선들을 포함하는 곡선군)은 그것들이 같은 유형이고 같은 크기를 가질 경우 등가적이지만, 아핀기하학의 경우에는 같은 유형에 속하기만 하면 등가적인 존재들이 되고, 또 사영기하학의 경우 모든 원추 단면들이 크기와 유형에 관계없이 등가적이다.[39] 요컨대 위계의 아래로 내려갈수록 서로 분명히 분화되어 있던 도형들이 점진적으로 그 구분을 잃어버리게 되며 하나로 융합하게 된다. 역으로 위로 올라갈수록 같은 도형이었던 것들이 점진적으로 다양한 도형들로 분화된다.

 이 위계는 미분기하학이나 위상기하학 같은 다른 기하학들로 확대될 수 있다. 예컨대 후자는, 좀 거칠게 말하자면, 구부리기, 늘리기, 뒤틀기 등을 통한 변환들, 즉 새로운 점들을 만들어 내거나 기존의 점들을 융합시키지 않는 변형들인 한에서 불변으로 머무는 도형들의 성질들을 다룬다(좀더 정확히 말해, 위상기하학은 '위상동형사상' homeomorphisms이라고 불리는 변형들을 포함한다. 이 변형들은 근접한 점들을 근접한 점들로 전환시키며convert, 역으로 진행될 수도 즉 연속적으로 되돌려 놓을undone 수도 있다). 이런 변환들 하에서 유클리드 기하학에서는 전적으로 구분되는 많은 형태들(삼각형, 정방형, 원 등)이 하나의 동일한 형태가 된다. 서로가 서로에로 변형될 수 있기 때문이다. 이런 의미에서 위상기하학은 최소 분화된 기하학으로 불릴 수 있다. 즉 이 기하학은 상호 구분되는 등가적 집합들을 가장 적게 가진 기하학이며, 또 많은 불연속적 형식들이 하나의 연속적 형식으로 융합되도록 하는 기하학이다.[40] 은유적으로 말해서, "위상-미분-사영-아핀-유클리드"라는 위계는 현실공간의 탄생을 위한 추상적인 시나리오를 나타내고 있

---

39) David Brannan, Matthew Esplen and Jeremy Gray, *Geometry*, Cambridge: Cambridge University Press, 1999, p. 264.
40) 물론 이런 식의 설명은 다소 단순화시킨 것이다. 무엇보다 우선 상이한 기하학들 사이의 현실적 관계들은 '위상기하학-미분기하학-사영기하학-아핀기하학-유클리드 기하학'이라는 순서로 단순화된 위계보다 더 복잡하다. 클라인이 제시한 상세한 내용에 대해서는 Kline, *Mathematical Thought*, p. 919를 참조하라. 내 친구인 수학자 안드레아스 드레스Andreas Dress는 나와 나눈 사적인 대화에서 클라인의 프로그램('에어랑거 프로그

는 것으로 볼 수 있다. 우리가 그 안에서 살고 있고 물리학자들이 연구·측정하는 계량공간이 마치 비계량-위상기하학적인 연속체가 분화되고 대칭 파괴적인 전이들의 계열을 따라 구조를 획득함으로써 태어나는 듯하다.

상이한 기하학들 사이의 관계에 대한 이 형태발생적 관점은 수학자들에게 이 관계들이 순수하게 논리적인 것이라는 점에서 하나의 은유이다. 그러나 이 은유는 유용하다. 하나의 층위에서 유효한 정리들은 그보다 상위의 층위들에서는 자동적으로 유효하기 때문이다. 그러나 파괴된 대칭성들의 이 연쇄는 존재론적 차원을 가질 수도 있다. 계량공간의 탄생을 위한 이 시나리오가 보다 덜 은유적인, 즉 보다 직접적으로 존재론적인 것이 될 수 있는 하나의 방식은 한편으로는 계량 기하학의 성질들과 비계량 기하학의 성질들을, 다른 한편으로는 외연도적인 extensive 물리적 성질들과 강도적인 intensive 물리적 성질들을 비교하는 것이다. 외연도적인 성질들은 길이, 넓이, 부피 같은 계량적인 성질들만이 아니라 에너지 총량이나 엔트로피 같은 양들도 포함한다. 그것들은 자체 내적으로 분할 가능한 성질들로서 정의된다. 즉 일정 부피의 물질을 똑같은 절반으로 나눌 경우, 각각의 절반은 원래 부피의 절반을 가

램')을 다음과 같이 설명해 주었다. "펠릭스 클라인이 제시한 에어랑거 프로그램은 현재 다루어야 하는 이항투사적인bijective 변환들이 무엇인가(불변의 거리들을 유지하는 등장等長 변환들isometries, 동일한 요인에 의해 모든 거리를 등급화하는scaling, 따라서 불변의 거리들 간의 비율을 유지하는 유사성들, 평행선들 위에 위치한 점들의 거리들[의 비]을 불변으로 유지시키는 아핀 지도들, 거리들의 교차-비比들cross-ratios을 불변으로 유지시키는 사영성들, 무한소 직선성에 관련되는 미분적 변환들, 오로지 무한소적인 근접성에만 관련되는 위상동형사상들)에 따라서, 다음과 같이 묻는 것이 의미가 있다. 1) 관심이 되는 공간에서의 형상화들 중 어떤 특징들이 불변으로 머무는가. 2) 그러한 특징들로 구성되는 기초 집합이 다른 모든 특징들을 그것들의 함수로 표현할 수 있는가."

지게 된다. 다른 한편 강도적인 성질들은 이와 같은 방식으로는 분할될 수 없는 온도나 압력 같은 성질들이다. 90°의 물을 일정 분량 취해 똑같은 두 절반으로 나눌 경우, 각각 45°인 두 절반을 얻는 것이 아니라 원래 온도와 똑같은 온도의 두 절반을 가지게 된다.[41]

그러나 들뢰즈에 따르면 강도적 성질은 분할 불가능한 성질들이라기보다는 분할될 경우 반드시 질적인 변화를 동반하게 되는 성질이다.[42] 예컨대 일정 부피의 물이 띠고 있는 온도는 분명 물의 꼭대기와 바다 사이의 온도 차이를 낳는 가열加熱을 통해서 '분할될' 수 있다. 가열 이전의 계系는 평형을 이루고 있었으나 온도차가 생기면 곧 그 계는 평형을 잃어버리게 된다. 즉 우리는 그것의 온도를 분할할 수는 있지만 그럴 경우 그 계를 질적으로 변화시킬 수밖에 없다. 분명 방금 보았

---

41) Gordon Van Wylen, *Thermodynamics*, New York: John Wiley & Sons, 1963, p. 16.
42) "끊임없이 변환되는, 또 분할되거나 변환될 경우 반드시 그 요소들이 본성을 바꾸게 되는 이 분할 불가능한 거리들의 의미는 무엇일까? 그것은 이 유형의 다양체의 요소들과 그것들 사이의 관계들이 내포하는 강도적인 성격이 아닐까? 바로 다른 속도들이나 온도들로는 구성될 수 없는, 각각이 본성상의 변화를 겪는 다른 것들에 포함되거나 다른 것들을 포함하는 어떤 속도나 온도처럼. 이 다양체들의 계량적인 원리는 등질적인 환경에서 발견되는 것이 아니라 다른 곳에 거하고 있다. 그것들 내에서 작동하는 힘들, 그것들을 포함하는 물질적 현상 내에 ……." Deleuze and Guattari, *A Thousand Plateaus*, pp. 31~33. 이 구절에서 들뢰즈는 '거리' 라는 용어가 일상어에서 계량적인 무엇을 가리킴에도 비계량적인 성질로 언급하고 있다. 들뢰즈는 '거리' 라는 말을 이렇게 특수하게 강도적인 의미로 사용하는 것을 버트런드 러셀에게서 가져오고 있다(다음 장에서 상세하게 논한다). 강도적 크기들로서 또는 "분할 불가능한 비대칭적 관계들"로서의 거리들에 대해서는 Deleuze, *Difference and Repetition*, p. 237을 보라. 들뢰즈는 "본성상의 변화"의 예들로서 명시적으로 상전이들을 들지는 않는다. 그러나 그가 제시하는 소수의 예들 중 하나는 분명 대칭 파괴적인 전이이다. "예컨대 우리는 〔말의〕 운동을 전력질주gallop, 속보trot, 보통 걸음walk으로 분할할 수 있다. 그러나 분할의 매 순간 분할되는 것은 본성의 변화를 겪는다. ……" Deleuze and Guattari, *A Thousand Plateaus*, p. 483.
파괴된 대칭성들로서의 동물적 운동에 있어 상전이들에 대해서는 다음을 보라. Stewart and Golubitsky, *Fearful Symmetry*, ch. 8.

듯이 온도차가 충분히 강도 높게 되면 계는 여러 가지 변화를 겪는다. 그것은 상전이를 겪게 되고, 대칭성을 상실하게 되며, 그 동역학이 바뀜으로써 앞에서 내가 '대류'라고 했던 액상 운동의 주기적 패턴을 전개하게 된다. 그래서 극히 실질적 의미에서 상전이들은 온도 스케일을 분할하지만 그 결과 물질의 공간적 대칭성에 있어 갑작스러운 변화를 일으키게 된다.

이 새로운 개념들을 사용해 우리는 우리가 살고 있는 계량공간이 파괴된 대칭성들의 연쇄를 통해 비계량 연속체로부터 출현한다는 사실의 의미를 정의할 수 있다. 중요한 것은 이 발생을 추상적인 수학적 과정으로서가 아니라 구체적인 물리적 과정으로서 보는 것이다. 그럴 경우 미분화된 강도적 공간(연속적인 강도적 성질들에 의해 정의되는 공간)이 점진적으로 분화되고, 결국 외연도적 공간들(일정한 계량적 성질들을 가진 불연속적 구조들)을 낳는 것으로 볼 수 있다. 이 점을 잘 예시하는 경우로서 양자장quantum field 이론들에서의 최근 발전을 들 수 있다. 자연발생적인 대칭 파괴, 그리고 그것이 상전이들과 맺는 연접connection이라는 개념은 비록 (수력학이나 압축물질 물리학 같은) 다소 비주류인 분야에서 발전해 나오긴 했지만 오늘날에는 결국 주류 흐름 속으로 통합된 상태이다.[43] 오늘날 이 개념은 물리학의 네 가지 기본적인 힘들(중력, 전자기력, 핵의 강력과 약력)을 통합하는 데 도움을 주고 있다. 이미 물리학자들은 극단적인 고온(우주 탄생시에 팽배했던

---

43) Tian Yu Cao, *Conceptual Development of 20th Century Field Theories*, Cambridge : Cambridge University Press, 1992, p. 283.

것으로 추정되는 극단적인 조건)에서 이 힘들이 그 개별성을 잃어버리고 하나의 힘으로, 고도로 대칭적인 힘으로 융합됨을 알고 있다. 가설은 이것이다: 우주가 팽창하고 냉각됨에 따라 일련의 상전이들이 본래의 대칭성을 무너뜨렸고 네 가지 힘들로 하여금 서로 분화하도록 만들었다.[44] 상대성이론에서 중력이란 공간에 그 계량적 성질들을 주는 것이라는 사실(더 정확히 말해, 중력장이 4차원 다양체의 계량 구조를 구성한다는 사실)을 생각해 본다면, 그리고 여기에 중력 자체가 어떤 강도적 성질(온도)의 특이점/변곡점에서 분명하게 구분되는 힘으로서 출현한다는 사실을 덧붙여 생각해 본다면, 강도적 공간이 점진적인 분화를 통해서 외연도적인 공간들을 낳는다는 생각은 단순히 암시를 던질 뿐인 하나의 은유 이상의 것이 된다.[45]

지금까지의 논의를 전반적으로 정리해 보자. 우리는 우선 '본질' 개념과 '다양체' 개념 사이의 몇 가지 순수하게 형식적인 차이들을 밝

---

44) "거대한 통합 이론들의 기본 발상은 …… 위계적인 대칭 파괴의 일반 형식이다. 다시 말해, 모든 상호 작용들 밑에 깔려 있는 거대한 용적의 대칭gauge symmetry은 일련의 단계들을 통해 무너지며, 와해된 대칭성들의 위계를 낳는다." Cao, *Conceptual Development of 20th Century Field Theories*, p. 328.
45) 아인슈타인이 미분적 다양체들을 전문적으로 다룬 방식에 대해 분석하는 일은 이 장의 범위를 넘어선다. 그러나 아인슈타인의 용법이 들뢰즈의 그것과 어떻게 다른지는 언급하고 넘어가야 할 것 같다. 아인슈타인의 이론에서 하나의 중력장은 4차원 다양체(시공간)의 계량 구조를 구성하며, 이런 한에서 공간(아니 차라리 시공간)의 계량적 성질들은 분명 그것 내에서 발생하는 물리적 과정들에 연결되어 있다. 그러나 과학철학자인 로렌스 스클라Lawrence Sklar가 상기시키고 있듯이, 아인슈타인의 장 방정식field equation이 한 다양체의 계량 구조를 질량과 에너지의 배분에 연결시키는 것이 사실일지라도 둘 사이의 관계는 발생적이지 않다. 다시 말해, 계량 구조는 질량-에너지 분배에 의해 야기되지 않는다not caused. 전자는 단지 법칙적인lawlike 방식으로 후자에 연관되어 있을 뿐이다. Sklar, *Space, Time, and Space-Time*, pp. 50~51.

히면서 논의를 시작했다. 본질 개념은 통일되어 있고 시간 초월적인 동일성을 함축하는 반면, 다양체는 통일성을 결여하고 있으며 또 전부 한꺼번에 주어지기보다는 점진적으로 정의되는 동일성을 함축한다는 점을 이야기했다. 아울러 본질들이 그 현실화의 경우들instantiations에 있어 모델이 복사본들에 대해 갖는 관계 즉 다소간의 유사성을 함축하는 관계를 가진다면, 다양체들은 이런 유사성을 함축하지 않는 발산하는 실재화들realizations을 함축한다. 말했듯이 이 형식적 차이들은 형식의 발생을 설명해 주는 비물질적인 존재들로서의 본질들과 다양체들 사이의 구분을 규명하기에는 불충분하다. 영원한 원형들을 대체하는 일은 세계 내에서의 형태발생에 대한 다른 방식의 설명이 제공되기를 요청하기 때문이다. 물질(질료)을 외부적인 형식(형상)들을 위한 수동적인 용기容器로 간주하는 본질들과는 달리, 다양체들은 외부적인 개입 없이 패턴을 낳는 자연발생적인 능력을 정의함으로써 물질적 과정들에 내재적이게 된다.

우리는 다양체들의 본성을 정의하기 위해 일련의 수학적 모델들(상태공간들)의 특징을 활용했다. 그래서 하나의 다양체는 한 과정에서의 경향들을 정의해 주는 특이성들의 분포를 통해, 그리고 상호적으로 포함되는embedded 그러한 여러 분포들을 취할 수 있고 또 그것들을 펼치는 일련의 임계적 전이들을 통해 정의된다. 마지막으로, 우리는 그러한 구체적 보편자들의 개체군은 세계의 실재적 차원을 형성한다는 것을 말했다. 스스로를 점진적으로 특화하는 비계량적인 연속적 공간이 우리로서는 친숙한 계량공간만이 아니라 그것에 거주하는 불연속적인 공간적 구조들까지도 낳는 것이다.

분명 내 노력에도 불구하고 이러한 설명들은 여전히 은유적인 것이 사실이다. 우선 나는 다양체들을 끌개들과 분기들(갈라치기들)을 통해서 정의했지만 사실 이 개념들은 수학적 모델들의 특징들이다. (추상적인 일반적 본질들을 대체하기 위해) 구체적 보편자를 가리키는 개념으로서 '다양체'라는 용어를 사용하고자 했지만, 이 점에 관련해 과연 어떤 모델의 특징들을 취하고 그것들을 실재하는 존재의 특질들을 정의하는 데 이용하는reifying 것이 정당한가에 대해 의문이 제기될 수 있다. 다음으로 다양체들의 연속체와 우리가 사는 일상세계의 불연속적이고 불가분적인 공간 사이의 관계가 전적으로 순수하게 수학적인 구성, 즉 펠릭스 클라인이 처음으로 꿈꾸었던 기하학들의 위계와 유비되면서 구체화되었다. 은유적인 내용을 제거하기 위해서는, 상태 공간에 대한 철저한 존재론적 분석을 통해서 그것의 위상학적 불변항들이 그 가변적인 수학적 내용으로부터 분리될 수 있는가를 밝혀야 할 뿐만 아니라, 이 위상학적 불변항들이 어떻게 하나의 연속적이면서도 이질적인 공간을 함께 구성하도록construct 엮일 수 있는지에 대한 세부적인 논의가 있어야 한다. 다음 장에서 나는 이 구성이 어떻게 실현될 수 있는지, 어떻게 이 연속체가 기하학들의 위계에서 최상 또는 최하의 계량 단계를 대체할 수 있는지에 대해 상세히 논할 생각이다. 나아가 중간의 단계들이 어떻게 (최종 산물로서 〔위계의〕 위쪽에 위치하는 충분히 분화된 계량 구조들을 낳는) 강도 높은 개체화 과정들로 대체될 수 있는가도 논의될 것이다. 다음 장의 끝부분에서는 파괴된 대칭들의 연쇄를 통한 계량공간의 발생이라는 은유를 대부분 제거할 것이며, 문자 그대로의 설명으로 대치시킬 것이다.

다른 한편, 이 장의 남은 부분에서는 다양체들의 본성에 대한 좀 더 세밀한 분석을 진전시킬 것이다. 우선 논의되어야 할 논제(들의 집합)는 상태공간의 내용에 대한 들뢰즈의 존재론적 해석이 내포하는 전문적인 세부 사항들이다. 앞으로 보겠지만 들뢰즈의 접근은 영미 철학자들이 사용하는 접근법들과는 판이하다. 그 다음 논제(들의 집합)로 넘어가 나는 다양체들의 양상론적 지위에 관련되는 논의를 전개할 것이다. 양상논리학이란 철학의 한 분과로서, 가능한 것과 현실적인 것의 관계를 다룬다. 이 분야가 겨냥하는 것은 상태공간이 가능한 상태들의 공간이라면 이 가능성들에 관련해서 끌개들과 분기들의 위상은 무엇인가 하는 것이다. 다양체들은 가능한 것과 필연적인 것이라는 전통적인 양상 범주들을 통해 해석될 수 있는가, 아니면 그것들을 특성화하기 위해서는 새로운 형식의 물리적 양상을 가정해야 할까? 마지막으로 우리가 다룰 세번째 논제(들의 집합)는 들뢰즈 사유의 사변적인 측면과 관련된다. 본질들을 사회적 관습들이나 주관적 믿음들로 대체하는 것은 쉬운 길이다. 하지만 그것들을 대신할 새로운 객관적 존재들의 집합을 제시하는 것은 반드시 철학적 사변을 포함할 수밖에 없다. 무엇이 이 사변을 인도할 것인가? 이 물음을 살펴보는 한 방식은 들뢰즈가 어떤 금지된 제약들 ─ 그로 하여금 무엇을 해야 하는지가 아니라 무엇을 피해야 하는지를 말해 줄 제약들 ─ 이 인도하는 하나의 구축적인 기획에 관여하고 있다고 보는 것이다. 그런 제약들 중 하나는 물론 본질주의의 함정을 피하는 것이겠지만, 다른 제약들도 중요하며 이것들에 대해서도 논의해야 한다.

다양체의 존재론 : 들뢰즈의 분석

우선 상태공간에 대한 들뢰즈의 존재론적 분석으로부터 시작해 보자. 오늘날 많은 철학자들이 이 추상적 공간들을 연구와 반성의 대상으로서 삼고 있다. 예컨대 영미 과학철학계에서 최근에 일어나고 있는 변화는 논리학(과 집합론)에 대한 관심으로부터 과학자들이 일상적으로 실행하고 있는 실제의 수학적 행위들로 관심을 이동시킴으로써 상태공간들의 중요성을 부각시키고 있다는 점이다.[46] 그러나 이 새로운 움직임에 관여하고 있는 그 어떤 철학자들도 상태공간에 대해 들뢰즈만큼 독창적인 분석을 시도한 경우는 없다. 특히 영미의 철학자들은 푸앵카레의 위상학적 연구들 및 상태공간의 반복적 특징들과 이 특징들이 결정하는 궤적들 사이에 놓인다고 할 수 있는 존재론적 차이를 깨닫지 못하(거나 적어도 주목하지 못하)고 있다. 이 존재론적 차이가 들뢰즈의 다양체 개념에 핵심적이라는 점을 밝힌 후, 나는 상태공간들이 어떻게 구축되는지를 논해야 할 것이다. 우선 이 구축에 포함되는 상이한 연산자들을 구분할 필요가 있다. 앞에서도 말했듯이, 변화율로서 표현되는 (둘 또는 그 이상의 자유도에서의) 변화들 사이의 관계가 주어질 경우 하나의 연산자――미분――가 순간적인 속도(또는 속도벡터)와 같은 그러한 율rate을 위한 순간값을 줄 것이다. 다른 연산자――적분――는 이와 반대되면서도 또 상보적인 작업을 행한다. 순간값들로

---

46) 메타수학(집합론)으로부터 과학자들이 사용하는 실질적 수학들로의 이행은 패트릭 주페 Patrick Suppes에 의해 시작되었다. 그러나 현대 과학철학에 상태공간에 대한 논의를 도입하고 이 공간에 대한 분석에서의 물리적 양상physical modality을 강조한 것은 바스 반 프라센이다. 그의 다음 저작을 보라. Bas Van Fraasen, *Laws and Symmetry*, Oxford : Clarendon Press, 1989, ch. 9.

부터 궤적 전체 또는 상태들의 계열을 재구성해 내는 것이 그것이다.

이 두 연산자는 상태공간의 구조를 산출하기 위해 특별한 순서로 사용된다. 모델화하는 과정은 상태공간으로 사용될 수학적 다양체의 선택에서 시작한다. 그러고 나서 하나의 계가 시간상 어떤 변화를 겪는지에 대한 실험적 관찰로부터, 즉 실험실에서 관찰된 한에서의 일련의 상태들로부터, 우리는 이 다양체에 거주하기 시작할 궤적들을 만들어 낸다. 다시 이 궤적들은 다음 단계를 위한 재료로서 작용된다. 우리는 궤적들에 미분 연산자를 반복적으로 적용하며, 각 적용은 하나의 속도벡터를 산출한다. 이로부터 속도벡터-장이 산출된다. 마지막으로 적분 연산자를 사용해 벡터-장으로부터 더 많은 궤적들을 산출해 낸다(이 궤적들을 통해 계의 상태들에 대한 미래의 관찰들을 예측할 수 있게 된다). 궤적들로 찬 상태공간은 상태공간의 '국면-상'이라 불린다.[47] 들뢰즈는 한 계의 국면-상에 나타나는 대로의 궤적들과 벡터-장 사이에 날카로운 존재론적 차이를 긋는다. 특정한 궤적(또는 적분곡선)이 물리세계에서의 한 계의 일련의 실제 상태들을 모델화하는 데 비해, 벡터-장은 그러한 많은 궤적들(과 실제 계들)에 내속적인, 특정한 방식으로 행

---

47) Ralph Abraham and Christopher Shaw, *Dynamics: The Geometry of Behavior*, vol. 1, Santa Cruz: Aerial Press, 1985, pp. 20~21. 내 서술은 다음 서술에 근거한다. "모델화 과정은 계를 나타내는 특정한 상태공간의 선택으로부터 시작된다. 끈질긴 관찰은 상태공간 내의 많은 궤적들에로 이끈다. 이 곡선들 위의 어느 점에서든 [미분 연산자를 사용함으로써] 하나의 속도벡터가 도출될 수 있다. 그것은, 상태공간에서의 특정한 점들에 있어, 일정한habitual 속도로 움직이려는 계의 내재적 경향을 서술하는 데 유용하다. 상태공간 내 각 점들에서의 속도벡터를 규정했을 때 그것은 속도벡터-장velocity vector field이라 불린다. 궤적들로 채워진 상태공간은 동역학계의 국면-상phase portrait이라 불린다. 속도벡터-장은 미분에 의해 국면-상으로부터 도출된다. …… 동역학계dynamical system라는 개념은 특히 이 벡터-장을 가리킨다."

동하려는 경향들을 포착한다. 앞에서도 언급했듯이 이 경향들은 벡터-장에서의 특이성들로 나타나며, 들뢰즈가 주목하고 있듯이 각 특이점의 구체적 성격은 (궤적들이 근방에서 취하는 형태에 따라) 국면-상에서만 제대로 정의된다는 사실에도 불구하고 이 특이성들의 존재와 분포는 벡터-장(또는 방향-장)에 이미 온전하게 주어져 있다.

> 미분방정식 이론에 대한 기하학적 해석은 절대적으로 구분되는 두 실재를 자명한 것으로 놓는다. 그 하나는 방향들의 장과 위상학적 우연들 accidents로서, 이 우연들은 이 장 속에서 갑자기 돌발할 수 있다. 예컨대 어떤 방향성도 없는 특이점들의 …… 존재처럼. 그리고 다른 하나는 방향들의 장의 특이성들 근방에서 일정한 형태를 취하는 적분곡선들이다. …… 특이성들의 존재와 분포는 미분방정식에 의해 정의되는 벡터-장에 상대적인 개념들이다. 적분 곡선들의 형태는 이 방정식의 해에 상대적이다. 두 문제는 분명 상보적이라 할 수 있다. 왜냐하니 장의 특이성들의 본성은 그것들의 근방에서 곡선들이 취하는 형태에 의해 정의되기 때문이다. 그러나 한편으로 벡터-장이 다른 한편으로 적분 곡선들이 본질적으로 구분되는 두 수학적 실재들이라는 점은 사실이다.[48]

---

48) Albert Lautman, *Le problème du Temps*, Paris: Herman, 1946(Deleuze, *Logic of Sense*, p. 345에 인용. 강조는 인용자). 로트만의 *Le Problème du Temps*과 "Essai sur le Notion de Structure et d'Existence en Mathématiques", *Journal of Symbolic Logic*, vol. 5, Issue I, pp. 20~22는 들뢰즈가 상태공간의 존재론적 분석을 위해서 주로 기대고 있는 원천이다. 들뢰즈는 로트만의 생각을 자신의 맥락에 맞게 수정하고 있지만, 여기에서는 로트만 자신의 글을 찾아서 인용했다.

특이성들, 보다 특수하게는 끌개들의 또 다른 특징들도 존재한다. 그리고 이 특징들은 상태공간에 대한 존재론적 분석에 그리고 그것의 두 '구분되는 수학적 실재들'을 더 변별해 내는 데에 핵심적이다. 잘 알려져 있듯이, 이 공간에서의 궤적들은 하나의 끌개에 항상 점근선적으로asymptotically 접근한다. 즉 그것들은 끌개에 한없이 가까이 가지만 그것에 닿지는 않는다.[49] 이는 세계 내 대상들의 현실적 상태들을 나타내는 궤적들과 달리 끌개들은 결코 현실화되지 않음을 의미한다. 한 궤적의 어떤 점도 끌개 자체에는 도달하지 못한다. 특이성들이 한 계의 현실적 상태들이 아니라 일정 시간 동안의 경향성들만을 나타낸다는 것은 바로 이런 의미에서이다.

끌개들은 현실성actuality을 결여하고 있음에도 실재적이며real 현실적 존재들에 핵심적인 영향을 미친다. 특히 그것들은 궤적들에 일정 정도의 안정성을, 이른바 점근선적 안정성을 준다.[50] 작은 충격들도 궤적을 그것의 끌개로부터 일탈시킬 수 있지만, 충격이 끌개의 범위 바깥으로 튕겨 나가게 만들 정도로 크지 않은 한 궤적은 끌개에 의해 정의된 안정된 상태(점 끌개들의 경우 안정된 상태, 주기적 끌개들의 경우 안정된 원환 등)로 자연적으로 되돌아올 것이다. 또 하나의 중요한 특징은 궤적들의 안정성이 아니라 끌개들 자체의 분포의 안정성 ── 그것의 구조적 안정성 ── 을 포함한다. 궤적들의 안정성이 작은 충격들에의 저항 정도에 의해 측정되듯이, 끌개들의 특정한 분포의 안정성은

---

49) Abraham and Shaw, *Dynamics: The Geometry of Behavior*, pp. 35~36.
50) Nicolis and Prigogine, *Exploring Complexity*, pp. 65~71.

벡터-장을 섭동들에 집어넣어 봄으로써 확인된다(이 효과는 작은 벡터-장을 주 벡터-장에 더해 봄으로써, 그리고 끌개들의 나중 분포가 원래의 것에 위상학적으로 등가인지를 확인해 봄으로써 가능하다).[51] 대개 끌개들의 분포는 구조적으로 안정적이며, 이것은 그것들이 왜 상이한 물리계들에서 반복적으로 나타나는가를 일정 부분 설명해 준다. 다른 한편 섭동이 충분히 클 경우 끌개들의 분포는 구조적으로 안정적이기를 그치고 상이한 것으로 변화 또는 분기한다. 그러한 분기-사건은 하나의 벡터-장이 구조적인 불안정성을 통해서 위상학적으로 비등가적인 것으로 연속해서 변형deformation을 겪는 것으로 정의된다.[52]

지금까지 도입한 전문 용어들을 통해 이제 다양체에 대한 최종적인 정의를 제시할 수 있게 되었다. 하나의 다양체란 대칭 파괴적 분기들에 의해 서로 관련되어 있는 벡터-장들의 포개진 집합으로서, 각 장들의 정위定位된 층위들을 정의해 주는 끌개들의 분포들을 동반한다.[53] 이 정의는 현실세계에 대한 정보(가능한 상태들의 (현실화된) 계열로서의 궤적들)를 제공하는 모델의 일부를 원칙적으로 결코 현실화되지 않는 부분과 분리해 준다. 이 정의는 오로지 두 가지만을, 즉 '미분적 관계'와 '특이성' 만을 전제한다. 나는 다음 장에서 이 두 개념의 수학적 실현으로부터 진정 더 나아가기 위해 필요한 그것들의 철학적 변환은 어떤 것인가를 논하기 위해 이 문제로 다시 돌아올 것이다. 지금으로써는, 방금 제시한 정

---

51) Abraham and Shaw, *Dynamics: The Geometry of Behavior*, pp. 37~44.
52) Abraham and Shaw, *Dynamics: A Visual Introduction*, p. 562.
53) [원문] "A multiplicity *is a nested set of vector fields related to each other by symmetry-breaking bifurcations, together with the distributions of attractors which define each of its embedded levels.*"

의가 하나의 구체적인 존재를 특화할 수 있으리라 보고서, 그러한 존재가 어떤 존재론적 위상을 가질 수 있는지 물어볼 수 있을 것이다. 앞에서 유체역학적 흐름의 패턴들이나 발생학적 과정의 패턴들을 한 보편적 다양체의 발산하는 실재화들로서 논한 것은 잘못일 것이다. 그럴 경우 이 패턴들은 실재적인 것이 되거니와, 다양체 자체는 실재적이지 않기 때문이다. 그래서 들뢰즈는 '실현'이 아니라 현실화actualization에 대해 말하며, 다양체들 자체의 지위를 가리키기 위한 새로운 존재론적 범주를 도입한다. 이 범주는 곧 잠재성의 범주이다. 이 용어는 물론 디지털 시뮬레이션에서 말하는 '가상현실' virtual reality을 가리키지 않는다. 그것은 객관세계의 생기적vital 요소를 형성하는 실재적 잠재성real virtuality을 가리킨다. 들뢰즈는 다음과 같이 쓰고 있다.

> 잠재적인 것the virtual은 실재적인 것the real에 대립하는 것이 아니라 현실적인 것the actual에 대립한다. 잠재적인 것은 그것이 잠재적인 한에서 충분히 실재적이다. …… 분명 잠재적인 것은 실재하는 대상의 일부로 엄밀하게 정의되어야 한다. 마치 그 대상이 잠재적인 것에, 객관적인 차원으로 스며들듯이 그에 잠겨 듦으로써, 자신의 일부를 두고 있는 듯이. …… 잠재적인 것의 실재성은 차생적인 요소들과 관계들로 구성되어 있으며, 그와 나란히 그것들에 상응하는 특이점들로 구성되어 있다. 우리는 하나의 구조〔다양체〕를 형성하는 요소들과 관계들에 현실성을 부여하는 우를 범해서는 안 된다. 역으로 그것들이 갖추고 있는 실재성을 박탈해 버리는 우를 범해서도 안 된다.[54]

잠재적인 것의 양상

잠재적인 것의 양상론적 지위modal status는 무엇일까? 상태공간의 궤적들이 가능성(상태들의 가능한 계열들)이라는 지위를 띠고 있다면, 잠재적 다양체들은 어떤 양상을 띠고 있을까? 이것은 답하기에 쉽지 않은 물음이다. 친숙한 양상 범주들의 경우에조차도 그것들의 존재론적 지위는 논란거리가 되고 있기 때문이다. 그래서 잠재성〔의 양상〕을 다루기 전에 우선 가능성에 대한 물음을 다루어 보자. 전통적으로 가능성들에 대한 존재론적 토론은 그 혼란스러운 성격 때문에 논쟁을 일으키곤 했다.

특히 그것들을 개별화할 수 있는 명료한 규준, 다시 말해 언제 우리가 이런 가능성을 가지며 언제 다른 가능성을 가지는지를 분명히 말할 수 있게 해주는 규준을 제시하기 어렵다는 사실이 이런 어려움을 야기한다. 양상논리학modal logic의 비판자로서 유명한 콰인Willard Quine은 다음과 같이 농담조로 말한다.

> 예컨대 출입구에 가능한 살찐 남자가 있다고 하자. 그리고 다시 출입구에 가능한 대머리 남자가 있다고 하자. 그들은 동일한 가능한 남자인가, 아니면 두 명의 가능한 남자들인가? 어떻게 결정해야 할까? 출입구에 몇 사람의 가능한 남자가 있는 걸까? 〔가능한〕 살찐 남자들보다 더 많은 가능한 마른 남자들이 존재할까? 그들 중 몇 명이 유사할

---

54) Deleuze, *Difference and Repetition*, pp. 208~209. 들뢰즈는 현실적인 것과 잠재적인 것 사이의 존재론적 구분을 베르그송으로부터 가져오고 있다. Deleuze, *Bergsonism*, pp. 96~97.

까? 아니라면 그들의 유사함이 그들을 한 사람으로 만들어 주는 것일까? 두 개의 가능한 사물은 같은 사물이 아닌가? [아니면] 이것은 두 사물이 서로 같을 수는 없다고 말하는 것과 같은 것일까? 아니면, 결국, 동일성의 개념이란 단지 현실화되지 않은 가능자들possibles에게는 적용 불가능한 것일까? 하지만 자기 자신들과 동일하며 서로 간에는 구분된다고 유의미하게 말할 수 없는 것들에 대해 말하는 것이 무슨 의미가 있을까?[55]

양상논리학에 대한 접근은 대부분 언어에 초점을 맞추거나, 좀더 특별하게는 "what could have been"(일 수 있었을 것)이라는 표현을 가진 문장들, 예컨대 "J.F.K.가 암살당하지 않았더라면 베트남 전쟁은 좀더 빨리 끝날 수 있었을 것이다" 같은 문장들에 초점을 맞춘다. 사람들이 일상사에서도 이러한 반反-사실적counterfactual 문장들을 사용하며 거기에 의미를 부여한다는 점에 고무되어, 양상논리학자는 이 일상어가 주는 기초를 발전시켜 설명하는 것을 과제로 삼는다.[56] 하지만 언어적으로 특화된 가능세계들(J.F.K.가 암살당하지 않은 가능세계 등)이 일정한 구조를 결하고 있다는 점, 하나의 가능세계를 다른 가능세계로부터 구분하는 것이 그토록 애매할 수밖에 없다는 점이 콰인의 것과 같은 성급한 비판을 낳았다고 할 수 있다. 그러나 일부 철학자들

---

55) Nicholas Rescher, "The Ontology of the Possible", *The Possible and the Actual*, ed. Michael Roux, Ithaca : Cornell University, 1979, p. 177.
56) 양상논리학의 최근 전개 양상에 대한 간략한 정리로는 Michael Roux, "Introduction : Modality and Metaphysics", *The Possible and the Actual*, pp. 15~28을 보라.

이 제안했듯이, 여기에서의 문제는 가능성들 자체가 아니라 언어적 표상들에 그리고 그 표상들이 가능세계들을 구조화해 줄 원천들을 결하고 있다는 사실에 있는 것 같다. 예컨대 과학철학자인 로널드 기어 Ronald Giere는 상태공간을 구조화해 줄 또 다른 조건들이 다른 양상론적 접근들의 제약을 극복할 수 있다고 생각한다.

> 콰인이 지적한 바 있듯이, 가능성들을 개별화하는 일은 종종 장벽에 부딪친다. …… 〔그러나〕 계의 법칙들을 미분방정식들로 표현하는 많은 모델들이 각 모델의 가능한 역사들을 개별화해 줄 애매하지 않은 규준을 제공해 준다. 그것들은 상태공간에서 모든 가능한 초기 조건들에 상응하는 궤적들이다. 가능한 초기 조건들의 집합에 있어 문제가 되는 애매성들은 이론적 모델을 정의할 때 집합을 명시적으로 제약함으로써 제거될 수 있다.[57]

기어에 따르면 상태공간들은 주어진 물리계를 위한 가능세계들로서, 아니면 적어도 가능한 역사들을 특화하는 방식으로서 해석될 수 있다. 이 경우 국면-상에서의 각 궤적들은 한 계 또는 과정을 위한 상태들의 가능한 역사적 계서를 나타낸다. 상태공간 내의 상이한 가능한 역사들의 개별성은 법칙들에 의해 정의되며, 계의 자유도들과 더불어 초기 조건들──한 계가 그것의 진화를 시작하는 특수한 상태 또는 다

---

57) Ronald Giere, "Constructive Realism", *Images of Science: Essays on Realism and Empiricism with a Reply by Bas C. Van Fraasen*, eds. Paul M. Churchland and Clifford A. Hooker, Chicago: University of Chicago Press, 1985, p. 84.

양체 내에서의 점 —— 까지도 함수적으로 관련시키는 미분방정식들에 의해 표현된다. 특수한 초기 조건과 결정론적인 법칙(예컨대 고전 물리학의 법칙들)이 주어진다면 하나의 그리고 오직 하나뿐인 궤적이 개별화되며, 바로 이 사실이 콰인의 회의주의적인 입장에 대한 도전이 될 수 있다. 어떤 특수한 상태공간의 국면-상도 각각의 가능한 초기 조건에 대해 각각 하나씩 개별화되는 그러한 궤적들로 채워지곤 한다. 그러나 다른 법칙들을 덧붙임으로써 이 [궤적들의] 수를 줄여 나갈 수 있다. 이 다른 법칙들이 자유도들을 위한 값에 있어 어떤 조합들은 배제시켜 줄 것이고, 그렇게 함으로써 어떤 초기 조건들은 주어진 계에 유효하지 않도록 만들어 줄 것이기에. 물론 많은 가능한 역사들이 남는 것은 사실이다.[58]

철학자가 해결해야 할 문제는 이 잘 정의된 가능성들에 어떤 존재론적 위상을 부여해야 하는가이다. 기어가 '현실주의' actualism라 부르는 존재론적 입장은 가능한 궤적들이 아무리 잘 개별화될 수 있다 해도 그것들에 어떤 실재성도 인정하려 하지 않는다. 이 관점에 있어 수학적 모델이란 단지 특정한 물리적 계들의 조절(실제 계들의 행동을 실험실에서 조작해 보는 것)에 있어 또 그것들의 미래의 행동에 대한 예측에 있어 유용한 도구일 뿐이다. 예측과 조절이라는 이 제한된 목적을 위해서 우리가 판단해야 할 것은 단지 그 모델의 경험적 적실성뿐이

---

58) Van Fraasen, *Laws and Symmetry*, p. 223. 반 프라센은 두 가지 표준적인 유형의 법칙을 논한다. 계기succession의 법칙들이 그 하나로서, 이것들은 궤적들의 진화를 주재하며 뉴턴의 법칙들이 그 전형적인 예이다. 또 하나는 공존의 법칙들로서, 이것들은 상태공간에서의 위치를 제한하며 이상기체들에 대한 보일의 법칙이 그 전형적인 예이다.

다. 이것은 다음을 의미한다. 우리는 주어진 한 초기 조건에 관련해 하나의 궤적을 산출하며, 그 결과 실험실에서 자유도를 위한 값들의 특정한 조합을 재생산하려 하고 또 현실적 상태들의 계서가 그 궤적에 의해 예측된 것과 일치하는지를 관찰하려 한다. 하나의 궤적이 주어졌을 때 우리는 그것을 실험에 있어서의 현실적 계서와 연합시키며, 궤적들의 나머지는 단지 하나의 유용한 허구 즉 존재론적으로 중요하지 않은 것일 뿐이다.[59] 그러나 기어도 논하고 있지만, 이런 존재론적 입장은 전체로서의 궤적들의 집합이 한 계의 가능한 역사들에서 어떤 규칙성들——어떤 특정한 역사이든 그것을 모양 지우는 데 있어 일정한 역할을 행하는 전반적인global 규칙성들——을 보여 준다는 사실을 놓치고 있다.[60] 그에게 한 계를 이해한다는 것은 그것이 이러저러한 특정한 상황에서 현실적으로 어떻게 행동할 것인가를 아는 데 있는 것이 아니라 실제로는 일어나지 않을 수 있는 조건들에서 그것이 어떻게 행동할 수

---

59) 실험실과 모델에 있어 정확히 일치하는 초기 조건은 가능하지 않다. 그래서 우리는 보통 상태공간에서의 궤적들의 다발을 다룬다. 모델에 있어 초기 상태들의 작은 집합이 보여 주는 통계적인 분포는 실험자가 특정한 초기 조건에서 실제 계를 준비하면서 범할 수 있는 오류들의 분포와 일치하도록 만들어져야 한다. 이 점은 이하 논의에서 큰 변수가 되지 않기 때문에 앞으로 하나의 단일한 궤적이라는 좀더 단순한 경우만을 논의 대상으로 삼을 것이다.
60) 기어에 따르면, 가능한 역사들에 의해 드러나는 규칙성들은 실제 물리계에서의 인과적 규칙성들에 관한 무엇인가를 드러내 보여 준다. "양상 실재론자에게 모델의 인과적 구조는, 즉 개략적으로 말해 실제 계의 인과적 구조는 양상적 구조와 동일하다. 모든 실제 계들에 있어 현실적 값들 사이에서 나타나는 함수적인 관계는 인과적이다. 이는 그것들이 모든 그러한 실제 계들에서의 현실적 값들 사이에서 성립하기 때문이 아니라, 이 특정한 계의 가능한 모든 값들에 있어 성립하기 때문이다. Giere, "Constructive Realism", *Image of Science*, p. 84. 기어의 다른 책인 *Explaining Science: A Cognitive Approach*, Chicago: University of Chicago Press, 1988, ch. 4도 참조하라. 그러나 이 경우에 있어서는 기어가 오류를 범하고 있다. 4장에서 논하게 되겠지만, 상태공간은 모델화된 과정들에 대한 어떤 인과적 정보도 제공하지 않는다.

있을 것인가would behave를 아는 데 있다. 그래서 중요한 것은 가능한 역사들의 집합에 구현되어 있는 전반적인 정보——실제 상태들의 계서에 비교되는 한 궤적 위에 집중할 경우 상실되어 버릴 정보——를 사용할 필요가 있는가를 아는 것이다.[61]

지금까지 논한 내용들에 비추어 볼 때 들뢰즈는 의심할 바 없이 '현실주의자'가 아니다. 들뢰즈는 상태공간의 양상 구조에 대해 실재론자의 입장을 가지고 있지만, 그 양상 구조를 구성하는 것에 대한 해석에 있어서는 기어에게 동의하지 않을 것이다. 특히 들뢰즈 존재론으로 볼 때, 강조되어야 할 것은 상이한 가능한 궤적들에 의해 드러나는 규칙성들은 벡터-장을 모양 짓고 있는 특이성들의 결과라는 사실이다. 가능한 역사들의 잘 정의된 본성에는 단순히 미분방정식들로서 표현된 법칙들을 언급함으로써가 아니라 각각의 방정식들이 사실상 어떻게 궤적들을 개별화하는지를 이해함으로써 접근해야 한다. 상태들 각각의 가능한 계열들, 각각의 가능한 역사들은 궤적의 각각의 점에서 벡터-장에 의해 특화된 방향들을 따름으로써 산출되며, 궤적들에 의해 드러나는 어떤 규칙성들 또는 경향들도 분명 위상학적 우연들 또는 방향들-장에서의 특이성들에 기인한다고 보아야 한다. 들뢰즈가 말하고 있듯이 '특이성들'은 궤적들의 탄생을 주재한다.[62] 달리 말해, 기

---

61) "양상들에 대한 한 사람의 태도는 과학에 관한 그 사람의 생각 전반에 심대한 영향을 끼친다. 현실주의자들은 …… 과학의 목표가 세계의 현실적 역사를 서술하는 데 있다고 생각할 수밖에 없다. [양상적 실재론자들에게는] …… 과학의 목표란 물리적 가능성(또는 경향propensity)과 필연성의 구조를 서술하는 것이다. 현실의 역사는 우발적으로 실현된happened to be realized …… 하나의 가능성일 뿐이다." Giere, *Constructive Realism*, p. 84.
62) Deleuze, *Logic of Sense*, p. 54.

어는 상태공간이 가능성들을 개별화하는 데에 있어 언어보다 더 많은 원천들을 제공한다고 본 점에서는(그렇게 함으로써 콰인의 비판을 물리친 점에서는) 옳지만, 개별화의 과정이 어떻게 일어나는가에 대한 평가에서는 잘못을 범하고 있다. 벡터-장을 우리의 존재론적 분석으로부터 밀쳐놓는 것(즉 그것을 보조적인 구축 또는 또 다른 유용한 허구로 간주하는 것)은 가능한 역사들의 집합에서 규칙성들 또는 경향들의 진정한 원천을 은폐시켜 버린다.[63]

이 점은 전통적인 철학적 분석들에 있어 종종 애매하게 되어 버리곤 했다. 흔히 가장 단순한 유형의 방정식, 즉 선형방정식을 포함하는 예들이 사용되었기 때문이다. 물리학자들이 이용할 수 있는 모든 유형의 방정식들 중에서 선형적인 유형이 가장 덜 전형적이라는 사실에도 불구하고, 고전 물리학에서 가장 빈번히 사용된 것은 바로 이 유형이었다. 이 미분방정식들의 벡터-장은 극히 간단해서 "선형적 동역학계의 유일하게 가능한 끝개는 하나의 고정점이다. 더 나아가 이 고정점은 유일하다──선형적인 동역학계는 하나의 끝개-'장' 이상은 가질 수 없다."[64] 다른 경우(주변부로부터 일정 정도 고립된 보존계들의 경우)

---

63) 들뢰즈의 분석이 미분과 적분의 차이에 근거한다는 사실을 고려할 때, 이 연산자들에 존재론적 차원을 부여하려는 생각 자체에 대한 전통적인 반대를 물리치는 것이 필요하다. 이 반대는 미분 연산자의 결과(순간 변화율 또는 무한소)는 단지 수학적 허구 이상의 것이 아니라고 말한다. 이 문제는 과거에 많은 불필요한 논쟁들을 낳았다. 하지만 벡터-장이 분명 많은 순간 변화율들로 이루어져 있다 해도, 여기에서 우리에게 중요한 것은 어떤 시간에 취해진 '순간들' 자체가 아니라 그 순간들이 집합적으로 보여 주는 위상학적 불변항들, 즉 장의 특이성들이다.
64) Stephen Eubank and Doyne Farmer, "Introduction to Dynamical Systems", *Introduction to Nonlinear Physics*, ed. Lui Lam, New York : Springer-Verlag, 1997, p. 76.

궤적들만이 존재할 뿐 아예 끌개란 존재하지 않을 수도 있다. 그래서 선형적인 보존계(예컨대 기어가 사용했던 진자의 경우)에 있어 벡터-장은 최소한으로 구조화되어 있으며, 대부분의 실제 목적들에 있어 궤적들의 개별화를 제약하는 원천으로서는 무시될 수 있다. 반면 좀더 전형적인 방정식들(비선형 방정식들)은 특이성들의 더 정교한 분포를 가지며, 이 경우 상태공간은 흔히 많은 끌개들 및 그것들의 '장'들에 의해 세포들처럼 절편화되고 이 다양한 끌개들이 상이한 유형을 띠기도 한다. 이보다 일반적인 경우에 벡터-장은 무시하기에는 너무 많은 구조를 가지고 있다고 할 수 있다.[65]

하지만 이 논변은 단지 상태공간에는 가능한 역사들의 개별화를 위한 다른 제약들이 존재한다는 것일 뿐, 그것들이 분리된 양상적 위상을 가져야 한다는 것을 수립한 것은 아니다. 특이성들을 가능한 것의 영역에 속하는 것으로 간주함으로써 잠재성과 같은 물리적 양상의 새로운 형식들을 도입해야 하는 부담으로부터 해방될 수도 있을지 모른다. 그렇게 하는 한 가지 방법은 끌개들이 작동하는 '장'을 단지 상태공간의 점들의 부분집합으로서 간주하는 것일 것이다. 상태공간이 가능한 상태들의 공간이라 할 때, 그것의 어떤 부분집합 또한 바로 가능성들의 집합일 것이다.[66] 그러나 앞에서도 말했듯이, 특이성들의 본성이 한 계의 국면-상에서만 잘 정의된다는 사실에도 불구하고 그것

---

65) Abraham and Shaw, *Dynamics: The Geometry of Behavior*, pp. 7~11.
66) 끌개들은 분명 열린 유입(그것의 '장')과 더불어 하나의 '극한 집합 limit set으로서 정의된다. 그러나 이 정의에 있어 'limit'라는 말이 모든 차이를 빚어낸다. 그것은 바로 극한으로 끌개를 근접시키려는 궤적들의 경향을 가리키기 때문이다. Ibid., p. 44.

들의 존재와 분포는 벡터-장에 이미 주어져 있으며, 이때 특이성들은 벡터-장에 있어 벡터들의 전반적인 흐름-경향들flow tendencies을 정의해 준다. 예컨대 점 끝개들을 상태공간의 단지 또 하나의 점으로 간주하는 것도 가능하게 보이겠지만, 이 특이점은 그 계에 소용이 되는 가능성이 아니다. 그것은 결코 한 궤적에 의해 점유되지 않으며 오로지 점근선적 접근만을 허락하기 때문이다. 궤적들은 그것에 계속 가까이 근접하겠지만 결코 닿지는 못하며, 우리가 한 궤적의 최종 상태에 대해 말할 때조차도 사실상 곡선은 그것의 끝개를 점유하지 못하고 그 주변에서 섭동한다. 엄밀하게 말해, 앞에서도 언급했듯이 끝개들은 결코 현실화되지 않는다.

그래서 상태공간에 대한 좀더 완전한 분석은 단순한 가능성을 넘어서는 물리적 양상의 형식을 요구하는 듯이 보인다. 그러나 전통적인 양상 범주에 속하는 또 하나의 양상, 즉 필연성이 그러한 역할을 할 수 있을까? 결국 고전 역학의 모델들에 있어서 일반 법칙이란 한 궤적에서 계기하는 모든 점들을 필연적으로 결정론적인 방식으로 관련시킨다. 그리고 어떤 특정한 궤적이 산출될 것인가는 특정한 초기 조건이 주어질 경우 필연적으로 결정된다.[67] 이것은 분명 사실이다. 그러나 일반 법칙들과 특정한 초기 조건들의 상대적인 중요성은 특이성을 감안할 경우 변한다. 한편으로, 어떤 특정한 초기 상태의 역할도 크게 감

---

67) "러셀에 따르면, 직관적으로는 한 계는 (한 함수의 독립변수가 그것의 값들을 결정한다는 엄밀한 의미에서) 그것의 이전 상태들이 나중 상태들을 결정한다면 결정론적 계라고 할 수 있다." Van Fraasen, *Laws and Symmetry*, p. 251. 물리적 필연성의 양상 범주와 결정론적 법칙들 사이의 관계에 대한 반 프라센의 논의로는 같은 책의 3장과 4장을 보라.

소하는데 왜냐하면 많은 초기 조건들(한 특정한 '장'에 포함되는 모든 초기 조건들)은 궤적의 최종 상태에 관련되는 한 등가일 것이기 때문이다. 한 궤적의 상태들은 결국 최종 상태로 가는 길을 따라간다. 기술자들은 이를 그것[궤적]의 중간 상태들transient states이라 부르며, 이 상태들이 궤적의 대부분을 구성한다. 이 점은 흥미를 끌기는 하지만, 안정적인 최종 상태만큼 중요한 것은 아니다. 계는 대부분의 시간을 그 상태 주변을 섭동하면서 보낼 것이기에 말이다. 다른 한편, 일반 법칙의 역할 역시 감소할 것인바, 예컨대 최종 상태에서 궤적의 행동—안정 상태 또는 순환적 행동—은 (일반 법칙에 의해 정의되는) 그것의 이전 상태들이 아니라 끌개 자체의 유형에 의해서 결정될 것이기 때문이다.

다시 이 논변은 추가적인 양상들에의 필요가 아니라 가능한 역사들의 개별화에 있어 부가적인 요인들을 고려할 필요를 제시한다. 결국 한 궤적의 최종 상태가 필연적이지 않은가? 그러나 이 경우에도 역시 특이성들의 분포가 보여 주는 복잡성이 상태공간의 양상적 구조에 대한 우리의 해석에 큰 차이를 가져다준다. 단일한 끌개를 갖춘 상태공간, 그리고 전 공간을 포괄하는 단일한 '장'은 그 계의 진화를 위한 최종 상태를 가진다. 따라서 이 전형적이지 않은 경우에 초점을 맞추는 것은 우리로 하여금 결정론이 단일한 필연적인 결과outcome를 함축한다고 생각하는 오류를 범하게 할 수 있다. 다른 한편, 많은 끌개들을 갖춘 공간은 필연성과 결정론 사이의 연계 고리를 부수어 버린다. 어떻게 해서인가? 하나의 계에 상이한 경로들destinies 사이에서의 '선택'을 부여함으로써, 그리고 한 계가 점유하는 특정한 최종 상태를 결정론과 기회chance의 조합으로 만듦으로써이다. 예컨대 어느 순간 한 계가 처하게 되는 끌개는 부분적으로는 그것의 우발적인 역사에 의해 결정된다. 즉 하나의 궤적은 어떤 사고事故, 즉 그것을 한 '장' 바깥으로 밀어내어 다른 끌개의 영향 하에 놓을 정도의 큰 외적 충격에 의해 한 끌개로부터 벗어날 수 있다. 나아가 한 계가 그것의 역사에서의 한 점에 있어 끌개들의 어떤 특정한 분포를 이용할 수 있는가는 분기에 의해 변할 수 있다. 하나의 분기가 두 개의 대안적인 분포로 이끌어 갈 때(그것들 중 하나만이 실현된다) 결정론적인 계는 그 이상의 '선택들' 앞에 서게 된다. 비선형 과학자들인 일리야 프리고진과 그레고어 니콜리스가 지난 수십 년 동안 강조해 왔듯이, 어떤 대안이 선택될 것인가는 환경에서의 기회 변동chance fluctuations에 의해 결정될 것이다. 한 상전이에 있어 대류 세포들convection cells의 창발에 대해 논하면서, 이들은 다음과 같이 말한다.

> 우리는 [임계값에 도달한] 그 직후 세포들이 나타날 것이라는 것을 알고 있다. 따라서 이 현상은 엄밀한 결정론에 속한다. 대조적으로 세포들의 회전 방향은, 시계 방향이든 반시계 방향이든, 예측 불가능하고 또 조절 불가능하다. 오직 기회만이, 실험의 순간에 주도적이 된 특정한 섭동의 형식으로, 주어진 세포가 어떤 방향을 취할지를 결정할 것이다. 그래서 우리는 기회와 결정론의 인상 깊은 협력을 목도하게 된다. …… 좀더 형식적으로 말하자면, 동일한 매개값에 대해서 여러 해들이 가능한 것이다. 기회만이 이 해들 중 어떤 것이 실현될지를 결정할 것이다.[68]

상태공간의 양상적 구조에 대한 다른 해석을 위한 이 논변은 사실상 들뢰즈 자신의 것은 아니다. 그러나 우리는 그의 존재론적 분석으로부터 이 논변을 직접 이끌어 낼 수 있다. 가능한 것과 필연적인 것이라는 정통 범주들에 반反하는 들뢰즈 자신의 논변들은 좀더 일반적인 철학적 성격을 띠고 있으며,[69] (내가 이 장의 나머지 부분에서 논의하고자 하는) 세번째 부류의 이슈——들뢰즈의 잠재성 이론을 이끌고 있는 세번째 제약들——에 직접 연관되어 있다. 나는 첫번째 제약을 이미 언급한 바 있다. 잠재적 다양체들을 영원한 본질들로 잘못 개념화하는 길을 차단하기 위해서였다. 이 제약에 맞서기 위해서는 가능성과 필연성에 대해 양상논리학에 관련된 많은 것들을 거부해야 한다. 현실세계

---

68) Nicolis and Prigogine, *Exploring Complexity*, p. 14.
69) 예컨대 들뢰즈가 필연의 문제에 접근하는 방식은 인과적 연결선을 분리시키는 데에 있다. 한편으로, 개체화의 과정들은 원인들의 계열들로서 정의되지만(결과마저도 다른 결과의 원인이 될 것이다) 특이성들은 그 원인들 계열의 순수한 비물체적 효과들이 된다. 다른 한편, 이 순수 효과들은 인과적 과정들에 영향을 줄 수 있는 의사-원인적 능력을 가지고 있는 것으로 간주된다. 인과율을 이런 식으로 분리시킴으로써 들뢰즈는 원인들을 원인들에 잇는 결정론을 엄밀한 필연성으로부터 분리시킨다. Deleuze, *Logic of Sense*, p. 169.
들뢰즈는 '결정론'이라는 말을 '필연성'이라는 말의 동의어로 사용하며, 그가 원인들 사이에 수립한 연결선을 위해서는 (스토아학파적 의미에서의) '운명'destiny이라는 말을 쓴다. 나는 신조어를 도입하지 않기 위해 '결정론'이라는 말을 계속 쓰지만, 엄밀한 필연성으로부터의 일탈을 강조한다. 이 양상에 대한 들뢰즈의 개념화를 또 다른 식으로 표현하기 위해서는 『차이와 반복』의 다음 구절을 음미해 보아야 한다. "운명은 서로를 잇따르는 현재들 사이에 단계별로 이루어지는 결정론적 관계들에 있지 않다. …… 차라리 그것은 계기하는 현재들 사이에서 …… 공간적 정위와 시간적 계기를 초월하는 …… 정위 불가능한 접속들, 떨어진 거리에서의 작용, 응답의 체계들, 공명들과 메아리들을 함축한다." Deleuze, *Difference and Repetition*, p. 83(강조는 인용자). 여기에서 핵심적인 역할을 하고 있는 "정위 불가능한 접속들"non-localizable connections이라는 이 개념은 대류 세포들을 참조해서 이해할 수 있다. 세포의 구성 요소들 간에 작동하는 인과적 상호 작용들은 정위 가능한 충돌들(당구에서 성립하는 인과율)이지만, 흐름 패턴(주기적 끌개)에서의 정합성의 원천은 분명 공간 또는 시간에 있어 그 어디에도 특정特定되어 있지 않다. 끌개는 접속들을 수립하지만(그렇지 않다면 흐름에서의 정합성은 존재할 수 없을 것이다) 이 접속들은 정위 가능한 것들이 아니다.

와 나란히 존재하는 가능세계를 가정하는 것은, 콰인을 비롯한 여러 사람들이 종종 언급했듯이, 늘 어떤 형태로든 본질주의에의 연류를 함축해 왔기 때문이다.[70] 그리고 내가 강조하고 싶은 것은 이러한 비판은 양상론 철학자들에게만이 아니라 대안적 평행 우주들이 존재한다고 진지하게 믿는 물리학자들에게도 적용된다.

이 평행 우주들에 대해 생각할 때, 철학자들과 물리학자들은 공히 상이한 가능세계들에 살고 있는 **충분히 형성된** 개체들의 존재를 가정하고 있다. 이것은 즉각 여러 물음들을 일으킨다. 동일한 개체가 약간 변한 채로 다른 세계들에서도 존재할 수 있을까? 그것이 여러 미소한 변화들이 축적된 채로 많은 세계들을 관통하면서 이 동일성을 유지할 수 있을까? 이 모든 변화들 이후에도 우리가 그를 확인할identify 수 있을까? 이 개체들의 동일성을 정의하기 위해, 그리고 그것의 관貫세계적 보존을 보장하기 위해 본질들이(일반적인 것들이건 특수한 것들이건) 도입되는 것은 바로 여기에서이다.

이 효과를 얻는 데에는 기본적으로 두 가지 전문적인 방식이 있다. 한편으로, 관세계적 동일성transworld identity은 하나의 특수한 본질의 소유에 의해 보증된다. 다른 한편, 그러한 관세계적 개체들은 존재

---

70) Quine, "Reference and Modality", *From a Logical Point of View*, New York: Harper & Row, 1965, p. 155. 대부분의 양상론적 분석들이 순수하게 언어적인 현상들 — 예컨대 반-사실적 문장들 — 을 다룬다 해도, 그러한 문장들을 실재세계를 지시하는 것들로서 간주하고서 접근할 때(전문적으로 말해, 우리가 가능한 존재들을 전적으로 양화할 때) 우리는 본질들의 존재에 대한 존재론적 입장ontological commitment을 얻는다. 달리 말해, 우리는 대상들이 그 성질들을 필연적으로 소유한다 — 우발적으로만 소유하는 다른 것들과는 달리 — 고 긍정할 수 있게 된다.

하지 않는다고 말할 수 있으며 단지 부본副本들counterparts만이, 즉 정본과 매우 닮긴 했지만 그것과 동일하지는 않은 다른 가능한 개체들만이 존재한다고 말할 수 있다(특히 부본들은 정확히 이 개체[정본]인 본질을 공유하지 않는다). 그러나 이 부본들은 하나의 일반적인 본질(인간의 경우 '이성적 동물'-임)을 공유할 수 있다.[71]

들뢰즈가 제공하는 대안은 개체들을 충분히 형성되어 주어지는 것으로 간주하기를 거부한다. 달리 말해, 개체들의 탄생을 항상 특정한 개체화의 과정 —— 예컨대 하나의 배(아)를 하나의 유기체로 바꾸는 발생 과정 —— 을 거쳐 성립하는 것으로서 설명하는 것이다. 시공간적 구조와 개체들의 경계들의 객관적 생산에 대한 이러한 강조는 영미 계통의 양상론에서는 가능한 것과 실재적인 것 사이를 매개하는 과정이 완전히 결여되어 있다는 사실과 뚜렷하게 대조를 이루고 있다. 가능한 것의 범주는 그 비-실존에도 불구하고 그 동일성을 유지하는, 일단 실현될 경우 받아들일 형태들을 이미 닮고 있는 미리-정의된 형태들의 집합을 전제한다. 달리 말해, 잠재적 다양체들과 현실적 구조들을 잇는 개체화 과정과는 달리, 한 가능성의 실현은 이미 존재하는 형태에 단지 실재성만을 덧붙이는 것이다.

들뢰즈는 다음과 같이 쓰고 있다.

---

71) 첫번째 대안(특정한 본질들 또는 '이-것'들hacceities을 통해 관세계적 동일성을 확보하려는 대안)은 플랜틴거에 의해 제시되었다. Alvin Plantinga, "Transworld Identity or World Bound Individuals?", *The Possible and the Actual*, pp. 154~157. 두번째 대안(일반적 본질들을 통해 연결된 부본들)은 루이스에 의해 대표된다. David Lewis, "Counterpart Theory and Quantified Modal Logic", *The Possible and the Actual*, pp. 117~121.

실존하지 않는 것non-existent이 이미 가능하다면, 개념 속에 이미 포함되어 있고 그 개념이 하나의 가능성으로서 그것에 부여한 모든 특성들을 가지고 있다면, 실존하는 것과 실존하지 않는 것 사이에 무슨 차이가 있을 수 있겠는가? …… 가능한 것과 잠재적인 것은 …… 전자는 개념에서의 동일성의 형식을 지시하는refer 데 비해 후자는 하나의 순수 다양체를 지시한다는designate 사실에 의해 구분된다. …… 이것은 같은 것the identical을 선행 조건으로 간주하기를 물리치는 것이다. …… 가능한 것이 '실재화'에 열려 있는 그만큼 그것은 실재적인 것의 이미지로서 이해되며, 실재적인 것은 가능한 것과 유사하다고 전제된다. 이렇게 실존existence이 그저 같은 것에 같은 것을 중복시키는 것뿐이라면, 그것이 가능한 것에 도대체 무엇을 덧붙이는가를 이해하기는 어려워진다. …… 〔잠재적인 것의〕 현실화는 그것이 하나의 원리로서의 동일성으로부터 일탈하는 것만큼이나 하나의 과정으로서의 유사성으로부터도 일탈한다. 이런 의미에서 〔잠재성으로부터의〕 현실화 또는 분화는 언제나 진정으로 하나의 창조이다. 현실적인 항들은 결코 그것들이 구현하는 특이성들과 유사하지 않다. …… 하나의 포텐셜 또는 잠재적 대상이 현실화된다는 것은 (유사하게 되기의 과정 없이) 하나의 잠재적 다양체에 상응하는 발산하는 선들을 창조하는 것이다.[72]

---

72) Deleuze, *Difference and Repitition*, pp. 211~212. 또한 Deleuze, *Bergsonism*, p. 97을 보라. 사실상 들뢰즈는 잠재적인 것을 하나의 물리적 양상으로 말하지 않는다. 그러나 그가 (베르그송을 따라) 잠재성과 가능성을 날카롭게 대조시키는 것은 그가 양상론적 용어들로 사유하고 있음을 시사한다.

유형학적 사유의 극복

본질주의적 사유를 거부하는 것을 넘어서, 잠재성에 대한 들뢰즈의 사유는 본질주의와 밀접하게 관련되어 있는 유형학적typological 사유의 제약을 넘어서려는 의지에 의해서도 관류되고 있다. 유형학적 사유에서 개체화란 분류들의 창조 및 그러한 분류들에서의 성원 되기를 위한 형식적 규준의 창조를 통해서 획득된다. 어떤 분류들이 본질주의적인 것은 사실이지만, 즉 한 집합의 성원이 되기 위한 규준으로서 초월적 본질들을 사용하는 것은 사실이지만, 늘 그렇지는 않다. 예컨대 초월적인 존재들인 플라톤적 본질들과는 달리 아리스토텔레스의 '자연적 상태들' — 한 개체가 그리 향하는, 방해하는 힘들이 없다면 성취될 상태들 — 은 초월적인 본질들이 아니라 그 개체들에 내재적이다. 그러나 아리스토텔레스 철학은 분명 비본질주의적이긴 하지만 또한 전적으로 유형학적이기도 하다. 즉 그것은 개체들을 종들로, 종들을 유들로 묶는 규준을 정의하는 것에 관련되어 있다.[73]

들뢰즈의 구축적인 기획을 이끄는 제약들을 논의하기 위해서는 유형학적 사유에 있어 하나의 역사적인 예를 드는 것이 특히 도움이 된다. 이것은 곧 17세기와 18세기 유럽에서는 일반적이었던 분류 작업들, 그 중에서도 특히 린네Carl von Linné의 식물학적 계통학이다. 다소 단순화해서 말한다면, 이 분류들은 충분히 형성된 개체들 중에서 지각되는 유사성들을 출발점으로서 취했다. 그리고 나서 그 개체들 사

---

73) 아리스토텔레스 철학에 대한 이해를 위해 다음 저작을 참조했다. Elliot Sober, *The Nature of Selection*, Cambridge, Mass.: MIT Press, 1987, pp. 156~161.

이에서 다른 것과 같은 것을 충분히 헤아려 도식화해 비교하는 것을 목표로 했다. 이것은 곧 그것들의 가시적 특징들을 언어적 표상으로 번역하는 것이었으며, 차이들과 동일성들의 표를 만드는 것이었다. 그렇게 해야만 질서 잡힌 표에서의 한 자리에 개체들을 정확히 앉힐 assign 수가 있었다. 표에 포함되는 집합들 사이에서 유비의 판단들은 상위 집합들을 낳을 수 있었으며, 대립 관계들이 그 집합들 사이에 수립됨으로써 유형들의 이분법들 또는 좀더 정교한 위계들을 낳았다. 이렇게 수립된 생물학적 계통학들은 역사적인 우연들이 만들어 낸 불연속들에 상관없이 고정되어 있고 연속적인 자연적 질서를 재구축할 수 있게 해주었다. 다시 말해 생물학적 유형들의 고정성이 주어진다면 시간 자체는 유형들의 성립에 (훗날 종들의 진화에 대한 다윈의 이론에서와 같은) 구축적인 역할을 하지 않았다.[74]

들뢰즈는 이 분류적 실천들을 모양 짓고 있는 네 요소——유사성, 동일성, 유비 그리고 대립(또는 모순)——를 잠재적인 것을 사유하기 위해서는 극복해야 할 네 범주들로서 간주한다. 물론 들뢰즈는 세상에 서로 닮은 사물들이 존재한다는 것, 또는 시간을 경과해서 어쨌든 그

---

74) Deleuze, *Difference and Repetition*, p. 29. 표상주의(또는 내가 말하는 유형학적 사유)의 위험에 빠지지 않기 위해서 들뢰즈는 고전 시대의 표상representation에 대한 푸코의 분석을 따른다. 이에 따르면 고전 시대의 표상은 네 차원 또는 '자유도'——동일성, 유사성, 유비, 대립——로 된 인식론적 공간을 형성한다. Ibid., p. 262. 푸코 사유의 이 측면을 영미 철학의 시각에서 논한 저작으로는 Gary Gutting, *Michel Foucault's Archaeology of Scientific Reason*, Cambridge: Cambridge University Press, 1993, ch. 4를 보라. 이하 나는 단지 이 분류적 실천들에 반복적인 특징들(유사성, 동일성 등)이 있다는 생각만을 취할 뿐, 이것들이 이른바 '에피스테메'라는 거대한 장을 형성한다는 생각은 보류할 것이다. 나는 그런 거대한 장 또는 총체성이 존재한다는 것을 믿지 않는다. 이후의 논의에서 이 점이 분명해질 것이다.

동일성을 유지하는 존재들이 있다는 것을 부정하지는 않을 것이다. 요점은 유사성들과 동일성들을 하나의 존재론을 정초해 줄 만한 근본 범주들이 아니라 보다 깊은 물리적 과정들의 단순한 결과들로서 다루어야 한다는 것이다. 마찬가지로 들뢰즈는 유비의 판단을 내리는 것이나 대립 관계를 수립하는 것의 유효성을 부정하려는 것이 아니라, 그러한 판단들을 내리는 것 또는 그러한 관계들을 수립하는 것을 가능케 하는 것을 설명해야 한다고 볼 뿐이다. 그리고 이러한 설명은 우리들에 대한 것 즉 우리의 마음에 내속하는 범주들 또는 우리의 사회에 내속하는 관습들에 대한 것이 아니라, 세계에 대한 것 즉 유비적인 분류와 대립하는 성질들을 낳는 객관적인 개체화 과정들에 대한 것이다. 이 중요한 점을 정교화해 보자.

앞에서 말했듯, 하나의 식물종 또는 동물종은 하나의 본질에 의해서가 아니라 그것[본질]을 생산한 과정들에 의해 정의되는 것으로 볼 수 있다. 나는 다음 장에서 이 종 형성speciation의 과정을 좀더 자세히 살펴볼 것이다. 그렇게 함으로써 또한 하나의 종은 어떤 의미에서 하나의 개별자라고, 단지 유기체들과 시공간의 규모에서만 다를 뿐인 개별자라고 할 수 있는지를 논할 것이다. 종의 개별화는 기본적으로 서로 분리된 두 과정에 근거한다. 그 하나는 자연도태에 의해 수행되는 솎아내기sorting 과정이고, 다른 하나는 생식적 고립에 의해 수행되는 응집consolidation 과정(한 종의 유전 풀을 외부의 유전적 영향들로부터 차단하는 과정)이다. 도태압이 공간적으로 균일하고 시간적으로 일정할 경우 우리는, 도태시키는 힘들이 약하거나 변덕스러울 경우보다, 한 개체군의 성원들 사이에서 좀더 큰 유사성을 찾아낼 수 있을 것이다.

마찬가지로 하나의 종이 분명한clear-cut 동일성을 가지는 정도는 하나의 특정한 생식계reproductive community가 효과적으로 고립되는 정도에 의존할 것이다. 예컨대 많은 식물종들은 그 생 전체를 통해서 잡종 번식하는 능력을 유지하며(그것들은 다른 식물종들과 유전 물질들을 교환할 수 있다), 따라서 완벽하게 생식적으로 고립된 동물들에 비해 분명한 유전적 동일성을 가지지 못한다. 요컨대 유사성과 동일성의 정도는 개체화 과정의 우발적인 역사적 세부 사항들에 의존하며, 따라서 당연한 것으로 간주되어서는 곤란하다. 같은 이유로 유사성과 동일성은 한 존재론에 있어 근본 범주들로서가 아니라, 단지 파생적인 개념들로서 사용되어야 한다.

나아가 상사성과 동일성이 한 개체화 과정의 세부 사항들에 있어 얼마나 우발적인가를 매 경우마다 보여 주기 위해서, 본질들과 정적 범주들의 거부는 생물학적 종들에 대해서만이 아니라 모든 자연종들에까지 확대되어야 한다. 우리는 자연적 범주들을 지시하려는 용어들이 어떻게 사실상 역사적으로 구성되어 온 개체들을 지시하는지를 역시 모든 경우에 있어서 보여 주어야 한다. 어떤 점에서 보면 '인간' 같은 용어들이야말로 탈–본질주의를 보여 주기에 용이한 용어들이다. 이미 오래전에 다윈은 종들을 역사적 존재들로서 사유할 수 있는 길을 열어 주었다.

그러나 본질주의적 설명이 좀더 가능해 보이는 '금' gold 같은 용어들은 어떤가? 결국 금의 모든 표본은 (일정한–원자가를–가짐 같은) 특정한 원자적 성질들을 가져야 한다. 그리고 이 성질들이 금의 본질을 구성한다는 사실을 주장할 수 있다. 대답의 일부분은 금 원자만이 아니라 모든 원자들이 별들 내에서 발생하는 과정들(핵 합성)에 있어 개별화될 필요가 있다는 사실, 우리가 이 과정들을 그것의 원자가를 제공하는 대신 금이 무엇인가를 특화해 내는 데에 사용할 수 있다는 사실이 된다.[75] 그러나 여기에서 본질주의를 거부해야 할 보다 강력한 이유는 주어진 금의 (한 사람의 손에 쥐어질 정도로 큰) 표본이 그것의 원자들의 단순한 합, 따라서 그 원자들의 성질들로 환원 가능한 것으로 간주될 수 있는 것이 아니라는 데에 있다.

특히 개별적인 세포들과 그것들이 구성하는 개별적인 유기체들 사이에 두 층위를 이어 주는 여러 중간 구조들(조직들, 기관들, 기관들의 계들)이 존재하는 것과 마찬가지로, 금의 개별적 원자들과 견고한 재료의 덩어리 사이에도 미시 차원과 거시 차원을 이어 주는 중간 차원의 구조들이 존재한다(개별 원자들이 결정체들을 형성하고, 개별 결정체들이 작은 덩어리들을 형성하고, 개별적인 작은 덩어리들이 보다 큰 덩어리들을 형성하는 등). 서로 다른 크기를 가진 결정체들과 덩어리들은 특정한 인과적 과정들에 따라 개별화되며, 개별 표본 덩어리의 성질들은 이 중간 구조들 사이의 인과적 상호 작용에 의해 창발된다. 정의상 개별의 금 원자들에 속하지 않는 특정한 융해점을 가지는 등 금의 어떤 성질들이 존재한다(개별 원자들은 녹지 않는다). 개별적인 금 결정

---

75) Ronald F. Fox, *Energy and the Evolution of Life*, New York: W. H. Freeman, 1988, p. 8. "화학 원소들이 존재하게 되는 메커니즘은 우주 핵 합성stellar nucleosynthesis이다. 이 과정에 포함되어 있는 단계들은 에너지 흐름이 어떻게 보다 단순한 구성 요소들로부터 물질의 복잡한 상태를 생산하는가를 보여 주는 좋은 예이다. 중력에너지와 핵에너지의 조합은 가장 단순한 요소인 방대한 양의 수소 기체를 좀더 복잡한 다른 요소들의 핵들로 전환시킨다. 우주 핵 합성은 핵반응 사이클들을 포함하며, 행성 구조에서의 변화에 강하게 연관되어 있는 단계들에서 일어난다."

체들은 융해된다고 할 수 있지만, 사실상 표본 덩어리의 융해점이 나타나기 위해서는 최소의 임계 크기(이른바 '마이크로클러스터' microcluster)를 가진 결정체들의 개체군이 있어야 한다. 뿐만 아니라 표본 덩어리의 성질들은 주어진 한 임계 층위에서 단번에 나타나는 것이 아니라 상이한 층위들에서 한순간에 하나씩 나타난다.[76]

결론

결론적으로, 실재의 모든 영역에서 본질주의적이고 유형학적인 사유를 거부하는 것은 들뢰즈 존재론의 구축에 있어 기본 조건들이다. 그러나 이러한 부정적인 제약들만이 아니라 이 구축에 있어 우리가 사용할 수 있는 긍정적인 제약들 또한 존재해야 한다. 나는 다음 장에서 잠재적 다양체들을 현실화하는 개체화의 강도적 과정들에 대한 좀더 상세한

---

76) 철학자들은 한 조각의 표본 재료란 단지 개별 결정체들의 모음collection에 불과하며, 그 모음은 너무나도 완벽하게 정리되어 모든 실제적 목적에 있어 표본 덩어리의 성질들은 단지 이 결정체들의 성질들의 합에 불과하다고 생각하는 경향이 있다. 달리 말해, 그들은 표본 덩어리를 외연적으로in extension 분할할 수 있다고, 결정체들의 집합적packing 배열이 주어져 있을 때 좀더 작은 표본이라면 결국 항상 비슷한 것으로 귀착하리라고 상상한다. 그러나 사실상 우리는 완벽하게 규칙적인 결정격자結晶格子를 가질 수 없으며(불규칙성들은 구조의 안정화에 결정적인 역할을 한다) 어떤 창발적 성질들을 잃어버리지 않고서는 주어진 크기를 넘어 표본 덩어리를 분할할 수 없다. "생물학자와 마찬가지로 야금학자도 배열된 원자들에서의 반복되는 또는 확장된 불규칙성들이 보다 큰 스케일에 있어 주된 구조적 특징들의 기초가 되며, 결과적으로 원자들과 우리의 감관들로 확인 가능한 사물들 사이의 간극을 메워 주게 되는 그런 결합체들aggregates과 결집체들assemblies을 만나게 된다." Cyril Stanley Smith, "Structure, Substructure, and Superstructure", *A Search for Structure*, Cambridge, Mass.: MIT Press, 1982, p. 54(강조는 인용자). 또한 같은 논문집에 포함되어 있는 다음 글도 보라. Smith, "Grain Shapes and other Metallurgical Applications of Topology". 상이한 임계 층위들에 있어 덩어리진 성질들의 창발에 대해서는 다음을 보라. Michael A. Duncan and Dennis H. Rouvray, "Microclusters", *Scientific American*, no. 261, December 1989, p. 113.

분석으로부터 이 원천들을 발전시켜 나갈 것이다. 어떤 면에서 잠재적인 것은 그것이 활성화하는 강도적 과정들에 있어 그 자신의 뒤에 흔적들을 남긴다. 그리고 철학자의 과제는 이 길들tracks을 따라 가거나 이 단초들을 잇는, 그리고 그 과정에서 (이 장에서는 단지 실마리만을 제공한) 기획을 완성시킴에 있어 사용되어야 할 개념적인 원천들의 저장소를 창조해 내는 탐정의 과제와도 같이 보일 것이다. 이 기획은 앞에서처럼 다양체를 정의하는 것뿐만 아니라 다양체들의 개체군이 어떻게 잠재적 연속체를 형성하는가에 대한 서술을 포함해야 한다. 즉 그것은 잠재적 공간에 대한 이론을 포함해야 한다. 마찬가지로 '잠재적 다양체'라는 용어가 단지 오래된 초시간적 본질들을 위한 새로운 이름label이 되어서는 곤란하다면, 이 기획은 잠재적 시간에 대한 이론을 포함해야 하며 이 비현실적 시간성이 현실적 역사와 어떤 관계를 가지는지를 해명해 주어야 한다. 마지막으로 잠재성과 물리학의 법칙들 사이의 관련성이 논의되어야 한다. 이상적으로는 일반적인 법칙들이 그 물리적 지식의 객관적 내용을 보존하면서도 보편적 다양체들에 의해 치환되어야 한다. 본질들 및 물화된 범주들만이 아니라 법칙들까지도 물리침으로써, 실재의 새로운 차원으로서 잠재적인 것들을 정당하게 도입할 수 있다. 달리 말해 잠재성의 도입이 잉여적인 존재론적 운동처럼 보이고 외관상으로는 실재론적 철학에 전혀 새로운[낯선] 존재들의 짐을 지우는 것처럼 보일지 몰라도, 그것이 본질들과 법칙들을 어떻게 대체할 수 있는가를 깨닫는다면 결국 그것이 군더더기가 하나도 없는 존재론으로 이끌 필수적인 사유임을 알게 될 것이다.

MANUEL DELANDA

2장

**잠재적인 것의
공간적
현실화**

2장_ 잠재적인 것의 공간적 현실화

상대적으로 미분화되어 있고 연속적인 위상공간이 불연속적인 이행을 겪음으로써 점차적으로 세부 항들을 얻어 간 결과 지금 우리가 살고 있는 측정 가능하고 분할 가능한 계량공간으로 응축되는 과정, 이 구도는 공간 구조의 우주적 생성cosmic genesis에 대한 아주 좋은 은유이다. 앞에서 나는 위상공간과 계량공간 사이의 관계를 강도적 성질들과 외연도적 성질들 사이의 관계에 비교함으로써 [위 구도의] 은유적 성격을 얼마간 제거하려고 했다. 길이나 부피 같은 외연도적 성질들은 간단히 분할 가능하지만, 압력이나 온도 같은 성질들을 예로 들 수 있는 강도적 성질들은 연속적이며 상대적으로 분할 불가능하다. 또한 점차적으로 위상공간을 분화시키는 대칭 파괴적인 사건들의 연쇄는 강도의 임계값들에서 발생하는 상전이들에 비교되었다. 1장에서는 이러한 시나리오가 문자 그대로 참이 되는 경우를 현대 물리학으로부터 취한 예를 통해 설명했다. 그러나 공간의 생성에 대한 서술로서의 이 구도picture는 결국 하나의 구도로 남는다는 것은 사실이다.

이제 어떻게 강도적인 것이 외연도적인 것을 낳을 수 있는지, 좀 더 정확히 말해 강도적 성질들에 의해 특성화된 개체화의 과정이 어떻게 (그것의 최종적 산물로서) 특정한 공간적 구조들을 갖춘 개체들을 낳을 수 있는지에 대해 보다 덜 은유적인 설명을 제공할 때이다. 이 장의 첫 부분에서 나는 강도적인 것의 두 가지 상이한 측면에 대해 논의할 것이다. 각 측면은 특정한 개체화 과정을 통해 분명해진다. 우선 생물학적 종들이 개체화되는 과정을 서술할 것이며, 이 서술로부터 강도적 사유를 특성화하는 주된 두 가지 개념을 추출해 낼 것이다. 두 개념이란 바로 개체군 및 변화율이다. 또한 이 개념들이 어떻게 본질주의적 사유의 두 가지 주요 특성——고정된 유형들 및 이념적 규범들——을 대체하는 데 도움을 줄 수 있는지 보여 줄 것이다. 그러고 나서 나는 우리의 두번째 과제로 옮겨갈 것이다. 이 과제는 곧 개체들의 외연도적인 또는 계량적인 특징들이 어떻게 (적어도 개략적인 의미에서 볼 때) 비계량적인 또는 위상학적인 과정들로부터 나올emerge 수 있는가 하는 것이다. 적절한 예시로서는 그 최종적인 산물로서 개별 유기체들individual organisms을 산출하는 과정을 들 수 있을 것이다. 배아발생에 대한 좀더 상세한 논의는 기하학적 은유를 넘어서는 첫번째 진전을 포함하게 될 것이다. 이는 곧 배아발생의 결과가 외연도들extensities을 통해서만이 아니라 질들을 통해서도 정의되기 때문이다. 달리 말해, 하나의 유기체는 그것의 공간적 구조에 의해서만이 아니라 그 구조에 특유의 역학적 성질들을 부여하는 상이한 재료들(뼈, 근육)에 의해서도 정의된다. 그 후 다시 강도적인 것이 외연적인 것과 질적인 것의 뒤로 숨는다는 것을 보게 될 것이다.

본질주의 생물학에서 강도의 생물학으로

종들의 개체화 과정에서 시작해 보자. 우선, 여기에서 우리는 어떤 의미에서 개체화를 이야기할 수 있을까? 수세기 동안 생물학적인 종들은 자연종의 중요한 사례들 가운데 하나였다. 자연종을 플라톤이 그랬던 것처럼 초월적인 본질에 의해 정의된 것으로 생각하든 아니면 아리스토텔레스를 따라 내재적인 '자연적 상태'에 의해 정의된 것으로 생각하든, 동물종과 식물종이 제공해 준 표본은 추상적이고 일반적인 존재가 가져야 할 모습이었다.[1] 물론 찰스 다윈은 종들이 영원한 원형이 아니라 특정한 역사적 시간 속에서 태어나 또한 역사적인 방식으로 멸종됨을 밝힘으로써 이러한 전통을 깨뜨렸지만, 종들은 종류kind가 아니라 개체들이라는 생각은 최근에 와서야 (아직도 논란이 있지만) 힘을 얻게 되었다. 종들에 대해 이런 새로운 관점을 얻게 된 것은 상당 부분 생물학자 마이클 기셀린 덕분이다. 그는 자연도태와 생식상의 격리[2]라는 이중의 과정을 거치면서 형성된 종들이 개별적인 유기체보다 상위의 존재론적 범주를 제시해 주는 것은 아니라고 지난 수십 년 동안 줄기차게 주장해 왔다.[3] 대표적인 사례 또는 예시 가운데 하나라고 할 수 있을 자연종과 그 구성원 사이의 관계와는 달리, 개별 유기체에 대한 개별 종의 관계는 유기체와 그것을 구성하는 개별 세포들 사이의

---

[1] Michael T. Ghiselin, *Metaphysical and the Origin of Species*, Albany: State University of New York Press, 1997, p. 78.
[2] '생식상의 격리' reproductive isolation란 집단 내 개체 간의 유전자 교류가 방해를 받음으로써 유전적 차이에 의한 종 분화가 유도되는 현상을 말한다. —옮긴이
[3] 이 분야에서 마이클 기셀린이 했던 역할을 설명하면서 이 논쟁의 역사를 충실하게 다룬 논의로는 David L. Hull, *Science as a Process*, Chicago: University of Chicago Press, 1988, ch. 4를 볼 수 있다.

관계와 마찬가지로 전체-부분들 관계들 중 하나이다. 더 나아가, 특정한 사례와 일반적인 유형 사이의 관계와는 달리, 전체에 대한 부분들의 관계는 인과적이다. 즉 전체란 구성 요소들(부분들) 사이의 인과적인 상호 관계를 통해서 나타난다.[4] 예컨대 이전에 있던 종들의 일부가 나머지 것들과 짝짓기를 할 수 없게 되었을 때 새로운 종이 태어난다고 말할 수 있다. 이러한 생식상의 격리는 두 하위 개체군의 구성 요소들 사이에서 발생하는 인과적인 관계일 뿐 아니라 시간을 통해서 지속되어야만 하는 관계이다. 이러한 고립을 지탱하는 유전적, 역학적, 지리적인 방해물들을 이겨 내는 것들은 그것이 무엇이든지 간에 종의 유전적 동일성을 지속적으로 보장받을 것이다.

분명 종들과 유기체들 사이에는 수많은 차이점들이 있는데, 가장 눈에 띄는 것이라면 규모(스케일)상의 차이점들이다. 공간적으로 보면, 하나의 종은 흔히 지리적으로 분리된 생태계에 서식하는 여러 생식계를 포함하기 때문에 하나의 유기체보다 훨씬 큰 외연을 갖는다. 시간적으로 보면, 역시 종이 훨씬 큰 규모로 작동한다. 즉 종의 평균 수명은 유기체의 생명 주기보다 훨씬 더 길다. 하지만 종들이 역사적 과정을 통해서 구성된다는 사실은 사실상 그것들이 또 다른 개별적 존재임을, 즉 유기체들보다 더 큰 시공간적 규모로 작동하긴 하지만 결국 개별적인 존재임을 보여 준다. 새롭게 펼쳐지는 종 개념의 철학적 중요성은 반드시 강조되어야 한다. 일반적인 유형들과 특정한 사례들 사이의 관계를 기반으로 하는 존재론은 위계적인 반면(각각의 층위는 다

---

4) Ghiselin, *Metaphysical and the Origin of Species*, pp. 37~41.

른 존재론적 범주——유기체, 종, 속——를 나타낸다), 상호 작용하는 부분들과 창발하는 전체들이라는 관점에서 출발한 접근은 존재론적 위상에서가 아니라 시공간적 규모에서만 차이가 나는 고유하고 개별적인 개체들로만 구성된 평탄한 존재론을 귀결시킨다.[5] 다른 한편, 이러한 새로운 접근 방식에서는 전체가 나타나는 과정, 들뢰즈의 존재론에서 '강도적'인 것으로 정의되는 과정을 항상 특화해 내야specify 한다. 종 형성speciation의 과정은 강도적이라고 할 수 있다. 종 형성 과정의 묘

---

5) 들뢰즈가 개별적인 개체들의 평탄한 존재론[flat ontology ; 여기에서 '평탄한' flat은 '내재적인' immanent과 같은 것을 뜻한다. 평평함을 뜻하기보다는 (가우스-리만의 공간 개념에서처럼) 모든 것이 내재면plane of immanence에서 논의되는 것을 뜻한다.—옮긴이]이란 생각에 어느 정도로 동의할지는 확실하지 않다. 들뢰즈 이론의 어떤 부분(예를 들면, 점점 더 커지면서 서로 쟁여져 있는 일군의 시간적 크기들이 연관되어 있는 그의 시간론)에서는 이러한 존재론을 요구하는 것 같다. 하지만 어딘가에서 들뢰즈는 전체성을 이야기하는 듯하다. 그러므로 내 경우 사회적인 것의 영역을 평탄한 존재론(개별적인 의사 결정자들, 개별적으로 규격화된 조직들, 개별적인 도시들, 개별적인 국가들로 이루어진)으로 보고 있고 그래서 '전체로서의 사회' 혹은 '전체로서의 문화'에 대해서는 언급하지 않았지만, 들뢰즈는 '전체로서의 사회' 그리고 특히 사회라고 하는 잠재적 다양체에 대해서 이야기한다. 예컨대 Deleuze, *Difference and Repetition*, p. 186을 보라. 용어상의 문제도 언급해야 하겠는데, 들뢰즈는 '개체적' individual이란 말을 매우 색다르게 사용한다. 특히 들뢰즈는 '현실적 존재'와 '개체적인'을 나처럼 동의어로 사용하지 않는다. 들뢰즈에게서 '개체적'이란 용어는 현실화의 과정에서 나타나는, 그러니까 개별적인 것이 최종적인 질과 외연성을 획득하기 이전에 나타나는 존재를 지칭한다. 예컨대 완전히 성장한 인간은 현실적 존재가 되지만, 전개되고 성장해야 하는 태아는 개체적인 것이다. 하나는 외연적인 존재이고 다른 하나는 강도적인 존재이다(예컨대 Ibid., pp. 247, 250). 나는 '개체적인'이라는 말을 기셀린이 반反본질주의 사유와 연결시키기 위해 사용했던 것과 같은 의미로 사용한다. 하지만 이렇게 사용한다고 해서 들뢰즈를 지나치게 왜곡하는 것은 아닐 것이다.
다른 한편, 나는 '종'이라는 말의 사용에서도 들뢰즈와 갈라진다. 그에게서는 종이 또한 개체들임이 함축되어 있지 않으며, 따라서 개체화 과정의 산물은 배아발생 중 유기적 개체들을 낳는 일과 구분된다. 그가 규모의 두 층위를 분리시키고 있는 것 같지는 않다(내 생각에도 분리되어서는 곤란하다). 그리고 '종들'과 '부분들'을 질들 및 외연성들 각각의 유기적 표현으로서 논하고 있는 듯이 보인다. 그는 이렇게 쓰고 있다. "개체군의 운동학kinetics은, 유사성을 전제하지 않은 채, 난卵의 운동학과 연계된다. 즉 종 형성에 있어 고립이라는 지리학적 과정은 내적인 유전적 변이들 못지않게 중요하다." Ibid., p. 217.

사에는 무엇보다도 개체군과 이질성이라는 기본 개념들이 포함되며, 이 두 개의 근본적인 개념들은 개체군 이론으로 알려진 생물학적 설명 방식의 특징이다. 이러한 사고방식을 본질주의 및 유형학적 사유와 구분 짓는 것은 진화론과 유전학을 현대적으로 종합한 창조자들 가운데 한 사람인 에른스트 마이어Ernst Mayr의 유명한 말에 잘 나타나 있다.

> [유형론자들에게는] 자연에서 관찰되는 변이[6] 가능성 밑에 깔려 있는 일정한 자기동일적 '이데아들'이 있다. 에이도스(이데아)야말로 고정되어 있고 실재하는 유일한 것이어서, 관찰된 변이성은 실재가 아니라 동굴 벽에 비친 대상의 그림자에 불과하다. …… [반면에] 개체군 론자는 유기적 세계에 있는 모든 것들의 유일성uniqueness을 강조한다. …… 모든 유기체들과 유기적 현상들은 고유한 특성들(형질들)로 이루어지며 오직 통계학적인 용어들로만 집합적으로 서술될 수 있다. 개별적인 것들 혹은 어떤 종류의 유기체들이든 개체군을 형성하며, 우리는 그 산술적 평균과 변이의 통계학을 결정할 수 있다. 평균이란 통계적인 추상에 불과하며, 개체군을 구성하는 개별적인 것들만이 실재한다. 개체군 이론가들과 유형론자들의 궁극적인 결론은 날카롭게 대립한다. 유형론자들의 입장에서는 유형(에이도스)이 실재하고 변화는 환영이며. 개체군론자들의 입장에서는 유형(평균적인 것)이란 추상일 뿐이며 오직 변이만이 실재한다. 자연을 바라보는 이 두 가지 방식보다 더 차이나는 것은 있을 수 없다.[7]

---

6) '변이' variation는 생명체들의 진화론적 변화를 가리키는 말로 자주 사용된다. ― 옮긴이

종을 그 구성 요소들이 동일한 속성의 교집합을 공유하는 자연종으로 볼 경우, 어떤 부류의 요소들 사이에서 나타날 수밖에 없는 변이는 단지 역사의 우연일 뿐이다. 고정된 원형을 정의하는 속성들의 교집합을 결정한다는 관점에서 보면 이러한 변이는 그다지 중요하지 않다. 반면 개체군론자에게 변이, 유전적 변이란 중요한 것이어서 진화의 원동력fuel이다. 유기체들 사이에 적응상의 차이들이 없다면, 자연도태로써는 새로운 형태의 창발은 말할 것도 없고 개체군에서의 어떤 진보도 이뤄 낼 수 없을 것이다. 달리 말해 개체군론자에게 이질성은 대부분의 상황 하에서 자연발생적으로 존재하리라고 기대하는 상태이다. 반면에 동질성은 특정한 도태압 하에서만, 시공간에 있어 비정상적으로 균일한 도태압 하에서만 일어날 수 있는 드문 상태이다.[8] 더욱이 유형론자들은 형태발생을 단일한 유형들의 표현이라는 관점에서 생각하지만, 개체군론자에게 유기체의 형태들은 항상 개체군을 전파하는 (다른 기원들과 함께 선택적으로 이로운) 특징들로서 집합체들(예컨대 생식계들) 안에서 진화한다.

개체군 이론은 본질주의가 지닌 바람직하지 않은 두 가지 양상 가운데 하나, 즉 종의 동일성을 미리 정의하는 원형이 존재한다는 측면

---

7) Elliot Sober, *The Nature of Selection*, Cambridge, Mass.: MIT Press, 1987, p. 156에서 재인용.
8) Ibid., p. 159. 소버는 아리스토텔레스적 본질주의의 전복에 대한 마이어의 설명 방식을 약간 수정한다. 그는 마이어가 하듯이 평균값들과 본질들을 동일시하는 것은 부정확하다고 생각한다. 평균값들은 개체군 수준에서도 실재하는 성질들로 간주될 수 있다고 보기 때문이다. 그래서 전복은 변이의 역할을 통해서 특성화된다. 즉 아리스토텔레스주의자들에게 등질성은 자연적인 상태이며 변이가 특별한 설명을 필요로 하는 것인 데 비해, 개체군 이론가들에게는 자연적인 것은 변이이며 동질성은——그런 것이 존재한다면——설명되어야 할 바가 된다.

을 이렇게 제거한다. 다른 또 하나의 양상은 그러한 원형들이 실제로 구체화될 때 거의 완벽에 접근할 수 있게 해주는 이념적 규범의 역할인데, 이런 측면은 반응의 규범norm of reaction이라는 다윈주의의 또 다른 중요 개념에 의해 제거된다. 이 개념을 설명하기 위해 같은 종에 속하지만 다른 생태계에 살고 있는 두 개의 다른 생식 공동체를 상상해 보자. 반응의 규범은 유전자들과 신체적인 형질들 사이의 관계에는 충분한 적응성(유연성)이 있고, 두 개의 공동체가 여전히 같은 종일지라도 환경 차이들이 각기 다른 형질을 줄 수도 있다는 사실을 보여 준다. 예컨대 특정한 자원(햇빛이나 특정한 영양분 등)을 이용할 수 있는 비율에 따라 두 공동체에 속하는 유기체들의 성장률은 다를 수 있다. 한 공동체가 다른 공동체보다 더 작은 유기체들로 구성될 수 있는 것이다. 이 경우에 어느 한 공동체가 정상적이고 이상적이며 고정된 표현형表現型이라고 말하거나 완전도degrees of perfection에 더 가깝다고 말할 여지는 없다. 표현형들은 일정한 한계 안에서 유동적이므로, 그러한 한계 내에서 유전자형이 모두 현실화되는 것은 정상적이다.[9] 반응의 규범이란 개념은 완전도라는 개념을 변화율들 사이의 관계(우리가 들 수 있는 예로는 성장률과 연계된, 영양분을 섭취할 수 있는 비율)라는 개념으로 대체한다. 들뢰즈는 다윈주의가 정적인 분류와 그것이 함축하는 바를 개체군적이면서도 동시에 미분적인 동적인 사유 형태로 대체함으로써 본질주의에 연타를 날렸다고 본다. 들뢰즈는 이렇게 말하고 있다.

---

9) Sober, *The Nature of Selection*, p. 160.

첫째 …… 형태들은 개체군보다 먼저 존재하지 않는다. 그것들은 통계학적인 결과에 더 가깝다. 어떤 개체군이 각기 다른 형태들을 나타낼수록, 그 개체군의 다양체는 다른 본성을 지닌 다양체들로 더 많이 나뉜다. …… 개체군은 더욱 효율적으로 환경 안에서 퍼지거나 환경을 분할한다. …… 두번째, 자발적으로 그리고 같은 조건 하에서 …… 정도들은 더 이상 증가하는 완전성에 의해 측정되지 않는다. …… 그것들은 도태압, 촉매작용, 번식 속도, 성장률, 진화, 변이 등과 같은 미분적인 관계들과 미분계수들에 따라 측정된다. …… 다윈주의의 근본적인 두 가지 기여는 다양체들의 과학이란 방향으로 이동한다. 유형들이 개체군들로 대체되고 정도들이 비율 혹은 미분적인 관계들로 대체된다.[10]

앞에서 나는 유기체들과 그것들 내에서 작동하는 부분들인 세포들 사이에 조직들이나 기관들과 같은 중간 규모의 개별 구조들이 존재한다고 말했다. 이와 비슷하게 이러한 유기체들과 그것들이 구성하는 종들 사이에 딤들[11]이라고 불리는 중간 단위들이 있다. 딤이란 주어진 생태계에 살고 있는 구체적인 생식 공동체를 말한다.[12] 이 딤들의 강도적인 속성들(예컨대 그것들을 구성하는 유기체들이 서식지에 얼마나 조밀하게 몰려 있는가)은 비율들에 의해 특성화된다. 이 경우 핵심 비

---

10) Deleuze and Guattari, *A Thousand Plateaus*, p. 481(강조는 인용자).
11) deam. 지역적으로 구분되는 교배 집단.—옮긴이
12) Niles Eldredge, *Marcoevolutionary Dynamics*, New York: McGraw-Hill, 1989, pp. 155~157.

율인 변화율은 덤의 성장률일 것이며, 이것은 내가 이미 언급했던 개별 유기체들의 성장률과는 구분되어야 한다. 개별 덤의 성장률은 자원의 이용 가능한 비율(때로는 그 환경의 '운송 능력'으로 일컬어진다)은 물론이거니와 그 공동체를 지배하고 있는 출생률, 사망률, 이동률에 따라 달라진다. 이렇게 정의된 덤은 분명 역동적인 체계이고, 그래서 정적인 상태들 사이에서의 갑작스러운 전이들(분기들)뿐만이 아니라 내생적으로 발생한 정적인 상태들(끝개들)도 나타낸다고 할 수 있다. 예컨대 단순한 모형들의 경우, 특정한 환경에 결부된 덤을 구성하고 있는 체계는 (개체군 수가 그 운동 능력과 일치하는) 안정적이고 지속적인 상태뿐만 아니라 불안정하지만 지속적인 상태(멸종을 의미하는, 개체군이 0인 상태)도 보여 준다.[13] 안정된 원환들과 같은 더 복잡한 끝개들은 우리가 그 모형에 비선형성을 추가하는 순간에 나타난다. 이는 예컨대 출생 시기와 성적 성숙기 사이에는 항상 비선형적 지연들이 존재한다는 사실을 반영하도록 출생률이라는 항을 좀더 실재적으로 만듦으로써 가능해진다. 한 덤의 성장 동역학이 주기적인 끝개에 의해 지배될 때, 그것의 개체군을 특징 짓는 수는 고정되고 안정적인 값을 향하기보다는 값들 사이에서 진동하는 경향을 보인다.[14]

이러한 간단한 사례는 개체군들에서 발생하고 짝지어진coupled 변화율에 의해 정의되는 역동적인 과정이 어떤 의미에서 강도적이라고 말해질 수 있는가를 예시하기 위해 제시되었을 뿐이다. 이러한 강

---

13) J. D. Murray, *Mathematical Biology*, Berlin : Springer-Verlag, 1989, pp. 1~4.
14) Ibid., pp. 8~11.

도적 과정이 앞 장에서 다룬 잠재적 다양체들에 어떻게 연계되는가? 앞에서도 논했듯이, 다양체들은 하나의 구조로 되어 있으며, 이 구조는 미분적 관계들에 의해, 그리고 그것[구조]이 펼쳐지는 층위들을 특징 짓는 특이성들에 의해 정의된다. 잠재적인 것의 이 두 가지 요소는 강도적인 것에서 각각의 대응물을 발견한다. 출생, 사망, 이동, 그리고 자원 이용 능력의 짝지어진 비율은 유사성 없이 하나의 다양체를 특징 짓는 미분 관계들에 상응한다. 개체군에서 의미가 있는, 집합적으로 안정된 상태는 다시금 어떠한 상사성도 없이 특이성들의 분포와 일치한다.

이러한 일치는 이번에는 주어진 개체화의 강도적 과정이 다양체를 구현한다는 사실로 설명되고, 잠재적인 것과 강도적인 것 사이의 비유사성은 이러한 구현의 발산적인 성격에 의해 즉 몇 가지 다른 과정들이 동일한 다양체를 구현할 수 있다는 사실로 설명된다.[15] 마지막으로, 잠재적 다양체들이 영원한 본질을 대체하는 것과 마찬가지로

---

15) 예컨대 유기체 개체군과 세포 개체군들 모두에서 우리는 이동률은 물론이거니와 출생률(세포 분열률), 사망률을 고려한다. 이러한 변화율들은 두 경우 다 접근적인 안정 상태뿐만 아니라 문턱 효과threshold effect를 보여 주는 역동적 과정을 정의한다. 발산하는 보편성 또한 이 유기적 현상들이 무기물들과 동역학적 특징들을 공유하리라는 것을 함축한다. 어떤 과정들 ─ 예컨대 집중 패턴들의 형성(이것은 화학적 반응이 일어나는 율과 그 반응의 산물들이 분산되는 율 사이의 상호 작용으로 인해 이루어진다) ─ 은 발생학적 과정들과 비생물학적, 화학적 과정들에 모두 일어난다(유명한 벨루소프-자보틴스키 반응). 이 사실은 잠재적 다양체가 유기적인 분자 개체군들과 무기적 분자 개체군들 모두에 있어 발산적으로 현실화될 수 있다는 사실을 암시한다. 분명 동물 개체군들과 식물 개체군들 사이의 상호 작용들(포식자-먹이 계들 같은)을 모델링하기 위해 사용되는 수학적 기법들과 분석 방법들은 반응 운동학에 직접적으로 적용된다. 다시 말해, 분자들, 유기체들, 무기체들의 상호 작용하는 개체군들에 대한 동역학적 모델들에 직접적으로 적용된다. Murray, *Mathematical Biology*, p. 63.

〔다양체들을〕 구현하는 강도적 개체화들 그리고 또한 〔다양체들의〕 최종 산물인 개체들은 일반적인 종류를 대체할 것이다. 일반적인 부류들 classes이 종종 본질들로서 정의된다는 점을 감안한다면, 이것은 자연스러운 대체이다.

아주 간략하게 말하자면, 들뢰즈의 세계를 구성하는 세 개의 존재론적 차원은 잠재적인 것, 강도적인 것, 그리고 현실적인 것이 될 것이다. 혹은 이 장의 모두에서 사용했던 은유로 표현하면(시간적 차원은 잠시 무시하자), 현실세계에 거주하는 개체들은 비계량적, 잠재적 연속체로부터 응축되는 불연속의 공간적인 또는 계량적인 구조와 같을 것이다. 어느 한 규모에 있는 개체군들이 또 다른 규모에서 더 크게 출현하는 개체들을 형성할 수도 있으므로, 이러한 계량적 개체들은 또 다른 공간적 규모들에 존재한다. 하지만 (더 작은 개별 입자들로부터 가장 큰 우주적 개체들까지) 그런 개체들이 모여서 현실세계의 친밀하고 측정 가능하며 분할 가능한 공간을 구축할 것이다. 하지만 이 대목에서 우리는 기하학적 은유로부터 일차적으로 벗어나야 한다. 현실적인 개체들은 외연성(공간적 구조와 규모)에서만이 아니라 질들에서도 서로 차이가 나기에 말이다. 예컨대 하나의 종은 그것의 공간적인 분포(상이한 생태계에 거주하는 여러 생식계들로의 분할)를 정의하는 외연도적인 측면만이 아니라 (먹이 사슬에서 특정한 역할을 한다든지 특수한 생식 전략을 가진다든지 하는, 개별 유기체들과는 구분되는) 개체군 층위의 질들에 의해 정의되는 질적인 측면도 내포한다.[16] 이것은 강도적인 개체화 intensive individuation의 과정들이 외연성들과 질들의 기원이 모두 설명되는 지점까지 밝혀져야만 한다는 의미이다.

강도적 개체화에 의한 형태와 질의 발생

이러한 중요한 논점을 예시하기 위해서 나는 다른 수준의 규모로 이동하고자 한다. 종들로부터 유기체들로 내려가, 배胚 발생에 있어 강도적 과정의 두 가지 사례를 논의하고자 한다. 그 하나는 외연성〔형태〕의 생산과 관련되어 있고, 다른 하나는 질〔형질〕의 생산과 관련되어 있다. 아니면 좀더 구체적으로, 두 가지 각기 다른 발생학적 과정들에 대해 논의해 보고자 한다. 하나는 세포들의 이동, 접힘folding, 함입 invagination을 통한 유기체들의 공간적 구조화 아래 진행되는 과정이고, 다른 하나는 중성 세포들의 완전하게 특화된 근육, 뼈, 혈액, 신경, 그리고 여타 세포 유형들로의 질적인 분화 아래 진행되는 과정이다.[17] 은유적으로 말하자면, 난자는 충분히 형성된 유기체로 대변되는 계량공간이 되기 위해서 공간적이고 질적인 점진적 분화를 겪는 위상학적 공간이다. 하지만 어떤 의미에서 난자들과 유기체들은 공간을 형성한다고 할 수 있을까? 1장에서 말했듯이, 계량공간과 비계량공간 사이의 차이는 결국 이웃관계들(혹은 공간을 형성하는 점들 사이의 연결 고리들)이 엄밀한 길이를 통해서 정의되는가 아니면 '비정확한' 위상학적 인접관계를 통해서 정의되는가에 있다. 이런 의미에서, 대체적으로

---

16) 개체군 층위의 질들에 대한 논의는 Sober, *Nature of Selection*, p. 167을 보라.
17) "사물들 자체 내에서 현실화는 어떤 식으로 발생하는가? ······ 〔사물들 자체에 있어〕 현실적인 외연성들과 질들 아래에는 ······ 시공간적인 역동적 과정들dynamisms이 존재한다. 이는 현실화하는, 분화시키는 요인들이다. 이 요인들은 흔히 질들과 외연성들에 의해 은폐되어 있지만 그럼에도 모든 영역에 있어 개관되어야 한다. 발생학은 난의 분할이 좀더 중요한 형태발생적 운동들(자유 표면들의 증가, 세포층들의 확장, 접힘을 통한 함입, 군들의 국지적인 자리옮김)에 비하면 이차적이라는 사실을 보여 준다. 역동적 과정을 함축하는 난의 운동학 전반이 드러난다." Deleuze, *Difference and Repetition*, p. 214.

화학적 그래디언트와 극성을 통해서 정의되는 수정란 그리고 모호한 fuzzy 경계들 및 불명확한ill-defined 성질들과의 이웃관계를 통해 정의되는 초기 배(아)는 분명 하나의 위상공간으로서 파악될 수 있다. 이 공간은 조직들, 기관들, 기관계들이 점진적으로 더 잘 정의되고 형태상 상대적으로 더 많이 고정됨에 따라 엄밀하게 계량적인 해부학적 구조를 획득하게 된다.

우선 개별 세포들이 모여 다양한 착생adhesion 과정들을 통해 상이한 이웃관계들이나 집단들로 화하는 것에서 출발해 서로 구분되는 공간적 구조들을 창조해 내는 과정에서 시작해 보자. 이러한 이웃관계들은 잘 정의된 계량 구조를 가지고 있지 않다. 어떤 이웃관계 내에서든, 세포의 정확한 정위定位는 가까이에 위치하면서 공유된 역사를 가진 충분히 많은 세포들이 존재하는 한 중요하지 않다. 마찬가지로, 이웃관계의 정확한 수는 중요하지 않으며 또한 그것은 항상 통계학적 변동에 종속된다. 중요한 것은 세포들 사이(혹은 세포들과 이동 과정에서의 여분의 세포-망 사이)의 국소적이고 착생적인 상호 작용, 전형적으로 비선형적이고(작은 변화들이 커다란 결과를 초래할 수도 있다) 통계적인 상호 작용이다.[18] 생물학자 제럴드 에델만이 밝혀 주었듯이, 이러한 국소적인 상호 작용들은 집단적 존재들에 두 가지 안정 상태를 가져다준다. 즉 세포들은 착생 분자들에 의해 서로 긴밀하게 연결되어 (상피上皮라고 불리는) 막들sheets로 화할 수도 있고, 최소 상호 작용을 통해 느

---

18) Gerald M. Edelman, *Topobiology: An Introduction to Molecular Embryology*, New York: Basic Books, 1988, pp. 22~24.

슨하게 결합되어 (간엽조직[중배엽]이라 불리는) 이동성 군들로 화할 수도 있다. 이러한 두 가지 안정적 상태들은 상전이와 아주 유사한, 또 이동과 접힘이라는 두 가지 다른 유형의 세포 운동으로 귀결하는 변환에 의해서 서로 관련을 맺는다.[19]

 세포 이동이 집합체들 전체를 새로운 장소로 이동시키고 거기에서 집합체들이 새로운 집합체들과 상호 작용을 할 수 있다면, 세포 접힘과 함입은 한 유기체의 외적이고 내적인 공간적 경계들을 구성하는 아주 다양한 3차원 구조들을 만들어 낸다. 하나의 집단이 어디로 이동하고 외적 구조와 가장자리들이 무엇으로 형성될 것인지는 부분적으로 강도적인 관계에 의해, 즉 한편으로 다른 착생 분자들(분자들의 상대적 숫자에 영향을 주고 한편으로는 두 가지 안정 상태 사이의 상전이를 매개하는)의 합성과 분해의 비율에 의해, 더 나아가서는 한 집합체에 있어 세포의 출생과 사망의 비율에 의해 결정된다.[20] 세포 분열의 정확한 수 또는 세포 소멸의 정확한 수를 유전적으로 제어할 구체적인 방법은 없다. 차라리 출생과 사망의 비율 및 이동과 접힘의 과정 사이의 비선형적인 되먹임 관계가 존재할 뿐이다. 이러한 과정들은 새로운 세포들이 탄생하고 사멸하는 비율에 의해 영향을 받으며, 또 거꾸로 비율이 장소에 큰 영향을 받기에 이동과 접힘의 운동에 영향을 받는다.[21]

---

19) "'상피-간엽조직의' 변환의 결과로서 크기에 있어 다소 다른 두 종류의 운동이 발생할 수 있다. 첫번째 운동은 '간엽조직'으로의 전환 이후 일어나는 분명한 세포이동과 ('간엽조직'이 둥글게 말린 상피 덩어리들로 압축됨에 따라 일어나는) 그것의 정지를 포함하며, 두번째 운동은 …… (튜브들을 포함해) 다양한 구조들을 형성하는 조직 막들 전체의 접기, 함입, 전출evagination을 포함한다. 두 경우 모두 새로운 세포 환경이 창조되며, 결국 상이한 내역적 신호들이 발생할 가능성에 이르게 된다." Ibid., p. 70.
20) Ibid., p. 94.

이러한 과정의 강도적인(개체군적이고 차생적인) 양상은 다음과 같은 의미에서 비계량적이라고도 말할 수 있다. 들뢰즈는 종종 비정확하지만 엄밀한 사유 양식에 대해 이야기하거니와, 이는 비계량적인 대상들에 대해 논할 때마다 필수적으로 요청되는 것이라 하겠다.[22] 에델만이 자신의 세포 집단에 접근한 방식이 하나의 훌륭한 사례를 제공하거니와, 거기에서 성원들의 엄밀한 수나 위치는 중요하지 않게 된다. 양적 정확성에 대한 이러한 태도가 생물학자들이 (물리학자들과는 달리) 부주의하다거나 훈련을 덜 받았음을 보여 주는 징표는 아니다. 반대로 그것은 좀더 섬세한 위상학적 사유 양식이 나타났음을 보여 주는 것이다. 다음 장에서 논의될 또 한 사람의 생물학자인 아서 윈프리를 인용해 보자.

> 생명과학에서는 양적 정확성을 숭상한 적이 없었다. …… 하지만 생명이 있는 것들이 조잡하고 모호하며, 또 부정확하고 비과학적이라고 말할 수는 없다. 어떻게 연어는 3년 전 오리건에서 자신이 떠나 왔던 바로 그 강에 알을 낳으려고 찾아올 수가 있는가? 길이가 1미터나 되는 수십억 개의 뉴클레오티드 염기쌍 배열이 어떻게 뒤엉키지도 않고 지름이 겨우 수천 개의 염기쌍에 해당하는 핵으로 (그것도 가역적으

---

21) Edelman, *Topobiology*, pp. 80~81.
22) '비정확하지만 엄밀한' anexact yet rigorous이란 구절을 들뢰즈는 사유 양식 그리고 위상학적 다양체들 자체의 특성을 언급하기 위해서 여러 번 사용한다. 한 번은 내가 본문에서 나중에 논의할 버트런드 러셀의 '서수적 거리들' ordinal distances이란 개념을 논의할 때 사용했다. Deleuze, *A Thousand Plateaus*, p. 483. 또 한 번은 후설의 '모호하고 물질적인 존재들', 그리고 특이성들(사건들)과 감응태들affects에 동화된 위상학적 존재들이란 개념을 논의할 때 사용했다. Ibid., p. 407.

로) 감기는가? …… 이러한 기적들은 반복 가능한reproducible 정밀함을 보여 준다. 하지만 이러한 정밀함은 기존의 방정식을 쓰는 방법이나 여덟 자리 숫자를 계산할 수 있는 방법 따위의 종류가 아니다. 이것은 훨씬 더 유연한 정확성이어서, 회선상回旋上의 넓은 구역 전체 어딘가에 바이러스 크기의 구멍도 허락하지 않으면서 우주를 안과 밖으로 나누는 세포 원형질막의 정확성처럼, 정량화를 불가능하게 만드는 정확성이다. 모양, 힘, 시간에 대한 양적인 세부 사항에 무관한 위상학적 정확성.[23]

그래서 난자를 특성화하는 공간적 관계들이나 계속 발생하고 있는 배(아)의 부분들은 비정확하지만 엄밀하다는 의미에서 잘 정의된 의미를 담고 있다. 하지만 이동이나 접힘이 완성된 해부학적 구조들을 산출해 내기 시작하면서 이러한 비계량 관계들은 점진적으로 덜 유연한 계량 구조들의 집합으로 대체된다. 완성된 산물은 특정한 기능에 적용된 공간 구조이다. 예컨대 건물이나 다리처럼, 동물은 중력 하에서 하중을 받는 구조로서 활동할 수 있어야만 한다. 한편 유기체의 구조물이 그 하중을 감당하는 능력을 결정하는 유일한 요인은 아니므로, 그러한 구조물을 구성하고 있는 물질들의 질 역시 중요하다. 긴장 상태에서 부하를 감당하게 해주는 근육의 질이나 압축 상태에서 부하를 감당하게 해주는 뼈의 질이 그 예이다. 이러한 물질들을 만들어 내는

---

23) Arthur T. Winfree, *When Time Breaks Down: The Three-Dimensional Dynamics of Electrochemical Waves and Cardiac Arrhythmias*, Princeton: Princeton University Press, 1987, p. 253.

강도적 과정들은 점진적 차생 과정에 대한 또 다른 사례인바, 그러한 차생 과정은 상대적으로 미분화된 세포들의 개체군에서 시작해서 질적으로 구분되는 세포 유형들에 의해 특성화되는 구조를 산출한다.

세포들은 발생학적 전개를 시작할 때 다능적(多能的, pluripotent)이 된다. 즉 세포들은 성체를 특성화하는 어떤 상이한 유형의 세포들로도 될 수 있다. 이 〔세포 유형들의〕 수는 박테리아 수준에서는 2이고, 해파리 수준에서는 20에서 30, 인간의 경우에는 254에까지 이르도록 다양하다.[24] 상이한 세포들 사이에서(또는 상이한 세포 집합체들 사이에서) 발생하는 접촉은 유도/내역induction이라는 중요한 현상으로 귀결된다. 이 용어는 집합체들이 세포 분화를 강화하거나 약화하기에 이르는 화학적 신호들을 서로 교환하는 복잡한 과정을 지칭한다. 하지만 스튜어트 카우프만이 보여 주었듯이, 이러한 내역 신호들은 (내적으로 유효한) 다양한 안정적 상태들 사이에서 하나의 세포를 켜는switch 특화되지 않은 자극(또는 섭동)으로서 작동한다. 카우프만 모델의 기본 개념은 한 세포 내에서 조절 유전자들이 복잡한 네트워크를 형성한다는 점에 있다. 이 네트워크 안에서 서로의 산물들을 통해서 상호 작용하는 유전자들은 서로가 서로를 켜기도 하고 끄기도 한다. 카우프만은 이러한 네트워크 내에는 유전자 활동의 어떤 반복적인 패턴들이 있으며 이 패턴들은 끌개들과 연관된 일종의 항상적인homeostatic 안정성을 보여 준다는 것을 알아냈다. 결국 이런 생각을 통해서 그는 각각의

---

24) Stuart Kauffman, *The Origin of Order: Self-Organization and Selection in Evolution*, New York: Oxford University Press, 1993, p. 461.

끌개는 하나의 반복적인 세포 유형을 나타내는 것으로 간주될 수 있다고 믿게 되었다.[25]

    카우프만의 모델은 주어진 유기체 내의 상이한 세포 유형들의 수는 물론이거니와 (우리의 관점에서는 더 중요하다 할) 하나의 특정한 세포가 직접적으로 분화해 갈 수 있는 세포 유형들의 수까지도 예측하려 시도한다. 어떤 특정한 역사를 함축하는, 그리고 그것의 운명을 바꿀 수도 있는 어떤 내역 신호inductive signal를 갖춘 세포가 있다고 할 때, 그것들[역사와 신호]의 상호 작용의 결과는 얼마만큼의 다른 끌개들이 그 세포의 상태공간(혹은 좀더 정확히 말하면, 세포 내 유전자 네트워크의 상태공간)에서 근처에 존재하는가에 의거한다. 달리 말해 내역 신호들은 분화된 세포의 질들을 직접적으로 결정하지 않으며, (수많은 징검다리들로서 끌개들을 따라가는 질적 분화 과정을 인도함으로써) 세포들로 하여금 하나의 끌개를 근처의 다른 끌개로 켜지도록 하는 방아쇠로서 활동하게 한다. 자극 독립성이라는 이러한 속성은 내가 이전에 논했던 '메커니즘 독립성'——잠재적인 것의 '서명'을 정의해 주는 것의 일부로서, 달리 말해 잠재적인 것이 강도적인 것에 남겨 두는 흔적들을 정의해 주는 것의 일부로서——에 추가되어야 할 것이다. 하지만 특정한 자극들에 대한 상대적인 자율성은 세포(혹은 세포 집합체들)의 내적 역동성이 내생적으로 생성된 안정적 상태들에 있어 충분히 풍부할 때에만 달성될 수 있다. 이러한 조건은 결코 보장되지 않으며 접속성connectivity——각각의 단일한 유전자에 의해 직접 또는 간접으로

---

25) Ibid., p. 442.

영향 받는 유전자들의 수, 또는 하나의 유전자가 다른 유전자들에로 전파되도록 해주는 영향에 필요한 단계들의 수——을 정의하는 한 네트워크의 어떤 강도적 속성들에 좌우된다. 접속성[의 수]이 임계값에 이르면 유전자들의 거대한 회로들의 결정結晶에로 이르는 상전이가 발생하며, 그 각각이 다양한 끝개들을 드러낸다.[26]

에델만과 카우프만의 모델들은 강도적인 것이 외연적인 것과 질적인 것의 발생 이면에 존재한다고 할 수 있다는 사실의 의미를 예시해 준다. 하지만 두 경우 모두 파괴된 대칭들의 단순한 연쇄를 문자 그대로 포착하고 있는 것은 아니다. 에델만의 모델에서 세포의 이웃관계들은 어떻게 불확정적으로 계량적인 공간들이 고정된 공간 구조로 변환될 수 있는지를 보여 주지만, 위상학과의 연관성은 직접적으로 해명되고 있지 않다. 이런 사정은 카우프만의 모델에서는 더 그렇다. 비계량적인 물음들과의 연관성이 전적으로 간접적으로만 처리되어 있고, (유효한 질들을 정의하는) 가능성들의 단지 추상적인 공간에 속하는 위상학적 불변항들(예컨대 접속성과 같은)에 의해 매개되고 있기 때문이다.[27] 그러므로 두 경우 모두 단순한 대칭 파괴적 연쇄를 직접 예시해 주는 것으로서가 아니라 그것[연쇄]의 부분들을 대체하는 것으로서 간

---

26) "기대된 네트워크의 접속성이라는 특징은 물리학에서의 상전이들에 유비적인 자기조직적 성질들을 강하게 보여 준다. 이것은 N 유전자들 사이에서 M 조절 접속들regulatory connections의 수가 증가하는 것과도 같다. 만일 M이 N에 비해 작다면, 뒤섞인 유전자들의 계는 서로 분리된 많은 작은 유전적 회로들로 구성된다. 조절 접속들의 수 M이 유전자들의 수 N을 넘어 증가할 경우, 서로 연결된 큰 회로들이 형성된다. M이 증가하는 데 따르는 큰 회로들의 결정체화는 상전이에 유비적이다." Stuart Kauffman, "Self-Organization, Selective Adaptation and its Limits", *Evolution at a Crossroads*, eds. David J. Depew and Bruce H. Weber, Cambridge, Mass.: MIT Press, 1985, p. 180.

주되어야 한다. 공간에 있어 잠재적인 것의 현실화에 대한 우리의 주도적 이미지에 문자 그대로의 내용이 채워지고 또 그 은유적인 내용이 제거될 수 있는 것은 바로 이러한 점차적인 대체를 통해서이다. 우리는 배아발생의 또 하나의 측면으로부터 이러한 점진적인 탈은유화 literalization의 과정을 이어갈 수 있도록 해주는 풍부한 원천들을 이끌어 낼 수 있다. 그러려면 성장하는 배아를 유기체들의 조립assembly 과정으로서, 필히 진화할 수 있는 능력을 갖춘 개체들을 산출할 과정으로서 볼 필요가 있다. 이 점에 대한 하나의 예시로서 나는 다음 두 상이한 조립 과정을 대비시키고자 한다. 그 하나는 조립라인 공장에서 볼 수 있는 공업적 산물들의 제조를 주재하는 과정이고, 다른 하나는 조직들과 기관의 조립으로 귀결하는, 살아 있는 세포들 내에서 그리고 그것들 사이에서 진행되는 과정이다.

조립라인에서 조립되는 대상의 부분들은 대개 유클리드적이어서, 크기, 모양, 그리고 위치 같은 엄밀한 계량적 성질들을 가진다. 이것은 곧 그것들의 조립을 위해 거쳐야 할 공정들의 종류가 제한되어야 함을 함축한다. 이러한 공정들은 서로 연관되어 있는 부분들을 정확하게 연결하기 위해 엄밀한 작동 순서뿐만 아니라 엄밀하게 접속되어 있

---

27) 들뢰즈의 철학에서 한편으로 다양체들 사이의 접속, 다른 한편으로 질들과 외연성들 사이의 접속은 질들에 상응하는 미분적 관계들 및 외연성들에 상응하는 특이성들과 더불어 좀더 밀접하게 정의되어 있다. "색의 다양체 같은 [하나의] 다양체는 특정한 순서로 된 유전적인 또는 미분적인 요소들 사이의 관계들의 잠재적 공존에 의해 구성된다. 이 관계들은 질적으로 구분되는 색들에 현실화된다. 반면 그것들의 구분되는 점들은 구분되는 외연성들에 구현된다. 그리고 이것들은 그 질들에 상응한다. …… 앞에서 보았듯이, 이런 의미에서 모든 현실화 과정은 이중의 분화, 즉 질적인 분화이자 또한 외연적인 분화이다." Deleuze, *Difference and Repetition*, p. 245.

는 운송체계(원재료를 운송하기 위해 컨베이어 벨트나 파이프를 사용하고, 에너지나 정보를 전달하기 위해 전선을 사용하는)를 포함하고 있어야만 한다. 반면에 생물학적 조립에 사용되는 구성 부분들은 엄밀한 계량적 속성들에 의해서보다는 위상학적 접속성에 의해 정의된다. 세포막의 특정한 형태는 그것의 연속성과 폐쇄성만큼 중요하지 않고, 근육의 특정한 길이는 연결점만큼 중요하지 않다. 이〔위상학적 접속성〕를 통해 구성 부분들이 관성적이기보다는 적응적not inert but adaptive일 수 있다. 근육의 길이가 변화할 수 있게 되어서 더 긴 뼈에 들어맞게 되고, 피부는 적당하게 늘어나거나 접힐 수 있어서 뼈와 피부를 모두 덮을 수 있게 되는 것이다. 또한 운송 과정이 엄밀하게 연접되어 channelled 있지 않아야 유체 상태의 매개물을 통한 간단한 확산을 통해서 다른 부분들을 함께 불러 모으게 된다. 구성 요소들은 여기저기를 떠돌다가 무작위로 충돌할 수도 있어서 열쇠-자물쇠 메커니즘을 사용해서 정확한 위치 선정을 하지 않아도 각각에 어울리는 패턴을 찾게 된다.

이 모든 것들은 이 두 가지 조립 과정 각각이 가지고 있을 수도 있는 돌연변이와 선택을 통한 진화 능력으로 귀결된다. 유기체들의 조합이 조립라인 패턴을 따른다면, (자연도태가 거기에 작동할) 생존 가능한 존재를 산출하기 위해서는 서로 들어맞는 부분들, 연접 고리들 channels, 그리고 공정들에서의 무작위의 돌연변이들mutations이 동시에 발생해야만 할 것이다. 이렇게 수많은 돌연변이들이 동시에 발생할 개연성은 물론 매우 작다. 그러나 생물학적인 조립의 경우 돌연변이들은 그런 식으로 조직될 필요가 없으며, 바로 그 때문에 진화 실험을 위한 가능성들을 크게 향상시켜 준다. 에릭 드렉슬러의 말을 들어 보자.

> 세포들과 유기체들은 에너지나 정보 그리고 분자로 된 부분들을 위해 확산하면서 이동하는 방식을 광범위하게 사용하기 때문에, 새로이 진행되는 존재들(효소들, 분비기관들)의 진화가 순조로워진다. 새로운 기능을 가지고 있는 효소를 끌어 들이는 유전적 변화는 확산을 통해서 자동적으로 효소를 세포(그리고 종종 그 이면)의 동일한 세포막 칸막이 안에 있는 다른 여타의 효소들, 에너지원, 그리고 신호 분자들과 연결시켜 주기 때문에 즉각적으로 만족할 만한 결과를 낼 수 있다. 새로운 연접 고리들이 만들어질 필요가 전혀 없다. …… 〔그리고〕 이런 효소를 위한 특별한 공간도 마련될 필요가 없는데, 소자 배치device placement가 기하학적이지 않기 때문이다. 부분들의 숫자상의 변화도 …… 쉬워진다. 강력한 기하학적 억제 혹은 이동상의 억제도 없다. 그래서 종종 세포 내의 분자 부분들의 숫자는 가변적이고 통계학적인 양이 되기 쉽다. 한 부분에 대한 많은 사본들이 있어서, 어떤 사본에 대한 지시를 바꾸는 돌연변이는 치명적이지 않을 수도 있다. …… 다세포 유기체의 수준에서, 조직들과 기관들의 확실한 적응성은 피부의 연속성, 조직의 혈관화vascularization와 같은 생존 능력의 기본적인 필요조건들이 크기와 구조가 바뀌더라도 계속해서 충족될 수 있도록 보장해 준다. 만일 피부나 혈관계가 관성적으로 되어 버리는 부분들이라면, 그러한 변화를 상쇄해 주는 조정adjustments을 필요로 할 것이다.[28]

이러한 사례는 계량적인 것이 비계량적인 것에서 생성된다고 할 수 있는 또 다른 간접적인 방식을 설명해 준다. 성장하는 배와는 달리 성체는 좀더 특화된 관상管狀 기관들이나 연접 고리들을 갖게 되고 이런 구성 요소들 가운데 어떤 것들은 적응성을 잃고 경직된다. 물론 이런 '계량화' metrization는 하나의 유기체가 성숙하더라도 결코 완료되지는 않는다. 하지만 아주 중요한 것은, 적어도 다세포 동물의 경우에, 만일 유기체들이 엄밀하게 계량적이지 않은 강도적 공간 내에서 개체화되지 않을 경우 그들의 진화 능력은 상당히 감소될 것이라는 사실이다. 한편으로 확산적인 이동, 열쇠-자물쇠 메커니즘에 따라 일치하는 조립, 위상학적인 그리고 적응적인 부분들 덕분에, 그리고 다른 한편으로 자극 독립성 덕분에, 진화는 새로운 형태들을 찾는 그 맹목적 추구를 수행할 수 있게 될 열린 공간을 갖게 된다. 달리 말해, 생물학적 진화는 (새로운 조합들을 충분히 실험해 본다는 점에서) 그것[진화]이 사용하는 요소들이 (특수한 자극이나 특수한 연접 고리들에) 견고하게 연결되어 있지 않다는 사실, 그리고 이질성이나 변이를 견디지도 못한다는 사실 덕분에 발산적일 수 있고 또 새로움들을 증식시킬 수도 있다.

공간에 있어 잠재적인 것의 현실화에 관련해 발생학적 논의가 우리에게 가르쳐 주었던 내용을 요약해 보자. 강도적인 과정들은 미묘하고 복잡한 방식으로 비계량적인 속성들을 가지고 있다. 때때로 그 과

---

28) K. Eric Drexler, "Biological and Nanomechanical Systems: Contrasts in Evolutionary Capacity", *Artificial Life*, ed. Christopher G. Langton, Redwood City: Addison-Wesley, 1989, p. 510.

정들은 공간적인 연속성과 (온도, 압력, 혹은 밀도처럼) 분할 불가능한 속성들을 포함하며, 또 어떨 때는 세포 공간의 이웃관계들을 정의해 주는 비정확하지만 엄밀한 방식을 포함한다. 때로는 특별히 공간적인 것이 아니라 공간적 과정에 있어 위상학적으로 불변의 것으로 남는 것을 포함하기도 하고, 또 어떨 때는 접기, 늘리기, 굽히기 등에 대한 적응력과 같은 특별히 공간적인 능력들을 포함하기도 한다. 마찬가지로 강도적 과정의 최종 산물은 기하학적으로 말해서 딱히 계량적이지 않다. 외연도적 속성들은 (길이나 부피처럼) 일정한 기하학적인 속성들만이 아니라 그것들에 관련해 (엔트로피나 에너지 양처럼) 기하학적이지 않은 것들도 포함하기 때문이다. 그래서 연접 고리들로 이어지는 이동이나 부분들의 견고함 같은 계량적인 성질들 못지않게 구조로부터 기능으로 개념을 확장해 가는 성질들도 존재한다. 그리고 마지막으로, 최종 산물은 질들에 의해 특성화되거니와, 이 질들 역시 강도들로부터 생겨나지만 강도들처럼 계량적인 분할이 불가능하다. 그러므로 개체화의 과정에 있어 계량적인 것과 비계량적인 것 사이의 관계는 점진적으로 '유클리드적인 유기체'로 분화되어 가는 '위상학적 알'이라는 은유가 제안하는 만큼 단순하지도 직접적이지도 않다. 그러나〔우리 논의는〕이러한 비교가 단순함 속에서 잃어버렸던 것을 문자 그대로의 적실성 속에서 얻어 냈다고 나는 믿는다.

강도적인 것과 비계량적인 것 사이의 관계를 명확히 했으므로, 이후의 논의에서는 강도적인 것의 본성을 좀더 깊이 규명해 보고자 한다. 1장에서도 말했듯이, '강도적인 속성'이란 용어는 열역학에서 쓰는 말이지만 확장해서 다른 분야들에도 적용할 수 있다. 사실 내가 종들과 유기체들의 개체화를 묘사하면서 '강도적'이라는 말을 썼을 때, 그것은 이미 확장된 용법이었다고 해야 할 것이다. 그래서 이후 논의에서 이야기해야 할 첫번째 과제는 〔강도에 대한〕 표준적인 정의와 몇 가지 확장된 정의들 사이의 관계를 상술해 보는 것이다.

이런 식으로 개념을 명료하게 한 후에, 나는 강도적인 것에 관한 들뢰즈의 가장 중요한 테제들 가운데 하나를 논의하는 방향으로 나아갈 것이다. 기본적인 발상은 다음과 같다: 일단 개체화의 과정이 완료되면, 이러한 과정을 정의했던 강도적인 요인들은 사라지거나 최종 산물의 외연적이고 질적인 속성들 아래로 은폐된다. 아니면 들뢰즈가 말한 것처럼, "우리가 강도를 알게 되는 것은 오로지 이미 외연성 안에서 전개된, 그리고 질들에 의해 뒤덮힌 것으로서일 뿐이다."[29] 결과적인 산물 아래로 과정을 숨긴다는 이런 테마는 들뢰즈 철학에서 중요하다. 왜냐하면 그의 철학적 방법론은, 적어도 부분적으로는, 이러한 은폐에 의해 생겨나는 객관적인 착각들을 극복하기 위해 고안되었기 때문이다.

강도란 무엇인가

강도적인 것과 외연도적인 것의 차이에 대한 교과서적인 정의에서 논의를 시작해 보자.

---

29) Deleuze, *Difference and Repetition*, p. 223. "강도는 그것이 펼쳐지게 될 외연성들과 질들을 창조해 낸다. 이 외연성들과 질들은 분화되어 있다. …… 창조는 항상 분화의 선들과 형태들의 생산이다. 그렇지만 강도가 그것이 창조하는 이 분화된 계 내에 숨겨짐으로써만 펼쳐진다는 것은 분명하다." Ibid., p. 255.

열역학적 속성들은 두 개의 일반적인 부류들로 나뉠 수 있다. 즉 강도적인 속성들이 있고 외연도적인 속성들이 있다. 주어진 상태에서 물질의 양이 두 개의 동등한 부분들로 나뉜다면, 그 각각의 부분은 원래의 것과 비교해서 똑같은 값의 강도적 속성들과 절반값의 외연도적 속성들을 갖게 될 것이다. 압력, 온도, 그리고 밀도는 강도적 속성들의 사례들이다. 질량과 부피는 외연도적 속성들의 사례들이다."[30]

이러한 정의가 강도적인 것과 외연도적인 것의 기본 차이를 지적해 주기는 하지만, 분할 가능성을 강조하기 때문에 그것[정의]을 색이나 질감texture과 같은 질들에도 똑같이 적용하는 것이 문제이다. 하지만 우리가 방금 보았듯이, 들뢰즈의 주장에서 결정적인 부분은 한편으로는 강도적인 것과 외연도적인 것, 그리고 다른 한편으로는 강도적인 것과 질적인 것의 구분에 있다. 사실 색은 외연적으로는 분할할 수 없다. 일정한 색으로 칠해진 한 조각을 똑같이 반쪽으로 나누었을 때, 그 원래 색의 반값(색조도 반이고 밝기도 반)을 가진 조각 두 개가 나오지는 않는다. 분할 가능성을 어설프게 파악한 어떤 철학자들은 질들 혹은 쾌락처럼 주관적으로 경험된 강도들조차도 객관적인 강도적 속성들과 구별하지 못하도록 오도하곤 했다.[31] 그러므로 우리는 객관적인 강도들을 질들로부터 구별해 주는, 외연도상에서의 분할 불가능성이 아닌 다른 특성이 필요하다.

---

30) Van Wylen, *Thermodynamics*, p. 16.
31) Bertrand Russell, *Principles of Mathematics*, New York: W. W. Norton, 1938. 쾌락에 대한 언급들로는 같은 책의 p. 104를, 색에 대한 언급들로는 p. 171을 보라. 들뢰즈는

사실 물리학자들이 강도적인 것과 외연도적인 것 사이의 차이를 이야기하는 방식이 하나 더 있다. 두 외연도적 속성들은 단순한 방식으로 더해지지만(두 개의 영역은 비례적으로 더 큰 하나의 영역으로 더해진다), 강도적 속성들은 더해지기보다는 오히려 평균이 된다. 이러한 평균화가 객관적인 작용이라는 것은 각기 다른 온도를 가지고 있는 두 물체를 가깝게 놓을 경우 두 온도의 중간값으로 향하는 확산이 자연발생적으로 일어난다는 사실에서 확인된다.[32] 평균값에 도달하는 이러한 능력은 온도나 압력이 왜 외연적으로 나뉠 수 없는지 설명해 준다. 평균 상태에 있는 특정한 값의 온도나 압력은 그것들을 가지고 있는 물체가 둘이나 그 이상으로 쪼개져도 동일하게 유지될 것이다. 그러나 이를 넘어 그것은 질들에 의해서는 공유되지 않는 강도적 속성들의 역동적인 측면을 가리킨다. 열역학적 강도들에서 나타나는 차이들은 분자 개체군 내에서 평형을 이루게 되는 과정, 이러한 차이들이 그 자체로 평균이 되는 경향을 갖는 과정을 진행하게 할 수 있기에 말이다. 그렇다면 강도적인 것은 강도상의 차이들이, 그것들이 질적인 차이들은 아니지만, 물질 혹은 에너지의 흐름들을 일으킬 수 있다는 사실을 통해 질적인 것과 구분될 것이다.

쾌락을 정신적 개체화 과정들 가운데 강도량을 띤 부분으로 보지 않았다. 그는 쾌락을 강도적 차이들의 무화가 일으키는 효과로 보았던 것 같다. "생물리학적 삶은 강도상의 차이들이 자극들의 형태로 여기저기에 분포되어 있는 개별화의 장을 함축한다. 이러한 차이들이 해소되는 양적이고 질적인 과정이 이른바 쾌락이다." Deleuze, *Difference and Repetition*, p. 96 [들뢰즈의 이 규정은 들뢰즈 자신의 것이라기보다는 프로이트의 생각을 정리한 것이라고 보아야 한다. ― 옮긴이].

32) Martin H. Krieger, *Doing Physics: How Physicists Take Hold of the World*, Bloomington/Indianapolis: Indiana University Press, 1992, p. 130.

강도적 차이들은 불연속적일 수도 있고 연속적일 수도 있지만(후자의 경우 차이들은 '그래디언트들'이라 불린다), 어느 경우이든 완전하게 형성된 두 개체를 구분하는 외적 차이들과는 전혀 다른 것이다. 정적인 유형학에서 만나게 되는 것은 대상들의 다양성diversity이며, 이는 그것들에 있어 동일하게 남아 있는 것들과 그것들 사이에서 차이 나는 것들을 변별해 냄으로써 성립한다. 다양한 대상들 사이의 외적 차이들은 단순히 유사성이 부족한 것으로 간주되기에, 결국 차이의 개념은 순수하게 부정적인 역할을 하게 된다. 반대로 하나의 동일한 물체 내에서의 온도나 압력의 그래디언트 같은 강도적이거나 내적 차이들은 긍정적이거나 생산적이기 때문에, 개체화라는 단일한 과정의 기초를 형성한다. 예컨대 (1장에서 언급했던) 비누 거품이나 소금 결정들은 강도적인 그래디언트들에 의해 진행되는 과정으로부터 또는 좀더 정확히는 포텐셜을 최소화하려는(또는 강도적 차이를 최소화하려는) 거품들이나 결정들의 분자적 구성 요소들의 자연발생적인 경향으로부터 창발되는 평형 구조들이다. 이러한 형태발생적 역할을 생각해 볼 때, 들뢰즈가 강도적 차이들을 자신의 존재론에서 결정적인 요소로 삼고 있는 것은 놀라운 일이 아니다. 그는 이렇게 말한다.

> 차이는 다양성이 아니다. 다양성은 주어지지만, 차이는 그 주어진 것을 주어지게 만드는 것이다. …… 차이는 현상이 아니라 현상과 가장 근접한 본체noumenon이다. …… 발생하는 모든 것, 나타나는 모든 것은 차이들의 질서 ─ 표고標高, 온도, 압력, 장력tension, 포텐셜에서의 차이들, 강도의 차이 ─ 에 상관적이다.[33]

그렇다면 강도적 속성에 대한 표준적인 정의에 가해져야 할 우선적인 수정은 특정한 물리계를 정의하는 강도들이 사실상 '분할될 수도' 있지만 그로부터 결과하는 차이들은 그 계를 (차이들이 상쇄된 평형계로부터 비평형계로) 질적으로 변화시키리라는 것이다. 더욱이 이러한 차이들이 충분한 강도를 갖게 된다면 임계점에 도달할 수 있고, 해당 물리계는 상전이를 겪게 되어 그 외연도적 속성들은 본성상 큰 변화를 겪게 될 것이다. 그러므로 강도적인 것의 정의에 있어 핵심 개념은 분할 불가능성보다는 오히려 생산적 차이이며, 아울러 (열역학적 평형상태와 같은) 내생적인 안정적 상태와 상태들 사이의 임계적 전이들 같은 관련 개념들이다. 생물학에서 강도적인 것을 정의했던 두 개념, 즉 개체군과 변화율은 이와 어떻게 연관되는가? 그 대답은 비교적 간단하다. 강도적 그래디언트는 변화율을 통해 측정되며, 이러한 차이들이 추동하는 물질과 에너지의 흐름들은 분자 개체군의 이동들이거나 그러한 개체군을 통한 에너지 운동들인 것이다.[34] 이런 의미에서 열역학적 정의는 내가 생물학에서 사용했던 정의와 직접적으로 연관되지만, 나는 그 정의로부터 여러 번 벗어나기도 했다.

    내가 진화생물학에 있어 개체군에 입각한 사유를 논했을 때, 핵심적인 논제는 유전적 차이들의 역할이었다. 본질주의자들 혹은 유형학

---

33) Deleuze, *Difference and Repetition*, p. 222. 이 인용문에서 '다양성'은 현실적인 현상들의 세계와 그것들을 외적으로 정의해 주는(즉 차이를 유사성에 종속시키는) 차이들을 지칭하는 것이고, 반면에 강도적 차이들은 세계 그 자체(누메나), 현상들을 만들어 내고 발생시키는 긍정적이고 생산적인 차이들을 정의한다.
34) Ilya Prigogine and Isabelle Stengers, *Order out of Chaos: Man's New Dialogue with Nature*, New York: Bantam Books, 1984, p. 135.

적 이론가들에게서는 균일성이란 자연스런 상태이고 차이야말로 특별한 설명을 필요로 하는 것인 데 비해, 개체군 이론가들에게 차이는 아무런 문제가 없는 것이기 때문이다. 차이라는 개념을 이런 식으로 사용하는 것은 이미 강도적 그래디언트라는 원래 개념을 확장시킨 것이지만, 그럼에도 그것은 〔원래의 용법과〕 연관되어 있다. 유전적 차이들이 제거된 생물학적 개체군은 온도나 압력에서의 차이들이 평형화 equilibration를 통해 상쇄되어 버리는 열역학계만큼이나 비생산적이라고 할 수 있는 것이다.[35]

하지만 위에서 내가 제시했던 생물학적 사례들은 강도적인 것에 대한 원래 정의로부터 더 급격하게 이탈하고 있다. 특히, 열역학에서 연구된 분자 개체군들과는 달리, 생물학적 개체군의 구성 요소들은 서로 상호 작용할 수 있는 방식들을 더 많이 가지고 있다. 열역학적 계처럼 생물학적 개체군은 끌개들을 더 많이 드러낼 수 있지만(그 결과 부분적으로이지만 이 특이성들이 그것에 부여하는 경향들에 의해 정의될 수 있지만), 그에 더해 그 구성 요소들은 전형적으로 (열물리학에서는 그 상관항을 발견할 수 없는) 상호 작용할 수 있는 복합적인 능력〔수용력〕을 드러낼 것이다.

하나의 개체는 일정 수의 (외연적인 그리고 질적인) 한정된definite 주요 속성들에 의해 특성화될 수 있지만, 또한 다른 개체들에 영향을 주

---

35) 들뢰즈는 강도적 차이들과 유전적 차이들 사이의 관계를 설명하면서 "복잡계들은 그것들을 구성하는 차이들"(즉 복잡계의 개체화하는 요소들)을 "점점 더 내부화한다"고 설명한다. Deleuze, *Difference and Repetition*, p. 256. 다윈적Darwinian 차이들에 대해서는 Ibid., pp. 248~249를 보라.

기도 하고 받기도 하는 능력들——비한정적indefinite 능력들——을 소유할 수도 있다. 이 가능한 상호 작용들의 집합의 개방도開放度는 개체마다 다르다. 예컨대 화학의 영역에서, 상이한 화학 원소들은 다른 원소들과 새로운 결합을 형성할 수 있는 상이한 능력들을 가지고 있다. 예컨대 탄소의 수용력은 무기 기체들보다 훨씬 크다. 방금 보았듯이, 생물학에서 적응력 있는 부분들의 유연한 능력이나 견고한 연접 고리들 또는 위치 고정의 과정 없이도 구성 요소들을 이동시키고 짝짓는 능력은 훨씬 더 개방적인 결합 공간을 초래한다. 이러한 개방성은 또한, 그것이 우리로 하여금 ('무제한적 가능성들'과 같은) 양상론적 용어들을 사용하도록 요구한다는 사실에서 얼핏 감지할 수 있듯이, 잠재적인 것과 연관되어 있다. 사실 들뢰즈는 잠재적인 것(그리고 강도적인 것)의 정의를 두 겹으로 제시했다고 할 수 있다. 특이성들(현실화되지 않는 경향들)과 그가 감응태들affects이라 부른 것(영향을 줄 수 있고 받을 수 있는, 현실화되지 않는 능력들).[36]

상태공간에 대한 위상학적 접근법의 발전에 힘입어 상대적으로 잘 연구된 특이성 개념과는 달리, 감응 개념에 대한 형식적인[이론적인] 연구는 상대적으로 덜 발전되어 있다. 하지만 이전에 특이성들의 연구에 초점을 맞추었던 몇몇 과학자들이 최근에 이르러 구축 능력들에 대한 탐구를 가능케 해주는 다른 유형의 형식적 계에 대한 연구로

---

[36] 잠재적인 것과 강도적인 것을 논의할 때 들뢰즈는, 비록 용어들은 다양하지만, 대체로 이 주제를 두 부분으로 나눈다. 어떤 경우에 그는 '특이성들과 감응태들'이라고 말하고, 또 다른 경우에는 '속도들과 감응태들'이라고 말한다. 그런데 또 다른 경우에서는 '사건들과 빈위들' attributes이라고 말한다. 나는 이런 식의 표현들이 모두 동의어들이라고 생각한다. 추가적인 논의와 참고 문헌에 대해서는 3장의 각주 46번을 보라.

전환하고 있다. 이들 가운데 스튜어트 카우프만과 월터 폰타나는 (대상들이 상호간의 기능적 관계에 놓일 때) 새로운 배치들을 형성하는 능력을 상태공간의 문제를 보완해 주는 문제로서 보고 있다. 이 [보완적인] 문제는 끌개들의 분류에 의해 드러난 특징들에 유비적인 보편적 특징들의 발견을 가능케 한다. 감응태들을 연구하기 위해 이들이 고안했던 형식적 계들(카우프만의 '무작위 문법' random grammars, 폰타나의 '알고리듬 화학' algorithmic chemistry)은 특이성들을 연구하는 데 사용되는 도구들보다 더 잘 이해되고 있지는 않지만 이미 기능적 통합의 문제에 귀중한 통찰을 던져 주었으며, 여기에는 (보편적인 것으로서 밝혀질 수도 있을) 약간의 반복적인 조립 패턴들(예컨대 자기촉매적인 고리들)의 발견이 포함된다.[37]

강도들과 특이성들 사이의 관계가 '강도적인 것'에 대한 열역학적 정의에서 벗어나지 않는 반면, 수용력[에 대한 논의]을 추가함으로써 그러한 정의를 확장할 수 있다. 먼저 수용력을 좀더 자세하게 특성화해 보고 그 다음 원래의 정의가 그런 능력들을 포함하도록 어떤 식으로 자연스럽게 확장될 수 있을지 밝혀 보겠다. 하나의 개별적인 유기체는 보통 유기적인 것이든 무기적인 것이든 다른 개체들과 배치를 형성할 수 있는 여러 종류의 능력들을 보여 줄 것이다. 좋은 본보기는

---

37) 상태공간을 보완해 주는 이 새로운 유형의 형식적 공간들에 대해서는 다음을 보라. Walter Fontana, "Functional Self-Organization in Complex, Systems", *1990 Lectures in Complex Systems*, eds. Lynn Nadel and Daniel Stein, Redwood City: Addison-Wesley, 1991. 그리고 이 논문집에 수록된 다음 글도 참조하라. Stuart Kauffman, "Random Grammars: A New Class Models for Funtional Integration and Transformation in the Biological, Neural and Social Sciences".

걸어다니는 동물이 (걸어다닐 수 있는 표면을 제공해 주는) 단단한 땅 및 (그것에 일정한 무게를 부여하는) 중력장과 더불어 형성하는 배치이다. 배치를 형성하는 능력은 부분적으로는 상호 작용하는 개체들(동물, 땅, 중력장)의 창발적인 속성들에 좌우되지만, 그럼에도 그것들로 환원되지는 않는다. 우리가 개체의 속성들에 대한 철저한 지식을 가질 수도 있지만, 다른 개체들과의 상호 작용에 따라서 [행동학적으로] 관찰하지 않는 한 그것의 능력들에 대해 아무것도 모를 수도 있다.[38]

'수용력' capacity이란 용어는 생태학적 상호 작용 이론의 맥락에서 제임스 깁슨이 도입했던 '허용치' affordance라는 용어와 밀접하게 연관된다.[39] 깁슨은 사물들의 자체 내의 속성들과 그것들의 허용치를 구분한다. 예컨대 한 뙈기의 땅은 수평도나 기울기가 얼마인지, 얼마나 평평하고 오목 혹은 볼록한지, 그리고 얼마나 단단한지 등을 결정하는 그 자체 내의 속성들을 가지고 있다. 그러나 걸어다니는 동물의 지지를 허용할 수 있다는 것이 또 하나의 자체 내적인 속성은 아니다. 그것은 주변에 아무런 동물들도 없다면 발휘될 수도 없는 능력이다. 능력들이 이런 의미에서 관계적이라 한다면, 하나의 개체가 다른 개체를 허용하는afford 것은 그것들의 공간적 규모와 같은 상대적인 요인들

---

[38] "우리는 몸이 무엇을 할 수 있는지, 그것의 감응태들이 무엇인지, 그것들이 어떻게 다른 감응태들과, 다른 몸의 감응태들과 조성composition에 들어가는지 또는 들어가지 못하는지(그것을 파괴하기 위해서든 그것에 의해 파괴당하기 위해서든, 그것과 능동적 운동과 수동적 운동을 교환하기 위해서이든 그것과 더불어 좀더 큰 역량의 몸을 조성하기 위해서든)를 알기 전에는 그것에 대해 아무것도 모른다." Deleuze and Guattari, *A Thousand Plateaus*, p. 257.

[39] James J. Gibson, *The Ecological Approach to Visual Perception*, Boston: Houghton Mifflin Company, 1979, pp. 15~16.

에 달려 있을 수도 있다. 연못이나 호수의 표면은 큰 동물들이 걸어다닐 수 있는 매체를 허용할 수는 없지만 그 위를 기어 다닐 수 있는 작은 곤충들에게는 허용할 수 있다. 그것들이 물의 표면장력을 깨뜨릴 만큼 무겁지 않기 때문이다. 허용치는 또한 대칭적이다. 즉 영향을 줄 수 있는 능력과 받을 수 있는 능력 양자 모두를 포함한다. 예컨대 땅에 있는 구멍은 도망 다니는 동물이 숨을 만한 장소를 허용하지만, 그런 동물 또한 자신의 구멍을 팜으로써 땅 자체에 영향을 주거나 변화를 주기도 한다. 마찬가지로 어떤 동물은 포식자가 자신에게 위험을 허용하기 때문에 도망갈 수도 있고, 그 자신이 포식자에게 영양분을 허용할 수도 있다.[40]

우리는 '강도적'이란 말의 의미를 넓혀서 배치들, 더 정확히 말해 그것들을 낳는 과정의 속성들을 포함시킬 수도 있다. 배치/조립 assembly의 과정은 그것이 이질적인 요소들을 절속할articulate 때 강도적인 속성들에 의해 특성화된다고 말해질 수 있을 것이다.[41] 걸어다니는 한 동물, 한 뙈기의 땅, 그리고 중력장에 의해 형성된 배치의 경우

---

40) Ibid., p. 132.
41) 이미 발견된(그리고 보편적인 것으로 판명된) 반복적인 조립/배치 패턴들 중 어떤 것들은 이질적인 요소들을 절속해 주는 성격을 띤다. 스튜어트 카우프만은 이런 유형의 조립/배치를 가리키기 위해 '편물編物 작업' meshwork이라는 말을 고안해 냈다. Stuart Kauffman, "Random Grammars", *1990 Lectures in complex Systems*, p. 428. 나는 카우프만의 편물 작업들을 여러 곳에서 사용했으며, 인류 역사에 관한 분석을 위해서 그것의 대립물――반복되는 조립/배치로서의 위계 조직들――을 논하기도 했다. Manuel DeLanda, *A Thousand Years of Nonlinear History*, New York: Zone Books, 1997. 유사한 구분(또는 특별한 경우, 즉 중심화된 또는 탈중심화된 결정을 내리는 계들) 및 관련되는 일련의 반복적인 조립/배치 패턴들(각종 시계들, 원동기들, 네트워크들)을 논의한 바도 있으며 그것을 역사에 적용하기도 했다. Manuel DeLanda, *War in the Age of Intelligent Machines*, New York: Zone Books, 1991.

세 개의 이질적인 개별자들이 어떤 등질화homogenization의 필요도 없이 그렇게 결합된다. 더 일반적으로 말해, 유기체들이 생태계의 유기적 혹은 무기적 구성 요소들과 더불어 행하는 상호 작용들은 전형적으로 (확장된 의미에서의) 강도적인 성격을 띤다. 그리고 이때 생태계는 엄청나게 많은 이질적인 구성 요소들——동물들, 식물들 그리고 미생물들의 생식 공동체, 다양한 위상학적·지리적 특징들에 의해 특성화되는 지리학적 장소, 그리고 더욱 다양하고 변화무쌍한 기후 패턴들——의 복잡한 배치라고 할 수 있다. 마찬가지로 '외연도적'이란 개념의 의미는 확장되어, 앞에서 언급했던 동질적인 구성 요소들이 연결되는 조립라인 공정 같은 과정의 속성들로 규정할 수 있다. 확장된 의미에서의 '강도적'은 차이가 수행하는 핵심적인 역할에서의 표준적인 정의와 연관된다. 열역학적인 강도적 과정이 와류들의 세찬 흐름에 있어 차이들이 수행하는 생산적 역할에 의해 특성화되는 것만큼이나, 확장된 의미에 있어 하나의 과정은 그것이 차이를 차이에 관련시키는 한 강도적이다.[42] 더욱이 적응력이 있는 구성 요소들을 기반으로 하는 조립 과정의 사례가 보여 주었듯이, 이런 구성 요소들이 서로를 허용하는 유연한 연결 고리들은 차이들의 짜기meshing를 허용할 뿐만 아니라 그 과정에 발산적 진화의 능력 즉 차이들을 차이화하는differentiate differences 능력을 부여해 준다.

---

42) "문제는 질료에 형식을 부과하는 것이 아니다. 중요한 것은 점점 풍부해지고 혼효하는 물질을 정교하게 파악하는 것, 더 낫게는 점점 강도 높게 되는 힘들을 파악하는 것이다. 물질을 점점 풍요롭게 만들어 주는 것과 이질적인 것들을 그 이질성들을 없애 버리지 않는 방식으로 함께 묶는 것은 동일한 것이다." Deleuze and Guattari, *A Thousand Plateaus*, p. 329(강조는 인용자).

자신의 창조물들 아래로 숨어 버리는 강도를 발견하기

강도적 과정을 이런 식으로 좀더 적절히 정의해 놓았으므로 이제 토론할 필요가 있다고 말했던 두번째 논제들——강도적 과정을 활성화하는 구체적 보편자들(특이성들과 감응태들)의 은폐까지 동반하는, 외연도적인 것 아래로의 강도적인 것의 은폐——로 이동할 수 있게 되었다. 내가 도달할 결론을 잠깐 예상해 보면, 특이성들의 경우 잠재적인 것의 존재는 강도적 차이들이 무화되지 않는 상황들에서 드러난다. 마찬가지로 감응태들의 경우에는 배치가 균질화를 통해 차이들을 무화시키지 않으면서 그것들[차이들] 자체를 짜는mesh 경우들에서 드러난다. 이 차이 자체들이 잠재성을 통한 설명을 요구하는 가능성들의 열린 집합을 드러낸다.

반대로 강도에서의 차이들이 무화될 수 있도록 하는 것 또는 균일화를 통해 차이들을 제거하는 것은 잠재적인 것을 효과적으로 숨기기는 것이며, 또 결과물 밑으로의 과정의 사라짐이 내포하는 문제를 가려 버리는 것이다. 이러한 은폐는 부분적으로는 인간이 개입한 결과, 예컨대 최종적인 평형 상태에 초점을 맞추거나 논의 대상들을 체계적으로 균질화하는 실험실의 행태의 결과이지만, 그것은 또한 하나의 객관적인 현상이기도 하다. 예컨대 열역학적 평형 상태에 있는 모든 영역은 사실상 강도적 차이들이 스스로 소거된 장소이며, 그래서 인간의 개입 없이도 잠재적인 것을 은폐시키는 장소이다. 요컨대 세계의 이러한 영역들이 객관적인 착각을 만들어 낸다고 할 수 있다.

예컨대 들뢰즈는 고전 열역학이 강도적인 것의 중요성에 의미 있는 통찰들을 던져 주었음에도 결국 한 계의 최종적 평형 상태에 배타적으로 초점을 맞춤으로써 개체화 이론이 요청하는 토대를 제공해 주지는 못했다고 지적한다. 최종 상태에 집중함으로써 생기는 문제는 평형 상태가 오직 차이에 의해 추동되는 과정이 이어지는 동안만 잠재적인 끌개로 간주될 수 있다는 점이다(이 잠재적 끌개란 곧 아직 현실화되지는 않았지만 그럼에도 실재적인 것을 가리킨다. 그것은 계의 계기하는 상태들을 스스로에게 활력적으로 끌어당기기 때문이다). 하지만, 고전 열역학이 이런 의미에서 잠재적인 것과 강도적인 것을 과소평가하는 경향이 있다는 것이 사실이라 해도, "강도 자체가 이에 상응하는 경향을 보여 주지 않는다면 이러한 경향은 도달할 곳이 없을 것이다. 강도는 외연도 내에서 그리고 그것을 덮는 질 아래에서 전개된다. 강도는 차이이지만, 이 차이는 외연성 안에서 그리고 질 아래에서 스스로를 부정하거나 무화시키는 경향을 가진다."[43] 다시 말해 어떤 과학적 실행들은 체계적으로 강도적인 것을 평가절하하고 잠재적인 것을 감추는 경향을 보여 주지만, 이런 경향들은 단지 객관적이고 그래서 극복하기가 훨씬 더 어려운 어떤[객관적인] 착각을 확대하고 있을 뿐이다.

잠재적인 것을 그 자체로 드러나게 하는 한 가지 방법은 강도적인 차이들이 스스로를 무화시킬 수 없는 상황에서 실험을 고안하거나 현상을 연구하는 것이다. 이는 바로 열과학의 최신 버전, 즉 평형에서 멀리 떨어진 열역학 분야에서 이루어진 것이다. 여기에서 물질과 에너지의

---

43) Deleze, *Difference and Repetition*, p. 223. 또한 "강도량과 밀접한 관련이 있는 착각이 존재한다. 하지만 이 착각은 강도 그 자체가 아니라 오히려 강도에서의 차이를 무화시키는 운동이다. 겉으로만 무화되는 것이 아니라 실제 무화된다. 그러나 자신 바깥에서, 외연성 안에서, 그리고 질 아래에서 무화된다." Ibid., p. 240.

강도 높은 흐름은 강도적 차이들을 살아 있게 유지시키는 제약으로서 활동하면서 (연구되고 있는) 계를 연속적으로 가로지른다.[44] 1장에서 말했듯이, 어떤 계가 가질 수 있는 끌개들의 다양성은 그 계의 동역학이 선형적인지 아니면 비선형적인지에 달려 있다. 선형적 계들이 특이성들의 가장 단순한 분포 ── 상태공간 전체를 구조화하는 하나의 단일하고 전반적인 최적optimum ── 를 보여 준다면, 비선형계들은 대개 다양한 끌개들을 갖는다(혹은 좀더 전문적으로 말해, 비선형 방정식들은 다양한 해들을 허용한다). 그러므로 우리는 이제 선형과 비선형 사이의 수학적 차이에다가 열역학적 차이를, 즉 평형으로부터 가까운 계와 먼 계 사이의 차이를 덧붙여야 한다. 프리고진과 니콜리스가 말했듯이, "평형으로부터 적절한 거리를 유지하지 않을 경우 비선형성은 그 자체로써는 다양한 해들을 낳을 수 없다. 평형 상태에 있어 세부적으로 유지되는 균형은 해를 제한하거나 심지어 단 하나로 고정시키는 더 많은 조건들을 도입한다."[45] 다시 말해 복잡성을 온전히 드러내기 위해서는 비선형계들이 평형으로부터 멀리 밀려나거나, 또는 같은 이야기가 되겠지만, 강도에 있어 적절하게 큰 차이들이 외적 제약들에

---

44) "이제 우리의 토론을 비평형 상태들로 쉽게 확장할 수 있다. …… 그런 상태들은 전이적일transient 수 있다. …… 하지만 그 상태들은 우리가 제약이라고 말하는 적당한 조건들을 만들어서 유지해 주면 항구적일 수도 있다. 그러므로 석판의 두 부분 사이에 적용되는 온도 차이는 …… 비평형 상황을 초래할 것인데, 거기서는 계가 절대로 계의 환경과 같아지지 않으려 한다. 이런 사례들로부터 비평형은 인공적으로 부여된 조건이라는 결론을 내려서는 안 된다. …… 우리는 자연 환경 속에서 수없이 많은 비평형 상태를 보고 있다. 예컨대 태양과 지구 사이의 복사radiation의 균형에서 발생하는 에너지 흐름에 종속되는 생물권의 상태 같은." Nicolis and Prigogine, *Exploring Complexity*, p. 56.
45) Ibid., p. 59.

의해 유지되어야 하고 또 무화되거나 최소화될 수 없어야 한다. 이런 의미에서, 이들이 말하고 있듯이, "비평형은 비선형성들에 감추어져 있는 포텐셜들, 평형 상태에서 또는 그 근처에서 잠복하고 있는 포텐셜들을 드러내 준다."[46]

 현재의 맥락에서 이런 내용은 중요한데, 이는 들뢰즈가 이야기하는 객관적 착각의 물리적인 원천을 설명해 주기 때문이다. 단 하나의 끌개를 가지고 있는 선형적 계를 예로 들어 보자. 방금 말했듯이, 그 계가 끌개로 가는 도중에 있다면 현실화되지 않은 최종 상태는 이 과정을 그 자신으로 강하게 이끌면서 선재先在한다. 이런 점에서 그것의 잠재성은 상대적으로 파악하기가 쉽다. 하지만 이 과정이 일단 끝나면, 이 최종 상태의 잠재적 본성은 간과되기가 쉽다. 비록 계가 실제로는 끌개에 결코 도달하지 못하고 그 근처에서 동요하더라도 말이다. 다른 한편 여러 개의 끌개들을 가지고 있는 비선형계는 그 계가 선택지들(안정적 상태들) 중 하나에 안착했다 하더라도 그 잠재성을 계속해서 나타낸다. 왜냐하면 다른 선택지들이 항상 존재하며, 실제 현실화된 것과 공존하기 때문이다. 이러한 잠재성의 존재를 드러내기 위해 해야 할 일은 이 계에 크고 충분한 충격을 주어서 그것을 끌음의 한 '장'에서 밀어내 다른 '장'으로 집어 넣는 것뿐이다(물론 여기서 우리는 선택지를 이루는 안정 상태들을 잠재성들이 아니라 가능성들이라고 지칭할 수도 있지만, 나는 '가능한 것'을 좀더 적절한 형태의 물리적 양상으로 대체할 필요가 있다고 논한 바 있다).

---

46) Nicolis and Pringogine, *Exploring Complexity*, p. 60.

요컨대 다수의 끌개들을 가지고 있는 계는 잠재성을 표현하는/드러내는 데 더 많은 능력을 가지고 있다. 하지만 이 표현적 능력은 이번에는 그 계의 작동 장소가 되는 열역학적 '강도역' zone of intensity에 좌우될 것이다. 낮은 강도(평형 근처)에서 비선형계는 결국 선형화線形化될 것이고, 그 결과 그것의 잠재적이고 복잡한 행동은 드러나지 않을 것이기 때문이다. 사실 이러한 과정은 성가신 비선형적 효과들이 제거될 필요가 있을 때마다 물리학에서 흔히 있는 일이다. 대개는 성가신 문제를 일으키는 변수/변항이 매우 낮은 강도값을 띨 때에 해당 계를 연구하기에 말이다.[47] 하지만 이와 같은 과정을 따라감으로써 그리고 비선형 효과들이 충분히 표현되는 높은 강도값을 무시함으로써, 물리학자들은 원래는 객관적이지만 이제는 주관적으로 확장된 착각을 악화시키게 된다. 다른 한편, 비선형이기도 하고 또 비평형이기도 한 계들을 연구하는 과정에서 객관적인 착각이 가장 약하게 나타나는 계들은 잠재적인 것으로 향하는 길을 터 준다.

잠재성의 이론을 창조해 내려 하는 철학자의 과제들 중 하나는 잠재적인 것이 여전히 표현되고 있는 영역들을 확보하는 것이고, 거기에서 발견할 수 있는 현실화되지 않은 경향들과 능력들을 잠재적 다양체들의 본성에 대한 통찰의 원천으로 사용하는 것이다. 더 정확히 말해, 들뢰즈는 다음과 같은 아주 독특한 철학적 방법(길)을 따라가기를 추천한다.

---

47) David Acheson, *From Calculus to Chaos: An Introduction to Dynamics*, Oxford: Oxford University Press, 1997, pp. 54~56.

구성되는 과정에 있는 과학적 사태들 또는 물체들의 내부로 되돌아갈 필요가 있다. 이것은 혼효consistency 속으로, 즉 잠재적인 것의 차원으로 뚫고 들어가기 위한 것이다. 이 차원은 바로 그것들[사태들과 물체들]에게서만 현실화되기에, 과학이 내려온 길을 되짚어 올라가야 할 것이다. 그리고 바로 그 끝에서 논리학[메타과학]이 작업을 시작하게 된다.[48]

다시 말하자면 최종 산물에 또는 기껏해야 (항상 최종 산물의 방향에서 출발해) 현실화의 과정에 집중하는 선형적이고 평형적인 과학적 접근법과는 달리, 철학은 반대 방향으로 움직여야 한다. 질들과 외연도들로부터 그것들을 산출하는 강도적 과정으로, 그리고 다시 잠재적인 것으로.

구성되는 과정에서 신체의 내부로 되돌아간다는 것이 무슨 의미인지 구체적인 사례를 들어 보자. 생물학적인 범주들, 특히 종보다 상위의 범주들은 완전히 형성된 유기체들의 해부학적 부분들 가운데에서 눈에 띄는 상사성들(혹은 전문적으로 말해 '상동들' homologies)에 의해 창조되는 경향이 있다. 이러한 유기체들을 낳는 과정은 무시되는 만큼, 이러한 정적 분류들은 잠재적인 것을 은폐시킨다. 하지만 발생학에의 비선형적이고 비평형적인 접근 방식을 발전시켜 나간다면, 분류들을 창조하는 보다 역동적인 다른 방식이 있음을 확인할 수 있다. 사지(四肢, tetrapod limb) 연구에서의 새로운 접근법이 좋은 사례를 제공해 준다. 사지란 새의 날개로부터 말의 한발가락 나아가 인간의

---

48) Deleuze and Guattari, *What Is Philosophy?*, p. 140(강조는 인용자).

손과 그것의 반대편 엄지손가락에 이르기까지 다양한 형태들을 취할 수 있는 구조를 말한다. 이 구조를 모든 성체들이 가지는 공통 속성들로, 즉 최종 산물 층위에서의 상동들에 초점을 맞추어서 정의하기란 매우 어렵다. 하지만 이 구조를 생산하는 발생학적 과정에 초점을 맞출 경우 보다 만족스러운 분류법을 만들어 낼 수 있게 된다. 어떤 저자가 말했듯이, 이런 식의 새로운 분류학적 접근법은 "사지의 상동이 엄밀하게 반복되는 원형적 패턴으로서가 아니라 공통된 과정(비대칭적 분기와 절편화)에서 창발되는 것으로 본다."[49]

사지가 구성될 때 그것의 내부로 거슬러 올라가 본다는 것은 하나

---

49) Richard Hinchliffe, "Toward a Homology of Process: Evolutionary Implications of Experimental Studies on the Generation of Skeletal Pattern in Avian Limb Development", *Organizational Constraints on the Dynamics of Evolution*, eds. J. Maynard Smith and G. Vida, Manchester: Manchester University Press, 1990, p. 123. 생물학자 브라이언 굿윈은 파괴된 대칭성 개념을 통해 분류의 문제에 접근하기를 계속해 왔다. 그에 따르면, 특정한 기관들에 대한 이 통찰들은 우리의 정적인 분류 뒤에 있는 모든 형태학적 특징들의 동역학적인 기원을 설명하기 위해 일반화될 수 있다. "형태발생에 대한 이 견해로부터 여러 결과가 따라 나온다. 우선, 형태학이 단순한 것에서 복잡한 것에 이르는 위계적인 방식으로 생겨난다는 것은 분명하다. 분기들이 공간적으로 질서를 갖춘 비대칭성들 및 주기성으로 귀결하고 비선형성들이 세밀한 국소적 세부 사상들을 낳듯이. 가능한 일련의 (예컨대 방사상의, 양면의, 주기적인) 제한된 (단순하고 파괴된) 비대칭성들이 존재하기 때문에 그리고 발생하는 유기체들은 공간적 질서를 갖춘 이 요소들을 내려 놓음으로써 시작해야 하기 때문에 결국 이 기본 형식들은 모든 종들 사이에서 가장 일반적인 것이 될 것이다. 다른 한편 패턴의 좀더 세밀한 세부 사항들은 두 종들 사이에서 가장 가변적이 될 것인데, 이것은 패턴들을 낳는 과정이 최종적인 세부 사항들을 조합함으로써 풍부하게 되기 때문이며, 또 상이한 종들에 있어 특정한 유전자 산물들이 이것들 중 하나에로 이끎으로써 궤적들을 안정시킬 것이기 때문이다. …… 잠재적으로 모든 기초적 조직화의 구도들이 진화에 있어 초기—캄브리아기—에 발견되고 수립되었다는 사실은 종종 놀랍게 느껴지곤 했다. 그러나 위의 논변을 참조한다면 우리는 충분히 그 사실을 예상할 수 있다." Brian C. Goodwin, "The Evolution of Genetic Forms", *Organizational Constraints on the Dynamics of Evolution*, pp. 114~115. 또한 굿윈의 다음 저작도 보라. Goodwin, *How the Leopard Changed its Spots*, New York: C. Scribner's Sons, 1994, ch. 5.

의 동일한 '잠재적 사지'가 어떻게 상이한 강도적 계열들을 통해서 펼쳐지는가를 드러낸다는 것을 의미할 것이다. 어떤 계열들은 특정한 분기들(예컨대 손가락을 벗어나 분기되는 것들)의 발생을 방지함으로써, 또 어떤 계열들은 하나의 전체 계열이 발생해 매우 상이한 최종 산물들이 되도록 함으로써. 그러나 방법에서의 이 단계는 첫 단계를 구성할 수 있을 뿐이다. 왜일까? 그것이 여전히 상사 혹은 상동이란 개념에 의존하기 때문이다. 분명 이것이 산물들에 대비되는 과정들을 특성화해 주기는 하지만. 이 과정상의 상동의 원천을 설명하기 위해서는 두번째 단계가 덧붙여져야 한다. 혹은 달리 말해, 일단 산물 배후의 강도적 과정을 드러냈을 경우에도 우리는 여전히 잠재적 구조들 — 그 과정에서 힐끗 볼 수밖에는 없지만 그것의 규칙성들을 설명해 주는 구조들 — 을 향한 우리의 하강을 계속해야 한다. 이러한 두번째 단계에 대해 전문적인 논의에 들어가기 전에, 이 장의 서두를 장식했던 은유 — 자신의 연속성을 차이화하고 분할해 감으로써(대칭 파괴적인 사건들의 연쇄를 따라감으로써) 점진적으로 좀더 엄밀하게 계량화되는 위상학적 공간이라는 은유 — 로 돌아가 봄으로써 그것의 전반적인 윤곽을 스케치해 보고자 한다.

　　외연적 구조들은 위 층위에의 대응물을 구성할 것이며, 반면 강도적 과정들은 가운데 층위에의 대응물이 될 것이다. 그리고 그 각각은 전적으로 계량적이기보다는 사실상 계량화될 수 있는 기하학을 나타낸다.[50] 가장 아래 층위, 즉 이념적으로 연속적이고 상대적으로 미분화된 공간은 잠재적인 것의 대응물이 될 것이다. 나는 여기에서 '아래'나 '위' 같은 용어들을 비형식적으로 사용하고 있거니와, 이것이

이 공간들이 현실적으로 위계적인 구조를 형성한다는 것을 암시하는 것은 아니다. 좀더 나은 이미지로는 (서로에게서 자리를 잡고 있는 embedded 공간들을 펼치기 위해 활동하는 연쇄를 동반하는) 공간들의 포개진 집합nested set을 들 수 있을 것이다. 또 다른 중요한 조건은 이렇게 포개진 집합을 포함하는 공간들 하나하나는 그것의 외연도들이나 질들에 의해서가 아니라 그것의 감응태들, 즉 특정한 변환(혹은 변환들의 군) 하에서의 그 불변항들에 따라 분류된다는 것이다. 다시 말해 각 공간에 있어 중요한 것은 그것이 특정한 조작들에 의해서 영향 받는(혹은 받지 않는) 방식이고, 이 조작들은 또한 그것들 자체로 영향(번역, 회전, 투사, 구부림, 접힘, 늘림)을 줄 수 있는 능력에 의해 특성화된다. 이렇게 주의하지 않을 경우 우리는 순환성의 위험에 부딪칠 수 있을 것이다. 위 층위의 외연도적 속성들은 다른 층위들을 정의하는 데에도 사용될 수 있기 때문이다.

이러한 은유는 우리에게 잠재적인 것의 이론을 위한 정확한 목표를 제공해 준다. 즉 우리는 점진적인 분화를 통해서 현실세계에 거주하는 모든 불연속적인 개체들을 산출해 내는 연속체continuum를 생각해 볼 필요가 있다. 하지만 이런 은유와는 달리, 이 잠재적 연속체는 하나의 단일한, 등질적인 위상학적 공간으로가 아니라 차라리 (그 각각

---

50) 나는 1장에서 미분기하학을 소개하면서, 가우스의 성과 가운데 하나가 수학적 다양체 자체를 자리 잡게 하는 공간(메타공간)을 제거한 것이었다고 말했다. 이렇게 함으로써 가우스는 미분공간에서 계량적 길이들(그리고 다른 속성들도)의 등가물을 정의하게 되었다. 이 좌표화는 비계량공간이 계량화된다고 할 때 내가 의미했던 것의 한 예이다. 들뢰즈는 또한 계량공간(홈 파인 공간)과 매끄러운 공간 사이의 관계를 논할 때 이 점을 지적한다. Deleuze, *A Thousand Plateaus*, p. 486.

이 그 자체 위상학적 공간인) 다양체들의 개체군으로 구성된 다질적인[51] 공간으로 생각될 수 있다. 말하자면 잠재적 연속체는 (각각의 공간이 점진적으로 분화할 수 있는 능력을 갖춘) 공간들의 공간이라 할 수 있을 것이다. 공간들의 이 연속체화 외에 우리는 그것들을 하나의 다질적인 전체 안으로 짜 넣을 방법을 필요로 한다. 사실 들뢰즈는 잠재적 연속체를 **혼효면**이라고 지칭한다. 여기에서 '혼효' consistency라는 용어는 독특한 방식으로, 특히 논리적 일관성(무모순성)과는 아무런 상관도 없는 의미에서 사용되고 있다. 혼효는 차라리 이질성들 자체의 종합으로서 정의된다.[52]

이제 이러한 은유를 극복해 나아가기 위해 반드시 토론해야 할 문제는 두 가지이다. 둘 다 잠재적인 것에 거주하는 존재들entities과 연관된 문제들이다. 우선 1장에서 다양체를 논하면서 구체적이고 보편적인 존재〔구체적 보편자〕로서의 그것의 본성이라는 문제를 해결하지 않은 채 남겨 두었다. 다시 말해 한 다양체를 정의하는 개념의 원천으로서 수학적 모델들(상태공간들의 벡터-장들)의 일부 특성들을 사용했지만, 현실적 존재 ─── 하나의 수학적 모델 ─── 의 속성들이 어떻게 해서

---

51) 이때의 '다질적인'은 감각적인 맥락에서의 '다질적인'을 뜻하지 않는다. 상이한 성격의 이질적 공간들이 연속체를 형성한다는 의미에서의 '다질적인'이다. ─ 옮긴이
52) "혼효는 필연적으로 이질성들 사이에서 성립한다. 그것이 차이생성의 탄생이기 때문이 아니라, 이전에는 서로가 공존하거나 계기하는 것으로 만족하던 이질성들이 공존 또는 계기의 '융합' consolidation을 통해서 서로 묶이기 때문이다. …… 우리가 '기계적' machinic이라고 부르는 것은 다름 아니라 이질성들 자체의 이런 종합을 가리킨다." Deleuze and Guattari, *A Thousand Plateaus*, p. 330. 이 저작에서 '자기혼효적 집적체' self-consistent aggregate와 '기계적 배치' machinic assemblage 등은 같은 뜻으로 사용되고 있다.

잠재적인 다양체의 속성들로 만들어질 수 있는지는 논의하지 않았다. 이것은 관련된 수학적 개념들의 특정한 철학적(존재론적) 변환——말하자면 이 개념들을 수학적 현실화로부터 떼어 놓는 수단——을 포함하게 될 과제이다. 여기에 덧붙여서, 이 논의의 첫째 부분에서는 1장의 특성화에다가 무엇이 다양체들을 함께 짜일 수 있게 하는지에 대한 서술이 필요하다. 나는 각각의 특이성을 무한계열(수학적으로는 급수)로 확장함으로써, 그리고 계량적 또는 양적인 개념들을 사용하지 않고서 이 계열들을 정의함으로써, 다양체들이 이질적인 연속체를 형성할 수 있게 됨을 주장할 것이다.

두번째 부류의 문제는 특이성들을 넘어서 감응태들에 대한 논의를 포함한다. 앞에서 잠재성에 입각한(아니면 어쨌든 일종의 물리적 양상론에 의한) 설명을 필요로 하는 강도적 과정들에 두 가지 특정한 경우들이 존재함을 말했다. 첫번째 경우로는 다수의 끌개들을 가진 물리계들, 우리로 하여금 유효하지만 아직 현실화되지 않은 경향들의 존재 방식을 설명하도록 요구하는 계들을 들었다. 두번째 경우로는 잠세적 조합들의 열린 집합으로 귀결하는 유연한 조립 과정을 들 수 있었다. 하나의 과정이 배치들의 닫힌 집합으로 귀결할 경우, 이 집합은 (양상론적 설명을 제기할 필요를 없애 버리는) 철저한 열거(즉 그것은 외연도적으로 정의될 수 있다)에 의해 주어질 수 있다. 그러나 이 집합이 (생물학적 진화의 경우처럼) 발산적일 경우, 목록에 포함되어 있지 않은 새로운 배치들이 언제라도 존재하게 될 것이므로 어떠한 철저한 열거도 소용없을 것이다. 이제 문제는 이것이다: 만일 다양체들과 그것들의 특이성들이 다수의 안정적 상태들과 상응한다면, 잠재적 연속체에서의 이 현실화되지 않은 능력들에는 무엇이 상응할까? 감응 능력을 구현하고 있는 또 다른 잠재적 존재entity가 있을까? 그리고 이 능력의 실행이 다질적인 연속체의 배치를 위해서 필요할까?

이데아적 사건들로서의 특이성

그렇다면 첫번째 과제는 들뢰즈가 수학에서 가져온 개념들(미분적 관계들, 특이성)을 취해서 그것들로부터 (그 개념들이 그 고도의 추상적 성격에도 불구하고 여전히 내포하고 있는) 현실성의 흔적을 전부 제거하는 것이다. 특히 이 개념들 가운데 그 어느 것도 개체화를 이미 전제하고 있어서는 곤란하다. 그것들은 충분히 전-개체적인 개념들이 되도록 변환되어야 하며, 그래서 개체들의 발생에 관련해 논리학적이고 물리학적인 기초를 형성할 수 있어야 한다. 예컨대 물리학자들이나 수학자들이 '미분적 관계들'을 말할 때, 그들은 그러한 관계들을 구현하고 있는 특정한 수학적 대상 즉 함수를 염두에 두고 있다. 그러한 대상은 숫자들(또는 다른 존재들)의 일정한 영역을 다른 영역에로 사상하는map 장치로서, 혹은 좀더 전문적 은유를 사용한다면 어떤 입력값을 받아 그것들을 출력값으로 사상하는 장치로서 간주될 수 있을 것이다.[53] 이런

---

53) 여러 가지의 출력들을 산출하는 약간의 수학적 함수들이 존재하기는 하지만, 그것들 중 대다수는 하나의 단일한 출력을 가진다. 즉 어떤 함수들은 입력들과 출력들(독립변수와 함수값)을 일-대-일 대응의 방식으로 사상하며, 또 다른 함수들은 다-대-일의 방식으로 사상하며, 또 약간의 함수들은 일-대-다의 방식으로 사상한다. 다음을 보라. Russell, *Principles of Mathematics*, pp. 265~266. 내가 믿기로는, 들뢰즈의 상호 규정은 다-대-다 사상many-to-many mapping을 함축한다. 다-대-다 사상이란 하나의 함수로서는 쓸모가 없을 것이다. 그러나 다른 한편, 이 '쓸모없는' 사상寫像이 다양체 개념의 구성을 위해서는, 즉 '하나'에의 필요를 배제하는 '여럿' 자체의 조직화에는 매우 유용하다.

식으로 함수들은 수학적 개체화 과정들을 정의한다. 예컨대 어떤 함수가 한 물리계를 모델화하기 위해 사용될 때, 그 입력값(혹은 독립변수들)은 상태공간의 차원들이 되지만 출력값(종속변수)은 그 공간 내의 특정한 상태를 개체화한다(이런 상태들의 계열은 하나의 궤도/궤적을 형성한다).

들뢰즈가 잠재적 존재들을 미분적 관계들로서, 즉 변화들 또는 차이들 사이의 관계들로서 정의한 것은 사실이지만, 그렇다고 그가 이 관계들을 한 함수의 형식을 가진 것으로서 생각할 수는 없었음은 분명하다. 그렇게 생각하는 것은 개체화를 전제하는 것이 될 것이기 때문이다. 달리 말해, 다양체들을 정의하는 미분적 관계들은 독립변수와 종속변수(혹은 입력값과 출력값) 사이의 비대칭성을 포함할 수 없다. 그렇지 않을 경우 이 관계들은 틀림없이 '무형 함수들' formless functions과 같을 것인데, 이 경우 입력값과 출력값이 아직 구분되지 않으며 또 그 관계는 다른 양에 상대적인 어떤 양의 변화율이 아니라 두 개의 양이 상관적으로 변화하는 율이 될 것이다. 들뢰즈가 말했듯이, 잠재적 관계들은 그 요소들 사이의 순수하게 상호적인 규정, 즉 어떤 개체화도 전제해서는 안 되는 순수한 변화들 또는 차이들 사이의 상호 종합을 반드시 포함해야 한다.[54] 잠재적 내용을 특이성이라는 수학 개념에서 들어내기 위해서는 하나의 철학적 변환이 또한 필요하다.

---

54) Deleuze, *Difference and Repetition*, pp. 172~174. 『철학이란 무엇인가』에서 잠재적 다양체들('개념들')과 함수들 사이의 구분은 과학에 대한 들뢰즈의 비판 ─ 잠재적인 것을 파악할 수 없는 무능력에 대한 비판 ─ 을 근거 짓고 있다. 아쉽게도 이 저작에서의 분석은 그가 'functive' 같은 낯선 용어들을 도입함으로써 흐려지고 있다. Deleuze and Guattari, *What Is Philosophy?*, pp. 117~118. 내가 보기에 들뢰즈는 함수들을 잠재적

잠재적인 미분적 관계들이 개체화하는 함수들과 구분되어야 하는 것만큼이나, 잠재적 특이성들은 개체화된 상태들과 구분되어야 한다.

예컨대 끌개들은 상태공간의 특수한 하위 집합들, 즉 극한 상태들 limit states — 혹은 상태들의 극한 집합들 — 로 정의될 수 있다. 하지만 끌개들을 상태들로 보는 것은 그것들이 이미 일정한 개체성을 가지고 있음을 함축할 것이다. 때문에 들뢰즈는 특이성들의 전前개체적 측면은 그것들이 궤적들로 가득 차 있는 상태공간에서 잘 정의된 동일성을 획득하기 전에만, 그러니까 그것들이 하나의 벡터-장에서 그 존재와 분포에 의해 단지 모호하게 정의될 때에만 파악된다고 말한다. 궤적들과는 달리 하나의 벡터-장은 개별적인 상태들로 구성되어 있는 것이 아니라 변화율들을 위한 순간값들로 이루어져 있다. 이 순간 변화율(혹은 무한소) 각각은 사실상 어떤 실재성도 가지고 있지 않지만 집합적으로는 위상학적 불변항들(특이성들)을 보여 주며, 존재론적 의의를 부여받아야 할 것은 바로 이 불변항들이다. 하지만 존재론적으로 볼 때 한 벡터-장의 불변항은 그저 하나의 위상학적 우연/사고, 즉 우연히 정지하기에stationary 이른 한 점(좀더 전문적으로 말해, 제로 벡터가 덧붙여지는 한 점)일 뿐이다. 들뢰즈에 따르면, 이러한 위상학적 우연들/사고들에는 하나의 사건이라는 존재론적 위상이 주어져야 하지만 그것들

인 것을 위한 모델들로 간주하기를 거부한다. 함수들이 개체화 과정들을 나타낸다면, 잠재적인 것은 잠재적인 것의 전前개체적 본성을 드러낸다고 할 수 있다. 그래서 이 개체화의 과정이라는 측면이 없는 함수들은 (독립변수들과 종속변수들의 구분을 떠나) 잠재적인 것의 일부분을 형성할 수 있다. 구체적 보편자들('추상기계들')을 정의해 주는 요소로서의 '무형 함수들'에 대해서는 Deleuze and Guattari, *A Thousand Plateaus*, p. 141을 참조하라.

의 보편성과 반복적인 본성에 입각할 때에 현실적인 것이 아니라 이데아적인 것[비물체적인 것]으로 이해되어야 한다. 유사한 관점이 한 다양체의 정위된embedded 층위들을 펼치는 분기들에도 적용된다. 즉 이 대칭 파괴적인 전이들 각각은 당연히 현실적인 상전이로서가 아니라 이데아적인 사건으로서 이해되어야 한다. 들뢰즈는 이렇게 말하고 있다.

> 이데아적 사건이란 무엇인가? 그것은 특이성이다. 아니 차라리 특이성들의, 또는 수학적 곡선, 물리적 사태, 심리적이고 도덕적인 개인을 특성화하는 특이점들의 집합이다. 특이성들은 전환점들이고 변곡점들이다. 그리고 매듭들(노드들), 고개들(말안장들), 난로들(초점들), 중심들이기도 하다.[55] 또 융해점, 응축점 그리고 비등점이기도 하며,[56] 눈물과 환희, 질병과 건강, 희망과 불안의 점들, '예민한 점들'이기도 하다.[57] …… [하지만 특이성은] 본질적으로 전-개체적이고, 비-인칭적이며, 탈-개념적이다. 특이성은 개체적인가 집합적인가, 인칭적인가 비인칭적인가, 특수한가 일반적인가에, 그리고 이것들의 상호 대립에도 전혀 무관하다indifferent. 특이성은 중성적이다.[58]

---

55) 인용구에서의 '수학적 곡선'을 예시하고 있다. 이 네 가지는 앞에서 푸앵카레의 위상학을 논할 때 등장했던 네 가지 특이성들을 가리킨다. 1장의 각주 31을 보라. — 옮긴이
56) 인용구에서의 '물리적 사태'를 예시하고 있다. 이 세 가지는 모두 상전이에 관련되는 특이성들이다. — 옮긴이
57) 인용구에서 '심리적이고 도덕적인 개인'을 예시하고 있다. — 옮긴이
58) Deleuze, *Logic of Sense*, p. 52. 전개체적 존재들로서의 사건이라는 개념을 정교화해 보자. 우선 생각해 봐야 할 것은 현실적 사건들의 개별성이 어떤 유형에 속하는가 하는 점이다. 한 유기체 또는 한 종의 개별성(개별화 과정에 관련해 이 두 가지를 논의한 바 있다)에

[특이성에 관련되는 두번째 과제로 나아가] 이제 [잠재적] 존재들로서의 다양체들의 특성화를 완성하기 위해서, (이러한 복잡한 사건들이 드러내 줄 수 있으리라고 기대되는) 상호 작용할 수 있는 능력들에 대해 논의할 필요가 있다. 다양체를 정의하는 각각의 특이성은 이데아적 사건들의 무한계열[59]로서 확장될 수 있는 능력을 가진 것으로 이해되어야 한

비할 때 하나의 현실적 사건은 좀더 유동적이고 가변적인 개별화를 보여 준다. 들뢰즈에 따르면, 사건들은 이-것haecceity이라는 개별성을 가진다. 한순간의 유일한 특이성 또는 '이것-임'thisness이 이를 잘 예시해 준다. "한 인물, 주체, 사물, 또는 실체와는 매우 상이한 개별화의 방식이 존재한다. 우리는 이 점을 가리키기 위해 'heccéité'라는 말을 사용한다. 한 계절, 어느 한 겨울, 어느 한 여름, 한 시간, 하루는 모자랄 것 없이 완벽한 개별성을 가진다. 이 개별성이 사물이나 주체의 개별성과는 극히 상이하지만, 그것들은 전적으로 분자들 또는 입자들 사이의 운동과 정지의 관계들, 영향을 주거나 받는 능력들로 구성되어 있다는 점에서 이-것들이다." Deleuze and Guattari, *A Thousand Plateaus*, p. 261.
내가 앞에서 언급했던 이질적인 배치들 중 어떤 것들(예컨대 걸어가는 한 마리 동물, 일정한 바닥/땅, 한 중력장의 배치)은 이러한 개별성을 갖추고 있다. 이 점은 추상적인 경우를 그리기보다는 하나의 구체적인 사건 —— 이 동물이 이 뜨겁고 축축한 여름날에 걷고 있는 사건 —— 을 생각할 경우 특히 분명해진다("이것은 단절 없이 읽어야 한다: 그-동물은-5시에-사냥감에-접근한다." Deleuze, *Logic of Sense*, p. 263). 이 사건은 감응태로 구성되어 있다. 동물, 땅바닥, [중력]장의 허용affordance만이 아니라 열과 습기의 정도를 포함해 거기에 포함된 다른 개체들의 능력들까지도 포함해서("열의 정도는 그것을 받아들이는 실체나 주체와는 구분되는, 완벽하게 개별화된 따뜻함이다. 열의 정도는 백색임의 정도와, 또는 다른 열의 정도와 조성을 이루어 세번째의 유일한 개별성을 구성할 수 있으며……" Ibid., p. 253. 사건은 또한 빠름과 느림의 관계들로도 구성되어 있다. 땅바닥이 동물에게 단단한 표면을 허용함은 오로지 동물이 변화하는 속도 또는 시간적 등급에 상대적으로만 그렇다. 땅바닥은 너무나 느리게 변화한다. 지질학적인 시간 등급에서는 이 단단한 땅바닥의 일부도 훨씬 더 유동적이라 해야 할 것이다.
이 점을 이데아적인 사건들에 적용해 보자. 잠재적인 것을 가정하는 특이성들은 또한 이-것들이지만, [이것들을 정의해 주는] 두 특징(속도와 감응태)은 상이하게 분포된다. 하나의 특이성은 속도-장(또는 속도-벡터들)에 있어서의 우연적인 특징일 뿐이다. 그것의 개별성은 전적으로 그것의 불변성으로 구성된다. 즉 장의 나머지에 영향을 끼치는 어떤 변화들에 의해 영향 받지 않을 수 있는 능력으로 구성된다.

59) 'series'는 수학적 뉘앙스가 강할 때는 '급수'級數를, 보다 일반적인 뉘앙스로 사용되었을 때에는 '계열'을 뜻한다. 들뢰즈의 용어들이 존재론적 의미와 수학적 의미로 양의적으로 사용된다는 점을 염두에 두어야 한다. ─ 옮긴이

다. 들뢰즈는 이러한 잠재적 과정을 '특이성들의 응축'이라는 말로 표현한다.[60] 먼저 이 과정을 은유적으로 설명해 보고 그런 다음에 전문적으로 정의해 보자. 여기서 은유란 예컨대 물과 같은 물질에서의 상전이를 들 수 있다. 수증기가 임계점(해수면에서 약 100°C) 아래로 냉각되면 자연발생적으로 본성을 바꾸어 액체로 응축되겠지만, 온도를 계속 낮출 경우 임계점에서 발생했던 특이한 사건에는 보통 사건들의 계열(추가적으로 온도를 내리는 것으로는 액체 상태의 물에는 선형적인 냉각 효과만이 일어날 것이다), 다른 특이성의 이웃관계로까지 확장해 가는 계열(그 이상 나아갈 경우 다음의 임계 사건인 응결이 발생할 0°C)이 뒤따를 것이다. 비슷한 생각이 잠재적인 것에도 적용될 수 있다. 즉 하나의 다양체를 정의하는 특이성들은 (다른 다양체들에 속하는 다른 특이성들의 근처에까지 확장되는) 보통의 이데아적 사건들의 계열의 시발점이 된다. 하지만 이런 은유와는 달리, 이데아적 사건들의 이런 계열들은 시간적 계서를 형성하기보다는 오히려 공존하는 요소들의 계열을 형성할 것이다(나는 다음 장에서 잠재적인 것의 시간성의 형식을 논의하면서 이 문제를 좀더 넓게 확장할 것이다).[61]

---

60) 특이성들을 계열/급수들로 전개시키는 것을 가리키는 '특이성들의 응축'이라는 용어에 대해서, 그리고 급수들 사이의 수렴하는 관계들 및 발산하는 관계들의 수립은 Deleuze, *Difference and Repetition*, p. 190에서 나타난다.
61) Ibid., p. 190에서 다양체들(또는 이데아들)은 '공존의 복합체들'로서 나타난다. 달리 말해, 한 번에 하나씩만 현실화되는 강도적 과정을 정의하는 특이성들과는 달리(분기들이 연이어서 교차해야 하기 때문에, 또는 여러 끝개들 중 오직 하나만이 작동할 것이기 때문에) 잠재적 특이성들은 그것들 특유의 시간성 안에 모두 공존해 있다. 강도적인 것 안에 "이데아들, 관계들, 그것들[관계들]에서의 변이들[자리 잡힌 층위들], 그리고 구분되는 점들[특이성들]은 어떤 의미에서는 분리되어 있다. 즉 그것들은 공존하기보다는 동시성 또는 계기의 상태들에 들어간다." Deleuze, *Logic of Sense*, p. 252.

은유적인 내용을 넘어 특이성들로부터 확장해 가는 계열들/급수들이 어떤 의미에서 비계량적인지(그래서 잠재적 연속체를 형성할 수 있는지)를 보여 주기 위해서, 전문 용어를 한 가지 더 도입할 필요가 있다. 이는 바로 무한 서수급수ordinal series이다. 기수들(1, 2, 3……)의 무한급수와는 달리 서수급수(첫째, 둘째, 셋째……)는 충분히 개별화된 수량의 존재를 전제하지 않는다. 서수급수가 정의되어야 할 경우 그것은 추상적 요소들 사이의 어떤 비대칭적 관계들, 두 개의 다른 요소들 사이에 존재하기[betweenness]와 같은 관계들만을 필요로 할 뿐이다. 다시 말해 중요한 것은 한 계서에서의 순서이지 그렇게 순서 매겨진 요소들의 본성(수적인 것이든 다른 것이든)이 아니다. 이 문제에 있어 들뢰즈에게 영향을 주었던 버트런드 러셀은 비계량 기하학들이 경우에 따라 이전의 계량 기하학에 기초를 제공해 주었던 만큼이나 서수급수는 수량numerical quantity에 대해 우리가 가진 바로 그 개념의 정초가 되었다고 말한다.[62]

사실 한편으로 계량공간들과 기수들 사이에, 다른 한편으로 비계량공간들과 서수들 사이에 직접적인 관계가 존재한다. 두 개의 계량적 존재들, 예컨대 두 개의 길이는 기초적인 수적 단위들로 간단히 분할될 수 있다. 이렇게 함으로써 그것들을 정확하게 비교할 수 있다. 두

---

62) "순수하게 수학적 관점에서, 순서의 중요성은 많은 근대적인 발전에 의해 매우 크게 증가해 왔다. 데데킨트Dedekind, 칸토어Cantor, 그리고 페아노Peano는 모든 산수와 해석학이 특정한 종류의 급수에 기초해 있는 방식을 밝혀 냈다. …… 무리수들도 순서의 도움으로 …… 정의된다. …… 사영기하학은 점, 선, 면에 계량적 고려와 양에 독립되어 있는 순서를 부여하는 방법을 밝혀 냈다. 한편 서술적 기하학은 기하학의 거의 대부분이 급수적 순열serial arrangement의 가능성만을 필요로 함을 증명한다." Russell, *Principles of Mathematics*, p. 199.

길이의 수적 동일성을 모호하지 않게 설정할 수 있기 때문이다. 다른 한편 서수급수는 위상공간과 훨씬 흡사하게 작동하는데, 이 공간에서 우리는 하나의 점이 다른 점에 가까이 있지만 (그것들 사이의 분리가 늘어날 수도 있고 또 줄어들 수도 있기에) 정확히 얼마나 가까이 있는지는 알 수 없음을 엄밀하게 수립할 수 있다.

러셀은 한 서수급수의 요소들 사이의 근접성 관계들을 정의하기 위해 '거리'(혹은 강도)라는 용어를 도입했다.[63] 하나의 관계로서 서수적 거리는 분할될 수 없으며, 그것이 동일한 단위들로 분할될 수 없다는 사실은 두 서수적 거리들은 (하나가 다른 하나보다 크다 혹은 작다는 것은 엄밀하게 수립할 수 있지만) 결코 정확히 비교될 수가 없음을 함축한다. 다시 말해, 두 거리 사이의 차이는 수적 동일성을 통해 소거될 수가 없으며, 그래서 이러한 비교들의 결과는 항상 비정확하지만 엄밀하다 anexact yet rigorous. 요컨대 서수적 거리들은 비계량적 또는 비수량적 개념이다. 들뢰즈는 이런 생각들을 러셀에게서 가져왔지만 결정적

---

63) Ibid., pp. 157~159. 사실 러셀은 더 일반적인 '크기'란 용어를 사용해서 이러한 분할 불가능한 강도들을 언급하고 '거리'란 용어는 크기의 특수한 경우로 사용한다. 여기서 용어상의 혼란은 피해 가자. 러셀은 양이란 용어와 반대되는 것으로 '크기'란 용어를 사용한다. 하지만 들뢰즈는 러셀의 저작에 대해서 언급하면서 '크기'를 '양'과 동의어로 쓰고 있고 두 용어는 모두 '거리'와 반대되는 것으로 쓰고 있다. Deleuze and Guattari, *A Thousand Plateaus*, p. 483.
이런 용어상의 어긋남은 여기에서는 문제로 삼을 필요가 없다. 나는 '크기'라는 말을 사용하지 않을 것이며, '거리' 대신에 '서수적 거리'만을 사용할 것이다. 그래야 [러셀의] '거리'를 '계량적 거리들', 즉 길이들과 혼동하지 않을 수 있기 때문이다. 러셀은 '거리'들을 강도적인 것으로서 즉 외연에 있어 분할 불가능한 것들로서 도입하고 있지만, 그는 거리들을 (관례에 따라 외연적인 '늘어남'로 환원시킴으로써) 분할 가능한 것들로서 논할 수 있게 해줄 도식을 제시하고 있다. 그렇게 함으로써 그는 강도적인 것과 외연적인 것을 형태발생적으로 연결시킬 수 있을 어떤 희망도 파기하고 있다. Russell, *Principles of Mathematics*, p. 199.

인 지점에서 그와 갈라선다. 그는 서수적인 것이 기수적인 것에 대해 가지는 우선성이 순수하게 논리적인 또는 개념적인 것이라고 생각하지 않는다. 그는 그것이 존재론적 성격을 띤다고 본다. 다시 말해, 들뢰즈는 한편으로 급수적 순서와 그것을 정의해 주는 비계량적 거리, 다른 한편으로 [현실성에서의] 수량들 사이에서의 **발생론적 관계**를 설정한다. 조밀한(어떤 두 개의 요소들 사이에도 항상 또 다른 것이 존재하는) 서수급수는 (기수들이 대칭 파괴적 불연속성을 통해 창발되는 터인) 1차원적 연속체를 형성할 것이다.[64]

이제 잠재적 다양체들을 혼효면으로 조립하는 문제로 되돌아가 보자. 앞에서 논했듯이, 하나의 다양체를 정의하는 특이한 이데아적 사건들 하나하나는 (여전히 잠재적이거나 이데아적이지만, 특이성들과는 달리 이미 최소한의 현실화를 담고 있는) 보통 사건들의 계열로 확장되는 것으로서 간주되어야 한다.[65] 하나의 특이성에서 나오는 각각의 계

---

64) "서수적 구축은 설정된 똑같은 단위를 함축하지는 않으며, 다만 …… 거리라는 환원 불가능한 개념 —— 강도적인 공간spatium의 깊이에 함축되어 있는 거리들(서열화된 거리들)만을 함축한다. 동일한 통일성은 서열화ordination에 함축되어 들어가지 않는다. 반면 이것은 기수에 속한다. …… 따라서 우리는 기수가 서수로부터, 유한한 서수급수의 마지막 항들로부터 분석적으로 귀결한다고 믿어서는 곤란하다. …… 사실상 서수는 오로지 확장에 의해서만 기수가 된다. 그 결과 거리들은 자연수에 의해 수립된 외연성에 있어 전개되고 등가화되기에equalized 이른다. 따라서 우리는 처음부터 수의 개념은 종합적이라고 말해야 한다." Deleuze, *Difference and Repetition*, p. 233(강조는 인용자).
다른 한편, 러셀은 크기들과 수들 사이에, 일반적인 것과 특수한 것 사이에 오로지 논리학적인 관계만을 설정한다. 그래서 양들은 시공간적 위치에 의해 **특수화되는**particularized 크기들이다. Russell, *Principles of Mathematics*, p. 167.
급수들과 수들에 대한 들뢰즈와 러셀의 접근 사이에 존재하는 차이를 드러낼 수 있는 한 방식은 데데킨트의 무리수 이론에 대한 그들의 분석을 대비시키는 것이다. 유리수들의 조밀한 계열/급수에 간극들이 존재한다는 점을 논하면서, 데데킨트는 '절단'의 개념, 즉 조밀한 연속체를 상호 배제적인 두 부분으로 분할하는 방식을 도입했다. 그의 생각은 수의 개념을 순수하게 서수적인 연속체들에 수행된 그러한 절단들을 통해서 정의하는 것이

열은 조밀한 것으로 또 서수적인 거리들에 의해 배타적으로 정의된 것으로, 그래서 1차원적인 연속체를 구성하는 것으로서 간주되어야 한다. 그렇다면 이질적인 연속체는 (다양체 개체군의 각 성원들로부터 나오는) 많은 급수 연속체들로 짜여질 수 있을 것이다. 다양체들이 차이들에 의해 함께 짜인다는 점을 확실히 하기 위해, 들뢰즈는 이 급수들 사이의 관계들이 수렴적이면서도 또한 발산적이어야 함을 논한다. 다시 말해, 급수들은 함께 만나 소통하도록 되어야 할 뿐만 아니라 분지分枝하고 증식하도록 되어야 한다.[66] 들뢰즈는 이러한 발산과 수렴의 관계들이 어떻게 그가 벗어나고 싶어 하는 범주들(동일성, 유사성, 유비, 그리고 모순)을 전제하고 있지 않은가를, 그리고 (두번째 결과로서) 그가 대체하고자 하는 양상적 범주들(가능성)을 발생시키는 데 사용될 수 있는지를 보여 준다.[67]

었다. 이 불연속성들 중 어떤 것들은 유리수들을 낳지만, 그는 다른 것들은 무리수들을 낳아야 한다고 가정했다. 유리수들의 조밀함만으로도 충분하다고 보았던 러셀은 단지 가정된 것일 뿐인 이 무리수 절단을 거부하고 무리수들을 절단에 의해 산출되는 유리수들의 집합들 중 하나로 보았고, 결국 이것이 하나의 외연적 개념(수)을 다른 동등하게 외연적인 개념('class'나 'set')으로 설명해 준다. 반면 들뢰즈는 절단의 개념에서 강도적인 비-수적 연속체들로부터의 수적 양의 탄생을 표현해 주는 방식으로 읽어 낸다. "이런 의미에서 수의 다음 종류, 연속성의 이데아적인 원인 또는 양성quantitativity의 순수 요소를 구성해내는 것은 바로 이 절단이다." Deleuze, *Difference and Repetition*, p. 172.
65) Deleuze, *Logic of Sense*, p. 109.
66) "반대로 발산과 이접disjunction은 그 자체로서 긍정된다. 그러나 발산과 이접을 긍정의 대상으로 만든다는 것은 무엇을 의미할까? 일반적인 규칙에 의하면 두 개의 사물은 그것들의 차이가 부정되는 만큼만 동시에 긍정된다. …… 이와 대조적으로 우리는 두 사물이 …… 그것들의 차이를 통해서 긍정되게 해주는, 그것들의 거리를 그것들이 다른 한에서 서로 관계시켜 주는 것으로서 긍정하게 해주는 조작(연산)에 대해 논하고 있다. …… (무화된 또는 극복된 거리가 아니라) 현동적인positive 거리로서의 거리라는 생각은 본질적이라고 본다. …… 현동적 거리라는 생각은 위상학과 표면에 속한다." Ibid., p. 172.

의사-인과율의 문제

〔이제 특이성에 대한 논의로부터 감응에 대한 논의로 넘어가〕 이 지점에서 중요한 진전이 이루어져야 한다. 다양체들은 이 계열들을 통해서 서로 적극적으로 상호 작용하는 능력을 소유한 것으로 여겨져서는 안 된다. 들뢰즈는 그것들을 단지 감응될affected 수 있는 능력만을 부여받은 것으로서 간주하거니와, 이는 그것들이 (들뢰즈의 표현에 따르면) 다양체들은 "비수동의impassive 존재들, 즉 비수동의 결과들"이기 때

---

67) 수렴적·발산적 관계들은 잠재적 관계들의 양상론적 지위를 정의한다. 라이프니츠를 따라서 들뢰즈는 이 잠재적 관계들을 공가능성compossibility과 불공가능성incompossibility으로 부른다. "두 사건은 그것들의 특이성들 주위에서 조직되는 계열들이 모든 방향으로 확장될〔수렴할〕 때 공가능하다고 할 수 있다. 두 사건은 계열들이 구성적인 특이성들의 부근에서 발산할 때 불공가능하다고 할 수 있다. 수렴과 발산은 (비논리적) 양립 가능성들과 양립 불가능성들의 풍부한 영역을 포괄하는 전적으로 독창적인 관계이다." Ibid., p. 172.
잠재적인 것의 양상론적 지위는 그것을 다른 양상론적 관계들(양상논리학자들이 가능세계들 사이에 존재할 것으로 가정하는 관계들)과 대조시켜 봄으로써 좀더 쉽게 이해될 수 있다. 가능세계들에 대한 현대의 이론 역시 라이프니츠의 생각들에 근거하고 있지만, 이 비논리적 능력들 또는 감응태들을 무시한다. 요컨대 가능세계들 사이의 핵심 관계는 접근 가능성accessibility의 관계이다. 하나의 세계는 그곳에서의 모든 가능한 상황들이 또한 다른 곳에서도 가능할 때 그 세계에 접근 가능하다. 이런 관계가 주어졌을 때, 가능세계들은 가족들 또는 등가 집합들로 묶일 수 있다. 한 집합에서의 상황들이 다른 집합에서는 불가능할 때, 즉 그것들 사이에 논리적인 또는 물리적인 모순들이 존재할 때, 한 집합에 속하는 세계들은 다른 집합에 속하는 세계들로부터 접근 불가능하다. Roux, "Introduction: Modality and Metaphysics", *The Possible and the Actual*, pp. 20~28.
들뢰즈는 이 생각들을 받아들이겠지만, 가능세계들 사이의 모순들은 파생적인 현상이라고 논할 것이다. 달리 말해 가능세계들의 그런 분포들, 그리고 그것들의 충분히 개별화된 내용들은 전개체적 다양체들 사이의 공가능성과 불공가능성의 보다 심층적인 관계들에 의존한다. 다양체들로부터 자아 나오는 계열들이 수렴할 때, 접근 가능한 가능세계들의 일족은 정의될 것이다. 그것들이 발산할 때, 접근 불가능한 가능세계들의 일족이 시작될 것이다. 다음을 보라. Deleuze, *The Fold, Leibniz and the Baroque*, Minneapolis: University of Minnesota Press, 1997, p. 60. 또한 "불공가능성 개념은 결코 모순의 개념으로 환원되지 않는다. 그리고 실재적 대립을 함축하지조차 않는다. 그것은 오로지 발산만을 …… 함축한다"는 구절을 보라. Deleuze, *Difference and Repetition*, p. 48.

문이다.[68] 다양체들의 중립성 혹은 중성中性은 다음과 같은 식으로 설명될 수 있다. 다양체들의 발산하는 보편성이 그것들을 어떤 특정한 메커니즘으로부터도 독립시켜 주지만(동일한 다양체가 여러 인과적 메커니즘들에 의해 현실화될 수 있다), 그것들은 어떤 인과적 메커니즘 혹은 또 다른 메커니즘이 현실적으로 존재한다는 경험적 사실에 좌우된다.[69] 이것은 단지 다양체들이 초월적 존재들이 아니라 내재적 존재들이라고 말하는 것일 뿐이다. 하지만 이것을 넘어, 들뢰즈는 다양체들을 역사적 기원을 갖지 않는 영원하고 고정된 원형들이 아니라 물체적 원인들의 비물체적 효과들로서, 즉 그 스스로는 아무런 인과적 역능을 가지고 있지 않은 (현실적 원인들의) 역사적 효과들로서 파악한다. 다른 한편 그가 쓰고 있듯이, "그것들은 원인들과 본성적으로 다른 한에서 서로 서로 의사-인과율quasi-causality의 관계를 맺는다. 그것들은 의사-원인quasi-

---

68) Deleuze, *Logic of Sense*, p. 5.
69) 급변론catastrophe theory의 특수한 경우에 대해 이야기하면서(이 경우 포텐셜에 의해 사로잡힌 계들의 자유도를 4로 한정하는 것이 가능한 끝개들과 분기들의 충분한 분류를 가능케 한다), 알렉산더 우드콕과 만티 데이비스는 다음과 같이 쓰고 있다. "어떤 포텐셜에 의해 지배되는 모든 계에 있어(그 계의 행동은 4개의 상이한 요인들에 의해서만 결정된다) 오로지 7개의 질적으로 상이한 유형의 불연속들(분기들)만이 가능하다. 달리 말해, 그러한 한 계가 연속적으로(평형의 근처에 머무르면서) 변해 갈 무한히 많은 방식들이 존재함에도 불구하고, 불연속적으로(비평형 상태들을 통과하면서) 변해 갈 구조적으로 안정적인 방식은 오로지 7개만이 존재한다. 다른 방식들도 생각해 볼 수는 있으나 불안정하다. 그것들은 한 번 이상 일어날 것 같지가 않다. …… 어떤 안정된 불연속성의 질적인 유형도 포함된 포텐셜의 특수한 본성에 의존하지 않는다. 단지 그것의 존재함에만 의존한다. 그것은 행동을 조절하는 특수한 행동에 의존하지 않는다. 단지 그것들의 수에만 의존한다. 그것은 조건들 사이의 특수한 질적인 인과관계에 의존하지 않는다. 결과하는 행동은 단지 그러한 관계가 존재한다는 경험적인 사실에만 의존한다." Alexander Woodcock and Monte Davies, *Catastrophe Theory*, New York : E. P. Dutton, 1978, p. 42(강조는 인용자).
여기에 두 가지 중요한 생각이 표현되어 있다. 하나는 보편성의 물음에 관련된다. 상이한 방정식들이나 상이한 물리적 계들이 같은 위상학적 불변항들(같은 수의 특이성들, 같은 수의 차원들)을 공유하는 한, 그 방정식들과 계들의 상세한 성격(과정을 이끄는 강도적 차이

cause을 가지고서 서로 관계 맺으며, 이 의사-원인은 그 자체 비물체적이어서 그것들에 아주 특별한 독립성을 확보해 준다."[70]

앞에서 잠재적 연속체를 구축하려면 특이성들의 역할만이 아니라 감응태들을 고려해야 한다고 말한 적이 있다. 항상 감응하고 감응되는 능력인 현실적 능력들과는 달리, 잠재적 감응태들은 (비수동적 다양체들이 보여 주는) 감응될 수 있는 순수한 능력과 감응할 수 있는 순수한 능력으로 날카롭게 구분된다. 위에서 암시했듯이, 이러한 능력은 들뢰즈가 '의사-원인'이라고 지칭한 또 다른 비물체적 존재에 의해 드러난다. 이 지점에서, 더 많은 존재들을 끌어들이는 것이 인위적인 것으로 아니면 적어도 과도한 것으로 느껴질지 모르겠다. 다시 말해 그렇지 않아도 낯선 존재론에 그보다 더 낯선 특징들을 부가하는 것으로 보일지 모른다. 하지만 이러한 도입은 인위적인 것과는 거리가 멀다. 다양체의 정의에서 핵심적인 개념은 '불변항'이라는 개념이지만, 불변성들은 항상 어떤 변환(혹은 변환의 군)과 연계된다. 다시 말해, 우리가 어떤 존재의 불변하는 속성들에 대해서 말할 때마다 또한 회전, 번역, 투사, 접기, 그리고 그 존재에 가할 수 있는 다양한 다른 변환들

의 특정한 유형, 또는 그 과정을 정의해 주는 특정한 양들)은 그것들이 오랜 시간에 걸쳐 보여 주는 경향들의 특화에 있어 많은 차이를 드러내지는 않는다. 다시 말해, 한 과정의 오랜 기간 동안의(점근선적인) 경향들은 특정한 원인들에 독립적일 수 있지만, 그것들의 존재 그 자체는 어떤 인과적 과정들 또는 다른 과정들이 존재한다는 사실에 의존한다.

70) Deleuze, *Logic of Sense*, p. 169. 들뢰즈는 이러한 접근 방식을 인과적 고리를 최초로 끊어 놓았던 스토아학파에게서 빌려온다. 한편으로, 개체화의 과정은 원인들의 결과로 정의되지만, 특이성들은 순수하게 이러한 원인의 계열의 비유형적 효과가 된다(모든 효과는 또 다른 효과의 원인이 될 것이다). 다른 한편, 이러한 순수한 효과들은 인과적 과정에 일관된 형태를 부여하는 의사-인과적 능력을 가진 것으로 볼 수 있다. 이런 식으로 인과율을 깨뜨림으로써, 들뢰즈는 완고한 필연으로부터 원인들과 원인들을 이어 주는 결정론(혹은 운명)을 분리하게 된다.

을 수행할 수 있는 하나의 조작자(연산자) 또는 조작자들의 군을 서술할 필요가 있다. 그래서 잠재적인 것의 존재론적 내용은 또한 적어도 하나의 조작자를 통해서 풍부해질 수 있다. 의사-원인은 분명 이러한 조작자이며, 그것은 다양체들을 발생시키는 것으로서가 아니라 그것들에 감응할 수 있는 능력에 의해 정의된다. 들뢰즈가 말했듯이, "의사-원인은 창조하기보다는 조작한다."[71]

이런 새로운 존재는 다양체들에 관련해 그랬듯이 세심하게 구축되어야만 한다. 구축되는 매 단계마다 본질주의적이고 유형학적인 범주들을 극복해야 하는 제약을 만나야 할 것이고, 이 정의에 관련된 모든 개념들이 전-개체적임을 밝혀 주어야만 한다. 간략히 말한다면, 의사-원인 작동자가 수행해야만 하는 과제는 각각의 특이성에서 튀어나오는 무한계열들 사이에서 '공명들 혹은 반향들', 즉 가장 비물체적인 관계들을 창조하는 것이다.[72] 이 과제의 전문적인 측면들은 추상적인 소통 이론에서 나온 개념들을 통해서 상술될 수도 있다. 소통 이론에 있어, 한 사건의 현실적인 발생은 그 사건이 발생할 개연성에 비례해서 정보를 제공한다고 한다. 즉 희귀한 사건은 현실화될 때면 일반적인 사건보다 더 많은 정보를 제공한다고 한다.[73] 이러한 사건들은, 각각의 고유한 발생 개연성과 더불어, 하나의 계열 내에 배열될 수 있을 것이다. 사건들의 두 분리된 계열이 소통 관계에 놓일 때(한 계열에서

---

71) Ibid., p. 147.
72) 다양체들을 잇는 것으로서의 공명들과 반향들이라는 이미지는 들뢰즈의 저작들 전반에 걸쳐 반복적으로 나타난다. 이에 대한 설명들과 예들을 3장의 각주 53에서 다루었다.
73) Kenneth M. Sayre, *Cybernetics and the Philosophy of Mind*, London: Routledge and Kegan Paul, 1976, p. 23.

의 개연성의 변화가 다른 계열의 개연성 분포에 영향을 주는 식으로), 우리는 정보 경로information channel를 갖게 된다. 한 쌍으로 이루어진 사건들의 계열(전송 라인의 송수신 양쪽 말단에 모르스 부호로 문자를 정의하는 전자적 사건들)을 가진 전보가 정보 경로의 한 사례가 된다. 하지만 소통 이론의 추상적 버전에서는 전송 라인의 길이나 사용된 코드의 유형과 같은 채널의 물질적 실재화에 대해서는 그 어떤 언급도 없다. 마찬가지로 경로를 통해 흘러가는 정보에 대해서도 아무런 언급이 없다. 하지만 정보 '양자' quantum의 방출은 한 계열이 다른 계열과 상관적으로 가지는 개연성에서의 모든 변화에 연결되어 있다(전문적으로 말해, 두 계열은 조건적인 '개연성-틀' probability matrix을 통해서만 '연결' 된다).[74]

정보 경로에 대한 이런 식의 정의는 들뢰즈에게도 통할 수 있는데, 이는 그것이 정확히 (물리적 이식의 세부에 대해서는 아무것도 전제하지 않는) 고도로 추상적 본성을 띠기 때문이다.[75] 하지만 미분 관계들을 사용하는 수학적 모델들은 그 추상적 성격에도 불구하고 이미 보았듯이 전-개체적이지 않은 개념들을 함축하고 있다. 그래서 이데아적 사건들로 구성된 계열들 사이에서의 소통을 만들어 내는 추상적 정보 경로라는 개념은 더욱 더 변형되어서 전적으로 전-개체적이 되어

---

74) Sayre, *Cybernetics and the Philosophy of Mind*, pp. 26~30.
75) 소통 이론과 열역학 사이에는 밀접한 관계가 있다. 열역학에서 (고립된 계에 대한) 평형상태가 최대한의 무질서도(최대 엔트로피) 또는 강도적 차이들이 철회되면서 달성되는 상태에 의해 특징 지어지는 것으로 정의되는 만큼이나, 소통 이론에서 평형이란 계열 내에서 차이들이 철회되고 모든 사건들이 같은 정도의 개연성을 갖게 되는 상황과 일치한다. 이런 상태에서 어떠한 정보도 채널 안으로 흘러가지 않는다. Ibid., pp. 38~43.

야 한다. 나는 여기서 가장 중요한 요구만을 언급할 것이다(들뢰즈는 더 여러 가지를 논했지만). 이 요구는 바로 다음이다: 잠재적 계열을 형성하는 이데아적 사건들은 (그것들에 결부된) 발생의 수적 개연성을 가진 것으로 간주되어서는 안 된다. 그것들은 반드시 서수적 거리들만을 사용해서 계열적으로 배치되어야만 하며, 특이한 것과 보통의 것, 희귀한 것과 공통의 것 사이의 차이에 의해서만 (더 이상의 특화 없이) 서로 배타적으로 구분되어야만 한다. 달리 말해, 정보 이송transfer을 구성하는 분포들에서의 짝지어진 변화들은 조건적 개연성에서의 변화들로 간주되어서는 안 되며, 단지 한 계열에 있어 특이한 것과 보통의 것의 분포상의 변화들로서만 간주되어야 한다.[76]

다음 장에서 나는 잠재적인 것의 이 세 요소(다양체들, 의사-원인 작동자, 혼효면) 사이의 관계를 좀더 완전하게 특성화하는 문제로 돌아갈 것이다. 하지만 이 장의 결론을 내리기 위해서 이 구도에 대해 제기

들뢰즈는 강도적인 것과 정보적인 것의 이런 접속을 이데아적 사건들로 이루어진 계열들 사이에 존재하는 관계들을 정의하기 위해 사용한다. 앞에서도 언급했지만, 그는 정보 경로를 '신호'라는 말로 표현하며, 정보량을 '기호들'이라 표현한다. "분산된 요소들을 또는 이질적인 계열들을 소통하게 함으로써 구성되는 그러한 계들은 어떤 의미에서는 극히 상식적이다. 그것들은 신호-기호 체계들이다. 신호는 포텐셜에서의 차이들이 분산된 구성 요소들의 소통을 확보함으로써 분포되는 하나의 구조이다. 그래서 기호는 소통하는 두 계열 사이에서, 두 층위 사이에서의 경계를 가로지르면서 반짝이는 것이라 할 수 있다. 분명 모든 현상들은 그것들이 구성적인 비대칭, 차이, 비동등성에서 그 근거를 찾는 한에서 이 조건들에 응답하는 것으로 보인다. 모든 물리계들은 신호들이며, 모든 질들은 기호들이다." Deleuze, *Logic of Sense*, p. 261. 아울러 Deleuze, *Difference and Repetition*, p. 20, 222도 참조하라.

76) "두 개의 중요한 기초 계열에 상응하는 특이성들을 검토해 볼 때, 두 경우 모두에 있어 그것들이 그 분포에 의해 서로 구분됨을 알 수 있다. 하나에서 다른 하나로, 어떤 특이점들은 사라지거나 분할되며, 또는 본성과 기능에 있어 변화를 겪는다. 두 계열이 공명 또는 소통하는 순간 우리는 하나의 분포에서 다른 분포로 이행한다." Deleuze, *Logic of Sense*, p. 53.

될 법한 하나의 반론을 다루고자 한다. 의사-원인 작동자를 요청하는 데에 동기를 부여하는 것은 무엇인가? 어쨌든 우리는 실험실에서 (그러한 점진적으로 규정 가능한 존재를 구현하고 있는) 어떤 현상들(예컨대 전도-대류-교류에서와 같은 흐름 패턴의 계열들)을 연구할 수 있는 그만큼 다양체들의 실존을 가정해도 좋다는 느낌을 가지게 된다. 더 나아가, 우리는 또한 같은 대칭 파괴적 연쇄의 얼마간이 여타의 과정들(예컨대 발생학적 과정들) ─ 아주 상이한 인과 메커니즘들에 의존하기에 우리로 하여금 그것들의 설명에 메커니즘 독립적인 존재를 가정하지 않을 수 없도록 만드는 과정들 ─ 에 의해 드러나게 된다는 것을 경험적으로 확인할 수 있다. 하지만 우리가 정보 전송의 조작들을 자연발생적으로 수행할 수 있는 강도적 과정들이 존재한다는 어떤 증거를 가지고 있는가? 잠깐 나의 생각을 말해 보자면, 이 물음에 대한 대답은 실제 그런 과정들이 존재한다는 것이며, 또 그것들이 그러한 조작들이 정말로 잠재적으로 수행되리라는 생각에 정당성을 부여한다는 것이다. 하지만 우선은, 강도적 과정들에서 나온 '증거'에의 이러한 신뢰(더 정확하게는, 잠재적인 것이 강도적인 것에 남긴 흔적들에의 신뢰)는 잠재적인 것의 이론을 영원불변하는 본질들의 이론으로부터 변별해 주는 주된 특성들 가운데 하나임을 덧붙여 두자. 그러한 존재들을 믿는 사람들에 의해 가정된, 인간 사유에서의 본질들에 대한 아프리오리한 파악과는 달리, 잠재적인 것의 어떤 경험론이 존재할 것이다. 잠재적 다양체, 의사-원인 작동자, 그리고 혼효면이라는 개념들은 이런 의미에서 추상적 범주들이 아니라 구체적인 경험적-이데아적 개념들empirico-ideal notions이라 할 수 있을 것이다.[77]

의사-원인 작동자의 가정에 동기를 부여할 수 있는 어떤 근거가 있는가? 사실 '창발적 컴퓨테이션'emergent computation 연구, 즉 구성 요소들 사이에서의 상호 작용이 무시할 수 없는 정보처리 능력을 보여 줄 수 있는 물리적 과정들의 연구에 바쳐진 상대적으로 새로운 비선형 과학 분야가 존재한다.[78] 자연 현상들이라는 맥락에서 '컴퓨테이션'이라는 용어의 의미는 DNA와 그것의 번역을 위한 세포 기계장치를 생각해 보면 상대적으로 이해하기가 쉬운데, 그 이유는 이것이 생물학적 메커니즘들이 정보를 저장하고 이송하고 처리하기 위해서 진화되었다는 (비교적 설득력 있는) 생각을 포함하고 있기 때문이다. 하지만 나는 논의의 초점을 어떤 특화된 하드웨어를 포함하고 있지 않으면서도 정보를 전송한다고 할 수 있는 좀더 일반적인 일련의 물리적 현상들에 맞추고자 한다. 정보 이송은 어떤 컴퓨터 식의 메커니즘도 포함할 필요가 없으며 단지 사건들의 두 계열이 담고 있는 발생의 개연성들 사이의 상관성을 (어떤 방식으로든) 수립하는 것만을 필요로

---

77) "현상들이 그 의미를 기호들처럼 드러내는 것은 …… 바로 차이에 있어서이다. 차이들의 강도적 세계는 …… 정확하게 상위 경험론의 대상이다. 이러한 경험론은 우리들에게 이상한 '이성', 즉 여럿, 혼돈, 그리고 차이의 이성을 가르쳐 준다." Deleuze, *Difference and Repetition*, p. 57. 여기에 더해 잠재적인 것의 시간적 차원이 존재한다. 이에 대해서는 다음 장에서 논의할 것이거니와, 이 차원이 이 다른 경험론을 정의해 준다. "이런 의미에서 하나의 이데아는 하나도 여럿도 아니다. 그것은 차생적 요소들, 이 요소들 사이의 차생적 관계들, 그리고 이 관계들에 상응하는 특이성들로 구성된 다양체이다. …… 세 가지 모두가 점진적인 규정의 차원인 이데아적인 시간 차원에 투사된다. 그래서 이데아의 경험주의가 존재하게 되며 ……." Ibid., p. 278(강조는 인용자). 경험적-이데아적 개념들로서의 다양체 및 의사-원인 작동자(와 관련된 주제들, 예컨대 'perplication'[倂蓋], 'complication'[複蓋] 등)의 개념에 대해서는 Ibid., p. 284를 보라.
78) Stephanie Forrest, "Emergent Computation: Self-organizing, Collective and Cooperative Phenomena in Natural and Artificial Computing Networks", *Emergent Computation*, ed. Stephanie Forrest, Cambridge, Mass.: MIT Press, 1991, p. 2.

한다는 점을 염두에 두어야 한다. 케네스 세이어 같은 철학자가 말하고 있듯이, 우리는 "사건들 또는 사태들의 한 집합에 속하는 하나 또는 그 이상의 요소들의 개연성이 그 집합 바깥의 사건 또는 사태의 개연성 변화에 따라 변화하는 모든 과정을 정보 전송의 한 경우-instance 로 간주할 수 있다. 그렇게 생각할 때, 정보 전송은 모든 물리적 과정과 더불어 발생한다."[79]

비생물학의 영역에서 사건들의 개연성들 사이에 존재하는 자연 발생적 상관관계의 가장 단순한 경우는 상전이들 근처에서의 물질의 행동이다. 이 경우 정보 경로를 형성하는 사건들의 두 계열은 하나로 축약되는데, 왜냐하면 하나의 동일한 계 내에서 공간적으로 분리된 사건들의 발생 개연성들 사이에 상관관계가 성립하기 때문이다.[80] 더 정확히 말해, 물리계들은 (평형 상태에서도) 그 값들이 고정되어 있지 않고 오히려 주어진 한 상태 주변에서 (일정한 개연성들과 더불어) 섭동하는 어떤 변수들에 의해 열역학적으로 특성화될 수 있다. 서로 간에 있어 상관관계들이 성립할 수 있는 사건들을 구성하는 것은 바로 이러한 섭동들이다. 평형 상태에서 섭동들은 기본적으로 같은 정도의 개연성을 가진다. 혹은 달리 말해, 대부분이 비상관적이다. 어떠한 정보 전송도 일어나지 않는다. 하지만 하나의 계가 상전이에 접근하게 되면, 이 섭동들은 어떤 상관성들을 보여 주기 시작한다. 그리고 상관성의 길이 correlation length ─── 서로의 개연성에 영향을 주기 위해 사건들이 주

---

79) Sayre, *Cybernetics and the Philosophy of Mind*, p. 30.
80) 두 개의 사건 계열들이 하나로 축약될 때, 우리는 소위 '마르코프 과정' Markov process을 얻게 된다. Ibid., p. 29.

파해야 하는 거리 ─ 는 계가 임계점에 가까이 감에 따라 커진다. 이러한 분기 근처에서 정보 전송 능력은 극대화된다. 이런 현상은 상전이 밑에 깔려 있는 물질적 메커니즘에 좌우되지 않는다. 즉 똑같은 생각이 자기磁氣를 띤 상태에서 띠지 않은 상태로 바뀌는 금속 물질에도, 또 기체 상태에서 액체 상태로 바뀌는 물질에도 적용되는 것이다. 다시 말해 상전이의 이웃관계에 있는 섭동 사건들 사이에서 성립하는 강력한 상관관계를 보여 주는 이 현상은 발산하는 보편성을 보여 준다.[81]

창발적 컴퓨테이션이란 분야에서 연구하는 과학자들에게 이런 보편성은 매우 의미심장하다. 심지어 이러한 보편적인 정보 전송 능력은 상전이 근처에서 나타나는 현상들의 여타 특성들과 연관된 (정보를 저장하고 처리하는) 보조 능력을 수반한다고 생각하는 사람들도 있다.[82] 이는 우리를 다음과 같은 가설로 이끈다: 살아 있는 유기체들이 정보를 처리하기 위해 사용하는 특화된 하드웨어는 진화의 힘들이 초기 유기체들을 상전이의 끄트머리에서, 혹은 마찬가지 이야기이지만 어떤 안정된 끌개로부터도, 멀리 떨어져 계속 동요할poised 것을 요구했던 것이다. 이 분야의 연구에서 개척자인 크리스토퍼 랭턴은 이 점을 이렇게 말한다.

---

81) David L. Goodstein, *States of Matter*, New York : Dover, 1985, pp. 468~486. 또한 다음도 참조하라. Nicolis and Prigogine, *Exploring Complexity*, pp. 168~185.
82) 이 다른 특성들은 '임계 속도저하'(이완 시간들은 특이성이 가까워짐에 따라 길어진다)와 '크기에의 민감성'(한 계의 동역학은 경계 조건들에 대한 세부 사항들을 고려에 넣을 수 있다)이다. 그러나 이 현상들 정보의 프로세싱·저장 사이의 연결은 컴퓨테이션의 '세포 자동자' 모델들의 좁은 영역 안에서만 수립되었다. 다음을 보라. Christopher G. Langton, "Computation at the Edge of Chaos", *Emergent Computation*, pp. 32~33.

살아 있는 계들〔생명체들〕은 아마 역동적으로 끌개들을 벗어나는 계들로서 가장 잘 특성화될 수 있을 것이다. …… 일단 그러한 계들이 임계 전이critical transition 근처에서 나타나면, 진화는 이 임계 근처의 동역학에 내속하는 자연적인 정보 처리 능력을 발견한 것으로 보이며, 또 그 능력을 이용해서 그러한 계들이 본질적으로 끝이 열린 과도적인 흐름들transients 위에서 스스로를 유지시킬 수 있는 능력을 확장시키는 것으로 보인다. …… 살아 있는 세포들에는 상전이와 생명 사이의 친밀한 연계를 뒷받침하는 충분한 증거가 존재한다. 살아 있는 세포에서 발견되는 많은 과정들과 구조들은 상전이들에서 혹은 그 근처에서 유지되고 있다. 이런 사례들로는 졸-겔 전이의 근처에서 유지되는 지질脂質 막, 미소관들의 말단이 성장과 분해 사이의 한 지점에서 유지되는 세포 골격, 세포 분화 과정에서의 DNA 보조 성분들의 응축natuartion과 해체de-naturation(압축zipping과 압축 해제unzipping) 등이 있다.[83]

내가 위에서 논의했듯이, 세포 개체군들에서 분화 과정의 기초를 형성한다고 할 수 있는 조절 유전자들의 카우프만 네트워크들 역시 이런 유형의 동요된 계들이다. 즉 이 경우에도 역시 최대의 정보 전송 능력이 성취되는 것은 어떤 문턱, 즉 이러한 능력이 서서히 녹아 없어지는 문턱의 가장자리에서 동요할 때이다. 이러한 연구 프로그램의 전개

---

[83] Christopher G. Langton, "Life at the Edge of Chaos", *Artificial Life II*, eds. Christopher G. Langton, Charles Taylor, Doyne Farmer and Steen Rasmussen, Redwood City: Addison-Wesley, 1992, pp. 85~86.

에 있어 이런 주장들의 온전한 의미를 평가하는 것은 지나친 시기상조이다. (세포 자동자를 사용하는) 초기의 형식적인 결과물들 가운데 어떤 것들이 정당성을 검토받아 왔던 것도 사실이다.[84] 그러나 상전이의 근처가 그것이 (처리 과정 혹은 저장과는 반대되는 것으로서) 자연발생적인 정보 전송의 출현을 맞이하게 되었을 때의 어떤 특별한 장소라는 기본 주장은 여전히 유효하다. 그리고 그러한 존재를 의사-원인 작동자로서 정당화할 수 있게 해주는 것은 상전이에 아주 근접하지만 그것을 현실화하지는 않는 계들에 이 창발적 능력이 존재한다는 사실이다.

결론

결론적으로 나는 이런 말을 덧붙이고 싶다. 잠재적 연속체를 산출하려는 들뢰즈의 구도가 낯설고 또 분명 복잡해 보일 수 있지만, 들뢰즈는 적어도 초월적 원형들이라는 변화하지 않는 세계를 제거하기 위한 필요사항들을 (일정 정도 사변적이기도 하지만) 세세하게 작업해 온 공로를 인정받아야만 한다. 본질들이 전형적으로 개체들 혹은 자연종들의 실존을 설명하기 위해 요청되는 것이라면, 그 본질들을 제거하는 것은 그러한 개체들과 종들을 단지 사회적 관습들로 환원하는 것이 아니라

---

84) Melanie Mitchell, James P. Crutchfield and Peter T. Hraber, "Dynamics, Computation, and the 'Edge of Chaos': A Reexamination", *Complexity: Metaphors, Models, and Reality*, eds. George A. Cowan, David Pines and David Meltzer, Redwood City: Addison-Wesley, 1994, p. 510. "여기에 제출된 결과들은 컴퓨테이션 능력이 [세포 자동자] 규칙장rule space에서 상전이와 연관될 수 있다는 가설을 논박하지는 않는다. 사실, 이러한 일반적인 현상들은 이미 다른 동력계에서 주목되어 왔다. …… 더 일반적으로 말하면, 진화하는 계들의 컴퓨테이션 능력이 복잡성에 있어 증가한다면, 상전이라는 특성을 지닌 동역학적 속성들을 당연히 필요로 한다."

대안적인 설명을 제시하는 것이어야 한다. 첫째, 현실적인 형태들을 낳는 개체화의 강도적 과정들을 세밀하게 설명해 주어야 한다. 둘째, 개체화 과정에 연관된 원천들이 어떤 의미에서 물질과 에너지 계에 내재적인지를 자세하게 밝혀 주어야 한다. 다시 말해, 초월성 일반을 그저 부정하는 것이 아니라 현실적인 것에서 어떻게 잠재적인 것이 산출되는지를 설명해 줄 구체적인 내재적 메커니즘들을 서술해 주어야 한다. 이 장의 전반부는 이러한 두 가지 과제들이 어떻게 수행되는지를 스케치했다. 세번째이자 마지막 필요조건은 들뢰즈 존재론의 시간적 차원을 논의하는 것이다. 이 논의는 우리가 시작했던 본질들의 제거라는 과제를 완수하는 것이며, 다양체들이 그 자체 역사성을 가지고 있다는 것을 확실하게 함으로써 영원한 원형들과 혼동되지 않도록 하는 것이다. 이것은 이 장에서 수행된 것들을 보완해 주는 작업으로서, (시간성의 고유하게 강도적인 형식을 통해 연결되어 있는 상이한 반쪽들인) 현실적 차원과 잠재적 차원에서의 시간론을 전개하는 것이다. 이제 이 또 다른 과제로 넘어가 보자.

MANUEL DELANDA

3장

잠재적인 것의
시간적
현실화

3장_ 잠재적인 것의 시간적 현실화

물리학의 심장부에서 과학적 시간성의 두 형식을 놓고서 격전이 벌어지고 있다. 한편에는 물리학의 가장 높은 권좌에 있는 분야인 고전 역학 그리고 나중에 나타난 특수 상대성이론과 일반 상대성이론의 시간 개념이 있다. 다른 한편에는 화학공학이나 물리화학 같은 응용물리학이라는 하위 영역에서 탄생한 시간 개념이 있는데, 이 개념은 결국 고전 열역학의 시간이 되었다. 지적인 명성의 정도가 다르다는 것 말고도, 두 시간 형식 사이의 중요한 차이라면 고전 물리학과 상대성이론에는 시간의 화살이 없지만 열역학의 시간은 과거와 미래 사이의 근본적인 비대칭을 포함한다는 것이다. 이러한 비대칭성을 보여 주는 좋은 예가 열역학적 계들이 그 최종 상태에 있어 열적 평형으로 다가가는 방향을 선택한다는 사실이다.

이러한 두 가지 시간 개념이 단순히 공존하는 한(19세기의 대부분 동안에 그랬듯이) 두 개념의 모순적인 관계로 인한 어떤 결정적이고 근본적인 충돌도 나타나지 않았다. 하지만 물리학자 루드비히 볼츠만

Ludwig Boltzmann이 고전 물리학과 열역학을 하나의 통합 이론으로 묶으려 했을 때, 기체를 구성하는 분자들 사이에서 발생하는 상호 작용의 수준 즉 미시 층위에서의 가역성과 온도나 엔트로피 같은 집합적인 양의 수준 즉 거시 층위에서의 불가역성 사이의 모순은 더 이상 피해 갈 수 없는 것이 되었다.[1]

'시간의 가역성'이라는 용어는 뒤로 흘러가는 시간이란 생각, 즉 미래에서 과거로 흘러가는 시간 개념과는 아무런 상관이 없다. 오히려 이 용어가 지칭하는 것은 우리가 사건들의 계열로 보이는 어떤 과정을 처리해서 그것들의 순서를 거꾸로 뒤집어 놓더라도 그 과정의 관련 속성들이 바뀌지 않는다는 사실이다.[2] 고전 물리학에서 볼 수 있는 간단한 사례는 진공 상태에서 위로 던져진 공이 아래로 향하는 운동을 따라 처음 위치로 돌아오는 것처럼 마찰이 없는 환경에서 일어나는 물체의 운동일 것이다. 이 과정의 동작을 영화로 찍어서 거꾸로 돌리더라도 결과는 정확히 똑같이 보일 것이다. 반면에 확산이나 열전도와 같이 열역학에서 벌어지는 대부분의 과정들은 이런 의미로 본다면 가역

---

1) 시간 개념들 사이의 이러한 충돌에 대해서 그리고 물리학과 과학철학이 이 충돌에 접근해 갔던 상이한 방식에 대한 철학적 논의에 대해서는 다음을 보라. Lawrence Sklar, *Physics and Chance: Philosophical Issues in the Foundations of Statistical Mechanics*, Cambridge: Cambridge University Press, 1995, ch. 10. 아울러 다음도 참조하라. Robert B. Lindsay and Henry Margenau, *Foundations of Physics*, Woodbridge: Ox Bow Press, 1981, ch. 5.
2) Joe Rosen, *Symmetry in Science*, New York: Springer-Verlag, 1995, p. 141. 시간 계열의 순서를 거꾸로 하는 것 외에도, 시간 '반사' 변환time 'reflection' transformation은 시간 변수에 좌우되는 어떤 변수(예컨대 속도)의 기호를 [플러스에서 마이너스로 또는 마이너스에서 플러스로] 바꾼다. 이렇게 함으로써 법칙들의 대칭적 성격에 관해 세심하게 분석할 때 문제가 되는 미묘한 관념들이 등장한다. 이 점에 관한 논의로 Sklar, *Physics and Chance*, pp. 246~248을 참조하라.

적이지 않다. 예컨대 확산 작용은 작은 차이들이나 섭동들을 균질화하는 경향, 즉 그것들을 가라앉히는 경향을 보인다. 하지만 만일 사건들의 순서를 거꾸로 하면 정반대 결과를 얻게 되어, 가라앉히는 과정은 파동을 증폭시키는 과정으로 바뀐다.[3] 수학적으로, 과정에 대한 이 관념들은 과정을 지배하는 법칙들의 불변성을 통해 표현된다. 즉 고전 물리학과 상대성이론은 시간 반전 변환 time-reversal transformation 하에서 불변으로 머물지만, 열역학의 법칙들은 그렇지 않다.[4]

나는 다음 장에서 고전 물리학이 담고 있는 대부분의 객관적 내용을 법칙들이 없는 존재론에서도 찾아낼 수 있다고 주장하려고 한다. 하지만 전통적인 메타물리학 ontology of physics에서 법칙들은 분명히 단 하나의 가장 중요한 존재이다. 이렇게 법칙들이 존재론적으로 중심을 차지할 뿐만 아니라 시간 반사 하에서도 불변하기에, 위에서 말한 충돌을 해소하면서 대부분의 물리학자들이 한편으로는 불가역성을 잘 해명하면서도 다른 한편으로는 법칙의 대칭성을 유지하는 형태를

---

3) Nicolis and Prigogine, *Exploring Complexity*, p. 52.
4) Eugine P. Wigner, "Invariance in Physical Theory", *Symmetries and Reflections*, eds. Walter Moore and Michael Scriven, Woodbridge: Ox Bow Press, 1979, p. 4.
물리학자 유진 위그너가 밝혔듯이, 물리적 규칙성들이 이러한 최소한의 불변량을 드러내지 않았다면 아마 우리는 결코 규칙성들을 발견하지 못했을 것이다. 이유는 간단하다. 그것들이 우리들에게 규칙성으로 나타나지 않았을 것이기 때문이다. 변환 하에서의 불변성은 또한 하나의 법칙 뒤에 놓여 있는 미묘한 가정들을 노출시킬 수 있다. 예컨대 하나의 법칙이 공간적 또는 시간적 변위變位 하에서 불변이라고 말하는 것은 그 법칙에 의해 서술되는 규칙성들이 관련되는 한 공간과 시간은 등질적이라는 점을 함축하고 있다. 마찬가지로 하나의 법칙이 공간적 회전 하에서 불변이라고 말하는 것은 그 과정의 상태들의 절대적 정위定位가 그 과정의 행동에 어떤 차이도 만들어 내지 않는다고 말하는 것인 한편, 또한 공간은 모든 방향에서 균일한 성질을 가진다고(전문적으로 말해 등위적 isotropic이라고) 가정하고 있음을 뜻하기도 한다.

취한다 해도 그리 놀랄 일은 아니다.[5] 한편 열역학이 평형으로부터 멀리 떨어진 상태로까지 확장되었고 거기에 다시 고전 물리학의 비선형적 분야에서 새로운 개념들이 출현하면서, 불가역적인 시간 행동을 드러내고 충돌의 해소를 재평가하게 만든 새로운 모델과 새로운 현상들이 추가되었다. 이 두 분야의 선구적인 실천가인 일리야 프리고진은 불가역성을 제거하려는 시도에 대해 가장 비판적인 목소리를 내는 사람 중의 한 사람이다. 그가 주장하듯이, 만일 과정을 구성하는 사건의 순서를 거꾸로 해도 시간의 본성에 아무런 영향을 주지 않는다면 시간은 그 안에서 발생하는 사건들을 담는 그릇이 될 뿐이다.

결과적으로, 앙리 베르그송을 비롯한 여러 사람들이 강조했듯이, 고전 물리학에서는 "모든 것이 주어져 있다". 변화는 생성을 거부하는

---

5) 불가역성을 온전하게 설명하기 위한 여러 전략들이 존재한다. 예컨대 어떤 물리학자들은 (거시적 과정들에서 매우 분명하게 나타나는) 시간의 화살에 고유하게 내재해 있는 방향성이 단지 하나의 주관적인 효과(모든 미시적 세부 사항들을 알 수 없는 우리의 무지의 효과)일 뿐이라고 생각한다. 또 다른 물리학자들은 시간의 방향성이란 심리학으로 환원 불가능하며, 그럼에도 하나의 참된 법칙 역시 단지 우발적인 통계적 결과일 뿐이라는 점에서 거부한다. 물리학자인 존 휠러는 이것을 이렇게 파악한다. 진정한 분자적 상호 작용들은 "그것에 비대칭성의 외관을 주는 대수大數의 통계학과 더불어서만 시간대칭적time-symmetric이다." John A. Wheeler, "Time Today", *Physical Origins of Time Asymmetry*, eds. Jonathan J. Halliwell, Juan Perez-Mercader and Wojciech H. Zurek, Cambridge : Cambridge University Press, 1996, p. 1.
일반적으로 말해서 가역적 시간이 가진 오래된 권위는 보존되고 있으며, 고전 열역학의 시간은 물리학 전반의 구조에서 모습을 감추게 되었다. 휠러는 이 점을 다음과 같이 말한다. "시간 제국의 확장은 존재하는 그대로의 인간이라는 개념 위에 두터운 권위의 층을 쌓았다. 태양과 계절의 규칙성들이 최초의 근거를 제공했다. 그 가장 높은 곳에서 뉴턴의 동역학은 좀더 단단한 두번째 층을 세웠다. 그리고 특수 상대성이론이 세번째 판을, 일반 상대성이론이 꼭대기에 마지막 판을 놓았다. 1915년 아인슈타인의 이론이 나온 이후 여전히 표준적인 시공간론은 '시간'이 수단이며 척도라고 설명하고 있다." Ibid., p. 6.

것에 지나지 않고 시간은 그것이 서술하는 변환에 의해 영향을 받지 않는 매개변수일 따름이다. 안정된 세계, 생성의 과정으로부터 벗어난 세계의 이미지는 지금까지도 이론 물리학의 이상형으로서 남아 있다. …… 오늘날 우리는 뉴턴 역학이 우리들의 물리적 경험 중 아주 일부만 설명해 준다는 것을 알고 있다. …… [그러나 상대성이론과 양자물리학은] 뉴턴 물리학의 관념, 즉 정적 우주, 생성 없는 존재의 우주라는 관념을 이어 받았다.[6]

반면에 내가 지금까지 서술했던 들뢰즈의 존재론은 존재 없는 생성의 우주라는 특징을 갖는다. 좀더 정확하게 말해 개별 존재들은 존재하지만 생성, 즉 개체화라는 불가역적 과정의 결과로서만 존재하는 우주를 말한다. 물론 이것은 우연의 일치가 아니다. 왜냐하면 들뢰즈는 고전 과학의 가역적이고 비창조적인 시간성을 가장 극렬하게 비판했던 철학자들(예를 들면 앙리 베르그송)의 영향을 크게 받았기 때문이다. 그렇지만 (내가 이 장에서 재구성하려는 이론인) 들뢰즈의 시간론은 가역성과 불가역성 사이의 충돌을 넘어서고 있다. 들뢰즈 존재론에서 시간의 문제는 공간의 문제와 정확하게 같은 용어로 접근해 갈 필요가 있다. 대칭 파괴적 과정을 통해서 일상적으로 경험하는 친숙하고 분할 가능하며 측정 가능한 시간을 산출했던 비계량적 시간, 시간 연속체에 대해서 생각해 봐야 한다. 특히 이미 동일한 순간들로 분할된 시간 — 이 순간들은 매우 유사하기 때문에 그 흐름은 본질적으로 등질적인 것

---

6) Ilya Prigogine, *From Being to Becoming*, New York: W. H. Freeman, 1980, p. 19.

으로 간주될 수 있을 것이다——의 선형적인 흐름이 존재한다는 것을 당연한 것으로 생각할 수는 없다.

이 장의 첫 부분에서는 외연도적인 시간과 강도적인 시간에 대해 생각하는 데 필요한 기존 성과들을 끌어 들이려 한다. '외연도적'이란 용어는 주어진 외연 즉 지속의 순간들, 그러니까 (진동들의 규칙적인 계열을 만들어 낼 수 있는 모종의 장치를 사용해서) 셀 수 있는 순간들로 이미 분할된 시간-흐름에 적용될 수 있을 것이다. 이 주기적 계열들은 예스러운 시계 장치들에서 또는 (새로운 버전이라 할 수 있을) 원자들의 자연적 진동을 통해서 기계적으로 유지될 수 있겠지만, 어느 경우든 상이한 외연의 주기적 계서들sequences of cycles은 상이한 등급의 시간 간격들(초, 분, 시간, 일)을 측정하는 데 사용된다. 다른 한편 이 생각은 측정 과정으로부터 (시간에 탄생을 부여하는) 과정 그 자체로 외삽外揷될 수 있다.

나는 비선형 물리학자 아서 아이버랄Arthur Iberall이 제시한 이론을 논의할 것이다. 이에 따르면, 우리가 일상적으로 경험하는 측정 가능한 시간-흐름은 사실상 시간을 순간들로 계량화하거나 양화함으로써 얻어 낸 것이다. 아이버랄은, 소립자들의 가장 빠른 진동과 별들이나 기타 천문학적 존재들의 극히 긴 주기 사이에서 시간에 계량 구조를 제공함으로써, 점점 더 긴 시간 간극들에 있어 맥동하는 진동들의 포개진nested 집합을 상상한다.[7] 물론 이 생각은 시간이 고전 물리학의

---

7) Arthur Iberall, *Toward a General Science of Viable Systems*, New York: McGraw-Hill, 1972. 아이버랄의 존재론은 그가 '원자론들'(원자들은 단지 그것의 한 구현일 뿐인 큰 범주)이라 부르는 개체들에 근거하고 있다. 그는 이것들을 일반적으로 자율적이고 비선형

시간과는 다른 것이라는 것, 즉 그 내부에서 일어나는 과정들과 변형들에 의해 영향 받지 않는 것이 아니라는 것을 가정하고 있다.

아이버랄의 이론을 소개하고 또 그것과 들뢰즈의 이론이 어떻게 연관되는가를 보여 주고 나서는 시간의 강도적 특성에 관해 일정 정도 논하는 방향으로 옮겨갈 것이다. 이는 계량적 시간성을 집합적으로 창조하는 안정된 진동자들의 개별화에 연관된다. 나는 비선형 생물학자인 아서 윈프리의 작업을 소개할 것이다. 윈프리는 진동들의 탄생과 소멸을 연구할 수 있는 방법, 좀더 정확히 말해 한 진동에 있어서의 민감점sensitive point ─ 이 점에서 적절한 강도 및 지속을 갖춘 외부적 충격은 그것[진동]을 완전히 제거할 수도 있다 ─ 을 찾아낼 방법을 제시하는 선구적 작업을 행했다. 그는 또한 그 반대의 현상, 즉 어떻게 적절한 강도 및 타이밍의 충격이 자기 보존적인 진동들에 탄생을 가져다주는가에 대해서도 연구했다. 윈프리의 작업이 보여 준 것은 계량적 시간을 구성하는 상이한 규모에서의 진동 계열들을 동일한 순간들로 구성된 것으로 볼 수는 없다는 점이다. 오히려 각각의 계서는 (각각의 강도적 기원을 담고 있는) 특이한 순간들과 보통의 순간들의 분포를 드러낼 것이다. 임계 타이밍, 지속, 그리고 강도에 대한 그의 개념화는 시

적인 진동자들oscillators로 간주한다. 그 비선형성 덕분에 이 원자론들은 상호 작용을 통해 (예컨대 동조entrainment를 통해) 질서를 갖출 수 있는 것으로, 또 좀더 큰 규모에서 연속체를 형성할 수 있는 것으로 보인다. 이 연속체들 또한 그것들을 파편화해서(또는 양화해서) 초-원자론들, 즉 좀더 큰 시공간 규모에서의 개체들을 낳는 대칭 파괴적 분기들을 겪는 것으로 보인다. 아이버랄은 원자론과 연속체의 이러한 교호交互가 어떻게 물리학, 화학, 생물학, 나아가 사회학의 많은 특징들을 설명하는 데 반복적으로 사용될 수 있는가를 상세하게 보여 준다. 다른 한편 그는 또한 이러한 구도가 고전 물리학, 나아가 좀더 중요하게는 양자역학과 얼마나 상이한가를 보여 준다. 양자역학은 양화에 대한 형태발생적 설명을 제공하지 못하기 때문이다.

간의 강도적인 또는 비계량적인 측면들을 정의하는 데 핵심적인 역할을 할 것이다.[8]

외연도적 시간과 강도적 시간

외연도적 시간에의 물음으로부터 시작해 보자. 상이한 시간 간격들의 원환들로 구성되는 포개진 집합은 앞에서 제기한 개체들의 평탄한 존재론을 위해 적절한 시간성의 형식을 제공해 주는 것으로 보일 것이다. 이 존재론에 있어, 개별 유기체들은 종을 구성하는 부분들이다. 개별 세포들이 유기체들 자체의 부분들인 것처럼. 그래서 세포들, 유기체들, 종들은 상이한 공간적 규모에 있어 개체들의 포개진 집합을 형성한다. 그러나 분명 이 개체들 각각은 또한 상이한 시간 간격들에 있어 활동하며, 따라서 이 구도가 완성되기 위해서는 주기들의 포개진 집합과 같은 무엇인가가 필요할 것이다. 다른 한편 종들, 유기체들, 또는

---

[8] 윈프리는 '강도적'이라든가 '비계량적' 같은 용어들을 사용하지 않는다. 그러나 앞 장에서 윈프리의 생물학에 있어 위상학적인 사유를 소개한 적이 있거니와, 그의 생각은 분명 들뢰즈의 그것에 매우 가깝다. 내 용어를 사용해 설명한다면, 비정확한 그러나 엄밀한 접근이 진동들의 탄생과 죽음 — 발산하는 보편성 또는 메커니즘 독립성을 보여 주는 과정 — 에 대한 윈프리의 탐구를 특징 짓고 있다고 말할 수 있다. 윈프리 자신은 다음과 같이 말하고 있다. "연구자들이 함께 노력한 결과 국면 없는 집합들, 국면 특이성들, 시간 결정체들을 비롯한 여러 개념들의 실재성이 굳건하게 확보되었다. 그것들의 생리학적 '의미'는 좀 덜 명료하다. …… 그러나 그러한 결함은 어떤 면에서는 이러한 발견들의 가장 흥미로운 측면이기도 하다. 왜냐하니 그것들에 대한 예측은 하루에-가까운 주기의 생리학이 함축하는 기계론적 토대들에 결코 의존하지 않기 때문이며, 동일한 원리들이 생리학과 생화학의 다른 영역들에 적용될 수 있을 것이기 때문이다. '수학'을 '종이 위에서 굴러가는 상징들'이나 '컴퓨터상에서 흘러가는 숫자들'이라는 통상적인 의미로 이해한다면, 이 원리들은 '수학적'이지 않다. 차라리 그것들은 연속성에 관련된 〔위상학적〕 개념들로서, 관찰되지 않은 생물학적 또는 화학적 사건들을 정확하게 추론하기 위해 다양한 맥락에 있어 충분히 정확하게 사용될 수 있을 것이다." Winfree, *When Time Breaks Down*, pp. 264~265(강조는 인용자).

세포들을 그것들을 단일하게 특성화해 주는 공간적 규모에 입각해 보는 것은 너무 단순화된 관점이다. 이미 말했듯이, 세포와 유기체 사이에서 우리는 다양한 공간적 구조들(조직들, 기관들, 기관계들)이 두 층위를 잇고 있음을 볼 수 있다. 또한 하나의 종은 대개 다양한 생태계에 살고 있는 여러 생식계들로 구성된다. 그리고 각각의 생식계들은 유기체와 종이라는 두 층위 사이의 중간 층위에서 활동하는 개체들을 구성한다.

유사한 점이 시간 간격들에도 적용되는 바, 하나의 개체는 대개 시간 간격들의 스펙트럼을 드러낸다. 예컨대 많은 개별 유기체들은 자신들의 시간 간격들(잠듦-깨어남 주기) 중 하나를 수립해 주는 내적인 시계들을 갖추고 있지만, 또한 한 달 간격의, 한 해 간격의, 심지어 그보다 더 긴 간격(예컨대 성적 성숙을 획득하는 데 필요한 시간의 길이, 즉 생식 주기)까지도 갖추고 있다. 유기체들은 또한 좀더 짧은 주기들도 갖추고 있는데, 이 주기들은 숨쉬기, 씹기, 자리 옮기기처럼 리듬을 타는 행동들의 여러 유형들을 보여 준다. 이것은 현실적 시간이 주기들의 단순한 포개짐이 아니라 개체성의 각 층위와 연계되어 있는 다양한 시간 간격들 사이에서의 오버랩들을 포함한다는 것을 의미한다. 그러나 현재의 맥락에서는 시간 간격들의 좀더 단순한 정위定位를 가정하는 것이 보다 적절할 듯하다. 이를 위해 우리는 관례에 따라 각각의 개체적 수준에 특별히 두드러진 시간 간격을 부여할 수 있다. 예컨대 개체들의 동일성 유지를 측정하는 주기를 들 수 있다. 이것은 한 유기체 내의 모든 (또는 대부분의) 개별 세포들이 그 유기체의 동일성을 해치지 않는 한에서 새로운 것들로 완전히 대체되기에 이르는 시간 길이, 또는 한 종을 구성하는 모든 개별 유기체들이 죽고 새로운 개별 유기체들이 그들의 자리를 이어받음으로써 그 종의 동일성(의 연속성)을 보존하게 되는 시간 길이이다. 주기들의 이 단순화된, 포개진 집합은 외연적 또는 현실적 시간에 대한 나의 작업 모형이라 할 수 있다. 이제 물음은 이 계량적 시간성이 계량공간의 경우와 같은 방식으로 설명될 수 있을 것인가, 즉 대칭 파괴적 사건의 산물로서 설명될 수 있을 것인가 하는 것이다.

사실 비선형 동역학은 자연발생적인 파괴된 대칭성을 통해 시간의 양화와 계량화에 자연스럽게 접근할 수 있게 해준다. 특히 충분히 연구된 분기, 이른바 호프 분기Hopf bifurcation가 있다. 이 분기는 안정된 상태 끌개를 주기 끌개로 전환시킨다.[9] 이 분기가 어떤 의미에서 파괴된 시간 대칭성을 함축하는가를 보기 위해 우리는 공간적 유비를 사용할 수 있다. 앞에서 말했듯이, 기체 상태로부터 결정체 상태로의 상전이는 공간적 변위 하에서의 불변성 상실을 잘 보여 주는 예이다. 기체에 있어 공간적 분포의 패턴이 기본적으로는 모든 변위들에 대해 동일한 것으로 머무는 반면(우리가 기체를 무한히 큰 실린더 안에 놓아두는 경우를 상상한다면), 결정체들의 규칙적인 배열은 이 불변성을 얼마간 잃어버리며 어떤 변위들(개별 결정체들의 길이에 또는 그 길이의 배수倍數들에 합치되는 변위)에 있어서만 외관상 불변인 것으로 머문다. 유사하게, 안정된 상태 끌개에 붙잡혀 있는 한 과정의 시간 분포는 모든 시간 변위들time displacements에 대해 불변성을 보여 주지만, 호

---

9) Stewart and Golubitsky, *Fearful Symmetry*, pp. 66~67.

프 분기 이후에는 그 주기의 시간대(또는 지속)의 배수에 의한 변위들만이 시간 분포를 변동시키지 않으며 다른 모든 것들은 본래의 것에 비해 국면을 벗어나 버린 주기들의 계열을 만들어 낸다. 프리고진과 니콜리스가 말하듯이, "균일한 안정된 상태의 지배 하에서" 하나의 과정은 "…… 시간을 무시한다. 그러나 일단 주기적인 지배 하에 들어서면 주기적 운동의 국면에 있어 시간을 갑자기 '발견한다'. …… 우리는 이것을 시간 대칭의 파괴라고 부른다."[10]

고전 물리학이나 상대성이론에서 가장 빈번하게 나타나는 선형 진동자들과는 달리, 호프 분기로부터 생겨나는 비선형 진동자는 특징적인 주기(와 진폭)를 보여 준다. 대조적으로 (흔히 사인 곡선의 진동자들로서 모형화되는) 선형적 진동자들의 주기들과 진폭들은 일정하지 않아서 그 초기 조건들의 우발적인 세부 사항들에 의존한다.[11] 아서 아이버랄은 외부 제약들에 의존하지 않는 자체 내적인 시간 간격이라는 생각을 그의 시간 양화 이론의 기초로서 사용한다. 그가 말하듯이, 그러한 이론은

> 지속적인 사인 곡선 진동자들과 달리 시간 속에서 펼쳐지는 펄스 계열들의 수학에 근거해야 한다. 기본 아이디어는 다음과 같다. 실재하는 이 우주에 정위되어 있는 비선형계에서, 행동의 각 펄스는 그것의 과거로부터의 새로운 창조로서 출현한다. 그 행동의 반복적인 질을 확보해 주

---

10) Nicolis and Prigogine, *Exploring Complexity*, p. 21.
11) Ibid., p. 103.

는 것은 [일차적으로 호프 분기를 야기한] 국소 환경에서 지속되는 선형적 불안정성이다. 반면 이상화되어 있고 손실이 없는[보존적인] 선형적인 동시계isochronous system에서는 (그것에 독특한, 지속적인 사인 곡선 진동과 더불어) 행동의 인과는 끝이 없는 과거에 그리고 끝나지 않을 미래에 어쩔 수 없이 얽매일 것이다.[12]

아이버랄은 이렇게 주장한다. 비선형 진동자들이 특징적인 시간 크기를 가지고 있다 할 때 (원자 진동자들의 아주 짧은 크기에서 생물학적 진동자들의 중간 크기까지, 또 별들이나 다른 천체들의 아주 긴 생명 주기에 이르기까지) 우리는 그것들을 여러 층위들이 포개진 집합을 형성하는 것으로 볼 수도 있다. 이렇게 정위된 집합은 "펄스 단위로 펼쳐지는 시간"을 확보해 준다. …… 시간은 모든 수준의 유기체에게 통용되는 보편적인 단위가 아니다. 하지만 층위들은 서로의 안에서 포개지고, 일정한 한계 내에서이지만 서로를 참조할 수 있다referable."[13] 다시 말해 시간이 이미 양자화量子化된 흐름(균일하게 분할되는 동일한 순간들)으로 존재한다고 가정하기보다는, 상이한 규모의 진동들이 서로에게서 자리를 잡은[서로를 참조하는] 집합을 이용해서 이런 계량화된 계를 설명해야 한다. 어떤 의미에서, 각각의 진동은 계량적 시간의 펄스를 '종합'하고, 이러한 펄스가 많이 포개진 계열들은 우리 인간이 다양한 정확한 시계들을 사용해서 측정할 수 있는 친숙한 시간 형식을 산출한

---

12) Iberall, *Toward a General Science of Viable Systems*, p. 153.
13) Ibid., p. 161.

다. 이러한 시간 개념은 들뢰즈의 시간 개념과 아주 비슷하다. 즉 각각의 행동 펄스가 '현재'(원자적, 생물학적, 그리고 우주적 진동자들의 '생생한 현재')의 종합을 구성하는데, 여기서 종합이란 인접한 과거와 미래를 생생한 현재로 수축收縮함으로써 작동한다. 들뢰즈는 이러한 계량적 또는 외연도적 시간을 '크로노스'라는 이름으로 부른다.

> 크로노스와 일치해 시간에는 현재만이 실존한다. 과거, 현재, 그리고 미래는 시간의 세 가지 차원이 아니다. 현재만이 시간을 채운다. 과거와 미래는 시간 안에서 현재와 관련되어 있는 두 차원이다. 다시 말해 어떤 현재(어떤 외연 혹은 지속)와 관계하고 있는 어떤 미래 혹은 과거도 더 큰 외연 혹은 지속을 가지고 있는 더 광대한 현재에 속하는 것이다. 과거와 미래를 빨아들이는 더 광대한 현재가 항상 존재한다. 그러므로 현재에 관련해서의 과거와 미래의 상대성은 서로 관련되어 있는 현재들 자체의 상대성을 귀결시킨다. …… 크로노스는 일종의 용기容器, 상대적인 현재들이 쟁여 있는 것 …… 이다.[14]

각각의 주기가 어떤 의미에서 과거나 미래가 아니라 오직 현재만을 구성하는지 설명해 보자. 특정한 크기에 해당하는 진동자가 있다면, 그러한 존재에 바로 인접한 과거와 미래는 (예컨대 지질학이나 천체역학의 층위에서처럼) 또한 더 긴 시간 규모에서 작동하는 진동자의 살아 있는 현재의 일부일 것이다. 반대로, 생물학적 진동자처럼 최소

---

14) Deleuze, *Logic of Sense*, p. 162.

의 생생한 현재도 이미 원자나 아원자subatom 크기에서 작동하는 진동자들에 연관된 많은 과거와 미래 사건을 포함하고 있다. 그래서 계량적이고 외연도적인 시간은 근본적으로 주기적인 성격을 띠게 되며 "현재들이 엮이기만 하면 언제라도 구성될 것"이다.[15] 여기서 '생생한 현재'라는 언급이 있기는 하지만 이런 식의 시간에 대한 설명은 심리학적 시간과는 아무런 관련이 없다는 것을 강조해야만 한다. 들뢰즈가 인접한 과거와 미래의 응축을 통한 현재의 종합이라는 이론을 여러 차례 심리학적 이론으로 제시한 것은 사실이지만, 그것은 단순히 이론을 제시하기 위한 편의의 문제일 뿐이지 그의 설명에서 근본적인 차원의 문제는 아니다.[16]

중요한 것은 주관적인 경험이 아니라 진동자들의 객관적인 시간 규모scale라는 생각은 상대성이론에서 나온 잘 알려진 사례(가끔씩 잘

---

15) Deleuze, *Logic of Sense*, p. 62.
16) Deleuze, *Difference and Repetition*, pp. 70~71. 여기에서 분명 들뢰즈는, 흄을 따라서, 현재를 종합하는 이 수축을 정신의 능력으로서 제시하고 있다. 즉 과거를 보존하고retains 미래를 예기하는anticipates 응시 또는 상상[이미지작용]의 수축하는 힘을 논하고 있다. 그러나 조금 뒤에서 그는 "우리는 수축된 물, 흙, 빛, 공기로 만들어져 있다──이것들의 재인 혹은 표상 이전일 뿐만 아니라 그것들이 감각되기도 이전에"라고 말하고 있다. Ibid., p. 73. 순수하게 심리학적인 해석의 테두리 내에서라면 명백히 이 언급은 넌센스이다. 그러나 이 수축을 독특한 시간 규모를 가진 신진대사의 주기를 포함하는 것으로서 생각한다면 얼마든지 의미를 가진다. 그는 습관들(또는 반복적인, 습관적인 행동의 수축)에도 유사한 종합력을 부여하거니와, 다시 이것은 인간의 습관들에만이 아니라 모든 규모에서의 어떤 반복적인, 주기적인 행동에도 적용된다. "심장에도, 근육, 신경, 세포에도 각각의 영혼이 부여되어야 한다. 그러나 이 영혼은 하나의 습관을 수축하는 것을 유일한 기능으로 하는 응시하는 영혼이다. 이것은 신비주의적인 또는 원시적인 가설이 아니다. 반대로 여기에서 습관은 그것의 일반성을 충분히 드러낸다. 그것은 우리가 (심리학적으로) 가지고 있는 감각-운동적 습관들만이 아니라 그 이전에 우리 자신인that we are 원초적 습관들의 문제이기도 하다. 수많은 수동적 종합들, 우리들은 그것들로 유기적으로 구성되어 있다." Ibid., p. 74(강조는 인용자).

못된 심리학적 해석 때문에 혼란을 초래했던 사례)와 함께 더 설명되어야 할 것이다. 이 사례에서는 두 쌍의 쌍둥이를 고찰한다. 한 명은 지구에 남아 있고 다른 한 명은 빛에 가까운 속도의 우주선을 타고 여행을 하고 있다. 우주선에 타고 있는 쪽이 지구에 남아 있던 쪽보다 훨씬 덜 나이를 먹을 것이라는 상대성이론의 결론은 두 상황의 차이가 주관적인 관습의 문제일 뿐이라는 이유로 도전받아 왔다. 우주선에 타고 있던 쌍둥이가 지구에 있던 쌍둥이에 대해 앞으로 움직였다고 말할 수 있다면, 우주선을 준거틀로 해서 우주선에 대해 뒤로 움직이고 있는 것은 바로 지구라고도 말할 수 있다는 것이다. 이 경우 이 상황은 엄밀하게 말하면 대칭적이라 해야 한다. 이런 대칭성이 주어진다면 시간의 수축은, 서로에게서 멀어져 가는 관찰자들이 서로 상대방의 크기가 작아지는 것으로 착각하는 것과 마찬가지로, 일종의 환영인 것이다.[17] 물론 이런 결론은 잘못이다. 철학자 한스 라이헨바흐Hans Reichenbach가 오래 전에 주장했듯이, 두 쌍둥이가 처한 상황은 대칭적이지 않다. 하지만 이 점을 이해하기 위해서는 관찰자의 심리학적 시간을 넘어서 관찰자를 구성하고 있는 진동자들의 시간 크기로 가야 한다. 그러한 진동자에는 세포 크기에서 물질대사 주기를 정의하는 생물학적 진동자는 물론이거니와 세포 그 자체가 만들어지는 원자적 진동자들도 포

---

17) 쌍둥이 경우의 시간 수축에 관련한 상대성이론의 결론을 논박했던 철학자는 물론 앙리 베르그송이다. 베르그송은 두 쌍둥이의 경우가 대칭적이라고, 또는 그의 말처럼 (서로 상대방을 보면서 서로의 거리가 점점 가까워지고 있음을 보는 두 관찰자의 경우처럼) 순수한 '관점의 효과'라고 가정했던 점에서 오류를 범했다. 앙드레 메츠André Metz의 비판에 대한 베르그송의 응답으로는 다음을 보라. Bergson, "Fictitious Time and Real Time", *Bergson and the Evolution of Physics*, ed. P. A. Y. Gunter, Knoxville: University of Tennessee Press, 1969, pp. 169~171.

함된다. 지구에 남아 있던 쌍둥이의 경우에서가 아니라 노화 과정을 늦추고 지체하면서 빨리 움직이고 있는 쌍둥이의 경우에서 객관적으로 영향을 받는 것은 바로 이런 진동자들이다.[18]

특정한 진동자의 '생생한 현재'를 어떤 의미에서 언급할 수 있는지를 더 잘 설명해 주는 방법은 한편으로는 객관적인 시간 규모들 사이의 관계를 통해서이고 다른 한편으로는 영향을 주고받는 결과적인 능력[수용력]을 통해서이다. 2장에서 하나의 개체가 다른 개체를 허용할 수 있는 것은 그것들의 상대적인 공간 크기에 좌우될 수도 있다고 말한 바 있다. 즉 호수의 표면은 걸어다니는 매체로서 작은 곤충들을

이 논문집은 이 문제에 관련된 여러 글들을 모아 놓고 있으며, 베르그송과 아인슈타인의 직접 의견 교환도 담고 있다. 만일 상대성이론에 대한 베르그송의 과도하게 심리학적인 해석에 초점을 맞춘다면, 그가 이 토론에서 패배했다는 점은 분명하다. 반면 그가 계량화된 시간을 비계량적인, 잠재적인 시간으로부터 창발하는 것으로 설명할 필요를 제기한 것이라면, 토론의 결과는 분명하지가 않다. 이것은 들뢰즈 자신의 해석이다. 그는 베르그송이 아인슈타인을 비판한 이유는 현실적인 것과 잠재적인 것 사이의 차이, 계량적 다양체들과 비계량적 다양체들 사이의 차이를 간과한 점을 겨냥한 것이라고 본다. "그래서 베르그송은 두 가지의 매우 상이한 다양체, 질적이고 융합적이고fusional 연속적인 다양체와 수적이고 등질적이고 이산적인 다양체를 구분하는 데에 빛을 던져 주고 있다. …… 상대성이론의 문제에 대한 베르그송과 아인슈타인 사이의 대립은 그것을 (베르그송에 의해 변형된) 리만 다양체들의 기본적인 이론이라는 맥락에 놓지 않고 본다면 이해 불가능하다." Deleuze and Guattari, *A Thousand Plateaus*, p. 484. 또한 Deleuze, *Bergsonism*, ch. 4도 참조하라.

18) Hans Reichenbach, *The Philosophy of Space and Time*, New York: Dover, 1958, p. 194[『시간과 공간의 철학』, 이정우 옮김, 서광사, 1986]. 비선형적이고 상대성이론적인 물리학에서 등장하는 시간들 사이의 관계에 대한 검토는 이 책의 범위를 넘어선다. 그러나 두 가지의 결론은 보다 직접적으로 도출된다. 첫째, 둘 사이에 양립 불가능성은 존재하지 않는다는 것이며, 분명 비선형 이론은 상대성의 설명에서 사용된 진동자들(시계들, 전자기적 진동들)의 출현에 대한 (호프 분기와 같은 개념들을 매개한) 형태발생적 설명을 제시함으로써 상대성이론을 보완해 준다. 반면, 계량적 시간이 출현한다는 것을, 즉 상이한 규모에서 작동하는 진동자들은 문자 그대로 시간을 양자화한다는 것을 깨닫게 될 경우, 빛의 속도에 가까운 속도에서의 시간의 응축shrinkage은 직관에 좀 덜 반하게 된다(내재적인 메트릭[계량]과 대립하는 창발적인 메트릭이—그 불변의 성질들 중 어떤 것들은 보존하지 않는—강도적인 변환들에 복속되는 것으로서 보다 쉽게 시각화된다).

허용하지만 커다란 포유동물들은 허용하지 않는다. 시간 규모의 각 수준은 그 수준에서 진동자들이 상관적인relevant 변화로서 '지각'하는 것을 정의한다. 즉 어떤 주기들은 더 빠른 수준에 비해 단순히 너무 느려서 변화하거나 움직이는 것처럼 보이지 않지만, 역으로 어떤 진동들은 너무 빨라서 더 긴 시간 규모에서 작동하는 진동자들에 비한다면 아예 무시될 수 있을 정도이다. 주관적인 인간의 시간 즉 경험된 지속을 동반하는 심리학적으로 체험된 현재는, 이런 해석을 통한다면, 진동자의 허용치들affordances 사이에서의 상호 상관성mutual relevance이라는 이 객관적인 관계들의 특정한 사례가 될 것이다. 사실 이 관점을 일반화해서 주기적이라고 할 수 없는 물리적 현상들까지도 담아낼 수 있다. 이런 주장에서 중요한 것은, 시간 규모들을 순환적인 끌개들의 고유한 주기라는 관점에서 생각하든 아니면 더 일반적으로 어떤 종류의 끌개들과도 연관되어 있는 이완의 시간relaxation time이라는 관점에서 생각하든, 특징적인 시간 규모의 현존이다.

이완 시간의 의미를 보여 주는 사례는 공학자들이 '전이적 행동' transient behavior이라고 부르는 것을 실행시킨 이후에 비율 전송기 ratio transmitter가 안정된 주기 상태를 정착시키는 데 걸리는 시간이다. 이러한 과도적인 것들은 많은 현상에서도 발생하고 각 경우마다 특정한 시간 크기를 나타낸다.[19] 상태공간의 용어로 이것은 다음과 같

---

19) 근본적인 물음들을 신중하게 검토하면서 철학자 로렌스 스클라는 다음 사실을 드러내 주었다: 통계역학의 정초에 있어, 시간 대칭적인 미시적 법칙들로부터 열역학 계의 시간 비대칭적인 거시적 행동을 이끌어낼 필요 외에도 두 가지의 부가적인 근본 물음이 존재한다. 그 하나는 한 계의 최종적인 평형 상태는 분명 그것의 초기 상태 및 그 후의 다른 중간 상태들에 대해 하나의 끌개라는 점이고, 다른 하나는 수학적 모델에서의 평형에의 접

이 설명될 수 있다. 이미 논했듯이, 끌기의 특정한 '장' 안에 있는 모든 궤도들은 결정론적인 방식으로 끌개로 이끌릴 것이다. 일단 거기에서 궤도들은 일시적으로 외적 충격에 의해 끌개로부터 벗어날 수도 있지만 그 충격이 궤도들을 '장'에서 몰아낼 만큼 강력하지 않은 한 다시 끌개로 되돌아올 것이다. 이 경우 궤도가 자신의 끌개로 되돌아오는 데 걸린 시간이 그 궤도의 이완 시간이 된다.

이완의 시간이 허용치들의 문제와 어떤 식으로 연관되는지는 아이버랄에게서 빌려온 사례를 가지고 설명될 수 있다. 일반적으로 '유리'라고 불리는 단단한 물질은 그것에 상당하는 다른 결정체들과는 달리 액체 상태로부터 잘 정의된 상전이를 갖지 않는다. 어떤 의미에서 유리는 '정지된 액체'이다. 즉 유리는 액체가 보여 주는 무형의 공간적 분자 배열을 함유하지만 [액체보다] 훨씬 느리게 흘러간다. 거칠게 말해, 유리와 액체 상태 사이의 차이는 이완 시간들에 의해 결정될 수 있다. 이완 시간들이 유리에 대해서는 상대적으로 길고 액체들에 대해

근이 함축하는 시간 규모들은 실험실에서 관찰된 시간 규모들을 반영한다는 것이다. 스클라는 이 두 가지 물음이 평형 열역학에 있어 열린 문제들임을 논증한다. 즉 물리학자들은 평형 상태들이 끌어당긴다는 점을 아직 엄밀하게 증명하지 못했으며, 또 이완의 시간이 왜 특징적인 규모를 보여 주는가를 설명하지도 못했다. Sklar, *Physics and Chance*, pp. 156~158, p. 189, 그리고 p. 216을 보라.
그러나 스클라는 이 두 가지 열린 문제는 모두 평형에서 멀리 떨어진 열역학에서 (온전히 해결된 것은 아닐지라도 적어도) 좀더 정확한 공식화를 제시했다는 점을 언급하지 않고 있다. 끌개들이 없는 보존적인 계들에서는 최종 평형 상태의 접근선적인 안정성은 특별한 설명을 요한다. 그러나 이 분야[평형에서 멀리 떨어진 열역학]에서는 한 특수한 상태로의 접근선적인 접근을 모델의 통합적인 부분으로서 얻을 수 있다. 유사한 점이 이완의 시간들에도 적용된다. 보존적인 계에서와는 달리, 보존적이지 않은 계들에서는 하나의 설명을 얻을 수 있다. 이것은 끌기의 '장'에 의해 덮인 '구역' area — 모델의 통합적인 부분 — 을 통해 가능하다. 스클라는 프리고진의 작업을 일정 정도 논하고 있기는 하나, 여기에서 제기된 특수한 점들은 놓치고 있다. Ibid., pp. 269~276.

서는 상대적으로 짧은 것이다.

아이버랄은 특정한 물체가 지정된 관찰자에게 고체로 보이는지 아니면 액체로 보이는지의 여부는, 충분하게 긴 관찰 시간 동안에는 관찰자에게 유리가 흐르는 액체로 보일 것이라는 의미에서, 이완 시간과 관찰 시간 사이의 비에 따라 좌우될 것이라고 주장한다.[20] 이 설명에 관찰자가 포함되어 있기에 어떤 심리학적 논의가 진행되고 있다는 잘못된 인상을 심어 줄 수도 있지만, 이런 인상은 '관찰'이 '상호 작용' 가운데 특정한 한 순간일 뿐임을 깨달을 때 눈 녹듯 사라진다. 다시 말해 여기에서 중요한 것은 상호 작용 시간에 대한 이완 시간의 비율이며, 이 비율은 인간 관찰자를 포함치 않고도 충분히 정의될 수 있다. 특히 우리는 액체와 유리를 상호 작용하게 할 수 있고, 유리가 액체에 비해 얼마나 단단하게 '보이는지' 그리고 그 반대도 마찬가지인지 말할 수 있다. 유리는, 액체와의 상호 작용의 규모에 비례해 긴 이완 시간의 규모를 가지기에, 예컨대 액체의 흐름을 방해하는 고체로서 또는 액체로 하여금 따라 흘러갈 수 있는 고체로서 행동한다. 이 또한 허용의 문제이다. 반면 흐르는 액체는 유리에 부식을 허용할 것이다. 요컨대 어떤 수용력들 때문에 유리가 액체에 의해 영향을 주고받는지는 그것들의 상대적인 시간 규모, 평형 상태로 향하는 이완 시간의 길이에 좌우될 것이다.

시간적 규모에 관한 허용치들의 객관적인 상대성은 그것들을 특

---

[20] 아이버랄은 이 문제를 좀더 전문적인 용어들로, 예컨대 내적 양태들의 이완 시간을 정의하기 위해 필요한 "전체 점도bulk viscosity", "전체 계수bulk modulus" 같은 용어들을 동원해 논의한다. 이 대목은 본 저작의 범위를 넘어서는 것으로서 여기에서 논하지는 않겠지만, 내 생각에 그의 기본 주장은 이 단순화된 예를 통해서도 제시될 수 있다고 본다. 다음을 보라. Iberall, *Toward a General Science of Viable Systems*, pp. 122~126.

정한 개체의 '생생한 현재'를 정의해 줄 수 있는 이상적인 후보로 만들어 준다(여기에서 '생생한 현재'란 개체가 그것과 상호 작용하는 다른 개체들에 상관적인 수용력으로서 그 자신의 시간 규모 내에서 '지각' 하는 것을 뜻한다). 들뢰즈가 무기물들도 "생생한 경험을 갖는다"고 문자 그대로의 의미에서 확언한 것은 바로 이런 의미에서이다.[21]

이 부분의 중요한 결론을 정리해 보자. 물질적 과정과 에너지 과정은 이완 시간을 통해서든 아니면 (이 장의 나머지 부분에서 내가 설명할) 비선형 진동들의 고유한 주기를 통해서든, 특정한 시간 규모를 소유함으로써, 시간에 계량적이고 측정 가능한 형태를 부여한다. 이러한 결론을 들뢰즈 식으로 말하자면, 이런 식으로 끼워 넣어진(쟁여진) 시간 규모들 모두에 있어 현재는 "순환적이며, 신체들의 운동을 측정하며, 그것을 제한하고 채워 넣는 물질에 의존한다."[22]

---

[21] "…… 물체들 사이의 상호 작용은 하나의 감수성을, 원-지각가능성 및 원-감응성을 조건 짓는다. …… '지각' 이라 불리는 것은 더 이상 하나의 사태이기보다는 다른 물체에 의해 유도된 것으로서의 물체의 상태가 되며, 감응은 다른 물체들의 작용을 통한 포텐셜-역능의 증가 또는 감소로서 이 상태로부터 다른 상태로의 이행이다. …… 사물들은 살아 있지 않을 때에도, 달리 말해 무기물일 때에도 생생한 경험을 가지는데, 이것은 그것들이 지각작용들이자 감응들이기 때문이다." Deleuze and Guattari, *What Is Philosophy?*, p. 154(강조는 인용자).

들뢰즈는 다른 곳에서 이 점을 좀더 분명하게 밝힌다. 앞에서 보았듯이, 세계의 현실화는 자기조직화(교류 세포들, 또는 배아세포들의 이동과 접힘 등)의 강도적인 과정들에 의존한다. 들뢰즈는 이런 현상들을 '시공간적 역동성들' 이라 부르며, 다음과 같이 말한다. "현실화는 세 계열에서 성립한다: 공간, 시간, 그리고 또한 의식. 모든 시공간적 역동성은 그 자체 방향들, 이중체들, 운동들, 이동들을 추적하는 초보적인 의식의 출현을 동반한다. 그리고 물체 또는 (그것의 의식인) 대상의 응축된 특이성들의 문턱에서 태어난다." Deleuze, *Difference and Repetition*, p. 220.

[22] Deleuze, *Logic of Sense*, p. 62.

강도적 시간의 양상들

들뢰즈의 존재론에서 외연도적 시간이 어떻게 생각되어야 하는지를 대강 살펴보았으므로, 이제 논의를 시간성의 강도적 양상들에 대해서 생각하는 데 필요한 관념들의 방향으로 이동시키고자 한다. 이 책에서 강도의 문제는 대부분 개체발생의 문제와 관련되어 있다. 시간을 양자화하는 비선형 진동자의 경우, 이미 언급했듯이 아서 윈프리의 실험적이고 이론적인 연구가 진동의 탄생과 사멸에 포함되어 있는 강도적 성질들을 탐험할 수단을 제공해 준다. 윈프리의 가장 유명한 연구는 생물학적 진동자들의 개체군들(예컨대 초파리 혹은 모기들의 내적 시계들)을 다룬다. 그는 개체군들을 그들의 환경으로부터 떼어 내어, 상이한 시점, 지속, 그리고 강도의 충격에 어떻게 반응하는지에 대해 적절한 실험을 수행한다. 기본적으로 윈프리가 얻어 낸 중요한 결과는 특이하고 예민한 순간에 적용된 특이하고 임계적인 자극들이 유기체들의 자고 깨는 주기에 파괴적인 영향을 미쳤다는 것이며, 그 결과 예컨대 모기 개체군들이 영구적인 불면증에 걸렸다는 것이다.[23] 자극 그 자체는 파괴적인 충격으로 작용하려면 적당한 지속과 강도를 필요로 하지만, 결국 자극은 진동 소멸의 직접 원인이 아니라 발단(시초, 방아쇠)일 뿐이다. 충격이 초래하게 될 영향은 진동자 자체의 내적이고 강도적인 구조에 좌우될 것이다.

예컨대, 진동이 안정된 정상 상태의 끌개(윈프리가 '블랙홀'이라고 부른 것)를 가지고 있는 주기적인 끌개에 의해 지배된다면, 임계치의

---

23) Winfree, *When Time Breaks Down*, p. 22.

자극은 진동을 완전히 사라지게 할 것이다.[24] 다른 한편 자극의 결과는 만일 주기적 끌개가 상相-특이성phase singularity에 묶여 있는 상태들의 집합('상 없는 집합'이라고 불린다)과 연관되어 있다면, 정상 상태의 비시간적 행동이 아닐 수 있으며 오히려 불규칙적이고arrythmatic 모호한 시간을 보여 주는 행동일 수 있다.[25] 진동의 소멸과 연관된 이러한 결과들에 덧붙여 윈프리는 애초에 무엇이 이런 진동들을 낳는가라는 보완적인 문제도 연구했다. 기본적으로, 그는 실험의 조건들을 바꿔 줌으로써 파괴적인 자극들을 생산하는conjuring 자극으로, 즉 진동을 창조해 낼 수도 있는 임계치의 충격으로 변환시킬 수 있다는 것을 발견했다(이 경우 상-특이성은 시간 구조들을 조직하는 중심이 된다).[26] 윈프리가 밝혀 낸 결과들은 우리가 발견해 낸 많은 특질들이 강도적 과정들을, 특히 메커니즘과 무관한 경향들을 특성화해 준다는 것을 보여 준다. 예컨대 임계 충격에 의해 소멸되는 경향은 신경계를 가지고 있는 동물들의 시간적 행위에 제한되지 않으며, 효모 세포들에서 무기 화학 반응에 이르는 훨씬 더 간단한 진동자들의 행위에 의해서도 드러난다.[27]

---

24) Leon Glass and Michael C. Mackey, *From Clocks to Chaos: The Rhythms of Life*, Princeton: Princeton University Press, 1988, p. 94. 이 텍스트는 윈프리의 작업에 대한 토론을 포함하고 있으며, 블랙홀에 관련된 참고문헌들이 실려 있다.
25) Winfree, *When Time Breaks Down*, p. 99.
26) Ibid., ch. 7~8.
27) "상당히 다양한 문맥들에서 우리는 동일한 역설적인 존재를, 즉 상-특이성이라 불리는 부동의, 무시간적인 조직화의 중심을 거듭거듭 발견하게 된다. 이것은 다른 경우라면 일반적일 리듬이 애매함 속으로 흩어져 버리게 되는 장소이다──24시간역時間域들이 수렴하고 태양은 단지 지평을 빙빙 돌 뿐인 남극처럼." Ibid., p. 5. "우리의 [위상학적인] 추론들은 적응-가들adaptive values, 분자적 메커니즘들, 또는 중성적 경로들에 대한 사변을 거

진동자들에 대한 윈프리의 연구가 보여 주는 다른 측면들은 강도적인 것의 또 다른 특징을 드러낸다. 비선형 진동자들이 서로의 시간적 행위를 동시화(同時化, synchronize) 또는 동조화(同調化, entrain)하는 능력이 그것이다. 2장에서 '강도적인 것'의 정의는 확장되어서 수용력〔감응력〕, 그 중에서도 특히 개체가 그 자신과는 아주 다른〔이질적인〕 개체들과 함께 배치를 형성하는 능력을 포함한다는 점을 보았다. 개체의 내부(그것을 구성하는 더 낮은 단계의 개체들 사이에서의 상호 작용)를 지시하는 (창발적 성질들로서의) 양적 속성들이나 질적 속성들과는 달리, 확장된 의미에서의 강도적 속성은 들뢰즈의 말처럼 "이질성에 있어서의 배치 만들기를 도와 줄 적실한 외부"를 지칭한다.[28] 서로의 시간적 행위를 동조화하는 비선형 진동자들의 능력은 강도적인 것의 이런 또 다른 양상을 보여 주는 특히나 인상 깊은 사례인데, 예컨대 생물학적 진동자들로 하여금 자신들의 자고-깸 주기를 (행성의 낮-밤 주기와 같은) 그들 외부의 주기들에 동시화할 수 있도록 해준다. 윈프리가 상세하게 연구한 또 하나의 현상은 동조 현상이다. 이는 부분적으로는 자극들을 소거시키는 효과들을 연구하는 과정에서 그것〔동조〕을 우연한 사고happening로부터 보호할 필요가 있어서였다. 모기와 초파리 개체

의 포함하지 않는다. 그러나 그것들은 우리를 어떤 이상한 것이 일어나게 되어 있는 실험적 조건에 좀더 날카롭게 초점을 맞출 수 있게 해준다. 형태변이하는 파리들이 새롭게 부화한 알의 무시간적인 조건으로 되돌아가는 것, 모기들에 있어 항구적인 불면증, 다른 경우라면 완벽하게 건강하고 힘 있을 심장근육에 있어 리듬 맞추기pacemaking에서의 갑작스러운 중지, 전기적으로 리듬을 갖춘 조직tissue에 있어 부정맥不整脈의 소용돌이 중심들, 그 주변에 반응들을 연쇄적으로 보내는, 화학적으로 무시간적인 회전자들rotors, 그리고 3차원의 조직화 중심에 위상학적으로 잠겨 있는locked 이동하는 시간 패턴들로 구성된 화학시계들." Ibid., p. 254(강조는 인용자).
28) Deleuze and Guattari, *A Thousand Plateaus*, p. 24(강조는 인용자).

군들이 지구 자전의 효과들로부터 분리되기만 하면, 그것들의 내적인 시계는 그 자체 내의 지속 혹은 주기를 보여 줄 것이다. 이 주기는 모기들의 23시간으로부터 인간의 25시간까지 동물들에 따라 바뀐다. 이 점이 이 시계들에 주어진 "circadian"이라는 이름을 설명해 주는데, 이것은 "하루 길이에 가까운"이라는 뜻이다.

격리된 상태만 아니라면, 이 하루에-가까운 시계들은 24시간이라는 행성 자체의 자전 주기와 동조화된다. 이는 (분명한 적응적 가치를 동반하는) 동시화 능력인데, 그것을 통해 내적 리듬들과 계절에 따라 바뀌는 하루 길이들이 유연하게 좌표화될 수 있기 때문이다. 동조 덕분에 생물학적 진동자들은 그것들이 속해 있는 외적인 환경의 매일의 그리고 계절적인 리듬과 더불어 이질성의 배치를 짜거나 형성할 수 있다. 동조는 자극 독립성과 메커니즘 독립성 같은 강도적 과정의 전형적인 특성을 보여 준다. 시간적 행동의 동시화는 시각적, 화학적, 혹은 기계적인 (상대적으로 약한) 짝짓기 신호들에 의해 야기되는caused 것이 아니라 차라리 촉발된다triggered. 자극들로 작용하는 신호들의 엄밀한 본성은 강도만큼 중요한 것은 아니다. 이런 신호들은 힘의 임계치에서 유지되어야만 하고, 그렇지 않으면 동시화 작용은 갑자기 멈출 것이다.[29] 마찬가지의 무차이[본성의 비중요성]가 진동 운동에서도 드러난다. 동조는 레이저 빛의 흔들리는 구성 요소들처럼 순전히 물리

---

29) "상호 동시화 이론의 보다 강력하고 놀라운 예측들 중 하나는 그것이 임계상의 결합력 하에서는 갑작스럽게 떨어지리라는 것이다. 앨드리지John Aldridge와 파이E. Kendall Pye는 효모를 가지고서 실험한 결과 정확히 다음 결과를 얻었다: 세포들이 지름의 스무 배 이상 떨어지게 될 때, 그것들의 집단적인 리듬의 폭은 갑작스럽게 떨어진다." Winfree, *Biological Clocks*, New York: Scientific American Library, 1987, p. 128.

적인 진동자들의 개체군에서도 발생하고, 무기 화학 반응에서도, 또 인간의 생리적 주기를 포함해서 아주 다양한 생물학적 진동자에서도 발생한다.[30]

이상에서 논의한 '주기들의 포개진 집합'이라는 관점에서의 계량적 시간론은 본래부터inherently 계서적이라 할 시간성을 포함하고 있으며, 이 경우 각 개별 생명체는 진동들의 선형적인 계서를 형성한다. 윈프리가 행한 연구의 첫번째 부분에서는 이런 선형적인 계열들이 사실 동일한 순간들의 동질적인 계열이 아님을 보여 준다. 각 계열 안에는 특이한 순간들과 보통 순간들의 분포가 존재하며, 이런 분포는 진동자들의 예민점들과 외적 충격들 사이에 임계 시점critical timing이란 관계가 존재함을 함축한다. 윈프리의 연구에서 두번째 부분은 강도적 시간의 다른 양상들을 보여 주는데, 그 양상을 통해 우리는 계서적인 것을 넘어 평행의 시간 **구조**들로 넘어간다. 동조 현상을 통해 진동들의 많은 독립적 계열들이 일제히 작동하게 되고, 결과적으로 단일한 평행의 과정이 된다. 이 현상에 관해 가장 극적이면서도 잘 연구된 사례는 아마도 점균류인 딕티오스텔리움dictyostelium일 것이다. 이 생명체의 생명 주기는 유기체들이 개별적인 아메바들로 활동하는 국면을 포함하고

---

[30] "귀뚜라미 개체군들은 협력해서coherently 울기 위해 서로 동조화된다. 개똥벌레 개체군들은 협력해서 보다 밝은 빛을 낸다. 효모 세포들은 당 분해 진동에서 협력을 보여 준다. 곤충 개체군들은 그것들의 부화(번데기로부터 성체로의 창발) 주기들에서 협력성을 보여 준다. …… 함께 사는 여성 개체군들은 그들의 배란에 있어 상-동조화phase entrainment를 보여 줄 것이다. 뇌하수체, 췌장 등과 같은 분비 세포들은 호르몬 배출에 있어 협력성을 보여 준다." Alan Garfinkel, "The Slime Mold Dictyostelium as a Model of Self-Organization in Social Systems", *Self-Organizing Systems: The Emergence of Order*, ed. F. Eugene Yates, New York: Plenum Press, 1987, p. 200.

있으며, 그 각각의 행동은 독립된 계서적 과정을 구성한다. 하지만 영양분을 이용할 가능성이 임계점 아래로 낮아지면, 이 아메바들의 전체 개체군은 평행적 진동자들의 단일한 장으로 자발적으로 집적되고 결국 그것들이 함께 융합되면서 분화된 부분들을 가진 단일한 유기체가 되는 것을 목격할 수 있다. 어떤 과학자가 말했듯이, 이 광경을 목격하면서 "우리는 정말로 최초의 다세포 유기체의 출현을 가능케 한 근본적인 성격의 사건들이 재현되는 현장에 서 있는 것일 수도 있다."[31]

이 장의 다음 부분에서는, 평행 관계뿐만 아니라 임계 지속과 시점에 관한 이런 생각들을 점균류에 의해 예시된 것들보다 더욱 복잡한 개체화 과정으로까지 확장하고자 한다. 하지만 먼저 계량적 또는 외연도적 시간의 탄생에 대해서 이야기했던 것들을 요약해 보자. 이런 형식의 시간성을 구성하는, 끼워 넣어진(쟁여진) 주기들 각각이 어떻게 해서 대칭 파괴적 사건(호프 분기)을 통해서 탄생된다고 말할 수 있는지를 보여 주는 사례는 이전에 제시했다. 하지만 이 사례는 강도적인 것의 실체(내용)를 구성하는 과정의 세부 사항들을 배제한 순전히 형식적인 사례였다. 이러한 형식적인 모델에 덧붙여서 윈프리의 실험 결과들은 문제를 쉽게 만들어 주었다. 그러나 온전히 해결해 준 것은 아니다. 계량적 시간의 탄생에 관한 이렇게 단순화된 모델을 내가 계량적 공간의 탄생을 설명하기 위해서 2장에서 사용했던 은유와 비교해 볼 수 있다. 위상공간을 계량공간으로 변환시키는 대칭 파괴적 연쇄의

---

31) 코헨M. Cohen의 말. Ibid., p. 183에서 재인용.

깔끔한 구도를 물리적으로도 그럴듯하게 만들기 위해서 포괄적으로 다시 연구해야 했다. 강도적 과정들의 비선형적 양상들은 마치 외연도적 산물들의 계량적 양상들이 그랬던 것처럼 모호하고 복잡하게 바뀌었던 것이다. 게다가 정위定位된 집합의 가장 낮은 계량 수준은 또 다른 복잡한 개념들의 집합으로 설명해야 할 잠재적 연속체로 대체되어야만 했다.

호프 분기라는 다소 앙상하게 뼈대만 있는 형식적 모델에다가 살을 좀 붙이기 위해서는 유사한 복잡화 과정이 필요하다. 나는 개체화 과정의 두 가지 사례(유기체들의 탄생과 종들의 탄생)로 돌아가려 한다. 이는 임계 시점과 평행 관계에 대한 윈프리의 생각에 세부적인 내용을 덧붙이기 위한 것일 뿐만 아니라, 더 중요하게는 강도적 시간성이 생물학적 진화에서 새로운 종의 출현에 얼마나 결정적일 수도 있는지를 보여 주기 위해서다. 예컨대 배아발생 과정은 사건들의 수많은 동시적인 계서들을 통한 평행적인 발생을 포함한다. 그리고 [이 계서들 사이의 관계들은] 이러한 과정들의 서로 간에 상대적인 지속에 의해서, 그리고 다른 과정과 상대적으로 하나의 과정에서 일어나는 개시 혹은 중단이라는 상대적인 시점에 의해서 결정된다. 잠시 후에 논의하겠지만, 이런 규모에서의 새로운 형태들designs의 출현은 이러한 평형 과정에서의 상대적 촉진들accelerations을 통해서 발생할 수도 있다. 새로운 종 출현의 다른 원천은 규모 면에서 생태계들에 대한 논의로 옮겨 감으로써 예시될 수도 있다. 개체화의 경우와 마찬가지로 환경들은 알이나 자궁이 개별 유기체들에 대해 행하는 역할을 종들에 관련해 행한다고 할 수 있을 것이다. 이 경우에서도, 진화의 속도에서 벌어지는 상대적 촉진 때문에 급격한 변화가 초래될 수 있다. 하지만 배의 시간성과는 달리, '강도적'이란 용어가 그 원래 의미를 지니는 곳에서, 생태계들은 확장된 의미를 포함할 것이다. 즉 이 경우에서의 촉진과 개선은 공생symbiosis으로 알려진 과정에서의 이질적 종들의 배치가 될 것이다.

생명의 발생 및 진화와 강도적 시간

유기체 발생의 시간적 측면들에서 논의를 시작해 보자. 2장에서 배아 발생을 이해하기 위한 열쇠로서 변화율과 분리되어 있는 비율들 사이의 결합들(짝짓기들 $[\frac{dy}{dx}]$)을 강조했다. 변화율이 시간을 포함할 필요는 없지만(예컨대 우리는 대양의 깊이 혹은 대기의 높이와 관련된 압력의 변화율에 관심을 가질 수도 있다), 시간은 많은 중요한 비율들의 공식화에 관여한다$[\frac{dx}{dt}]$. 이런 변화율들은 이전에 이완 시간들과의 연관성(사실이 시간들은 평형 상태로 접근하는 비율에 불과하다)에서 언급했던 특징적인 시간 규모와 허용치들 사이의 동일한 상호 작용을 보여 준다. 어느 한 과정은 다른 과정과 관련해서 너무 느리거나 너무 빠르게 변화할 수 있다. 그리고 그 시간 규모들 사이의 관계는 부분적으로는 그것들이 서로에게 영향을 끼칠 수 있는 상호적인 수용력을 결정한다. 심지어 두 과정이 비슷한 규모로 작동하고 있을 때도 상호 작용의 결과는 그들의 짝지어진 변화율들에 좌우될 수 있다. 예컨대, 많은 유기체들이 자신들의 피부로 나타내는 그래픽 패턴들(예컨대 얼룩말의 줄무늬나 표범의 점들)은 화학 물질들의 가변적인 농축 ─ 이러한 농축을 결정하는 요인은 그러한 반응의 산물들이 배(아)의 표면을 통해 발산하는 비율에 상대적인 물질들이 서로 반응하는 비율이다 ─ 의 결과로서 설명될 수 있다. 상이한 패턴들은 이러한 상대적인 비율들을 통제함으로써 얻어질 수 있으며, 이는 유전자들과 유전적 산물들(효소들)에 의해 수행되는 작업이다.

물리학자 하워드 패티가 설득력 있게 주장했듯이, 발생하고 있는 유기체에서 우리는 비율에 의존하는 현상들(화학 반응과 발산 효과 같은)과 비율에 무관한 현상들 사이의 상호 작용을 발견한다. 화학적 농축에서 자기조직화 패턴의 형성은 발산과 반응의 상관적인 비율에 좌우되지만, 유전자들에 담긴 정보는 그 정보가 해독되는 비율에 좌우되지 않는다. 다른 한편, 이러한 비율에 무관한 정보는 일단 효소로 번역되기만 하면 제어하는 비율들로 작용한다.[32] 효소들은 촉매들인데, 촉매들은 화학 반응을 촉진하거나 감퇴시킬 수 있는 화학 요소들로 명확하게 정의된다. 발생 과정을 지배하는 것은 유전자들과 유전자 산물들의 작용을 통해 짝이 되거나 떨어지는[dx와 dy의 함수 관계의 파기] 변화율이라는 사실은 발생학적 전개의 기초가 되는 과정들을 일종의 '컴퓨터 프로그램'으로 볼 수도 있음을 암시한다. 하지만 이러한 은유는 조심스럽게 사용되어야만 하는데, 이와 상이한 시간 형식들을 전제하는 다른 종류의 컴퓨터 프로그램도 있기 때문이다. 어떤 프로그램에서는 계열적인 또는 계서적인 시간이 사용되고, 또 다른 프로그램에서는 이러한 선형적인 형태의 시간성과는 분명하게 구분[되는 시간성이 사용]된다. 스튜어트 카우프만은 이렇게 말한다.

---

32) Howard H. Pattee, "Instabilities and Information in Biological Self-Organization", *Self-Organizing Systems*, p. 334.

다음과 같은 사실을 깨닫는 것이 무엇보다도 중요하다. 어떤 의미가 되었든 유전적인 조절계genomic regulatory system는 발생 프로그램 같은 어떤 것을 형성한다. 직렬적[선형적] 알고리듬 같은 것이 분명 아닌 것이다. 유전계에서 각각의 유전자는 유전자들——그 산물들을 통해 그것의 활동을 조절하는 유전자들——의 다양한 산물들에 대응한다. 네트워크에서의 모든 상이한 유전자들은 그것들을 조절하는 유전자들의 결과output에 동시에 대응할 것이다. 달리 말해, 유전자들은 병렬로[동시다발적으로] 활동한다. 네트워크는, 그것이 어쨌든 하나의 컴퓨터 프로그램처럼 작동하는 한, 병렬적 네트워크와도 같다. 그런 네트워크들에서는 각 순간에서의 모든 유전자들의 동시적인 활동을 고려해야 하며, 마찬가지로 그것들의 활동 패턴들의 시간적 점진progression도 고려해야 한다. 그러한 점진들은 병렬적인 유전적 조절계의 통합된 행동들을 형성한다.[33]

개체화 과정을 서로 다른 많은 계서적 과정들의 병렬적 연산을 구현하는 것으로 이해하는 것, 그리고 그 과정에 포함되어 있는 시간성을 생각해 보는 것은 [발생에 있어서의] 새로움의 출현이란 문제에 새로운 빛을 던져준다. 만일 발생학적 과정들이 엄밀하게 계서적 순서를 따른다면, 즉 사건들의 유일한 선형적 계서가 유기체의 생산을 정의한다면, 어떠한 새로운 구조들이라도 계서의 맨끝에 붙어야 할 것이다(이를 '말단 추가' terminal addition라 부른다). 반대로 발생학적 전개가 병

---

[33] Kauffman, *The Origins of Order*, p. 442.

렬적으로 일어난다면, 즉 상대적으로 독립적인 과정의 다발들이 동시적으로 일어난다면, [계서에서] 이탈하는 다발들로부터 새로운 형태들이 발생할 수도 있다. 혹은 좀더 정확히 말하면, 다른 과정과 상관되어 있는 한 과정의 지속을 바꾸거나 과정의 시작과 끝의 상대적인 시점을 바꿈으로써 발생할 수도 있다. 이러한 진화론적 형태의 전략은 다시성(多時性, heterogeneity)이라고 알려져 있는데, 이 분야에서 가장 폭넓게 연구된 사례는 '유형幼形 성숙' neoteny이라고 불리는 과정이다.[34]

유형 성숙에서의 성적 성숙의 비율은 신체의 다른 부분들의 발생 비율로부터 일탈해 (체세포의 발생에 비해) 가속되며, 그 결과 일종의 '다 자란 애벌레'라 할 성체 형태가 된다.[35] 유체 성숙이 보여 주는 것은 새로움이 꼭 새로운 형질들의 말단 추가 효과일 필요는 없으며, 반대로 어떤 기존 형질들의 상실의 결과일 수 있다는 점이다. 예컨대 인간은 미성숙된 침팬지, 즉 발생 단계(성인기)가 생략된 영장류로 간주될 수도 있다. 더 일반적으로 말해, 변화율과 분리됨으로써 가능해진 형질 상실이 (유기체들로 하여금 새로운 발생 경로들을 찾게 해줌으로써) 너무 딱딱하고 좁게 되어 버린 형태학들로부터의 탈주로를 제공했을 것이다.[36] 들뢰즈에게 이러한 개체화 과정들의 측면(다윈의 혁명을 완

---

34) Rudolf A. Raff, *The Shape of Life : Genes, Development and the Evolution of Animal Form*, Chicago : University of Chicago Press, 1996, p. 260. 배아발생의 초기 단계가 종(이나 더 상위의 분류군taxa) 발생 초기 단계와 유사하다(또는 그것을 반복한다)는 것을 함축하는 말단 추가와는 달리, 평행[병렬] 네트워크들에 포함된 다시성의 유형은 둘 사이의 어떤 상사성도 파괴해 버린다.
35) Ibid., p. 255.
36) Ibid., p. 337. "새로운 어떤 것이 부가되지 않기에 해체는 발생학적 새로움의 창조자로서는 역설적으로 보인다. 악솔로틀[axolotl; 멕시코산 도룡뇽의 새끼]에서의 유체 성숙과

수하기 위해 개체군적인 사유에 추가되어야만 하는 측면)은 매우 의미심장하다. 왜냐하면 이 측면이 진화의 과정들은 복잡성을 증가시키려는 내재적인 충동inherent drive을 소유하고 있다는 생각, 다윈주의에 목적론을 다시 끌어들이려는 생각을 제거해 주기 때문이다. 들뢰즈는 이렇게 말한다.

> 상대적인 진보는 …… 복잡화보다는 오히려 형식적이고 양적인 단순화에 의해, 축적보다는 오히려 구성 요소들과 종합들의 상실에 의해 발생할 수 있다. 뭔가가 형태 지어지고 형태들을 가정하게 되는 것은 개체군들을 통해서이며, 뭔가가 진보하고 속력을 내게 되는 것은 바로 상실을 통해서이다.[37]

병렬 과정들이 배아적 발생에 부여하는 유연성은 최종 유기체가 다소간 고정된 해부학을 획득하게 되면 일단 끝이 난다고 말할 수 있다. 다시 말해, 바로 이 지점에서 강도적인 것은 외연도적인 것과 질적인 것 아래로 숨게 된다. 하지만 해부학적 형질들은 성인기에 도달하더라도 결코 완전하게 고정되지 않는다. 신체의 많은 부분들은 자가 치료 능력을 유지하며 어떤 동물들의 경우에는 재생再生을 완성하는 능력까지도 유지한다. 추가적으로, 배(아)의 유연성에 비해 다 자란 유기체의 해부학적 속성들은 경직되어 있지만 유기체의 행동적인 속성

같은 어떤 이시적인 해체들의 경우 새로운 발생학적 경로와 생애life history는 조상 전래의 계의 특징을 상실함으로써 결과했다." (강조는 인용자)
37) Deleuze and Guattari, *A Thousand Plateaus*, p. 48.

들은 그렇지 않다. 특히 그런 유기체가 그것의 고착화된 반사들과 행동적 습성 외에도 유연한 기술들skills을 보유하고 있다면. 어쨌든, 해부학적으로 그리고 행동적으로 가장 완고한 개체라 해도, 완성된 산물들에 있어 가장 외연적인 것이라 해도, 즉각적으로 더 큰 규모의 개체화 과정에 말려들게 된다. 거기에서 그것은 생태계들에 특징을 부여하는 그런 강도적 속성들과 같은 다른 강도들의 일부가 된다.

이질적 종들의 배치: 공생共生의 역할

생태계 연구에서 고려해야 할 가장 중요한 요인들 가운데 하나는 상호작용하는 종들 각각의 개체군 밀도에서 나타나는 변화들이다. 온도나 압력처럼 개체화 밀도 역시 외연으로 나눌 수 없는 강도적 속성이다. 하지만 다른 강도들과 마찬가지로 상전이에 의해서는 나눌 수 있다. 특히 개체군의 상태가 본질적으로 변화하는 임계값들이 존재한다. 예컨대 하나의 개체군은 최소 밀도값(때로 '핵 형성의 문턱'이라 불린다)으로 내려가면 소멸해 버린다.[38] 마찬가지로 분자들의 개체군이 어떤 특정 시간 이후에 그것의 온도에 해당하는 평형값으로 자연발생적으로 이완되는 경향을 보이듯이, 개체군 밀도는 (유난히 매서운 겨울 같은) 환경적인 충격에 노출된 후에라면 특정한 이완 시간을 보여 준다. 생태학자 스튜어트 핌Stuart L. Pimm은 이런 식으로 평형으로 돌아오

---

38) W. H. Zurek and W. C. Schieve, "Nucleation Paradigms: Survival Thresholds in Population Dynamics", *Self-Organization and Dissipative Structure: Applications in the Physical and Social Sciences*, eds. William C. Schieve and Peter M. Allen, Austin: University of Texas Press, 1982, pp. 203~222.

는 비율이 충격에 대한 개체군의 복원력을 특징짓는다고 주장한다. 즉 평형 회복에서의 비율이 작다는 것은 견고한 개체군이라는 것을, 즉 충격 후에 빨리 원상복구할 수 있는 개체군이라는 것을 뜻하며, 긴 이완 시간들은 빈약한 복원력 즉 소멸에 노출되어 있음을 뜻한다. 소멸이 개체로서의 종의 죽음을 의미한다면, 그리고 한 종의 소멸이 그 빈 곳을 차지하려는 다른 종들의 신속한 탄생을 의미한다면, 이러한 강도적 속성들은 이런 규모에서의 개체화 과정들에 부분적으로 특성을 부여한다고 말할 수 있다.

생태계들은 여러 개의 동시적인 시간 규모에서 작동하는 과정들을 포함하고 있다. 개체군 밀도에 영향을 주는 한 가지 요인은 종 내적이어서, 개체군의 탄생과 소멸의 비율에 의해 결정된다. 이러한 요인은 평형으로 되돌아가는 데 상대적으로 짧은 시간 크기를 보인다. 여러 개체군들의 밀도가 병렬적으로 짝지어지면(식물, 초식동물, 육식동물의 개체군들이 먹이사슬로 짝지어지는 경우처럼), 이완 시간들은 길어진다. 다시 말해, 육식동물 개체군의 밀도가 그 먹이(초식동물)의 밀도에 영향을 줄 때, 그리고 다시 이것이 초식동물이 소비하는 식물의 밀도에 영향을 줄 때, 충격 이후의 재-평형화는 연쇄적인 효과가 멈출 때까지 지연될 수 있다. 복원의 이 더 긴 시간 규모는 하나의 종이 다른 종과 맺는 접속 가능성의 정도에 의해, 즉 그 종이 속해 있는 먹이사슬의 길이에 의해 결정된다.

마지막으로, 비생물학적 요인들에 의해 결정되는 더욱 긴 과정들까지 존재한다. 예컨대 대참사로부터 회복하는 동안 생태계 내에서 무기 영양분을 이용할 수 있는 비율 또는 빙하 시대의 개시나 휴지休止

와 같은 것들을 들 수 있다.[39] 멸종에 대한 보호 장치로서의 복원력의 중요성, 그리고 중간 정도의 시간 규모에서 접속 가능성의 정도가 행하는 핵심적인 역할이 이렇게 이해되었을 때, 우리는 하나의 생태계를 병렬 처리 네트워크로, 즉 그 안에서 (육식동물과 먹이, 혹은 숙주와 기생자 사이의) 변화하는 적응 관계들이 (새로운 것의 출현, 오래된 것의 소멸, 개별적 종들에 영향을 주는) 그 네트워크 전체를 통해 상이한 비율로 전파하는 네트워크로 간주할 수 있다.[40]

하지만 개체군 밀도들 사이의 관계는 우리에게 한 생태계의 복잡한 시간 **구조**라는 기초적인 생각만을 제공해 준다. 식물과 동물의 살 (또는 생물량)이 순환하는 네트워크로 간주되는 한에서의 생태계는 각각의 양분적 짝들을 특징 짓는 다양한 시간적 리듬을 드러낼 것이고, 다시 이 리듬들은 (모든 유기체가 각기 다른 크기로 보여 주는) 상이한 시간 규모에서의 진동하는 행동의 스펙트럼과 연관될 것이다. 그러나 [생태계가] 개체화의 환경으로 간주되는 한, 특히 주목해야 할 특정한 리듬 즉 짝지어진 종들 각각의 **진화율**evolutionary rates이 존재한다. 진화율은 유전적으로 코드화된 유익한 형질의 선형적이고 점진적인 축적으로 특징 지어졌고 그래서 기본적으로 균일한 것으로 생각되곤 했다. 이러한 축적율은 각기 다른 세대 시간들generation times을 가지는 종들에게서 변이하지만, 각각의 종 내에서는 기본적으로 균일한 것으로 가정되었다. 오늘날 우리는 이런 구도가 불완전하다는 것을 알고

---

39) Stuart L. Pimm, *The Balance of Nature?: Ecological Issues in the Conservation of Species and Communities*, Chicago: University of Chicago Press, 1991, ch. 2~3.
40) Kauffman, *The Origins of Order*, p. 256.

있다. 이 진화율에 있어 여러 가지 이유로 가속과 감속이 존재한다는 것을 알고 있기 때문이다(진화에 연관된 아주 큰 시간 규모들이 의미하는 것은 심지어 가속된 비율도 여전히 예컨대 5천 년에서 5만 년 사이에 이르는 아주 긴 과정을 특징 지을 것이라는 점이다).[41]

특정한 과정이나 구성 요소의 상실이 새로운 형질의 출현을 야기할 수도 있는 배아적 발생에서와 마찬가지로, 어떤 생태계 내에서의 상실은 진화율을 촉진시키고 새로운 형태들을 급속하게 퍼트릴 수도 있다. 예컨대 소멸의 사건은 여러 종들을 한꺼번에 소멸시키고 그 생태적 지위들을 비워 버릴 수 있으며, 그 결과 먹이사슬에서 빈 자리를 차지하려는 다른 종들에 의해서 새로운 형태들이 폭발적으로 나타나게 할 수 있다. 이른바 '적응에 의한 방산放散'이다.[42] 진화를 촉진하고 새로운 능력의 급속한 출현을 초래하는 사건들의 또 다른 사례는 공생(共生, symbiosis)이다. 전통적으로 '공생관계'라는 용어는 특정한 종류의 영양제공적 연합(결합을 통해서 협력자 모두가 이익을 얻는 것)을 지칭하는 것이지만, 상호 이로운 관계를 정의하거나 설정하기가 어려

---

41) Rudolf A. Raff and Thomas C. Kauffman, *Embryos, Genes, and Evolution*, Bloomington: Indiana University Press, 1983, p. 40.
42) "가장 빠른 진화율은 마지막의 아마도 가장 흥미로운 범주 즉 고속진화tachytely에 속한다. …… 고속진화는 엘드리지와 굴드의 중단/휴지punctuation와 유사한데, 이 두 사람은 공히 예외적으로 높은 진화율에 근거한다. 그렇지만 그들이 종 형성 모델에 초점을 맞추는 반면 …… [심프슨Simpson은] 고속진화의 부수물은 개체군에 있어 한 주요 적응역들adaptive zones로부터 다른 적응역들로의 …… 이행이라는 점을 제안했다. 그래서 고속진화는 텅 빈 적응역으로 확장되는 새로운 군들의 초기 방산들 동안에 가능하다. 신속한 방산이 이루어지는 동안 모든 혈통들은 상대적으로 빈곤하게 적응하게 되며 서로 경쟁을 삼가게 된다. 결과는 …… 다른 선들이 그 덜 효과적인 친척들의 확장에 있어서의 적응역에서 그것들의 위치들을 결합하는 것만큼이나 빠르게 소멸되어 버리는 다양한 선들의 생산이다." Raff and Kauffman, *Embryos, Genes, and Evolution*, p. 44.

왔기 때문에 본성과 기능에 대한 새로운 관점이 필요하게 되었다. 오늘날 공생은 상호 작용하는 유기체들의 세대 시간에 비해서 오랜 기간 동안 존속하는, 전형적으로 적어도 결합자들 중 하나에서 새로운 신진대사적 수용력의 출현을 가져오는, 이질적인 종들 사이의 배치로 정의된다.[43] 긴 지속을 강조해야 하는 이유는 협력자들 사이의 공진화의 필요 때문이다. 협력자들은 특히 그것들의 유전자들과 신체적 특질들의 오래된 축적을 경화시킴으로써 상대방에게 도태압을 가했어야 한다(한 생태계의 어떤 성원들이 최근의 침입이나 식민화를 통해 생겨날 수 있다는 것을 인정한다면, 먹이사슬에서의 모든 상호 작용하는 짝들이 공진화해야 하는 것은 아니다).

    진화론적 혁신의 원천인 공생은 다양한 규모에서 발생한다. 예컨대 세포 수준에서, 먹이사슬의 기초를 형성하는 두 중요한 능력이 이질성들의 배치를 통해 나타난 것일 수 있다. 태양열을 '머금어서' bite 당분 안에 저장된 화학에너지를 만들어 내는 능력인 광합성과 산소 공급원을 연료로 활용해서 이 당분을 연소하는 능력인 호흡은 공히 미생물들과의 세포 수준에서의 공생을 통해 나타난 것이라고 생각된다.[44]

---

43) Angela E. Douglas, *Symbiotic Interactions*, New York: Oxford University Press, 1994, pp. 7~9. 이 저자는 먹이사슬에서의 생물량biomass 흐름에 직결되어 있는 새로운 신진대사 능력들의 출현을 강조한다. 저자는 이렇게 말한다. "영양섭취적인 상호 작용들은 대부분의 공생들에 근본적이다. 공생을 통해 가장 일반적으로 획득되는 신진대사적 능력들은 양분 섭취에 관련되기 때문이다." Ibid., p. 56. 아울러 공생의 생태학적 충격에 대해서는 Ibid., ch. 7을 보라.
44) Werner Schwemmler, "Symbiogenesis in Insects as a Model for Cell Differentiation, Morphogenesis, and Speciation", *Symbiosis as a Source of Evolutionary Innovation*, eds. Lynn Margulis and Rene Fester, Cambridge: MIT Press, 1991, p. 195.

더 큰 규모의 예들로는 초식동물들로 하여금 섬유소를 소화할 수 있게 해주면서 그것들의 소화기관에 사는 미생물들의 자율적 공동체들, 콩과 식물들이 질소를 고정하게 해주는 박테리아들, 그리고 많은 식물의 뿌리가 인燐에 접근할 수 있도록 해주는 곰팡이 등을 들 수 있다. 이 모든 경우들에서, 그냥 소멸해 버릴 수도 있었을 원천들을 활용할 수 있는 새로운 수용력들이 생겨났다. 성공적인 변이들mutations의 느리고 점진적인 축적에 의해서가 아니라, 둘 또는 그 이상의 이질적인 유기체 개체군들의 수용력들을 짜 넣는meshing(이로부터 협력자들의 계속적인 공진화가 가능해진다) 가속화된 과정에 의해서.[45]

강도적 과정들을 논의하면서 들뢰즈는 이 주제를 보통 특이성들과 감응태들로 양분해 다루었으나, 가끔씩은 속력과 감응태——생성의 속력과 생성하는 수용력——이라는 대안적인, 또는 내용상으로는 같은 쌍을 사용하기도 한다.[46] 예컨대 발생하는 배를 정의하는 많은 병렬 과

---

45) 들뢰즈는 생성/되기의 수단으로서 공생에 큰 비중을 둔다. 공진화는 말벌과 그것이 수분授粉하는 양란의 비평행적 진화에서처럼 잘 알려진 예이다. Deleuze and Guattari, *A Thousand Plateaus*, p. 10. 그러나 좀더 일반적으로 볼 때, '리좀'으로서의 이질적인 배치에 대한 정의 자체가 공생에 뿌리를 두고 있다. 들뢰즈/가타리가 리좀에 대해 들고 있는 예가 구근이나 덩이줄기 식물, 즉 수목형 뿌리 구조가 없는 식물들이기는 하지만, 이들은 즉각 "뿌리나 유근幼根을 가진 식물들은 전적으로 다른 측면에서 리좀 형태적일 수 있다"고 덧붙인다. Ibid., p. 6. 이 다른 측면은 이른바 리좀역rhizosphere라 불린 것의 형성을 통해 예시될 수 있을 것이다. 이것은 곧 상이한 종들의 식물 뿌리들과 그것들과 공생적 짝을 이루며 그것들을 지하 양분들의 흐름에 접면接面시키는 다양한 미생물들로 구성된 지하 먹이그물이다.
46) 이 책을 통해서 나는 그의 첫번째 공식화(특이성과 감응태)를 사용했으나, 그는 여러 다른 공식화들도 사용한다. 그는 때때로 잠재적 연속체(혼효면)에서 물체들은 속도와 감응태로 파악된다고 말한다. Ibid., p. 260. 다른 곳에서는 잠재적 연속체(아이온)가 "질들과는 구분되는 비물체적 사건들과 빈위들의 장소"라고 말한다. Deleuze, *Logic of Sense*, p. 165. 여기에서 '사건들'이란 특이성들을 가리키며, '빈위들'이란 영향을 주고받을 수 있는 능력들(그의 예에 따르면, 자르는 것과 잘리는 것)을 가리킨다.

정들은 그것들의 상대적인 속력에 의해 그리고 그것들이 겪는 (새로운 형태들의 생산을 가능케 하는) 가속과 감속에 의해 정의된다. 들뢰즈의 용어로, 이러한 개체화 환경은 "빠름과 느림, 정지와 운동, 더딤과 신속함"의 관계에 의해 어느 정도 특징 지어질 수 있을 것이다.[47] 앞에서 보았듯이, 이러한 상대적인 속력에서의 변화들은 유기체로 하여금 지나치게 특화된 모형으로부터 벗어날 수 있도록 탈출로를 만들어 주는 진화론적 전략 heterochrony으로 사용될 수 있을 것이다. 생태계들도 병렬 과정들 사이의 상대적인 속력 관계들을 드러내지만, 이 경우에 새로움의 출현은 공통적으로 공진화하는 탈주선에서 이종적인 협력자와 함께하는 능력에, 혹은 들뢰즈의 말처럼 "전적으로 상이한 개체들을 포함하는 속력들과 감응태들의 조성 즉 공생"에 더 많이 좌우된다.[48] 이것을 존재와 생성이라는 프리고진의 용어로 말하자면, 배(아)발생은 아직 형태가 잡히지 않은 개체가 잘 정의된(자체 내 성질들이 그것의 존재를 결정하는) 내부를 획득하면서 바로 그것what it is이 되어 가는 과정이지만, 공생은 완전하게 형태를 갖춘 존재가 바로 그것이기를 그치고 외부에 있는 이질적인 것과 결합함으로써 어떤 다른 것으로 되어 가는 과정을 의미한다.

---

47) Deleuze and Guattari, *A Thousand Plateaus*, p. 255. 하지만 빠름과 느림을 단순히 양적인 또는 외연적인 차이들만을 포함하는 것으로서 이해해서는 곤란하다. 속도는 임계 값들에 따르는 강도적인 성질이다. 임계 속도 이하에서는 흐름의 한 패턴laminar만을 가지지만 값을 넘어서는 순간 완전히 다른 패턴turbulence을 보여 주는 유체들이 좋은 예이다. Ibid., p. 371.
48) Ibid., p. 258.

강도적 시간성의 좀더 복잡한 형태들에 대한 지금까지의 서술은 진동들의 개별화를 통해 시도했던 좀더 단순한 공식화를 보완해 보려는 의도에서였다. 병렬 관계의 문제만이 아니라 임계 시점과 지속의 문제는 여전히 두드러지거니와, 이제 더 미묘한 형식을 획득하게 되었다. 마찬가지로 시간의 계량화 혹은 양자화의 문제는, 이 역시 진동 계서들의 포개진 집합을 통해서 단순하게 정식화되었지만, 이제 그러한 단순성의 일부를 잃어버려야 한다. 특히 논의를 쉽게 제시하고자 나는 시간과 공간에 연관되어 있는 문제들을 인위적으로 분리했거니와, 실제 우리는 항상 복잡한 시-공간 현상에 직면하고 있다. 윈프리가 연구했던 단순한 진동자들조차도 시공간적 양상들이 상호 작용하는 비선형적 시공 진동자들non-linear spatio-temporal oscillators이다. 이런 이유로 계량적 혹은 외연적 속성들을 포함하는 문제는 단일한 과정 —— 연속적이고 잠재적인 시공간이 그 자체가 각기 다른 크기에서 작동하는 현실적이고 불연속적인 시공간 구조로 점진적으로 분화하는 과정 —— 으로 처리되어야만 한다. 다시 말해, 계량적 시공간의 출현은 개체들의 전적으로 평탄한 존재론 전체를 포함하며, 각 규모들의 포개진 층위는 시간과 공간의 계량화에 동시적으로 기여한다.

나는 이하에서 이러한 잠재적 시공간에 대해 좀더 세밀하게 논의하면서 이 장의 결론을 내리고자 한다. 2장에서 우리는 들뢰즈를 따라 비계량적 연속체의 내용을 구성하는 요소들을 설명했다. (복잡한 이데아적 사건들로 간주되는) 잠재적 다양태들의 변화하는 개체군들과 이 이질적인 개체군을 혼효면으로 모으는 의사-원인 작동자가 그것이다. 잠재적인 것의 내용에 대한 이런 식의 특정한 분석은 물론 사변적이며, 그 자체로서는 잘못된 것으로 판명날 수도 있다. 이미 말했듯이 잠재적인 것의 경험론이 존재한다. 그것이 현실적인 것의 경험적 연구와 같지 않더라도(않아야 하더라도). 하지만 들뢰즈가 제안한 특이한 해가 부적절한 것으로 드러날 경우에조차도, 그 문제를 적절하게 제기한 것은 그의 공으로 돌아가야 할 것이다. 본질주의적이고 유형학적인 사유를 제거하기 위해서는 초월적인 것을 파기하고 내재적인 것을 긍정하는 것만으로는 충분하지 않다. 예컨대 플라톤의 초월적 본질들을 아리스토텔레스의 내재적인 자연적 상태들로 대체하는 것은 우리를 본질주의에서 나오도록 해줄 수는 있지만 유형학적 사고에서 나오도록 해주지는 못한다. 우리는 더 나아가 잠재적인 것의 존속, 상대적인 자율성, 발생적genetic 역능을 설명하기 위해 (사변적인 형태로일지라도) 내재성의 메커니즘을 제시해야 한다.[49] 먼저 의사-원인 작동자에 대해서, 이것이 다양체들을 그것들의 차이들로 엮어 넣는 방식에 대해서 이전에 이야기했던 것을 요약해 보아야 하는데, 이 작동자가 최초의 내재성의 메커니즘을 구성하기 때문이다. 그런 후에 나는 들뢰즈가 이 잠재적 존재에 귀속시킨 두번째 과제를 설명할 것이다. 이는 곧 현실적인 강도적 과정들에서 다양체들을 추출해 냄으로써 그것들을 생겨나게 하는 것to generate이다. 이 두 과제는 함께 결국 우리가 얻게 될 잠

---

49) 내가 아는 한 '내재성의 메커니즘'이란 용어는 들뢰즈에게서는 나타나지 않는다. 하지만 그가 비슷한 방식으로 표현한 곳이 있다. "많은 운동들은 연약하고 섬세한 메커니즘에 따라 서로 교차한다. 이 교차를 통해서 (그 심층에서 고려된) 물체들, 사태들, 혼합물들은 이데아적 표면들[효효면]의 산출에 성공하거나 실패한다. 그리고 역으로 이 교차를 통해서 표면의 사건들은 그것들의 특이성들을 세계들, 개체들, 인칭들의 한계 내에 제한함으로써 (복잡한 규칙들에 따라) 물체들의 현재/현존에 현실화된다." Deleuze, *Logic of Sense*, p. 167(강조는 인용자).

재적 시공간이 무시간적 본질들로 채워져 있는 초월적 공간이란 형식을 가지고 있지 않다는 것을 보증해 준다.

계열들 간의 소통과 아이온의 시간

나는 의사-원인 작동자의 첫번째 과제를 잠재적 다양체들의 특이성을 보통의 이데아적 사건들의 계열로 늘림으로써 이 계열들 사이에 수렴과 발산의 관계를 설정해 주는 것으로 설명했다. 이미 말했듯이, 계열들 사이의 이 비물질적인 연동들linkages이 어떻게 설정되는지를 상술하기 위해 들뢰즈는 소통 이론의 가장 추상적인 버전으로부터 채널에서의 정보 전송이라는 개념(들뢰즈의 용어로는 기호/신호)을 빌려 왔다. 하나의 정보 채널(신호)은 사건들의 이질적인 두 계열이 개연성의 분포들을 바꿈으로써 짝지어질 때마다 실존한다. 인과적 메커니즘이나 채널 안으로 실제 흘러가는 어떤 것에 대해서도 참조할 필요가 없다. 정보 양자들(신호들)은 한 계열에서의 개연성 분포의 변화가 다른 계열에서의 변화와 연관될 때마다 하나에서 다른 하나로 이행한다고 말할 수 있다. 신호들을 통한 사건 계열들의 이런 연동은 상전이의 끄트머리에서 준안정 상태가 되는 계들 같은 강도적인 계들 내에서 자연발생적으로 생겨난다. 이런 준안정 상태의 계들이 무기체인 경우에도, 그러니까 특화된 생물학적 하드웨어가 없는 경우에도, 그것들은 실제 문턱을 가로지르지 않고 임계 사건의 근처에 남아 있기만 한다면 일관되게 정보를 전송할 수 있다.

　내가 방금 논의한 배 발생적이고 생태학적인 개체화 과정들은, 적어도 병렬-처리 네트워크들로 모델화될 경우, 접속 가능성의 임계점의 이웃관계에서 이러한 창발적인 능력을 보여 준다. 예컨대 스튜어트 카우프만은 생태계를 형성하는 많은 먹이사슬들은 복잡한 행동을 보여 주는 병렬 네트워크에 있어 일정한 임계 길이(전형적으로는 네 종: 식물, 초식동물, 육식동물, 육식동물의 육식동물)를 초과해서는 안 된다고 주장한다.[50] 이러한 예민한 값은 먹이사슬의 성원들 사이의 공진화를 통해서 달성될 수 있을 것이다. 마찬가지로 발생하는 배의 정보 중추를 구성하는 유전자와 유전적 산물들이 형성하는 병렬 네트워크 역시 임계값 근처에서 접속 가능성의 정도를 유지해야 한다. 카우프만은 이런 임계값(너무 낮지도 않고 그렇다고 너무 높지도 않은)과 기체와 고체 사이의 상전이에 현존하는(각각 너무 적은 질서와 너무 많은 질서를 가지고 있는 상태들 사이) 강도의 특이한 영역을 명시적으로 비교해, 배들과 생태계들이 창발적인 연산적 수용력computational capacities을 최대화하려면 끄트머리에서 준안정 상태를 취해야poised 할 것임을 논한다.[51]

그러나, 잠재적 계열은 정보 전송이 두 사건-계열이 발생할 기수적 개연성들 사이에서 상관성의 형태를 띠는 현실적인 준안정 계들과는 달리, 잠재적 계열들과 그것들이 형성하는 공간이 선결 문제의 오

---

50) "사실 접속성connectance은 먹이그물 내에서 조절된다. 의미 있는 증거에 따르면, 먹이그물에서의 접속들의 수는 각 종들이 그물 내 종들의 수에 상관없이 다른 종들에의 일정한 접속수를 개략적으로나마 유지하는 방식으로 정돈되어 있다. …… 100개 이상의 먹이그물에 대한 자료에 근거할 경우—육지의, 민물의, 바다의. 일련의 성질들(먹이사슬의 길이, 접속성, 상위, 중위, 하위 종들의 비율, 포식자들과 먹이들의 비율)은 사슬 내 종들의 수에 관련해서나 단일한 '적도상의 종들trophic species'에 유사한 종들의 '길드들'이 가하는 공격 또는 유사한 종들이 상위의 계통학적 단위들에 가하는 공격에 관련해서나 안정적으로 또 규모상 불변으로 나타난다." Kauffman, *The Origins of Order*, p. 263.
51) Ibid., p. 219.

류를 범하지 않는 한 어떤 계량적 개념 또는 양적인 개념도 전제할 수 없기에 특이한 것과 보통의 것의 가변적인 분포를 배타적으로 포함할 수밖에 없다. 특히 잠재적 계열들은 논리적으로나 유전적으로 이미 양자화된 수적 계열보다 앞서 있고 또 1차원의 비계량적 연속체들로서 간주되어야 하는 조밀한 서수적 계열로 생각되어야 한다. 게다가 잠재적인 것이 낳으리라고 간주되고 있는 개념을 결코 전제하지 말라는 요구는 정보 채널에 연관되어 있는 통계적 분포들이 (많은 현실적 개체군들에 있어서의 통계적 속성들에 특징을 부여하는) 유명한 가우스 분포 즉 종 모양 분포들처럼 고정된(혹은 '정주적인') 것으로 생각될 수 없다는 점을 함축한다. 계량적 공간을 차지하고 있는 이미 개별화된 개체군들을 지칭하는 이런 익숙한 평형 분포들과는 달리 들뢰즈는 잠재적 계열에서 동적이며 또한 항상 변화하는('유목적인') 분포들을 만들어내기 위해 의사-원인 작동자를 만들어 낸다designs. 그리고 그러한 분포들 사이의 수렴적이면서 발산적인 관계들을 설정한다.[52]

---

52) 유명한 가우스의 종 모양 분포가 크게 다른 개체군들의 중요한 창발적 성질을 나타내지는 못하지만(즉 그것에 대한 반복적인 또는 보편적인 무엇인가가 존재한다), 그럼에도 그것은 평형 분포이며, 이 종 모양을 보여 주는 개체군들은 (그 형태에 있어 고정되어 있고, 정주적 문명들이 그렇듯이 계량적인, 분할 가능한 공간을 점하고 있다는 점에서) 외연성에 입각한 분포의 예들이다. 잠재적 수준에서는 이 분포들을 넘어서야 하며, 또 기회를 다르게 사용해야 한다. 고정된 규칙들이 우발적 요인을 어떤 점들(룰렛의 회전, 주사위 던지기)에서만 유지되도록 하고 나머지는 결과들의 기계적인 전개로서 남겨 두도록 강요하는 전통적인 기회 게임들(룰렛, 주사위)과는 달리, 잠재적 층위에서 우리는 매번의 수手마다 규칙들이 달라지도록 해야 하고 모든 점들에 기회를 주도록 해야 한다. 그래야만 진정으로 비계량적인 또는 유목적인 분포들을 얻을 수 있기 때문이다. 들뢰즈는 이렇게 말한다. "각각의 던지기는 특이점들을 방출한다. …… 그러나 던지기들의 집합은 우발점[의사-원인 작동자]에, 즉 끝없이 계열들을 돌아다니는 하나의 유일한 운運에 포함되어 있다. …… 이 던짐들은 서로 간의 관계에 있어 계기적이며, 그러나 (늘 규칙 또는 좌표를 바꾸는, 그리고 그것이 계열의 전 길이에 기회를 주입함에 따라 상응하는 계열을 분기시키는) 이 점에 관련해서는

요컨대 의사-원인 작동자의 첫번째 과제는 들뢰즈가 특이성들의 응축이라 부르는 것, 즉 모든 특이성에서 나오는emanating 계열들을 비-물리적 공명들을 통해 서로 연결함으로써 그것들 사이의 소통을 연속적으로 창조하는 과정이며, 동시에 그것들이 오로지 그 차이들을 통해서만 연결될 수 있게 해줌으로써 계열들을 가지쳐 나갈 수 있도록 또는 차생差生해 나갈 수 있도록 해주는 과정이다.[53] 이로부터 결과하는, 1차원적 연속체들의 그물은 잠재적인 것의 공간적 측면을 구성한다. 여기에 이제 들뢰즈가 '아이온' Aion이라고 부르는 시간적 차원이 추가되어야 한다. 들뢰즈가 쓰고 있듯이, 잠재적인 것의 구체화는

> 한편으로는, 특이성들이 분포되는 유목적 분포의 공간을 함축하고(토포스), 다른 한편으로는 이 공간이 하위 공간들로 다시 나뉘도록 하는 분해 decomposition의 시간을 함축한다. 이러한 하위 공간들 각각은 문제가

동시적이다. …… 각각의 던짐은 특이성들의 분포 즉 별자리를 조작한다. 그러나 (가설들에 상응하는[전통적인 확률론에서처럼]) 고정된 결과들 사이에서 닫힌 공간을 분할하는 대신, 동적인 결과들은 유일하고 분할되지 않은 운의 열린 공간에서 분배된다. 이것이 유목적인 비정주적 분포이다." Deleuze, *Logic of Sense*, pp. 59~60.
53) 들뢰즈는 의사-원인 작동자의 이 과제를 위해 하나의 대안적인 모델을 제공한다. 이것은 동조라는 발상에, 아니면 좀더 세밀하는 빈도 동조frequency entrainment라는 현상에 근거한다. 두 개의 대형 진자 시계가 동조되기 위해서는 약한 신호들이 하나에서 다른 하나로 전달되어 그것들을 짝지어야 한다(어떤 경우, 이것들은 시계들이 놓여 있는 나무 바닥에서의 약한 진동들이다). 두 시계의 빈도들이 서로에게 가깝다면, 그것들은 공명할 것이고 두 시계가 하나의 단일한 빈도로 묶일 것이다. 결과적으로 얻게 되는 두 진동자들의 동조는 원래 두 진동자를 짝지었던 약한 신호들보다 (그것들 사이의) 훨씬 강한 연동(강제된 운동)을 보여 준다. 들뢰즈의 말을 들어보자. "하나의 계는 두 개 또는 그 이상의 계열들에 기초해 구성되어야 한다. 그리고 이때 각각의 계열은 그것을 구성하는 항들 사이의 차이들에 의해 정의된다. 그 계열들이 어떤 종류의 힘[의사-원인 작동자]이 가하는 충격 하에서 소통한다고 가정한다면, 이 소통이 차이들을 다른 차이들에 연결짓는다는 것, 그래서 그 계

되는 영역의 점진적이고 완전한 규정을 확보해 주는 새로운 점들의 첨가adjunction에 의해 계기적繼起的으로 정의된다(아이온). 특이성들을 응축하고 촉진시키는precipitate 공간이 항상 존재한다. 과거와 미래의 사건들의 파편들을 통해서 점진적으로 사건을 완성시키는 시간이 항상 존재하듯이.[54]

들뢰즈는 '첨가'라는 용어를 군론의 창시자인 수학자 에바리스트 갈루아에게서 빌려왔다. 다음 장에서 이 선구자의 작업으로 돌아갈 것이지만, 여기서는 갈루아가 '장들의 첨가'로 정의했던 연산이 대칭 파괴적 전이의 연쇄를 통한 공간의 점진적 분화라는 생각과 아주 밀접하게 연관된 추상적 연산이라는 것만 말해 두어도 충분하다. 다시 말해, 들뢰즈가 언급한 하위 공간들의 계기적인 결정이란 단순히 대칭 파괴

내에 차이들 사이의 차이들을 구성한다는 것은 분명하다. 이 이차적인 차이들은 '차이생성자'('분화자 differenciator)의 역할을 행한다. …… 이 사태는 어떤 물리적 개념들에 의해 적실하게 표현된다. 이질적인 계들 사이의 짝짓기. 이로부터 결과하는 (그 계 내의) 내적 공명. 그리고 다시 이로부터 결과하는 강제된 운동(그 크기는 기초 계열들 자체의 크기를 추월한다)." Deleuze, *Difference and Repetition*, p. 117.
들뢰즈는 이 '공명' 모델을 다른 곳에서는 의사-원인 작동자의 행동을 위한 모델로서 사용하고 있다. "개념들[다양체들]은 오로지 혼효만을, 또는 어떤 좌표 바깥의 강도적 Y좌표만을 가지며, 비담론적인 공명과의 관계 속으로 자유롭게 들어간다. …… 개념들은 진동들의 중심들이다. 각각이 그 자체에 있어 그리고 모든 것이 다른 모든 것에 관련해서. 바로 이 때문에 그것들은 모두 정합적이 되기보다는 공명한다. 또는 각각 서로에게 상응한다." Deleuze and Guattari, *What Is Philosophy?*, p. 23(강조는 인용자). 분명, '개념'이라는 항을 '한 용어의 의미론적 내용'으로서(또는 다른 어떤 언어학적 방식으로) 해석한다면 이 구절은 무의미하다. '강도적인 Y좌표'라는 용어는 (그것을 어떤 서수적 수적 좌표로부터도 구별해 주는) 양의 서수적 거리들을 통해서 해석되어야지 두 좌표의 이름들일 뿐인 'Y좌표'와 'X좌표' 짝의 한 성원을 가리키는 것으로서 해석되어서는 곤란하다.
54) Deleuze, *Logic of Sense*, p. 121(강조는 인용자). 이것은 한 문제의 조건들을 특화하는 것에 관한 것이다. 그러나 들뢰즈의 존재론에서 문제들이란 잠재적 다양체들 이외의 것이 아니다. 이 관련성에 대해서는 4장에서 논할 것이다.

적 사건들의 계열을 통해서 다양체들이 점진적으로 펼쳐지는 것일 뿐이다. 하지만 이런 식의 펼쳐짐이 포함되어 있는 시간성의 형식은 현실적 분기 사건들이 발생하는 형식과는 아주 다른 방식으로 이해되어야 한다. 후자의 형식은 사건들과 안정된 상태들의 시간 계서를 포함한다. 예컨대 전도-대류-교류라는 안정된 흐름 패턴들의 계열을 낳는 상전이들의 계서를 들 수 있다. 게다가 각각의 분기가 발생할 때면 그 계에서 사용 가능한 여러 가지의 대안들 가운데 단 하나만이 현실화된다. 예컨대 대류 상황regime으로의 전이 과정에서 시계 방향 또는 반시계 방향으로 교대하는 대류 세포들이 나타날 수 있지만, 두 경우가 동시에 성립하는 경우는 없다. 분명 모든 분기에서 물리적으로 불안정한 대안들(둘 다 안정되어 있는 대류 세포들의 경우와는 달리)이 있게 된다. 이는 그 대안들이 현실화되더라도 오래 지속되지는 않을 것이며 불안정하게 하는 어떤 섭동에 의해서든 파괴될 것임을 의미한다.[55] 한편, 잠재적 펼쳐짐의 경우에는 대칭 파괴적 사건들이 서로 충분히 공존할 뿐만 아니라(서로가 서로를 잇는 경우와는 반대이다), 각각의 파괴된 대칭들은 물리적으로 안정적인가 아닌가에 상관없이 모든 대안들을 동시에 산출해 낸다.

    시간의 잠재적 형식은 절대적인 동시성(혹은 절대적 공존)이란 생각을 담고 있다는 점에서 상대성[이론]의 법칙들과 어긋나는 것처럼 보인다. 상대성이론에서 두 사건은 공간적으로 분리되는 순간 동시적이기를 멈춘다. 그리고 시간에서의 탈구dislocation는 분리되는 거리가

---

55) Stewart and Golubitsky, *Fearful Symmetry*, pp. 14~16.

커질수록 보다 더 분명해진다.[56] 하지만 이것이 들뢰즈의 잠재적 시간 개념과 배치될 수 없는 두 가지 이유가 있다. 첫번째이자 좀더 확실한 이유는 잠재공간에는 계량적 거리들이 없으며, 사건을 분리하기보다는 결합하는 서수적 거리들만이 있기 때문이다. 공간적인 '길이' 혹은 '넓이'란 개념이 우리가 (공간을 정의하는 근접성의 관계들을 특화함에 있어) 유클리드 기하학의 방식에서 다른 기하학의 방식으로 넘어가면 의미를 잃는 것과 마찬가지로, 비동시적 사건들을 분리하는 시간의 '늘어남' stretch 혹은 '줄어듦' lapse이라는 개념들은 비계량적 시간성이라는 맥락에서는 의미를 상실한다. 그러나 절대적 동시성 개념에 대한 상대성이론의 거부——예컨대 인과적 신호들이 움직일 수 있는 최대 속도에 대한 거부——가 왜 잠재적인 것에는 적용되지 않는지에 대한 두번째이자 더 중요한 이유가 있다. 잠재적인 것의 시간성은 상대성이론의 법칙들이 지배하는 과정들의 시간성과 비교되어야 할 것이 아니라, 법칙들 자체의 시간성과 비교되어야 한다. 실험실에 나오는 규칙성들을 단순히 기록하는 실험적 법칙들(예컨대 보일의 이상기체 법칙)과는 달리, 근본적인 법칙들(뉴턴의 법칙이나 아인슈타인의 법칙처럼)은 단순히 경험에 대한 수학적 재서술이 아니다.[57] 물리학자들이 근본

---

56) Sklar, *Space, Time, and Space-Time*, pp. 251~286.
57) 법칙들이란 존재론적 분석을 필요로 하는 존재들임을 직시하는 물리학자가 그토록 드문 이유는 무엇일까? 그들 대다수가 이론적 존재들에 대해서 도구주의적인 또는 조작주의적인 관점을 가지고 있기 때문이다. 뉴턴이 중력의 작용을 설명해 주는 메커니즘을 제공하기를 거부하고 행성들이 (왜 그렇게 운동하는가가 아니라) 어떻게 운동하는가만을 서술하는 데 그친 이래, 많은 물리학자들이 법칙들(과 일반적으로 관찰 불가능한 존재들)에 대해 비실재론적 접근을 받아들였기 때문이다. 그래서 (보일의 법칙과 같은) 실험적 법칙들은 실험실에서의 규칙성들 또는 경험의 습성들에 대한 상징적 표상들로서 정의된 반면,

적인 법칙들의 존재론적 위치에 대해 늘 심사숙고하는 것은 아니지만, 철학자들에게 이런 법칙들은 영원하며 우주를 통틀어 동시적으로 유효한 것으로 여겨진다. 다시 말해, 철학적 논의에서 근본 법칙들은 부동의 본질들처럼 무시간성이란 동일한 형식을 향유한다. 그리고 잠재적

근본 법칙들은 실험적인 법칙들의 원천이 되는, 또 경험을 통해서가 아니라 그 결과의 유효성을 통해서 유효하게 되는 기본 가설들이 되었다. 어느 경우에도 법칙들 자체의 존재론적 위상이 문제가 되지는 않는다. 다음을 보라. Lindsay and Margenau, *Foundations of Physics*, pp. 14~16(실험적 법칙들에 관해), pp. 22~26(근본 원리들에 관해).

철학자들은 이런 입장을 취할 수 있으며, 그에 근거해서 모든 특수한 실험적 법칙들이 일련의 근본 법칙들로부터 이끌어내질 수 있으며 그 결과 근본 법칙들은 기하학에서 유클리드의 공리주의적axiomatic 공식화처럼 일련의 집합들로서 간주되고 또 영원한 진리들로서 다루어질 수 있다고 주장할 수 있다. 그러나 물리학자 리처드 파인먼이 주장하듯이, 과학자들은 이렇게 할 수 없는데 그것은 그들이 근본 법칙들은 본질들과는 달리 여러 상이한 형태를 띨 수 있다는 것을 의식하고 있기 때문이다. 예컨대 뉴턴의 운동 법칙들은 세 가지 방식 — 원래의 힘 형태, 장 형태, 그리고 변이적 형태 — 으로 표현될 수 있고 그 각각은 수학적으로는 전적으로 다르다. 이 세 형태는 하나의 동일한 법칙을 표현하기 위해 취해진 것들이다. 그것들은 동일한 수학적 결과들을 가지며 따라서 우리는 그것들을 실험적으로 분리해서 말할 수 없기 때문이다. 그러나 여러 형태들이 존재한다는 사실은 그리스적인 공리주의적 접근을 채택하려는 유혹을 제거해 버리며, 물리학자들로 하여금 (파인먼의 말마따나) 바빌로니아적 접근을 채택하도록 만든다. 다음을 보라. Richard Feynman, *The Character of Physical Law*, Cambridge, Mass.: MIT Press, 1995, pp. 50~53.

근본 법칙들을 어떻게 보아야 하는가에 대해 물리학자들로부터 들을 수 있는 아마도 유일하게 분명한 생각은 법칙들 자체에 군론을 적용하는 것으로부터 온다. 예컨대 시간과 공간의 이동 하에서 뉴턴 법칙들이 불변이라는 잘 알려진 사실은 다음을 함축한다. "동일한 본질적인 초기 조건들이 주어질 경우, 결과는 우리가 이것들을 언제 어디에서 실현하든 동일할 것이다. 이 원리는 절대 위치와 절대 시간이 결코 본질적인 초기 조건들이 아니라는 언표로서 …… 공식화될 수가 없다. …… 우주가 전체적으로 균질하지 않다는 것이 밝혀진다면, 우주의 변두리에서 성립하는 자연법칙들은 우리가 연구하고 있는 것들과는 상당히 다를 수 있다. …… 시간과 공간에서의 변이와 관련해서의 불변성이라는 가정은 이런 가능성을 무시하며, 그것을 우주론적인 규모에 적용하는 것은 균질적이고 정적인 우주를 잠재적으로 전제하고 있다." Wigner, "Invariance in Physical Theory", *Symmetries and Reflections*, p. 4(강조는 인용자). 분명 이것은 소박한 본질주의보다 좀더 정교화된 입장이다. 불변성에 대한 이런 가정, 기초 법칙들은 모든 곳에서 동시적으로 유효하며 항상 그래 왔다는 것을 함축하는 가정은 다시 개략적인 가설로서 다루어질 수 있다. 법칙들을 둘러싼 이 물음은 4장에서 다시 다룬다.

인 것이 대체하고자 하는 것은 다름 아닌 시간의 이런 형식인 것이다.

　그럼에도 문제는 남는데, 어떤 형식의 시간성이 잠재적 사건들의 절대적 공존을 가능케 해주는가? 혹은 마찬가지 이야기가 되겠지만, 시간의 비계량적인 형식을 어떻게 생각해야 하는가? 분명 그것이 아무리 길더라도 현재 시간일 수는 없다. 현재라고 하는 바로 그 개념이 일정한 특징적 규모characteristic scale의 시간의 늘어남/이어짐이라는 개념을 가정하기 때문이다. 그러나 본질주의의 함정을 피해 가야만 한다면, 그것을 무시간적 차원으로 볼 수도 없다. 이러한 대안들에서 벗어나기 위해 들뢰즈가 제안한 해법은 천재적이다. 생성 없는 순수 존재들(영구적인 동일성을 가지고 있는 부동의 본질들 혹은 법칙들)만 거주하는 초월적 하늘과는 달리, 잠재적인 것에는 존재 없는 순수 생성들만이 배타적으로 거주해야 한다. 기껏해야 강도적인 시간 형식(병렬적으로 발생하는 계서적 과정들의 다발들)을 가지고 있는 현실적 생성들과는 달리, 순수 생성은 어떠한 계서성sequentiality의, 심지어는 방향성의 흔적도 없는 병렬관계에 의해 특징 지어져야만 한다. 들뢰즈는 상전이들에서, 더 정확히 말해 현실화되지 않는 전이들을 정의하는 임계 사건들에서 이런 시간 개념에 관한 영감을 발견한다. 예컨대 순수 생성의 측면에서 보았을 때 0℃라는 임계점은 물의 녹는점도 어는점도 가리키지 않는다. 양자 모두가 임계 문턱이 결정적인 방향에서 교차됨에 따라 일어나는 현실적 생성들(액체 되기 또는 고체 되기)이기 때문이다. 반면 순수 생성은 두 방향을 동시에 포함한다. 그것은 현실적으로는 결코 일어나지 않는, 다만 "항상 도래하고 있고 또 항상 이미 지나간" 녹는-어는 사건이다.[58]

잠재적 공간의 구축에 포함되는 사건들, 즉 잠재적 다양체들의 특이성들이 보통 점들의 계열로 뻗어 가는 것은 물론 그것들의 점진적인 펼쳐짐까지도, 이런 의미에서의 순수 생성들로서 간주되어야 한다. 이런 구축에서는, 들뢰즈의 말처럼, "시간은 자신 안에서 펼쳐지는 사물들 대신 …… 스스로를 펼친다. …… [시간은] 기수이기를 멈추고 서수가 된다. 시간의 순수한 순서가."[59] 현재들로부터 배타적으로 만들어지는 현실적 시간(한 시간 규모에 관련해 과거와 미래인 것이 좀더 큰 시간 주기에서는 여전히 살아 있는 현재이다)과는 달리 순수 생성은 항상 현재를 비켜가는sidesteps 시간성을 함축한다. 현재에 실존한다는 것은 생성하는 것이 아니라 존재하는 것이기 때문이다. 이러한 시간성은 과거와 미래로 펼쳐지는 서수적 연속체, 즉 어떤 일도 일어나지 않는 그러나 모든

---

58) "왜냐하면 '물은 왜 0°C에서 그 질적 상태를 바꾸는가' 라는 …… 것을 아는 것이 문제라면 이 물음은 0°C가 온도계의 보통의 한 점을 가리키는 한에서 빈약하게 공식화된 것이기 때문이다. 그러나 그것이 반대로 하나의 특이점으로서 이해된다면, 그것은 그 점에서 일어나는 사건 ─ 보통 점들의 선상에서의 그 실현에 관련해 항상 제로이며, 여전히 오고 있지만 또 이미 지나간 ─ 으로부터 분리될 수 없다." Deleuze, *Logic of Sense*, p. 80(강조는 인용자). 정확히 동일한 공식화가 들뢰즈의 여러 저작들에서 반복된다. "아이온 ─ 사건의 비한정적indefinite 시간. 오로지 속력만을 아는, 그리고 이미-거기에서 일어났지만 또 아직-거기에서 일어나지 않은 것을, 너무-늦으면서 동시에 너무-이른 것을 끝없이 분할하는 유동적인 선. 이제 지나가려고 하면서 동시에 막 지나간 어떤 것." Deleuze and Guattari, *A Thousand Plateaus*, p. 262. "동안meanwhile, 사건은 항상 죽은 시간이다. 그것은 아무것도 일어나지 않는 그곳에 존재한다. 이미 무한히 지나간 무한한 기다림, 기다림과 예약." Deleuze and Guattari, *What Is Philosophy?*, p. 158.
59) Deleuze, *Difference and Repetition*, p. 88(강조는 인용자). "지도리joint는 …… 시간이 그 고유하게 기수적인 점들에 복속되도록 만드는 것이다. 이 점들을 통해서 그것이 통과하는 주기적 운동들[주기적 현재들의 포개진 집합]이 지나간다. …… 대조적으로, 지도리에서 빠져 버린 시간은 …… 그것의 지나치게 단순한 순환적 형태로부터 해방된, 그것의 내용을 구성하는 사건들로부터 자유로워진 …… 경첩이 빠진 시간을 …… 요컨대 그 스스로를 공허하고 순수한 형식으로서 제시하는 시간을 뜻한다. 시간 안에서 사물들이 펼쳐지기보다는 …… 시간 그 자체가 펼쳐진다. …… 그것은 기수적이기를 그치고 서수적인, 시간의 순수한 순서가 된다."

것이 동시에 양방향으로 한없이 생성하는——언제나 "이미 일어났고" (과거 방향) 언제나 "막 일어나려 하는"(미래 방향)——시간이다. 그리고 상대적인 과거들과 미래들의 방향과 관련해 비대칭인 현실적 시간과는 달리, 순수 생성은 이 점에서 보면 완벽하게 대칭적인 시간성을 함축할 것이다. 이때 시간의 화살이 가는 방향은 잠재적인 것이 현실화됨에 따라서만 파괴된 대칭성으로서 나타난다.[60]

앞에서(2장) 다양체들은 물질적 원인들의 비물체적 효과이며, 따라서 비수동적이거나 인과적으로 무산적인 존재들이라고 말했다. 순수 생성의 시간은 항상 이미 지나갔고 영원히 아직 도래하기 않았기에, 다양체들의 이 비수동성 또는 무산적임의 시간적 차원을 형성한다.[61] 하지만 또한 의사-원인 작동자는 결코 비수동적이지 않기에, 반대로 감응하는 순수한 능력들로 정의됨을, 그리고 잠재적인 것의 산출에 있어 물리적 인과관계에 병렬적으로 작용함을 보았다. 특히 의사-원인은 다양체들을 다질적인 연속체로 엮어 넣을 수 있어야만 하고, 계속 그렇게 함으로써 그것들에 물체적인 원인들로부터의 자율성을

---

60) 이미 논했듯이, 각각의 순환적인 현재는 주어진 시간 규모에서의 과거 순간들과 미래 순간들의 수축이다. 따라서 그것은 현재의 진정한 '종합', 즉 들뢰즈가 (그것이 세계에 의한 것이든 주체에 의한 것이든 능동성을 포함하지 않기에) '수동적'이라 부르는 종합이다. "수동적 종합 또는 수축은 본질적으로 비대칭적이다. 즉 그것은 현재 내에서 과거로부터 미래로, 그래서 특수한 것에서 일반적인 것으로 간다. 그렇게 함으로서 시간의 화살에 방향을 부여한다." Deleuze, *Difference and Repetition*, p. 71.
61) "무한히 분할 가능한 사건들은 항상 둘 다 동시적[미래이면서 과거, 능동적이면서 수동적]이다. 그것은 영원히 방금 일어난 것이면서 막 일어날 것이며, 그러나 결코 일어나고 있는 것은 아니다. …… 사건은, 그 자체는 비수동적인 것이기에, 능동적인 것과 수동적인 것으로 하여금 보다 쉽게 상호 교환할 수 있게 해준다. 그것은 하나도, 다른 하나도 아니며, 차라리 그것들의 공통의 결과이기 때문이다." Deleuze, *Logic of Sense*, p. 8.

부여한다.[62] 어떤 시간적 측면이 이러한 능력의 실행에 부합하는 것인가? 여기서 다시 한 번 어떠한 계량적인 개념들도 전제할 수 없다. 즉 이러한 수행이 (아무리 짧더라도) 시간의 현재적 뻗어 감 속에서 일어난다고 가정할 수는 없다. 이 다른 시간은 반드시 순간적인 것으로 간주되어야만 한다. 들뢰즈는 이렇게 말한다.

> 물체적 원인들은 우주적 혼합체를 통해서, 그리고 (비물체적 사건을 산출하는) 보편적 현재를 통해서 작용을 가하고 받는다. 그러나 의사-원인은 이 물리적 인과를 이중화함으로써 작동한다. 즉 그것은 가장 작은 가능한 현재 ─ 가장 정확하고 가장 순간적인 현재, 스스로를 미래와 과거로 분할하는 점에서 포착되는 순수 순간 ─ 에 사건을 구현한다.[63]

그 자체로 과거와 미래로 펼쳐지는 순간에 의해 특징 지어지는 시간성은 어떤 의미에서 비계량적인가? 이미 말했듯이, 현실적 시간은 일정한 시간 규모를 가진 현재들의 포개진 집합에 의해 수행된 계량화 혹은 양자화의 산물로 볼 수 있다. 현재를 이완 시간의 관점에서 보든 아니면 비선형 진동들의 고유한 주기의 관점에서 보든, 현실적 시간 내에서 발생하는 과정들은 항상 제한된 지속이란 시간 규모를 가지고 있으며 하지만 항상 주기들의 특정한 계서가 영원히 계속해서 고동칠

---

62) Ibid., pp. 94~95.
63) Ibid., p. 147.

pulse 수도 있다는 의미에서 잠재적으로 무한하다. 반면 잠재적 시간은 그것이 펼쳐지는 과거와 미래 방향에서 무제한적이라는 의미에서 비계량적이겠지만 펼침을 수행하는 두께가 없는 순간처럼 항상 유한할 것이다.[64] 잠재적인 것의 시간은 계량적 시간의 관점에서 보면 특이성들 — 최대와 최소, 무제한적 지속의 사건들(다양체들의 펼침) 그리고 0 지속의 사건들(의사-원인의 작동) — 일 수밖에 없는 것에 의해 전적으로 구축된다. 의사-원인 작동자는

> 순간 속에서 발생하는 최소 시간과 아이온에 따라 사유될 수 있는 최대 시간의 일치를 가져와야 할 것이다. 사건의 현실화를 혼합체 없는 현재에 제한하기 위해서, 그 순간을 훨씬 더 강도 높게, 팽팽하게, 그리고 순간적인 것으로 만들기 위해서(그것이 제한 없는 미래와 제한 없는 과거를 표현하기 때문이다).[65]

의심할 바 없이 잠재성의 시간적 측면에 대한 이런 서술은 그 공간적 대응물이 갖추고 있는 정확성을 결하고 있다. 이 공간적 대응물은 한 세기가 넘도록 비계량적 공간들의 본성과 그것들이 계량적 공간들에 대해 가지는 파괴된 대칭 관계들을 연구해 온 장점을 보여 주지만 그에 반해서 시간에 대한 그와 같은 형식적 연구는 존재하지 않는다. 더욱이 설사 우리가 시간을 무시하고 공간에만 초점을 맞춘다 해

---

64) Deleuze, *Logic of Sense*, p. 165.
65) Ibid., p. 147.

도, 잠재적 연속체에 대한 들뢰즈의 설명 방식은 그러한 형식적 이론들로부터 가져올 수 있는 수단들을 훨씬 넘어서 있어 너무 지나치게 사변적이고 복잡해 보일 수 있다. 비선형 수학에 의해 개발된 존재들(끌개들, 분기들)이 우리에게 더욱 친숙한 플라톤적인 존재들과 같은 유형이라고 가정하는 편이 더 간단하고 더 자연스러울 텐데, 왜 그토록 수많은 난관을 겪으면서까지 (잠재적 연속체를 구축하는) 내재성 매커니즘을 상술해야 하는가? 이렇게 묻는 사람이 있을 것이다. 동역학계 이론 분야에서 선두적인 인물, 예컨대 수학자 랠프 에이브러햄은 이 분야의 이점들을 자기 나름대로 평가해서 이렇게 말하고 있다.

> 자기조직화 이론의 현 단계에서 동역학적 개념들을 사용함으로써 얻게 되는 이점은 두 부류로 귀결된다. 영구적인 이점들은 형태동역학 morphodynamics에 공헌할 수 있는 개념들의 획득이고, 한시적인 이점으로는 새로운 사유 패턴들의 실행이다. 첫번째 범주로서 나는 형태동역학의 본질적 특징들로서 끌개들, 안정적인 분기들, 그리고 분기들의 거시적 다이어그램들을 들 수 있다. 이것들은 형태동역학적 계서들의 모든 복잡성에 관한 가이드라인들이자 배제율이자 위상학적 제한들로 간주할 수 있을 것이다. …… 나는 자기조직계 이론의 동역학주의의 중요성은 그것이 미래의 더욱 완벽한 형태동역학을 위한 일시적이고 예비적인 시도라는 점에 있다고 생각한다. 그렇지만 현재로서도 동역학주의는 제한들의 항구적인 전설, 형태발생적 과정들에 대한 합법적이고 보편적인 제약들의 계통학 ― 플라톤적 형상철학 ― 을 약속하고 있다.[66]

들뢰즈는 위에서 언급된 많은 부분들에, 특히 잠재적 존재들의 역할을 위상학적 제한들 혹은 제약들로, 즉 주어진 자기조직적인 혹은 강도적인 과정의 결정에 있어서 인과적인 관계들을 보완하는 의사-원인적 관계들로 특성화하는 문제에 동의할 것이다. 그러나 다른 한편 지금까지 발견된 위상학적 제한들의 집합을 일종의 고정되고 영원한 계통학의 근거로 보는 것은, 들뢰즈로서는, 애초에 그러한 제약들을 가정하게 만든 바로 그 조건을 무효화하는 것으로 생각될 것이다. 의심할 여지도 없이, 이러한 존재들이 연속체로 엮이고 현실적 사건들로부터 일정한 자율성을 갖도록 해주는 복잡한 작용(연산)을 정의하는 것보다는 플라톤이 주장하는 존재들이 실재한다고 가정하는 편이 훨씬 더 간편하다. 하지만 여기서 간단함을 선호하는 것은 과다한 특징들을 제거하는 것(오컴의 면도날에서처럼, 단순성 논증을 정당하게 사용하기)보다는 차라리 〔주관적인〕 친숙함과 더 관련이 있다. 자신들의 연구 주제의 개념적인 토대에 관심을 가지고 있는 물리학자들이 자각하고 있듯이, 친숙함에 기초한 논증들은 간명함을 정당하지 못한 방식으로 사용한다.[67] 현재의 맥락에서 플라톤의 형상철학을 그것이 더욱 친숙한 것이라는 이유로 지지하는 것은 잘못된 것이리라. 과거의 어떠한 철학자(혹은 과학자)도 내재성의 메커니즘을 상술한 적이 없다고 한다면, 그것〔내재성의 메커니즘〕에 친숙하지 못한 것은 단지 지성사에 관

---

66) Ralph H. Abraham, "Dynamics and Self-Organization", *Self-Organizing Systems*, p. 606.
67) 물리학 기초론에서 간명성과 친숙함에 대한 물음들에 대해서는 다음을 보라. Lindsay and Margenau, *Foundations of Physics*, p. 18.

련한 우발적인 사실로 보아야지 새로운 이론을 거부하는 근거로 보아서는 안 될 것이다.

다양체의 시간

나는 간명함에 관련해서 이 점을 강조한다. 지금까지의 잠재성에 대한 설명이 아무리 복잡하게 보일지라도, 그것은 사태의 절반일 뿐이기 때문이다. 특히 우리는 위의 서술이 비계량적 시공간 연속체가 어떻게 구축될 수 있는지에 대한 합리적 설명이 되는 것은 잠재적 다양체들의 개체군이 주어질 때라는 점을 인정한 것이고, 그래서 여전히 이러한 다양체들이 어디에서 유래하는지를 알아낼 필요가 있다. 분명한 것은 다양체들이 단순히 스스로 존재한다고 가정될 수는 없다는 점이다. 그렇게 된다면 다양체들은 변화하지 않는 본질들과 거의 구별되지 않는 것들이 되고 말 것이기 때문이다. 사실 의사-원인 작동자가 수행해야 하는 또 하나의 과제가 있는데, 다양체들의 바로 그 존재를 설명해 주는 또 다른 내재성 메커니즘이 그것이다. 들뢰즈가 말하듯이, 의사-원인은 "현재로부터 그리고 그 현재를 점유하고 있는 개체들과 사람들로부터 특이성들을 추출한다."[68] 이러한 추출작용은 부분적인 시공간적 현실화로부터 다양체 전체를 복원함으로써 두번째의 내재성 메커니즘을 정의한다. 들뢰즈는 가끔씩 이런 작용을 기하학적으로 특성화해 그것을 조각scetion 또는 박편slice의 추출로서 서술한다. 일반적으로 이러한 수학적 조작(연산)은 그것이 가해지는 대상의 차원성을 감소시킨다. 예컨

---

68) Deleuze, *Logic of Sense*, p. 166.

대 3차원인 부피의 박편은 2차원 평면이 되며, 부피 그 자체는 4차원의 초부피hypervolume의 박편 또는 조각으로 간주될 수도 있다. 상태공간에서의 끌개들, 특히 이상한 카오스적인 끌개들의 분석에서는 복잡한 위상학적 모양으로부터 정보를 추출하기 위해 그리고 그것을 연구에 좀더 용이한 방식으로 제시하기 위해 이 조작('푸앵카레 절단')을 널리 사용한다.[69] 하지만 들뢰즈는 좀더 정교한 조작을 염두에 두고 있는데, 수학에는 이에 대한 대응물이 존재하지 않는다.

이러한 독창적인 박편화薄片化 작업이 구체적으로 어떤 것인지를 알아보기 위해 전도-대류-교류라는 연속적인 흐름 패턴들의 사례로 돌아가볼 필요가 있다. 대류 상태에 있는, 즉 가능한 흐름 패턴들 중의 하나(주기적 끌개)를 현실화하는 어떤 구체적인 물리계를 상상해 보자. 이 경우, 잠재적인 구성 요소(끌개)는 단지 현실적 원인들 —— 온도와 밀도차 사이의 관계들 혹은 중력과 점성력viscous power 사이의 경쟁하는 대류 세포들의 출현과 유지를 설명하는 인과적 관계들 —— 의 한 효과로서만 존재할 뿐이다. 들뢰즈의 가정은 그러한 현실적 계가, 그것의 충분한 의사-원인적 구성 요소들 즉 각 흐름 패턴들과 그것들[패턴들] 사이를 매개하는 분기들을 정의하는 끌개들의 전全 집합을 얻기 위해, '선별될' sampled 수 또는 '박편으로 썰릴 수' sliced through 있으리라는 것이다. 다시 말해 들뢰즈적 절단은 원래 차원성의 환원에 있기보다는 위상학적 불변항들 —— 그것의 상태공간의 충만한 차원성뿐만 아니라 특이성들의 분포들도 포함해서 —— 을 제외한 현실

---

69) Stewart, *Does God Play Dice? The Mathematics of Chaos*, pp. 114~121.

적 사건의 모든 세부 사항들을 제거하는 데에 있다.

이 중요한 생각의 세부 사항을 자세하게 살펴보자. 1장에서 들뢰즈가 리만에게서 n-차원 (수학적) 다양체라는 개념을 빌려왔다고 말했다. 이 개념은 n+1차원의 공간에 놓여 연구될 필요가 없으며, 그 자체로써 하나의 공간을 구성한다. 그리고 그 공간의 차원들 각각은 주어진 역학계의 상관적인 자유도 혹은 그 계에 관련해 변화하는 방법을 정의한다. 현실적인 강도적 과정들에서 추출되거나 선별된 각각의 다양체는 일정한 차원성(n의 변수를 위한 특정한 값)을 소유하게 되는데, 그것이 지배하는 과정은 단지 한정된 수의 상관적인 방식들에서만 변화할 수 있기 때문이다. 이 한정된 차원들은 구체적이고 보편적인 존재로서의 잠재적 다양체를 정의하는 핵심적 특성을 구성하며, 이렇게 한정된 수는 상이한 과정들에서 추출된 상이한 다양체들마다 달라진다. 달리 말해, 다양체들의 개체군은 그 차원들에 있어 다질적일 것이다. 혼효면이 다양체들을 그 차이들을 통해 모은다고 한다면, 이러한 '면'은 2차원적인 표면이 아니라 가변적인 차원의 공간으로 여겨져야 하며 따라서 차원에 있어 다양한 잠재적 개체군이 공존할 수 있게 해준다. 들뢰즈는 이렇게 쓰고 있다.

이런 종류의 '면'이 차원들의 수로 '환원되는' 것은 오직 외관적인 것일 뿐이다. 왜냐하면 그 면은 평탄한, 그렇지만 증가하거나 감소하는 차원수次元數들을 가지고 있는 다양체들이 그 위에 각인되는 만큼 모든 차원들을 거두어 들이기 때문이다. …… 혼효면은 다양체들의 차원수를 그로 환원하기보다 그것들 모두를 가로지르며cut across, 얼마만큼의 다양체들이든 또 얼마만큼의 차원들이든 공존시키기 위해 그것들을 교차시킨다. 혼효면plane of consistency은 모든 구체적 형태들의 교차이다. …… 유일한 물음은 이것이다. 주어진 생성이 그 지점에 도달하는가? 주어진 다양체가 이런 식으로 그것의 모든 차원들을, 마치 수분을 제거당했으면서도 살아 있는 것 같은 압화押花처럼, 평탄케 하고 또 보존할 수 있을까?[70]

들뢰즈는 때로는 의사-원인 작동자가 추출이나 절개의 작용을 수행하는 실행자인 것처럼 설명하기도 하고, 또 어떤 경우에는 혼효면 자체를 실행자라고 설명하기도 한다. 두 가지 설명 방식의 차이는 내가 생각하기로는 중요한 것이 아니다. 오히려 중요한 것은 그러한 실행의 세부 사항들과 그것의 정당성이다. 특히 각각의 다양체가 그 자신의 공간을 정의한다는 사실, 즉 그것들이 놓이는 $n+1$차원 공간의 부재가 다양체들을 통일하지 않는 잠재적 공간(이질성을 잃지 않고서 공존하는 다양체들 자체로 구성되는 공간)을 고려하는 과제에 핵심적이라는 사실이 중요하다. 마찬가지로, 의사-원인 작동자는 종종 '선'線으로 지칭되기도 하는데, 이는 그것이 1차원적 존재여서 그런 것은 아니다. 오히려 의사-원인은 보조적인 차원($n+1$)으로부터 작동해야만 하는 통일성의 초월적인 원천과는 달리 $n-1$차원들에서 작동할 것이다. 들뢰즈는 이렇게 말한다.

---

70) Deleuze and Guattari, *A Thousand Plateaus*, p. 251.

통일성은 항상 고려되고 있는 그 계의 차원에 보조적인 공_空차원에서 작동한다(초코드화). …… 〔그러나 하나의〕 다양체는 결코 초코드화되지 않으며, 그것의 선들〔혹은 차원들〕의 수를 넘어 보조적인 차원을 사용하지도 않는다. …… 모든 다양체들은 평탄하다. 그것들이 그 모든 차원들을 채우거나 점유한다는 의미에서 그렇다. 그래서 우리는 다양체들의 혼효면에 대해 이야기할 것이다. 이 '면'의 차원들이 그 위에서 만들어지는 접속수들과 함께 증가한다고 해도. 다양체들은 바깥──추상선, 탈주선──에 의해 정의된다. …… 이것들에 따라 다양체들은 본성의 변화를 겪고 또 다른 다양체들과 접속한다. …… 탈주선이 표식하는 것은 다음과 같다: 다양체가 효과적으로 채우는 유한한 차원수의 실재, 다양체가 탈주선에 의해 변형되지 않는 한에서의 보조 차원의 불가능성, (그 차원의 수와 상관없이) 단일한 혼효면 혹은 외부성 위에서 모든 다양체들을 평탄화해야 할 가능성과 필연성.[71]

내재성의 두 가지 메커니즘에 대해서 이야기했던 것을 요약해 보자. 작동자의 첫번째 임무, 즉 다양체들로부터 나오는 서수적 계열들

---

[71] Deleuze and Guattari, *A Thousand Plateaus*, p. 9. 의사-원인 작동자를 가리키는 '탈주선'은 다른 곳에서는(Ibid., p. 488) 프랙탈 선으로서 정의되어 있다. 정확히 작동자와 그것이 구축하는 면이 모든 다양체들에 관련해 n-차원들을 절단하고 보존해야 하기 때문에, 들뢰즈는 그것을 필연적으로 차원들의 프랙탈 수──정수가 아닌 분수──를 가져야 하는 것으로서 파악한다. 예컨대 평탄한 종이 한 조각은 3차원의 존재이지만, 공 모양처럼 말린 것은 2와 3 사이의 차원을 가진다. 즉 프랙탈 차원을 가지는 것이다. 그래서 1차원의 끈이 계속 접히면 그것은 면을 채우기 시작한다. 조작자 자체는 n+1차원들에서 작동하는 초월적인 실행자가 아니라 (오히려 반대로) n-1차원들──면을 형성하는 선, 또는 1-차원 계열을 통해 돌아다니는 우발점──에서 작동한다. 면의 프랙탈 차원성에 대해서는 Deleuze and Guattari, *What Is Philosophy?*, pp. 36~38을 보라.

사이의 발산과 수렴 관계를 만들어 냄으로써 다양체들을 함께 모으는 것은 전-현실화pre-actualization로 간주될 수 있다. 그것은 다양체들에게 최소한의 현실성을 부여해 주며, 그런 의미에서 완전하게 형태를 갖춘 현실적 존재들에서 궁극에 달하는 [대칭 파괴적] 연쇄에서 최초의 파괴된 대칭성을 나타낸다고 할 수 있다. 작동자의 두번째 임무, 즉 강도적 과정들에서 잠재적 사건들을 추출하는 것은 이번에는 참된 반-현실화counter-actualization로 볼 수 있다. 이것이 잠재적인 것에서 강도적인 것으로, 그리고 거기에서 외연적인 것과 질적인 것으로 가는 것과는 반대되는 방향을 따르기 때문이다.[72] 사실 반-현실화는 전-현실화를 보충한다. 어째서일까? 반-현실화는 현실적으로 발생하는 사건들로부터 평탄한(혹은 접혀진) 다양체들을 추출하지만, 전-현실화는 이것들을 가져다가 평탄하지 않게 하기(그것들을 완전하게 현실화되지 않으면서도 점진적으로 펼치고 분화시키기) 때문이다. 이 두 가지 작용들 각각은 시간적 차원을 갖는다. 즉 의사-원인 작동자는 모든 상이한 시간 규모에서, 순간적으로 모든 현실적 사건들을 선별하거나 절단할 것이다. 그리고 나서 각각의 평탄한 다양체는 그 순간의 양 면에서 동시에 "그 포자들을 날리는 꼬투리와 같은 방식으로" 펼쳐지는 층위

---

72) 들뢰즈는 현실적 사건들에서 이데아적 사건들을 추출해 내는 것을 '반-현실화'라고 지칭한다. Deleuze, *Logic of Sense*, pp. 150~152. 그는 '전-현실화'라는 말은 쓰고 있지 않지만, 이 용어가 의사-원인이 수행해야 할 다른 과제의 의미를 포착해 준다. "이미 보았듯이, 일반적으로 하나의 특이성은 두 가지 방식으로, 즉 그것의 존재에 있어 그리고 [벡터-장에서의] 분포에 있어 파악될 수 있다. 하지만 또한 그것의 본성에 있어 파악될 수도 있는데, 이 경우는 보통 점들이 형성하는 선을 넘어 정해진 방향으로 그 스스로를 확장시키고 연장시키는 것과 부합한다. 이 두번째 측면은 이미 어떤 안정화를, 그리고 특이성들의 현실화의 시작을 나타낸다." Ibid., p. 109(강조는 인용자).

들 각각을 정의하는 특이성들을 분배함으로써, 동시에 두 개의 제한되지 않은 방향 즉 과거와 미래에서 즉각 펼쳐질 것이다.[73]

전-현실화 작용은 다양체들에게 그것들의 실제 원인들로 작동하는 강도적 과정들에 관련해 일정한 자율성을 줄 뿐만 아니라, 이러한 비수동적이고 무산적인 메마른 효과들에 그것들이 향유하는 어떠한 형태발생적 역능이든 부여해 줄 것이다.[74] 달리 말해 전-현실화는 다수의 끌개들을 지닌 물리계에 속하는 현실화되지 않은 특이성이 어떻게 잠세적인 대안적 상태로서 존속하는지를 설명해 줄 뿐만 아니라, 현실화된 특이성이 어떻게 애초에 그 끄는 역능을 갖게 되는지를 설명해 준다. 다양체들을 함께 연결시키고 그것들에 생산성을 부여하는 것이 대칭 파괴적 연쇄를 따라 내려가는 강도적 과정들을 지배하는 한에서, 의사-원인 작동자는 '어두운 전조'로 지칭된다.[75] 반면 반-현실화 작용은 반대되는 방향, 즉 강도적인 것에서 잠재적인 것을 향해서

---

73) "…… 그 순간은 두 번(한 번은 미래로 그리고 또 한 번은 과거로) 투사된 특이점들을 추출해 낸다. 이 이중의 등식을 통해 순수 사건의 구성적 요소들을 형성하면서(꼬투리가 배종을 방출하는 방식으로)." Ibid., p. 166.
74) "[하나의 다양체가] 그것을 산출하고 표면에 분포시키는 의사-원인과의 관련 하에서 파악될 때, 그것은 이 이데아적ideational 원인의 힘을 이어받고, 거기에 참여하고, 나아가 그것을 포괄하고 또 소유한다. 우리는 이 [의사-]원인이 그것의 효과 바깥에서는 아무것도 아니라는 것, 이 효과를 따라다닌다는haunt 것, 그리고 그 효과와 더불어 그 산물을 (그것이 산출된 순간) 어떤 산출적인 것에로 되돌리는 내재적 관계를 유지한다는 것을 보았다." Deleuze, *Logic of Sense*, p. 95. 이 인용문은 '다양체'에 관한 것이 아니라 '의미'에 관한 것이지만, 이 두 용어는 밀접히 관련되어 있다.
75) "이질적 계열들 사이의 소통이 일단 수립되면, 모든 종류의 결과들이 그 계 내에서 따라 나온다. 무엇인가가 경계선들 사이를 지나가고, 사건들이 파열하고, 현상들이 빛난다. 천둥과 번개처럼. …… 이 작동자는, (소통을 가능케 하는) 이 힘은 무엇인가? 이 번개는 상이한 강도들 사이에서 파열한다. 그러나 그것들에 앞서 어떤 보이지 않는, 지각 불가능한 어두운 전조dark precursor가 작동한다. 이것이 그것들의 경로를 미리 그러나 역방향으로 그려 준다. 마치 음각처럼." Deleuze, *Difference and Repetition*, pp. 118~119.

대칭 파괴적 연쇄를 따라 올라간다. 나는 2장에서 이 세계의 어떤 영역들, 비선형적인 그리고 평형에서 멀리 떨어진 거리에서 작동하는 과정들에 의해 정의되는 영역들은 잠재적인 것을 외연성들과 질들 아래로 감추기보다는 오히려 그것을 드러내거나 그 자신을 표현하게 해준다고 말했다.[76] 이 영역들은 잠재적인 것을 향해 가는 자연발생적인 운동——여전히 물리적이고 물체적이긴 하지만, 순수 잠재성의 수준에 도달하도록 지지해 주는 발판을 부여받은 운동——을 나타낼 것이

---

[76] 들뢰즈는 세계의 비선형적인, 비평형적인 영역들에 대해 말하는 것이 아니다. 그는 충분히 평형을 이루는 구조들로부터 그 특징적인 특수한 과정들(예컨대 준안정적 표면들의 자연발생적 형성)을 구분하고 있는 것이다. 후자만이 잠재적인 것을 생겨나게 할 힘을 가진다. "우리가 물체들과 그 혼합물들이 [잠재적인 것을] 산출한다고 말할 때, 그것은 개체화에 의한 것이 아니다(개체화는 오히려 이러한 산출을 전제한다). 물체들에서의 개체화, 그 혼합물들에서의 측도는 …… 그것이 펼쳐지는 전개체적이고 비인칭적인 중성적 장을 …… 전제한다. 따라서 [잠재적인 것이] 물체들에 의해 산출되는 것은 상이한 방식에 의해서이다. 이제 물어봐야 할 것은 그 미분화된 깊이와 측정 불가능한 박동에서 취해진 물체들에 대해서이다. 이 깊이는 독창적인 방식으로 작용한다. 표면들을 조직하고 표면들 내에서 그 스스로를 포괄할 수 있는 힘을 통해서." Deleuze, *Logic of Sense*, p. 124.
나는 이 인용문에서 '의미'에의 참조를 '잠재적인 것'(에의 참조)으로 바꾸었다. '의미'라는 용어는 '잠재적 다양체'와 밀접하게 관련되어 있으나, 잠재성과 언어 사이의 관계(이 책에서는 논하지 못했다)를 가리킨다. 표면들을(평형을 이루는 표면들까지도) 형성시킬 수 있는 물질의 능력은 자기조직화의 가장 원초적인 형식을 이룬다. 유체 또는 고체들의 표면들은 분명 이 물체들의 특수한 또는 특이한 지대들이며, 그것들이 포함하는 보통의 물질 덩어리와는 매우 다르다. 액체 상태의 물체 덩어리 ——예컨대 호수 또는 대양——는 (끌기의 힘들이 모든 방향에서 가해지는) 분자들의 개체군으로 구성되어 있다. 반면 이 물체의 표면에는 바깥으로부터가 아니라 안으로부터 힘을 받는 변화하는 하위 개체군이 존재한다. 이것이 그 표면의 분자들에 덩어리들에서는 볼 수 없는 특수한 성질들을 부여한다. 특히 그것들은 상당량의 (일을 행할 수 있는) 자유 에너지를 가질 것이다. 이 점이 표면이 그것의 외연을 최소화 또는 수축하려는 자연발생적인 경향을 가지는 이유를 설명해 준다(왜 물방울들이 자연발생적으로 둥그런 형태를 띠는지를 설명해 주는 '표면장력'). 다음을 보라. Neil Kensington Adam, *The Physics and Chemistry of Surfaces*, New York: Dover, 1968, pp. 1~7.
평형에 있어서조차도 개체화한 물체들의 표면들은 사건들의 비대칭적인 분포들, 의사-원인 작동자의 서명署名인 분포를 자연발생적으로 낳을 수 있다. 이것은 특히 물질의 상이한 상相들 사이의 접촉면에서 일어나는 전기적 현상들의 경우에 분명하게 나타난다.

다. 반-현실화가 일련의 강도적인 과정들에 이미 나타나는 현실성으로부터의 탈출을 가속화하는 한에서, 의사-원인 작동자는 '탈주선'으로 지칭된다.[77]

결론

결론적으로, 내가 반복해서 말하고 싶은 것은 의사-원인 작동자의 실행에 관해서 들뢰즈의 고유한 제안들이 어떤 이점을 가지고 있든 적어도 그런 실행이 직면해야만 할 전반적인 제약들을 정교화한 것은 들뢰

"두 개의 전도 상들conducting phases이 접촉할 때, 전기 포텐셜에서의 차이가 그것들 사이에 일반적으로 수립된다. 이 '상 경계phase boundary 포텐셜'의 수립은 '전기적 이중층'의 형성과 밀접하게 결부되어 있다. 그리고 이것은 표면에서 그렇다. 즉 상 경계 근처의 충전充電된 입자들의 불대칭적unsymmetrical 분포에 있어 그렇다. 그리고 이 경우 양의 포텐셜을 가정하는 상으로의 양 전하들의 과잉과 음 포텐셜을 가정하는 상으로의 음 전하들의 과잉이 동반된다." Ibid., p. 300(강조는 인용자).
들뢰즈는 같은 생각을 다음과 같은 방식으로 표현한다. "모든 것은 오로지 모서리들에서만 전개되는 한 결정체의 표면에서 일어난다. 의심할 바 없이, 하나의 유기체는 동일한 방식으로 발생되지 않는다. …… 그러나 막들이 덜 중요한 것은 아니다. 그것들이 포텐셜들을 나르고 또 극성들polarities을 재생시키기 때문이다. 막들은 내적 공간들과 외적 공간들을 거리에 상관없이 접촉하게 만든다. 내적인 것과 외적인 것, 깊이와 높이는 이 접촉의 위상학적 표면을 통해서만 생물학적 의의를 가진다. 그래서 생물학적 맥락에서까지도 "가장 깊은 것은 피부이다"라는 말을 이해하는 것이 필요하다. 피부는 생기적인 그리고 고유하게 표면적인 포텐셜 에너지를 마음대로 사용한다. 그리고 [잠재적] 사건들이 표면을 차지하기보다는 차라리 그것에 드러나듯이, 표면 에너지는 표면에 정위되어 있는 것이 아니라 그것의 형성과 재형성에 묶여 있다." Deleuze, *Logic of Sense*, p. 103(강조는 인용자).

77) '탈주선'이라는 용어는 두 가지 방식으로 사용된다. 하나는 잠재적인 것으로의 상대적인 운동을 가리키며, 다른 하나는 절대적인 운동을 가리킨다. 상대적인 탈주선은 현실적인 배치들을 가리키며, 앞에서 배아발생 및 생태계들을 논하면서 논했던 것들과 같다. 이것들은 감응들에 의해 그리고 빠름과 느림의 관계들에 의해 정의된다. "이 선들에서의 흐름의 상대적인 비율은 상대적인 느림과 점도의 현상을, 또는 그 반대로 가속화와 비약의 현상을 낳는다. 이 모든 것들, 즉 선들과 측정 가능한 속력들이 하나의 배치를 형성한다." Deleuze and Guattari, *A Thousand Plateaus*, p. 4. 이미 말했듯이, 이 배치들에서 상대적인 가속화들(neoteny, 공생)은 엄밀한 형태학들로부터의 탈출을 허용한다. 여기에서 '상대적인 탈주선'은 여러 현상들 중 바로 이런 현상들을 가리킨다. 절대적인 탈주선은

즈의 공으로 돌려야 한다는 것이다. 본질주의적이고 유형학적인 사고를 벗어나려 한다면, 잠재적 다양체들이 현실세계로부터 도출되는 어떤 과정들 그리고 이러한 이끌어냄의 결과들에 충분한 정합성과 자율성을 부여할 어떤 과정들이 필요하다. 들뢰즈 자신은 이런 과제들 각각에 대해 여러 가지 다른 모델들을 제시했는데 이는 그가 이 문제에 대한 최종적인 해결책에 도달했다고 생각하기보다 하나의 올바른 정식화를 이루어 냈을 뿐이라고 생각했음을 시사한다. 반면 그는 특정한 해들과는 상관없이 이 문제 자체가 제기될 만하다고 분명하게 생각했다. 이를 시사해 주는 것은 들뢰즈가 철학에서 자신의 구축주의적 방법론이 작동자가 성취해야 할 두 가지 과제와 밀접하게 일치한다고 생각했다는 사실이다. 현실적 과정들에서 잠재적 사건들(다양체들)을 추출함으로써 그것들을 창조하는 것, 그리고 그것들을 혼효면에서 펼치는 것.[78] 더욱이, 이러한 방법론은 들뢰즈가 볼 때 철학을 과학과 구분해 주는 것이다. 그는 이렇게 쓰고 있다.

이 상대적인 탈출들의 가속화 또는 강화boosting이다. 이를 통해 그것들은 외연적인 것과 강도적인 것을 전적으로 떠난다. "이 상대적인 운동들을 한 절대적 탈주선의 …… 가능성과 혼동해서는 곤란하다. …… 전자는 정적 또는 상호 정적이지만[외연도들 또는 강도들에 관련되지만], 후자는 혼효면에 관련된다. …… 의심할 바 없이, 미친 입자들은 그것들이 가속됨에 따라 충들을 통해 그 이행의 최소 흔적을 떠난다. 그렇게 함으로써 그것이 혼효면의 무형의 물질 상태를 …… 향함에 따라 시공간을 나아가 실존적 좌표들을 피해 간다." Ibid., pp. 55~66. 그리고 다질적인 잠재적 연속체를 창조하는 것은 이 절대적 선들이다. "뿐만 아니라, 혼효면은 …… 그것을 실어나르고 그것을 표면으로 올리는 탈주선들에 앞서, 그것을 구성하는 생성들/되기들에 앞서 존재하는 것이 아니다." Ibid., p. 270.
78) "철학은 구축주의이다. 그러나 구축주의는 질적으로 다른, 그러나 서로를 보완해 주는 두 측면을 포함한다. 그 하나는 개념들의 창조이고, 다른 하나는 그것들을 면 바깥으로 놓음이다. …… 개념들은 무형의 그리고 파편적인 절대적 표면들 또는 입체들이지만, 면은 무

과학과 철학은 반대 방향의 길을 가고 있다고 말할 수 있다. 왜냐하면, 과학적 함수들이 지시reference를 위한 사태들이나 혼합물들을 가진다면, 철학적 개념들은 혼효를 위한 사건들을 가지기 때문이다. 다시 말해, 개념들을 통해서 철학은 계속적으로 사태들로부터 혼효적consistent 사건들을 추출하지만, …… 과학은 함수들을 통해서 지시될 수 있는 사태들, 사물, 혹은 물체에서 사건을 계속적으로 현실화한다.[79]

이 방법을 두 개의 분리된 작업들(이데아적인 사건들을 추출하고 또 그것들에 혼효를 부여하는)이 통합하는 것으로 서술할지 아니면 단 하나의 작용(혼효적 사건을 추출하는)으로 서술할지는 그리 중요하지 않다. 중요한 점은 들뢰즈가 (대리물이라 해도) 전-현실화와 반-현실화를 (철학자가 그 파악법을 배워야만 하는) 객관적인 운동을 정의하는 것으로 생각했다는 점이다. 그가 지적하듯이, 우리 철학자들은 장치들을 발명해서 "우리 안에서 만들어지는 의사-원인, 즉 바로 그 작동자the

---

형의 제한 없는 절대이며 표면도 입체도 아니라 항상 프랙탈이다. …… 개념들은 사건들이지만, 면은 …… 사건들의 지평, 순수하게 개념적인 사건들의 저장소 또는 보유고이다." Deleuze and Guattari, *What Is Philosophy?*, p. 36. 여기에서 '개념'은 '오성의 개념들' 즉 의미론적인 또는 표상적인 존재들을 가리키지 않는다. 그것은 잠재적 다양체들을 가리킨다. "모든 다양체가 개념적이지는 않지만, 모든 개념은 …… 다양체이다." Ibid., p. 15. 이 정의 없이는 표면들 또는 입체들로서의 (즉 수학적 다양체들로서의) 개념들에의 지시는 무의미할 것이다. 잠재적 다양체들을 지성적인 개념들로 생각할 수는 없다는 것은 다음 인용문을 볼 때 분명하다. "이데아가 변이 가능성을 제거한다면, 이것은 다성체[variety; 수학적 다양체의 동의어] 또는 다양체라 불리어야 하는 것을 위해서이다. 구체적 보편자로서의 이데아는 오성의 개념들에 대립적인 것으로서 존재한다." Deleuze, *Difference and Repetition*, p. 173. 여기에서 '이데아'라는 말은 '개념'이 의미하는 바에 대한 좀더 나은 번역을 제공한다.

79) Deleuze and Guattari, *What Is Philosophy?*, p. 126.

Operator가 되도록 해야만 한다."[80] 들뢰즈의 방법론을 세부적으로 열거하는 것은 그의 존재론적 분석 결과들을 인식론의 물음들에 연결짓는 것을 의미할 것이다. 인식론의 용어로 말해, 현실적으로 발생하는 사건에서 이데아적인 사건을 추출하는 것은 기본적으로 그에 대해서 문제적인 것을 정의하는 것, 사건에 대해서 객관적으로 무엇을 설명해야 하는지를 이해하는 것이다. 이것은 현실적인 사건에서 그것을 설명하는 데 무엇이 연관되어 있고 연관되어 있지 않은지, 무엇이 중요하고 중요하지 않은지를 분별하는 것이다. 즉 제대로 제기된 문제를 정의하는 특이한 것과 보통의 것의 객관적인 분포를 정확하게 파악하는 것이다. 이렇게 잘 제기된 문제들에 혼효를 부여하는 것은 다시 그것들에 특정한 해들에서 나온 일정한 자율성을 부여하는 것, 마치 잠재적 다양체들이 현실화된 개체들 뒤에서 사라지지 않는 것처럼 문제들은 그것들의 해들 뒤에서 사라지지 않는다는 것을 보여 준다는 것을 의미한다. 들뢰즈 존재론의 인식론적 측면은 이런 문제들의 철학에 의해 구축되어 있으며, 이것이 다음 장에서 다루어질 주제가 될 것이다.

---

80) Deleuze, *Logic of Sense*, p. 148.

MANUEL DELANDA

4장

잠재성과
물리
법칙들

4장_ 잠재성과 물리 법칙들

이상 전개한 것과 같은 개체들의 평탄한 존재론에는 굳어진 총체성들 reified totalities을 위한 자리가 없다. 특히 '사회' 혹은 '문화' 일반 같은 존재들을 위한 자리는 없다. 이러한 존재론에서 제도적인 조직들, 도시의 중심들, 혹은 국민국가들/민족국가들은 추상적인 총체성들이 아니라 구체적인 사회적 개체들이다. 그것들은 개별적인 인간들과 동일한 존재론적 지위를 가지며 단지 더 큰 시공간적 규모에서 작동할 뿐이다. 유기체들이나 종들과 같이, 이렇게 〔외연적으로 개체보다〕 더 큰 사회적 개체들은 탄생의 시점과 (적어도 잠재적으로는) 사멸 혹은 멸종의 시점을 가지고 있는 구체적인 역사적 과정들의 산물이다. 또 유기체들이나 종들과 마찬가지로, 각각의 시공간 규모에서 개체들 사이의 관계들은 전체-부분들 관계 가운데 하나이다. 각각의 개체들은 더 규모가 작은 개체들로 된 개체군들로 되어 있으며, 그 구성 요소들 사이에서 성립하는 인과적인 상호 작용들로부터 나타나는 것이다. 각각의 개체화 과정의 세부 사항은 세밀하게 설명될 필요가 있지만, 거칠게 말하면 개별적인 의사 결정자들 사이의 상호 작용을 통해서 도시들이 출현하고 이들의 상호 작용을 통해서 국민국가가 출현한다고 말할 수 있다.[1] 더 규모가 큰 총체가 출현하기 위해 하위층substratum 역할을 하는 개체군은 아주 이질적일 수도 있으며 반대로 극히 등질적일 수도 있다. 하지만 상이한 규모들에 있어서의 등질성의 정도가 단일한 '문화' 혹은 '사회'의 현존을 암시할 만큼 충분히 큰 경우에서조차 그러한 총체성을 가정하려는 유혹은 반드시 거부되어야 하며, 또 그러한 가정에 동기를 부여했던 등질성의 정도에는 반드시 구체적이고 역사적인 설명이 부여되어야 한다.

그러므로 지금까지 '과학'[2]이라는 용어를 마치 그것이 별 문제가 되지 않는 것처럼 사용했지만, 평탄한 존재론을 수립한 이제는 이 말이 사용되어서는 안 될 것이다. 이 말은 추상적인 총체성, 나아가 본질에 의해 정의된 총체성을 지시하는 말이기 때문이다. 대신에 (다른 모든 개체들과 마찬가지로) 좀더 작은 규모의 존재들로 구성된 개체군들로 이루어진 개별적인 과학적 장들을 발생시키는 특별한 과정들을 확인하려 해야 한다. 예컨대 고전 역학의 장에서 이 구성 요소들은 거칠게 말하면 다음과 같다: 예측과 설명의 개별화를 위한 수학적 모델들·기

---

[1] 총체성들에 대한 거부와 상이한 규모에 있어 작동하는 개체들만으로 구성된 것으로서의 사회존재론은 상세하게 제시될 필요가 있다. 내가 여기에서 제시하는 방식이 거칠고 거의 설득력이 없다는 것을 인정해야 할 것 같다. 뿐만 아니라 이 관점을 위한 설득력 있는 사례는 역사적 차원을 가질 것을 필수적으로 요구한다. 다시 말해, 제도들, 도시들, 국민국가들을 위한 특수한 개별화 과정들을 상세하게 제시할 것을 요구한다. 나는 이 존재론을 서구 역사에 대한 역사적 분석의 맥락에서 적용한 바 있다. Manuel DeLanda, *A Thousand Years of Nonlinear History*, New York: Zone Books, 1997.
[2] 이하 작은 따옴표에 넣은 과학('과학')은 개별 과학들이 아니라 과학 일반을 가리킨다. ─옮긴이

법들의 개체군, 실험실에서 만들어지는 현상들의 개체군 및 그러한 현상들을 개별화하고 측정하는 기계들과 도구들의 개체군, 실험에 사용되는 기교들, 이론적 개념들 그리고 제도적 관행들의 개체군. 유기체적인 종과 마찬가지로, 개별적인 과학의 장이 어느 정도로 잘 정의된 동일성을 가지고 있느냐 하는 문제는 내적 등질성의 정도 그리고 다른 장들과의 고립의 정도에 좌우될 것이다. 마찬가지로, 몇몇 장들이 서로 어느 정도나 유사한가 하는 문제는 역사적으로 설명되어야만 한다. 즉 하나의 장이 다른 장이 구성되는 데 본보기가 되는 것, 또는 하나의 장에서 다른 장으로 도구들이나 기법들이 전해지는 것, 각기 다른 장들 사이에 제도적인 구성 요소들이 공유되는 것 등을 말한다. 이런 식으로 '과학' 일반이라고 할 만한 그런 것이 있는지 없는지를 묻는 것은 경험적인 물음이 될 터인데, 내가 생각하기에는 결국 부정적인 답이 돌아올 수밖에 없는 물음이다. 많은 현대 학자들은, 진정으로 경험적인 사실로서, 과학은 뚜렷하고 독특한 비통일성disunity을 보여 주고 있다고 생각하는 듯하다.[3]

이 장의 첫번째 부분에서 나는 고전 역학을 구체적인 사례로 삼아 개별 과학들의 장에 대해서 생각할 수 있는 개념들을 전개해 나가면

---

[3] 과학의 비통일성 문제에 접근하는 데는 여러 가지 방식이 있다. 다음 저작들이 특히 유용하다. John Dupree, *The Disorder of Things: Metaphysical Foundations of the Disunity of Science*, Cambridge: Harvard University Press, 1955; Jerry Fodor, "Special Science, or The Disunity of Science as a Working Hypothesis", *The Philosophy of Science*, eds. Richard Boyd, Philip Gasper and J. D. Trout, Cambridge, Mass.: MIT Press, 1993; Peter Galison, "Introduction: The Context of Disunity", *The Disunity of Science*, eds. Peter Galison and David J. Stump, Stanford: Stanford University Press, 1996; Andrew Pickering, *The Mangle of Practice: Time, Agency, and Science*, Chicago: University of Chicago Press, 1995.

서, 다른 한편으로는 전통 철학에서 나타나는 몇 가지 걸림돌들 즉 역사적으로 정확한 평가가 이루어지지 못했던 '과학'의 비통일성, 이질성, 발산적인 전개에 대해 검토하고자 한다. 이 점에서 가장 중요한 걸림돌이 과학적 실천을 철학적으로 연구하는 동안 본질주의적이고 유형학적인 사고가 파 놓은 참호였다는 사실에 놀랄 필요는 없다. 과거의 많은 철학자들은 고전 역학의 본질을 그것에 예외가 없는 법칙들에 있다고 보았다. 이 점은 뉴턴의 법칙들과 같은 근본 법칙들을 다른 모든 것들이 기계적으로 즉 간명한 논리적 연역에 의해 따라야 하는 일반적인 진리로 간주할 때 특히 두드러진다. 종들을 개별적인 존재들로 보지 않고 일반적인 범주들로 볼 때, 이러한 개체들을 산출하는 생식적 또는 유전적인 과정은 무시되는 경향이 있다. 마찬가지로, 법칙들을 일반적인 진리들로서 보는 관점은 역사적으로 볼 때 이러한 법칙들에 의해 지배되는 물리적 과정들에 연계되는 생산적 또는 유전적인 연관관계를 제거하는 경향이 있다.

    더 세부적으로 들어가서, 법칙들을 바라보는 본질주의자의 관점은 인과적 연관관계의 생산적인 힘, 즉 실제로는 원인으로 작용하는 사건들이 그 효과들을 산출한다는 사실을 감춰 왔다. 널리 알려져 있는 오해와는 달리, 17세기 이래로 줄곧 과학의 관행에 대한 철학적인 접근 방식은 원인들은 없고 단지 일정한 규칙성들을 나타내는 법칙들에 의해 배타적으로 지배되는 세계 안에서 발전해 왔다.[4] 원인들을 법칙들

---

4) 아이러니컬하게도, 철학자들의 접근 방식에 상당히 비판적인 현대의 과학사회학자들도 과학을 연구하는 새로운 접근 방식에서는 인과적 연관성을 제거해야 할 필요가 있다고 생

로 부분적으로 대체할 수 있게 만든 것은 인과성을 특정한 원인이 주어지면 똑같은 결과가 산출되는 식의 선형적인 관계로 보는 관점이었다. 분명 인과성이 항상 이런 단순한 형식을 드러낸다면, 즉 결과들은 항상 원인으로부터 기계적이고 필연적으로 따라 나온다면, 원인의 작용을 지배하는 예외 없는 법칙들과는 구별되는 독립적이고 생산적인 원인들의 힘을 가정하는 것은 불필요하다. 하지만 더 복잡한 인과성의 형식들이 존재하는데, 예컨대 비선형적이고 통계학적인 인과성들이 그것이다. 이것들은 내가 앞 장에서 설명했던 강도적인 생산 과정과 모두 연관되어 있다. 그러므로 들뢰즈에 따르는 인식론자들의 가장 중요한 과제는 일반 법칙들이 던져 놓은 림보[5]에서 사건들 사이의 발생적 연결고리들을 구해 내는 것이다.

생산적인 관계들을 안정적 범주 아래에 은폐하는 것 말고도, 법칙에 대한 전통적인 철학의 접근 방식은 수학적 모델보다 언어적 진술 statements을 중요시했다는 점에서 비판받을 수 있다. 이 책에서 내가 논의했던 상당 부분은 수학적 모델들을 그 특수성에 입각해서, 다시 말해 그것들이 과학의 과제에 성공적으로 적용되는 데 핵심적인 어떤 **행동**behaviour을 드러내는 것들로서 다루는 데 의존한다. 가장 분명한

각하는 잘못을 저질렀다. 다음을 보라. H. M. Collins, *Changing Order*, Chicago: University of Chicago Press, 1992, pp. 6~8.
콜린스가 흄을 지지하면서 원인들이 존재하지 않는다고 생각하는지, 혹은 원인들을 과학의 장들 사이의 '사회적' 측면들을 강조하기 위한 방법론적인 술책으로 믿는 것을 보류해야 한다고 생각하는지를 말하기는 어렵다. 두번째 해석은 나의 비판(즉 그가 가장 오래되고 가장 보수적인 과학철학을 지지하고 있다는 비판)을 벗어나는 것이지만 다른 방식의 비판——즉 전체성으로서의 '사회'를 분석한다는 비판——에는 여전히 노출된다.
5) 림보limbo; 천당과 지옥 사이, 또는 지옥의 변방.—옮긴이

사례는 끝개에 접근하는 방정식의 해들이 띠는 경향이다. 이러한 경향은 방정식의 내용을 언어적으로 번역해서는 나타나지 않고 방정식과 거기에 작용하는 연산자 모두의 특정한 수학적 형식에 따라 좌우된다. 그러므로 들뢰즈주의 인식론자들의 두번째 과제는 법칙들에 대한 정적이고 언어적인 정식화로부터 모델들과 그것들의 동적인 행동을 구해 내는 것이다. 이러한 두 개의 연관된 오류들, 즉 원인들의 제거와 언어(와 연역 논리)에의 종속은 본질주의자들이 고전 물리학에서 사용하는 접근 방식의 기본 특성이고, 이들에 대한 비판이 이하의 주제이다.

법칙들에서 특이성들로

불변의 규칙성을 옹호하고 생산적인 원인들을 기각한 문제에서 논의를 시작해 보자. 과학철학자 이언 해킹은 이렇게 말한다.

> 흄은 원인이란 단지 일정한 통접conjunction일 뿐이라는 악명 높은 가르침을 남겼다. [흄에 따르면] "A가 B의 원인이 되었다"라고 말하는 것은 A가 그 자체 안에 가지고 있는 어떤 힘이나 특성을 통해서 B를 야기했다brought about는 것을 말하는 것은 아니다. A라는 유형의 사물들이 B라는 유형의 사물 뒤에 규칙적으로 따라왔다는 것만을 말해 줄 뿐이다. …… 사실 흄은 철학적으로 널리 받아들여지고 있는 생각, 즉 인과작용causation을 일정하게 나타나는 통접으로 보는 관점에 책임을 지고 있지 않다. 그렇게 한 사람은 의도적이지는 않았지만 아이작 뉴턴이다. 흄의 시대에 과학적 정신의 가장 위대한 승리는 뉴턴의 중력 이론이라고 일컬어졌다. …… 뉴턴 바로 직전에, 모든 진보적인 과

학자들은 이 세계란 기계적인 밀고 당김의 관점에서 이해되어야 한다고 생각했다. 하지만 중력은 '기계적'으로는 보이지 않았는데, 그것은 멀리 떨어진 거리에서의 작용-action at a distance이었기 때문이다. …… 그래서 경험주의적인 사고를 지닌 사람들에게 뉴턴 이후의 입장은 이런 것이었다: 우리는 자연에서 원인들을 찾아야 하는 것이 아니라 규칙성들만을 찾아야 한다. …… 자연과학자는 모든 현상들이 그것의 특수한 경우들이 되는 보편적인 진술(들) ── 이론들과 법칙들 ── 을 찾으려 해야 한다. 어떤 사건을 설명할 수 있게 되었다는 것은 그 사건이 일반적인 규칙성으로부터 연역될 수 있다는 것을 뜻할 뿐이다.[6]

해킹의 주장에 따르면, 규칙성들에 대한 진술들(과 그것들 사이의 연역적인 관계)을 위해서 생산적인 원인들을 이런 식으로 제거한 것은 물리학 전반의 특성이 아니라 실험적인 측면을 배제하고 어떤 분야의 이론적인 측면에만 배타적으로 집중하는 물리학철학들에서만 나타나는 특성이다. 실험 물리학자들의 일상적인 작업은 그 자체로 실재에

---

6) Ian Hacking, *Representing and Intervening*, Cambridge: Cambridge University Press, 1992, p. 46(강조는 인용자). 현대 철학에서, 인과성이 단지 개념적인 차원에서가 아니라 경험적으로 연구됨으로써 다시 생산적이거나 발생적인 관계로 보이게 된 것은 1959년 철학자 마리오 번지Mario Bunge의 선구적인 작업 덕분이었다. 비록 그가 당대의 작가들에게 어느 정도나 영향을 주었는지는 평가하기가 어렵지만, 이런 점에서 그의 중요한 저작은 *Causality and Modern Science*(New York: Dover, 1979)이다. 나는 여기서 생산성에 관한 번지의 관점을 여럿 차용했고 용어만 바꾸었다. 그는 일반적인 관계(선형적, 비선형적, 그리고 통계적 인과성을 포함해서)에 대해 '결정' determination이란 용어를 사용하고 있으며, 선형적 인과성에 대해서는 전통에 따라 '인과성'이란 용어를 계속 사용한다. 나는 선형적인 경우를 비전형적인 경우로 생각하는 한에서 대체로 '인과적 관계들'이란 용어를 선호하는데, 나의 논점은 이 문제들에서 전통을 깨는 것이기 때문이다.

특정하게 인과적으로 개입하는 것인데, 그것은 너무 다채롭고 복잡해서 진술들 사이의 논리적 관계로 환원될 수 없다. 실험가들은 생산적인 관계들과 직접적으로 연관된다. 그 관계들이 현상들을 개별화하는 도구의 창조를 포함하는 것이든, 아니면 현상들의 속성을 개별적으로 측정하게 해주는 도구의 사용을 포함하는 것이든. 물리학자들이 지지하든 아니면 전문적인 철학자들이 지지하든 간에, 인과적 결합에 대해서는 잊어버리고 논리적 관계에만 배타적으로 집중할 수 있는 것은 오직 이론에 집착하는 철학들뿐이다. 이러한 본질주의적인 입장을 궁극적으로 표현해 주는 것은 20세기에 전개된 과학의 설명 모델로서, 여기에서는 흄을 따라 원인들을 규칙성들의 언어적 진술들로 극단적으로 환원한다.

연역적–법칙론적deductive-nomological 접근 방식으로 알려진 이런 인식론적 이론에서, 과학적인 설명들은 몇 개의 명제들로 이루어진 논리적 논변들arguments로 다루어진다. 그리고 그런 명제들 가운데 하나는 예외 없는 법칙이어야만 한다. '명제'라는 말은 평서문들의 의미를, 즉 (동일한 사태를 표현하는) 다른 언어로 된 두 문장이 공통으로 가지고 있는 것을 가리킨다. 이 모델에 입각할 때 특정한 실험실에서 나타난 현상들을 설명한다는 것은 그 현상을 몇 개의 명제들로부터 연역하는 것이다. 다시 말해, 언어적으로 표현된 법칙(예컨대 "두 물체는 각각의 질량에 정비례하고 각각의 거리의 제곱에 반비례해서 서로를 끌어당긴다") 그리고 초기 조건들(과 여타 조건들)을 나타내는 명제들의 집합으로부터 우리는 실험실에서 그 진위를 테스트할 수 있는 예측들로서 다루어질 수 있는 그 이상의 명제들을 끌어낸다. 이 현상이 보여 주는 행동이 이러한 예측들에 들어맞을 경우 우리는 그것을 설명했노라고 주장할 수 있다. 물론 이는 그것[현상]의 생산에 대해 인과 메커니즘을 제시함으로써가 아니라, 유형학적 접근에서 사물들을 설명하는 방식 즉 그것을 일반 범주 하의 특수한 경우로 귀속시킴으로써 성립한다고 해야 할 것이다. 어떤 물리학자들도 그들의 복잡한 실험 관행들이 이러한 단순한 이론으로 포착된다는 생각은 받아들이려 하지 않겠지만, 연역적–법칙론적 접근 방식은 20세기 과학철학의 대부분을 지배해 왔으며 여전히 많은 옹호자들을 거느리고 있다.[7]

[과학적] 설명에 대한 이런 식의 모델을 받아들일 경우 과학적 장을 채우고 있는 이론적 구성 요소들의 구조는 공리적axiomatic 형식을

---

7) '인과적 전회'를 받아들였던 새로운 철학자들은 모두 이구동성으로 인과적–생산적 과정들을 회생해서라도 논리적–언어적 형식을 강조하려는 연역적–법칙론적 설명 모델(아울러 연역을 귀납으로 그리고 예외 없는 법칙을 통계적 법칙으로 대체하는 관련 모델들도)을 거부한다. 다음을 보라. Bunge, *Causality and Modern Science*, pp. 290~291. Nancy Cartwright, *How the Laws of Physics Lie*, Oxford: Clarendon Press, 1983, pp. 132~133. Wesley C. Salmon, *Scientific Explanation and the Causal Structure of the World*, Princeton: Princeton University Press, 1984, pp. 26~32. Dupree, *The Disorder of Things*, pp. 178~179.
들뢰즈는 때때로 과학의 대상은 "담론체계들에 있어 명제들로서 제시되는 함수들"이라고 주장함으로써 연역적–법칙론적 모델에 의해 상징되는 철학적 오류mischaracterization를 반영하고 있다. Deleuze and Guattari, *What Is Philosophy?*, p. 118. 들뢰즈는 그의 초기 저작들에서 언어적 진술들에 가까운 수학적 함수들(예컨대 대수학적 함수들)과 그렇지 않은 함수들(미분 함수들)을 매우 조심스럽게 구분하고 있지만, 과학과 철학의 차이가 가장 극적으로 서술되고 있는 말년의 작품들에서는 이 물음에 대해 다소 부주의한 진술로 빠져들고 있다. 다른 대목에서(Ibid., p. 128) 그는 "과학이 담론적discursive이라는 사실이 그것이 연역적이라는 것을 뜻하는 것은 전혀 아니다"라고 덧붙이고 있으나, 비연역적인 활동의 예로서 비선형 방정식들의 연구에서의 컴퓨터 사용을 들고 있다. 나는 비연역적인 측면이 좀더 강조되어야 하며 컴퓨터에 기반하는 실험들보다 훨씬 오래된 실천들을 모형화하는 데에까지 확장되어야 한다고 믿는다. 이미 말했듯이, 들뢰즈의 핵심 주장은 함수들이 잠재적인 것을 파악하기에는 불충분하다는 것이다. 그리고 이 주장은 수학적 모델들을 명제에 종속시키지 않고서도 할 수 있다. 즉 함수들이 현실화를 향한 방향을 강조함으로써 개별화 과정들을 정의함을 보여 줌으로써도 제시할 수 있다.

취하게 된다. 즉 (진위 판별을 위해) 일반적 규칙성들 가운데 몇몇 참인 진술을 실험실에서의 관찰 결과와 비교함으로써, 참이나 거짓을 검토할 만한 수많은 결과들(정리들)을 연역해 낼 수 있는 것이다. 연역이 순전히 참/거짓을 알려주는 transmitting 기계적인 방식이라면, 정리 안에서 발견되는 어떠한 참도 이미 공리 안에 포함되어 있어야 한다는 결론에 이른다. 공리들이 본질과 같다는 것은 바로 이런 의미에서이다. 이러한 본질주의적 개념들에 반反해 신세대 철학자들은, 설명이라는 행위의 언어적 특성화를 거부할 뿐만 아니라 설명들에 통합되어야 할 부분으로서 생산적인 인과적 관계들을 재도입함으로써, 이론이란 무엇인가에 대한 대안적인 특성화를 발전시키고 있다. 이런 철학자들의 관점에서 보자면, 설명이란 단순히 논리적 논변이어서는 안 된다. 그것은 상이한 유형의 수학적 모델들——실험실에서 수집되는 원 자료들의 통계학적 모델들, 또 일반 관계들의 모델들, 특정한 실험 상황에 대한 모델들——의 사용을 포함한다. 이런 관점을 옹호하는 사람들 가운데 한 사람인 로널드 기어는 이렇게 말한다.

> 심지어 최신 교과서에 소개된 고전 역학에 대한 아주 간단한 설명도 (대부분의 과학 공동체에서 실제 이해되고 있는) 이 과학 이론의 전반적인 구조에 대한 실질적인 결론들을 위한 근거를 제공해 준다. 표준적인 교과서에서 사람들이 알게 되는 것은 한 무리(무리들의 무리)의 모델들로서, 아마 더 낫게는 모델들의 상호 연관된 집합들families로 구성된 모델 개체군으로서 서술될 수 있다. 다양한 집합들이 뉴턴의 운동 법칙들, 특히 두번째 법칙을 다양한 힘 함수들——선형 함수들, 역逆제곱

함수들 등등——과 결합시킴으로써 구성된다. 그러므로 정의된 모델들은 정의에 다른 힘 함수들을 부가함으로써 복수화된다multiplied. 이것들이 다시 더 많은 모델들의 집합을 정의하며, 이런 과정은 계속된다.[8]

기어가 강조하고 있는 것은 이런 모델 개체군(뉴턴의 운동 법칙들)에 속해 있는 몇몇 구성 요소들이 다양하게 가지를 쳐 나가는 집합들을 산출하는 데 도움을 준다 해도 근본 모델과 거기에서 파생되는 모델들 사이의 관계는 공리들과 정리들 사이의 관계와는 같지 않다는 점이다. 역사적으로 이런 집합들을 산출해 냈던 복잡한 모형화 과정들은, 연역이라는 기계적인 과정과는 달리, 앞선 성과들을 본보기로 삼는 적절한 개산槪算과 이상화理想化를 포함해 왔다.[9] 잠시 후에 이 문제로 돌아가겠지만, 지금은 물리적 이론을 모델들의 개체군으로 생각하려는 기본 발상이 내가 옹호하고 있는 존재론적 입장에 잘 들어맞는다는 점을 추가하고자 한다. 이러한 개체군은 역사적 과정들의 모든

---

8) Ronald N. Giere, *Explaining Science: A Cognitive Approach*, Chicago: University of Chicago Press, 1988, p. 82(강조는 인용자).
9) 유도derivation의 한 특수한 경우(2차원 경우로부터 1차원의 단순한 진자 모델을 유도하는 경우)를 언급하면서, 기어는 다음과 같이 말한다. "내가 보기에 스프링-위의-질량으로부터 단순한 진자로의 이동은 쿤Thomas Kuhn이 '직접적 모형화' direct modeling라 부른 것을 분명하게 보여 준다. 두 예는 단지 일반적 관계의 특수한 경우들일 뿐인 것은 아니다. 2차원 계인 진자를 1차원의 경우로 환원하는 것은 그 진자를 작은 각의 진폭으로 제한하는 적절한 개산approximation을 통해서만 가능하다. 특히 뉴턴 법칙들의 최초의 적용, 즉 2차원 진자에의 적용으로부터 1차원 판본에로 나아가는 과정은 순수하게 수학적인(또는 논리학적인) 연역의 문제가 아니다. '개산'은 수학자들에 대한 물리학자들의 재담joke에 있어서만 연역의 유효한 규칙이다." Ibid., p. 71. 또한 pp. 76~80도 보라.

우발성들에 복속되는 역사적 축적의 산물이라 할 수 있으며, 그래서 모델들의 완전하고 최종적인 집합을 대표한다는 주장을 할 수는 없다. 어쨌든 이 집합의 완전성 혹은 완결성은 처음부터 공리적인 취급들로 가정되는 무엇이 아니라 [어디까지나] 경험적인 문제가 된다. 어떤 개체군들(예컨대 고전 역학의 하위 분야에 속하는 개체군들)은 역사의 일정 지점에서 완결되어 나중에 새로운 축적이 발생할 때만(예컨대 비선형 동역학이 컴퓨터를 앞세워 발전하면서 그 전까지 완결된 장으로 널리 알려졌던 것을 다시 열었을 때처럼) 다시 열리는 것처럼 보인다. 일리야 프리고진은 이렇게 말한다.

> 불행하게도, 많은 학교나 대학의 교과서들은 고전 역학을 완결된 과목으로서 소개한다. …… [하지만] 사실 고전 역학이야말로 빠르게 진화하고 있는 과목이다. 지난 20년간 [과학자들은] 중요하고도 새로운 통찰력을 보여 주었고 가까운 미래에 더 많은 발전들이 예상된다.[10]

과학철학자 낸시 카트라이트는 이 모델들의 개체군이 가지고 있는 비非공리적 구조를 설명하는 데 사용될 수 있을 여러 구분들을 제안했다. 다소 역설적이지만 그녀는 물리학의 근본 법칙들, 공리적으로 다루어질 때 가장 상위의 진리들로서 가정되는 그러한 법칙들이 사실은 거짓이라고 주장한다. 그녀의 말에 따르면 물리학의 법칙들은 거짓말을 하고 있다. 그녀가 말하려는 것은 바로 하나의 근본 법칙은 그 정

---

10) Prigogine, *From Being to Becoming*, p. 19.

확성을 희생함으로써 그 일반성을 획득한다. 뉴턴의 중력 법칙 같은 근본 법칙은 엄밀히 말해 가장 인공적인 상황에서만, 그러니까 다른 모든 힘들(예를 들면 전자기력)이 존재하지 않을 때 또는 마찰이나 다른 비선형성들이 없을 때만 참이다. 다시 말해, 이 법칙이 참이기는 하지만 그것은 아주 많은 "다른 모든 것들이 같다면"이라는 구절이 부가되어야만 그렇다는 것이다.[11] 우리는 기본 방정식에 다른 힘들의 작용을 표상하는 다른 방정식들을 추가함으로써, 아니면 힘들 사이의 복잡하고도 인과적인 상호 작용을 덧붙임으로써 그 단점을 보충할 수 있다. 하지만 그렇게 되면 본질주의자들에게 그토록 매력적인 근본 법칙을 가능케 하는 일반성을 잃어버리게 된다. 주어진 실험적 현상의 구조를 보다 엄밀하게 설명함으로써 모델이 더욱 참된 것이 될 수는 있겠지만, 마찬가지 이유로 그것은 보다 덜 일반적이 된다. 요컨대 카트라이트가 보기에 물리학의 객관적인 내용은 몇 개의 근본 법칙으로 이루어져 있는 것이 아니라, 특정한 상황에 맞추어져 있는 수많은 인과적 모델들로 이루어져 있다(기어는 '인과적 모델들'이 아니라 추상적 모델들과 이 세계를 연결해 주는 '가설들'에 대해서 이야기하지만, 그가 주장하는 전반적인 요점은 카트라이트와 매우 유사하다).[12]

본질주의자들은 특화된 인과 모델들이 근본 법칙에서 파생된다

---

11) Cartwright, *How the Laws of Physics Lie*, pp. 54~55.
12) "이 점은 제1원리들로부터 질서 있는 방식으로 제어되는 자연상自然像보다는 특수한 상황들에 맞추어진 현상학적(또는 인과적) 법칙들의 방대한 배열에 의해 가장 잘 서술되는 (내가 제시한) 자연상에 더 잘 어울린다." Ibid., p. 66. 기어의 생각에 대해서는 다음을 보라. Giere, *Explaining Science*, pp. 85. 카트라이트에 대한 그의 견해로는 pp. 90~91을 보라.

면 그 모델들이 내포하고 있는 진리치의 정도는 결국 근본 법칙으로부터 유래하는 것이라고 반론을 제기할 수 있다. 하지만 카트라이트(와 기어)는 이런 생각이 과학들의 실제 모델화 작업을 지나치게 단순화하는 것이라고 반박한다. 인과 모델들은 일반 법칙에서 논리적으로 연역되기보다는 (연역 논리로 환원될 수 없는) 여러 가지 개산 기법들을 사용해서 일반 법칙으로부터 구성되는 것이다. 카트라이트가 말하듯이, "우리가 끌어내는derive" 인과적 모델의 내용은 "그것들을 설명하는 근본 법칙 안에 담겨져 있지 않다."[13] 요컨대 고전 역학의 이론적 요소들을 구성하는 모델들의 개체군을 거칠게 말해 두 개의 하위 개체군으로 나눌 수 있다. 그 하나는 특정한 실험 상황들에 밀접하게 들어맞는 adapted 수많은 인과적 모델들이고, 다른 하나는 여타 추상적 모델들의 군들이 갈라져 나오는 원천인 기본 법칙들에 일치하는 몇몇 근본적인 모델들이다.

개체군의 내용을 이런 식으로 분류하게 되면, (그 자체 역시 매우 중요한) 다른 유형의 모델들(자료들의 통계적인 모델들)이 빠지게 된다. 실증주의 철학자들은 공리와 (초기 조건들을 서술하는) 보조적인 전제들에서 연역된 예측들은 실험실에서의 관찰들 즉 기초 자료들과 직접적으로 맞추어진다고confront 생각하곤 했다. 하지만 적어도 2백 년 동안 물리학자들의 실제 작업은 통계적 모델들을 사용해서 원 자료들을 조직하는 것이었고, 이것은 특히 데이터 안에 들어 있는 측정상의 오류들의 분포를 파악하기 위한 시도였다.[14] 이런 종류의 모델을 무시한 것

---

13) Cartwright, *How the Laws of Physics Lie*, p. 107.

이외에도 실증주의자들은 '관찰자'를 강조하는 오류를 범한다. 이는 곧 사실상 (수동적인 관찰이 아닌 능동적인 인과적 개입을 포함하는) 자료 수집의 복잡한 실행인 것을 하나의 주관적인 현상으로 환원해 버리는 것이다.

실험적인 측면을 잠시 접어 둘 때, 몇 개의 근본 법칙들을 무엇으로 봐야 하는가? 그 법칙들이 거짓말을 한다는 것이 올바른 발언인가, 아니면 그 법칙들은 참 혹은 거짓일 수 있는 수학적 대상들이 아니라고 하는 것이 더 정확한 표현인가? 이 법칙들의 기능은 개체군의 나머지를 통합하고 조직하는 것이라고 카트라이트는 주장한다.[15] 이것은 올바른 방향으로 가는 첫 발자국이지만, 이 통합하는 능력을 간단히 당연한 것으로 받아들일 수는 없다고 나는 믿는다. 적어도 우리는 그것을 설명하려고 해야 한다. 역사적으로 볼 때, 각기 다른 분야의 고전 역학들을 통합하는 작업은 18세기 중엽 레온하르트 오일러Leonhard Euler의 연구에서 출발해서 1백 년 후에 윌리엄 해밀턴William Hamilton의 연구로 완결되기까지 여러 물리학자들과 수학자들에 의해 수행되었다. 다른 중요한 인물들(모페르튀Pierre de Maupertuis, 라그랑주Joseph Lagrange)과 더불어 이 과학자들은 고전 역학을 힘들의 과학에서 특이성들의 과학으로 변형시켰다. 역사가 모리스 클라인은 이렇게 말한다.

---

14) Deborah G. Mayo, *Error and the Growth of Experimental Knowledge*, Chicago: University of Chicago Press, 1996, p. 128.
15) Cartwright, *How the Laws of Physics Lie*, pp. 96~97.

해밀턴의 원리는 떨어지는 물체들의 경로, 발사체들의 경로, 중력 법칙 및 빛의 반사·굴절 법칙 하에서 움직이는 물체들의 타원 경로, 그리고 좀더 기초적인 전자기 현상들을 산출해 낸다. 하지만 이 원리의 결정적인 성과는 물리학의 이 모든 분야들에서 등장하는 현상들이 최소 원리 minimum principle를 충족시킨다는 점을 보여 준 데 있다. 이 원리는 공통적인 수학 법칙을 통해 이 현상들을 관련시키기 때문에, 한 분야에서 도달한 결론을 다른 분야에서 재해석할 수 있게 해준다. 해밀턴의 원리는 모페르튀가 도입한 최소작용 원리 least-action principle의 최종 형식이며, 그것은 자연의 수많은 작용들을 포괄한다는 점에서 모든 수리물리학에 있어 가장 강력한 단 하나의 원리다.[16]

예컨대 빛은 이동 거리를 최소화하는 경로를 따라 움직인다는 최소 원리의 역사는 그 근원이 고대 그리스나 중세 철학에도 있을 정도로 매우 길다.[17] 17세기에 피에르 드 페르마 Pierre de Fermat는 초기 근대 물리학의 맥락에서 처음으로 이 원리를 응용함으로써 기하학적 광학에서 빛의 행동을 지배하는 최소 시간의 원리를 창조해 냈다. 최소 원리의 역사가 여기에 이르자, 이 원리는 조물주 사유의 경제학을 반영한다는 믿음과 결합되면서 강한 신학적 뉘앙스를 갖게 되었다. 심지어 모페르튀는 자신의 최소 작용 원리야말로 신의 현존에 대한 최초의 과

---

16) Morris Kline, *Mathematics and the Physical World*, New York: Dover, 1981, p. 440(강조는 인용자).
17) Morris Kline, *Mathematical Thought from Ancient to Modern Times*, vol. 2, New York: Oxford University Press, 1972, p. 580. 보다 일반적으로, 변분론적variational 기법들의 역사에 대해서는 ch. 24와 ch. 30을 보라.

학적 증명이라고까지 말했다. 과학자들이 중요한 것은 이데올로기적 해석이 아니라 이런 생각들을 둘러싸고서 창조된 수학적 기법 즉 변분법calculus of variations이라는 것을 깨달으면서 결국 신학적인 연관성은 사라지게 되었다. 변분법이야말로 직접적으로 특이성들을 다룬 최초의 기법이었고, 19세기와 20세기 물리학에 미친 영향에 관한 한 내가 이 책에서 논의했던 다른 수학 분야들(미분기하학, 군론)에 필적할 만큼 중요한 것이다.[18]

변분법을 이해하는 한 가지 방법은 그것을 역학적 문제들을 제시하는 새로운 방식으로 보는 것이다. 물리학에서의 문제를 힘들 사이의 인과적 영향의 문제로서 보는 대신, 물리계를 하나의 상태에서 다른 상태로 바꿀 수 있는 많은 가능한 과정들 중에서 현실적 과정을 찾는 문제로서 보는 것이다. 더 정확히 말하자면, 오일러와 라그랑주가 발전시킨 기법들은 가능성들의 집합(예컨대 광선이 따라갈 수 있는 가능한 경로들의 집합)을 구성하게 해주고 이 가능성들을 두 그룹(보통의 경우들과 특이한 경우들)으로 분류하는 데 필요한 자원들을 제공해 준다. 그때 실험 결과들은 특이한 것들(최소와 최대)이 사실상 현실화되는 것들임을 보여 준다.[19] 변분법에 의해 드러난 특이성들은 엄밀히 말해

---

18) "각각 중重적분과 스칼라 피적분 함수를 동반하는 적절한 변분법적 원리들이 주어질 경우, 우리는 물리학에 있어 모든 중요한 편미분 방정식들을 산출해 낼 수 있다. 파동방정식, 확산방정식, 푸아송 방정식, 슈뢰딩거 방정식, 각각의 맥스웰 방정식들 등등. …… 그러한 사고는 열매를 품고 있다. 일반 상대성이론 및 양자역학은 공히 변분법적 원리들에서 생겨났다." Don. S. Lemons, *Perfect Form: Variational Principles, Methods and Applications in Elementary Physics*, Princeton: Princeton University Press, 1997, p. 111.
19) Ibid., pp. 17~27. 들뢰즈가 명제적 접근을 문제론적 접근에(또는 같은 말이지만, 사유에 그것의 조건들을 통해 접근하는 것을 그것의 생산적 발생genesis에) 대조시킬 때, '최단 거

서 끝개들은 아니지만, 이 기법의 창조자들은 특이성들이 그것들에 유사한 역할을 한다고 생각한 것 같다. 끝개들은 어떤 계의 장기간의 경향으로, 즉 정착될 수 있을 정도로 오래 기다린다면 그 계가 도달할 상태를 정의해 주는 것으로 서술된다. 최종 상태를 이런 식으로 강조하게 되면서 드러나는 것은 끝개들과 원인들 사이의 차이를 바라보는 한 가지 방식이 아리스토텔레스가 목적인과 작용인 사이에 그었던 오래된 구분을 통해서 나온다는 점이다. 오일러 자신도 변분법적 기법을 도입하면서 이러한 아리스토텔레스의 구분을 사용했다.

> 이 우주의 조직fabric은 가장 완벽하며 또 가장 현명한 조물주의 작품이기 때문에, 최대와 최소 관계가 나타나지 않는 어떤 우주도 지금 이 우주를 대체하지 못한다. 그런고로 이 우주 안의 모든 효과는, 최대와 최소의 방법의 도움을 받아, 작용인들 못지않게 목적인들을 통해서도 만족스럽게 설명될 수 있다는 것은 전혀 의심의 여지가 없다. …… 그러므로 우리에게는 자연에서의 효과들을 연구하는 두 가지 방법이 열려 있거니와, 하나는 보통 '직접적인 방법'이라고 불리는 작용인들을 이용하는 것이고 다른 하나는 목적인을 이용하는 것이다. …… 문제의

리'의 개념(표상적 도식으로서)에 대한 칸트적 개념화를 변분법에 의해 가능해진 개념화에 대조시키고 있다. '최단'이라는 용어는, 들뢰즈에 따르면, "두 가지 방식으로 이해될 수 있다. 첫째, 조건짓기의 관점에서 본다면, 개념에 따라 공간을 규정하는 상상의 도식으로서(그 모든 부분에서 그 스스로에게 포개질 수 있을 것으로서 정의된 직선). 이 경우 차이는 구축의 규칙에 구현되어 외부적인 것으로 머문다. 둘째, 발생적인 관점에서 본다면, 가장 짧다는 것은 하나의 이데아(다양체)로서 이해될 수 있다. 이는 …… 직선적인 것과 곡선적인 것 사이의 차이를 내부화하며, 이 내적인 차이를 상호 규정[차생적 관계들]의 형식으로 그리고 적분/통합의 최소 조건들에 있어 표현한다." Deleuze, *Difference and Repetition*, p. 174.

해에 접근하는 두 가지 방식 모두가 열려 있다는 사실을 이해하려면 특별한 노력을 기울여야만 한다. 왜냐하면 그런 이유로 하나의 해가 다른 하나의 해에 의해 크게 강화되는 것이고, 나아가 두 해가 일치할 경우 우리는 아주 큰 만족을 확보하게 되기 때문이다.[20]

목적론적이거나 목적 지향적인 행위를 물리계들에 떠넘기지 않도록 하기 위해, 들뢰즈 존재론에서 목적인은 의사-원인으로 대체되어야 할 것이다. 하지만 지금의 논변에서 중요한 것은 그것이 하나의 문제를 특정한 작용인(힘들)을 통해서가 아니라 인과적인 세부 사항들을 우회하는 방식으로 제기할 수 있는 능력이다. 이 능력이 고전 역학들의 변분법적 버전으로 하여금 모델들의 개체군에 있어 통일하고 조직하는 역할을 행할 수 있도록 해준다. 변분법이 드러냈던 특이성들은 내가 쓰는 용어로 말하자면 메커니즘 독립적인 실재를 표상했다. 다른 한편 오일러 자신도 인정했듯이, 이 방법은 인과적 방법을 보완하는 것이었지 독존적獨存的인 것은 아니었다. 하나의 주어진 고전 역학적 과정은 어떤 양이건 그것을 최소화하는 경향이 있지만, 이 과정에 대한 온전한 설명은 또한 그런 최소화를 획득하는 인과 메커니즘들에 대한 정확한 서술을 포함해야 할 것이다. 하지만 이러한 또 다른 과제는 보다 덜 일반적이며, 또 실험 상황의 세부 사항들에 특수하게 맞추어진 다른 모델들에 의해 수행되어야 한다.

---

20) 오일러의 말. Stephen P. Timoshenko, *History of Strength of Materials*, New York: Dover, 1983, p. 31에서 재인용(강조는 인용자).

이 부분의 논의를 요약하자면, 법칙들이란 단지 언어적 진리들을 수학적으로 표현하는 것이 아니라 수학적 형식을 핵심으로 하는 모델들이라고 해야 할 것이다. 예컨대 변분법에 의해 이루어진 통합은 이런 식으로만 이해될 수 있다. 그 기법들은 언어적으로 진술된 법칙들에 적용되지 않기 때문이다. 이런 식의 환원 불가능한 수학적 모델들은 점점 성장하는 다질적 개체군을 형성하는데, 그 개체군의 어떤 성원들은 사건들 사이의 생산적인 관계에 대한 인과적인 정보를 담고 있고 다른 구성원들은 특이성들 사이의 의사-원인적 관계들을 구현하고 있다. 다시 말해, 고전 역학의 이론적인 요소를 구성하고 있는 이런 모델 개체군은 한편으로 진리를 나르는 상당수의 특수한 인과 모델들 ── 현실세계와 교면交面하는 부분 ── 을, 그리고 다른 한편으로는 현실세계를 지시하는 것이 아니라(따라서 참도 거짓도 아니다) 잘 제기된 문제들 덕분에 잠재세계와 교면하는 소수의 모델들을 포함한다. 들뢰즈에게 하나의 문제는 정확히 특이한 것과 보통의 것, 중요한 것과 중요하지 않은 것, 관련성이 있는 것과 없는 것의 분포에 의해 정의된다. 제대로 제기된 문제는 이런 분포들을 올바르게 하고, 하나의 해는 항상 그에 상응하는 문제를 얼마나 제대로 특화하느냐에 따라 그에 합당한 진리를 갖는다.[21]

---

21) "진과 위는 해들에 관련되는 것이 아니다. 그것들은 우선 문제들에 영향을 준다. 하나의 해는 항상 그것이 응답해야 하는 문제에 따라 받을 수 있는 진을 가진다. 그리고 하나의 문제는 항상 그 자체의 진과 위에 비례해(달리 말해 그것의 의미에 비례해) 받을 수 있는 해를 가진다." Deleuze, *Difference and Repetition*, p. 159. 이하에서 나는 '참된 문제들'에 대해서가 아니라 '적절한' correct 또는 '잘 제기된' 문제들이라는 표현을 쓸 것이다. 그러나 이것은 들뢰즈를 왜곡시키지는 않는, 무리 없는 용어상의 변형이라고 믿는다.

이런 관점에서 볼 때, 뉴턴이 이룬 성과는 우주에 대한 일반적인 진리를 발견했다는 데 있는 것이 아니라, 특이성들(유일한 최대 혹은 최소)을 가장 단순하게 분포시킴으로써, 정의된 하나의 객관적인 문제를 정확하게 제기했다는 데 있는 것이다. 이러한 해석은 뉴턴 법칙들의 객관성을 여전히 인정하지만, 그의 성취에 대한 평가는 다소 하향조정한다. 복수의 끝개들에 대한 비선형 동역학의 통찰들이 옳다면, 단일한 최소의 문제가 가장 일반적인 문제는 아니라는 의미에서.

외-명제적이고 전-표상적인

하지만 이러한 결론은 물리학에 대한 전통적이고 공리적인 접근 방식이야말로 문제론적problematic 접근 방식으로 대체될 수 있음을, 즉 문제들이 근본 법칙(을 표현하는) 명제들을 대체할 수 있다는 입장을 취한다. 그러나 물리학의 존재론이 전통적으로 내포하고 있던 경향에 반대하는 한에서, 이런 식의 대체에는 더 충분한 정당성이 주어져야 한다. 여전히 대부분의 물리학자들은 예컨대 해밀턴의 최소작용 원리를 물리학의 많은 개별적인 진리들이 기계적으로 따르는 일반 진리를 표현하는 공리라고 해석한다. 모리스 클라인은 이렇게 말한다.

> 1850년대의 과학자들에게 해밀턴의 원리는 꿈을 현실로 만든 것이었다. …… 갈릴레오의 시대로부터 과학자들은 많은 자연 현상들을 몇 개의 근본적인 물리적 원리들로부터 연역할 수 있도록 노력해 왔다. …… 데카르트는 이미 모든 과학의 법칙들이 이 우주에 대한 단 하나의 기본 법칙으로부터 끌어내어질 수 있으리란 기대를 표현했다.[22]

그리고 여기에 다른 모든 것들이 따르는 단일한 법칙 명제law statement에 대한 희망이 상당한 정도로 복원되면서 오랜 생명력을 보여 주었으며 아직도 현대 물리학자들 사이에서 최종 이론에 대한 꿈에 생명력을 불어 넣고 있다는 점을 덧붙여야겠다. 그러므로 이 장의 다음 부분에서 정리해야 할 과제는 중요한 것과 중요하지 않은 것의 이러한 분포(본질은 물론이거니와 법칙 명제들까지 대체하게 될)가 띠고 있는 외-명제적extra-propositional 본성과 전-표상적sub-representative 본성을 좀더 자세히 설명하는 것이 될 것이다. 들뢰즈는 이렇게 말하고 있다.

---

22) Kline, *Mathematics and the Physical World*, p. 441. 이 전통 내에서, 해밀턴 원리의 통합력은 거의 필연적으로 그 진리의 일반성에 있는 것으로 해석되었고, 19세기에는 변분법적 원리들의 힘을 일반적 진리의 개념에 통합시키기 위해 고전 역학의 공리적 판본들이 생산되었다(예컨대 하인리히 헤르츠에 의해). Lindsay and Margenau, *Foundations of Physics*, pp. 118~120.

들뢰즈 존재론에 있어 물리학으로부터 본질주의를 제거하는 것은 명석하고 판명한 진리들(공리들과 정리들)을 문제들로 대체하는 것, 즉 유클리드 기하학적인 주형에 있어 연역적으로 연결되어 있는 언어적 명제들을 특이성들(사건들)과 감응들에 의해 정의된 문제들로 대체하는 것을 포함한다. "그리스의 기하학은 한편으로는 문제들을 정리들의 이점에 국한하려는, 다른 한편으로는 그것들을 정리들 자체에 복속시키려는 일반적 경향을 가진다. 그 이유는 정리들이 단순한 본질들의 속성들을 표현하고 전개하는 데 비해, 문제들은 오로지 사건들과 감응들에 관련되기 때문이다. …… 그러나 결과적으로, 발생론적 관점은 보다 낮은 등급의 위상으로 강제적으로 추방되었다. 증명은 무엇인가가 그것이 아닌 무엇이 될 수 없으며 그것이 아니게 될 이유를 가질 수 없을 때 주어지게 된다(그래서 유클리드에게서 부정적인, 간접적인 …… 논증들[예컨대 귀류법]이 자주 나타난다). 대수학적이고 해석학적인 관점으로의 이동이 있다 해도 상황의 본질적 측면들에는 달라지는 것이 없다. 이제 문제들은 대수학적 방정식들로부터 규명된다. …… 하지만 우리가 기하학에서 이미 해결된 문제를 상상하듯이, 대수학에서 우리는 미지의 양들을 마치 그것들이 기지의 것인 것처럼 조작한다. 바로 이런 방식으로 우리는 문제들을 (해의 경우들로서 역할할 수 있는) 명제들의 형태로 환원하는 힘든 작업을 추구한다. 우리는 이 점을 데카르트에서 명백하게 볼 수 있다. 데카르트적 방법(명석하고 판명한 것을 찾는 것)은 가정상 주어진 문제들을 푸는 방법이지 문제들의 구성 또는 물음들의 이해에 적절한 발명의 방법이 아니다." Deleuze, *Difference and Repetition*, p. 160.

본질이란 본성상 가장 '중요한 것'이라고들 말할 것이다. 하지만 여기서 '문제'는 정확히 무엇인가. 중요성과 비-중요성의 개념이란 정확히 말하자면 사건들 혹은 사고들accidents에 관여하는 개념들이 아닐까, 본질과 사고 자체 사이의 조잡한 대립보다는 사고들 내에서 훨씬 더 '중요하지' 않을까의 여부이다. 사유의 문제는 본질들에 묶여 있는 것이 아니라 중요한 것과 그렇지 않은 것에 대한 가치 평가, 특이한 것과 규칙적인 것, 특별한 점들과 보통 점들의 분포와 관련되어 있다. 그리고 이러한 평가나 분포는, 한 문제의 조건들을 구성하는 이데아적 사건들에 관련해, 비본질적인 것들 내에서 또는 한 다양체에 대한 서술 내에서 성립한다.[23]

나는 먼저 특정한 종류의 문제, 설명상의explanatory 문제들에 초점을 맞추어, 물리적 현상들을 설명하는 데 있어서 인과적인 것과 의사-인과적인 것이 행하는 역할을 보여 줄 것이다. 이언 해킹이 주장했듯이, 인과성은 객관적인 관계가 아니라는 믿음을 키워 주는 실증주의적 편견들 또한 인식론적 행위로서의 설명을 경시하도록 촉진한다. 즉 "설명은 현상들을 조직하는 데 도움이 될 수는 있지만, 왜?라는 물음에 어떠한 깊이 있는 답도 제공해 주지 않는다"[24]는 실증주의적 명제

---

23) Ibid., p. 189. "왜냐하면 문제들-이데아들은 본성상 무의식적이기 때문이다. 즉 그것들은 외-명제적이고 전-표상적이며, 그것들이 일으키는 긍정들을 표상하는 명제들과 유사하지 않다." Ibid., p. 267(강조는 인용자).
24) Hacking, *Representing and Intervening*, p. 41(강조는 원저자). 실증주의 철학자들은 원인들을 무시하고 설명들을 경시할 뿐만 아니라, 의미에 대한 '검증주의적' verificationist 이론(명제의 진리가 검증될 수 없다면, 그 명제는 무의미하다), 검증은 원 자료(감각에서 얻어진 자료)와의 비교를 포함해야 한다는 믿음과 이론적(혹은 관찰할 수 없는) 존재들에 대

를 강화해 준다. 반면에 인과성 연구를 다시 살려 내고 있는 비-실증주의적 철학자들에게 어떤 현상이 왜 발생하는가에 관한 물음들은 중요하다. 왜냐하면 그 물음들이야말로 규칙성들의 단순한 묘사 이상의 해답을 필요로 하기 때문이다. 왜?라는 문제의 대답은 전형적으로, 아마도 메커니즘에 대한 인과적 모델의 형식으로, 인과적 설명의 제시를 요구한다. 덧붙여 나는 메커니즘들의 행동에 포함되어 있는 규칙성(어떤 규칙성이든)을 설명하기 위해서는, 즉 그 현상의 메커니즘 독립적인 측면을 포착하기 위해서는, 이 문제들이 때때로 의사-인과적 요인을 요구한다는 점을 논할 것이다.[25] 문제들과 해답들이 사실상 언어적인

한 불신을 주장한다. 나중에 해킹은 설명의 역할(Ibid., pp. 52~55)에 대해 의심을 드러내지만, 내 생각에 그런 불신은 실재론에 대한 논증으로서 설명의 역할에 한정되는 것이다. 해킹은 실험적인 실천에 실재론 혹은 관찰할 수 없는 존재들에 대한 믿음의 기준으로서 인과적 개입이 일어난다는 생각을 옹호한 것으로 잘 알려져 있다.

25) 내가 '왜'라는-물음에 초점을 맞추는 것은 이 문제를 어떤 특정한 통사론적 형태에 연결시키는 것이 아니며, 단지 표현의 용이함의 문제일 뿐이다. 분명 그런 물음들은 다른 방식들로 바꾸어 쓸 수 있다. 예컨대 "왜 사건 x가 발생했는가?"라는 물음에 의해 표현된 인과적 설명에의 요구는 "사건 x가 어떻게 산출되었는가?"에 의해 또는 그와 같은 어떤 것에 의해 표현될 수 있을 것이다. 들뢰즈가 '왜'라는-물음을 언급한 것은 아니지만, 그는 대답들로서의 단순한 명제들을 갖춘 물음들(물음을 본질들의 탐구에 복속시키는)을 좀 더 적절하게 문제론적이라 할 수 있는 물음들로부터 구분하고자 했다. "합리주의는 이데아들(다양체들)의 운명을 추상적이고 이미 죽은 본질들에 결부시키고자 했다. 그리고 이데아들의 문제적 형태가 재인되는 만큼, 그것은 본질들의 물음에(달리 말해, "x는 무엇인가?"에) 결부되어 있는 그 형태를 원하기까지 했다. …… 이데아들을 얻기 위해 "x란 무엇인가?"라는 물음에 신뢰를 둔 철학자들이 거의 없다는 사실에 주목하자. 아리스토텔레스는 분명 아니다. 일단 변증법(문제들을 정식화하는 기예)이 입문적인 목적에 적용되는 대신 그것의 내용을 구성해 내면 '얼마나 많이', '어떻게', '어떤 경우들에', 그리고 '누가' 같은 물음들이 넘쳐난다. …… 이 물음들은 사고事故, 사건, 다양체의 물음들이다." Deleuze, *Difference and Repetition*, p. 188.

지금까지의 논의에서 생략되었던 좀더 중요한 한 가지는 문제들과 물음들에 대한 들뢰즈의 구분이다. 문제가 잠재적 다양체에 대한 인식론적 대응물이라면, 물음(예컨대 어떤 명법을, 설명에 대한 요청/요구를 포함하는)은 문제의 원천 또는 의사-원인 작동자의 대응물이다. 또한 강도적인 것과 현실적인 것에의 인식론적 대응물들도 존재한다. "우리는 네

존재들이라는 사실에도 불구하고 왜?라는 물음은, 그것들로 하여금 해결 가능한 것들 또는 잘 제기된 것들이 되게 해주는 조건들의 일부로서 고유하게 문제론적이라 할 비-언어적 혹은 외-명제적 측면——즉 상관적인 것과 비상관적인 것의 분포——을 포함하고 있다. 이 문제들에 대해 최초의 접근 방식을 발전시켰던 철학자 앨런 가핀켈Alan Garfinkel의 말을 인용하면서 시작해 보자.

> 윌리 서튼이 감옥에 있을 때, 그를 개종시키려 노력하고 있던 목사가 왜 은행을 털었냐고 물었다. 서튼은 대답했다. "글쎄요. 거기가 돈이 있는 곳이잖아요." 여기에서 둘은 서로 맥이 통하지도 않았고 일치하지도 못했다. 서튼과 그 목사는 서로 엇나가고 있다. …… 분명 문제와 해답을 형성하는 데는 서로 다른 가치와 목적이 있게 마련이다. 그 두 사람은 서로 다른 것들을 가지고 문제를 제기하거나 설명을 요구했던 것이다. 목사에게 설명이 필요한 것은 바로 강도짓을 하려는 결심이었다. 그는 서튼이 실제 무엇을 털려고 했는지는 관심도 없다. 하지만 서튼에게는 바로 그 문제야말로 모든 문제가 된다. 문제가 되는 것은 무엇을 털 것인지를 결정하는 것이다.[26]

종류의 심급을 구분했다: 명법 또는 존재론적 물음들, 변증법적 물음들 또는 그것들로부터 나오는 테마들, 이 문제들이 그것들의 조건들에 따라 '과학적으로' 표현되는 해결 가능성의 상징적 장들, 문제들이 경우들의 현실성에 구현될 때 이 장들에서 주어지는 해들." Ibid., p. 200.
26) Alan Garfinkel, *Forms of Explanation*, New Haven: Yale University press, 1981, p. 21. 다른 철학자들도 왜?라는 문제들 그리고 상관적인 것과 비상관적인 것의 분포들과 왜?라는 문제들의 관련성에 접근하는 유사한 방식을 발전시켜 왔다. 예를 들면,

가핀켈은 설명에 대한 요청이 "왜 사건 X(Y 혹은 Z에 대립되는)가 발생했는가?"라는 형식을 가진 물음들로서 모델화될 수도 있음을 암시한다(여기에서 괄호 속의 내용은 가핀켈이 대비공간contrast space이라 부르는 것을 구성한다). 그가 보여 준 사례에서 강도와 목사 사이의 오해는 서로가 똑같은 질문을 사용하지만 각기 다른 대비공간에 있다는 사실에 기인한다. 강도에게 문제는 (주유소 혹은 소매점에 대립되는 것으로서) "왜 은행을 터는가?"이지만, 목사에게 문제는 (정직한 삶을 사는 것에 대립되는 것으로서) "왜 은행을 터는가?"이다. 강도의 대답은 정말로 맞는 대답이지만, 목사의 입장에서 보는 한 그 대답은 비상관적인irrelevant 대답이다. 여기서 알 수 있는 사실은 어떤 설명의 관련성이나 유효성은 특정한 대비공간에 관련된다는 사실이다. 이러한 공간들은 상관적인 해석상의 대안들은 물론이거니와 하나의 질문 안에서 전제되는 것(털어야 한다면 왜 하필 은행인가?) 그리고 설명이 필요 없다고 여겨지는 것을 모두 포함한다. 가핀켈의 주장에 따르면, 대비공간을 특징 짓는 것은 언어라는 원천을 뛰어넘는 것을 포함한다. 심지어 그 상황이 가장 언어적인 (강도와 목사의 사례와 같은) 경우들까지도 그렇다. 그는 이렇게 말한다.

이러한 대비공간들은 여전히 잘 이해되고 있지 않은 대상들이다. 예를 들자면, 이 공간들의 구조는 전통적인 논리의 대상과 쉽사리 동일

Salmon, *Scientific Explanation and the Causal Structure of the World*, pp. 1~6을 보라. 또한 왜?라는 문제들과 대비공간들에 접근하는 반 프라센의 방식 — 가핀켈과 달리 전적으로 언어학적이지만 — 에 대한 새먼Wesley C. Salmon의 논의도 보라.

시될 수 있는 것이 아니다. 그 공간들은 굳이 예를 들자면 '가능세계들' possible worlds과 다소 유사하지만, 그것들이 단순히 가능한 세계들의 공간들은 아니다. 이 공간들은 그 공간으로부터 함께 배제된 거의 모든 가능세계들('비본질적으로 다를 뿐인' inessentially differs from 관계들 하에서)과 등가인 부류들과 더 비슷하다(대비공간들은 전형적으로 상당히 작다). …… 기본적으로, 이 공간들은 물리학자들이 말하는 상태공간들과 유사하다. 상태공간이란 어떤 계의 가능성을 기하학적으로 표상한 것이고, 그 상태를 매개변수화parametrization한 것이며, 그것의 레퍼토리[가능한 경우들]를 표시하는 것이다.[27]

나는 이미 앞에서 언어적으로 특화된 가능세계들이 왜 본질주의를 깨뜨릴 수 없는지, 그리고 수학적 존재들(예를 들면 상태공간들과 그 끌개들)을 끌어들이는 것이 어떻게 ['모호한 아담'처럼] '비본질적으로 다를 뿐인' 식의 관계를 통해 관련된 대안들을 특성화하려는 요구를 없앨 수 있는지 논의했다. 다수의 끌개들과 끌개들의 '장들'로 다시 나뉜 전형적인 비선형 공간에서, 가능성들의 공간이란 구조는 외재적으로 정의된 관계(비본질적 변화라는 것을 지정하는)에 좌우되는 것이 아니라 특이성들 자체의 분포에 좌우된다. 상태들의 가능한 계서들을 정의하는 상태공간에서의 궤적들은 끌음의 '장들'에 의해 등가의 부류들로 자발적으로 갈라진다. 두 개의 다른 궤적들의 시작점 혹은 초기 조건이 주어진 '장'으로 떨어지면, 두 궤적은 모두 결국 같은 상태로

---

27) Garfinkel, *Forms of Explanation*, p. 40.

되고 그런 측면에서 등가가 될 수밖에 없다. 사실 가핀켈은 물리학적이고 생물학적인 설명들의 대비공간들을 구조화하는 데 있어서 끌개들이 할 수도 있는 역할들을 인정한다. 그가 말하듯이, "참된 설명을 위해 필요한 것은 기저의 공간이 어떻게 (임계점들의 융기선에 의해 분리됨으로써) 비상관적인 차이들의 '장들' 안에서 구획되는지에 대한 설명이다."[28]

특이성들의 분포는 어떻게 한 문제의 올바름 혹은 참을 객관적으로 정의하는가? 해답은, 들뢰즈가 말하듯이, "미결정성을 통해서 거짓이 되는 문제들도 있고 과결정을 통해서 거짓이 되는 문제들도 있다는 점에 있다."[29] 달리 말해, 만일 대비공간을 구조화하는 대안들이 너무 날카롭게 정의되어 있다면, 문제는 거짓일 수도 있고 아니면 잘못 제기된 것일 수도 있다. 왜냐하면 그런 경우에 설명의 유효성은 그런 사건들의 기회에 지나치게 좌우되기 때문이다(과결정). 반대로, 너무 모호하게 정의되어 현실적으로 발생한 사건이 관련된 대안들 가운데 하나 혹은 다른 하나에 속하는지를 말해 줄 수 없다면 그 문제는 참이 되지 못할 수도 있다(미결정).

과결정된 상태들 때문에 제대로 제기되지 못한 문제의 사례를 들어 보자. 가핀켈은 이런 경우를 잘 알려진 생태학적 현상, 즉 먹이와

---

28) Garfinkel, *Forms of Explanation*, p. 64. 가핀켈은 상태공간에 대한 이런 특성화를 급변론 및 구조적 안정성 개념의 창조자인 르네 톰René Thom에게서 가져온다. 여기에서 '임계점'은 끌음의 '장'의 경계를 (밀개repellor로서) 정의하는 불안정한 분리 매트릭스separatrix를 가리키킬 수도 있고, 또는 끌개들이 한 분포가 다른 분포로 바뀌는 구조적 불안정성의 점을 정의하는 분기를 가리킬 수도 있다.
29) Deleuze, *Difference and Repetition*, p. 159.

포획자(그가 든 사례로는 토끼와 여우)라는 짝지어진 개체군들의 전반적인 숫자에 일정한 리듬을 가지고 혹은 정기적으로 나타나는 변화들을 들어 설명한다. 토끼의 개체군들이 증가하면 이용 가능한 먹이들이 초과됨으로 해서 여우의 숫자도 증가한다. 하지만 어떤 지점에 이르면, 여우들이 너무 많아져서 토끼의 개체군들이 감소한다. 이번에는 여우들의 숫자가 줄어들면서 토끼의 개체군이 다시 회복되어 이 주기가 다시 시작되도록 해준다. 짝지어진 개체군들의 이러한 순환적인 행태는 이 상황에 대해서 생태학적으로 문제 제기하는 것, 즉 어떤 설명을 필요로 하는 것이다.[30]

우리는 두 가지 대안적인 방식으로 문제를 제기할 수 있다. 한 가지는 개별적인 토끼들과 여우들 사이의 상호 작용의 수준에서 문제를 제기하는 것인데, 이렇게 하면 너무 많은 대안들이 나와서 과결정된 대비공간이 나오게 된다. 그리고 다른 한 가지는 개체군들의 전반적인 밀도의 수준에서 문제를 제기하는 것으로서, 이 경우 제대로 제기된 문제가 산출된다. 이것을 언어학적인 용어로 말하자면, 우리가 "왜 이 토끼가 잡아먹히는가?"라는 문제를 제기할 경우 한 가지 대답은 개체군 수준에서 짜 맞춰질 수 있고 또 다른 대답은 유기체 수준에 짜 맞춰질 수도 있음을 뜻한다(왜냐하면, 그 토끼는 특정한 시간에 특정한 여우의 포획공간을 지나갔기 때문이다). 다시 말하면, 하나의 문제는 (잡아먹히지 않는 것의 대립으로서) "왜 이 토끼가 잡아먹히는가?"이지만, 또 다른 문제는 (이 여우 혹은 저 다른 여우에 대립되는 것으로서 이 특정

---

30) Garfinkel, *Forms of Explanation*, pp. 53~58.

한 여우에게) "왜 이 토끼가 잡아먹히는가?"가 된다. 두번째 대비공간은 이 물음에 비상관적인 상당 부분을 포함한다. 왜냐하면, 여우들의 밀도가 상당히 충분히 주어진 상태를 가정할 때, 이 토끼가 이 여우에게 잡아먹히지 않는다면 또 다른 여우에게 잡아먹힐 것이기 때문이다. 즉 미시 수준에서 작동하는 일정한 정도의 잉여redundant 인과성이 있기 때문에, 그 수준에서 물음을 틀 짓게 되면 중요한 것과 중요하지 않은 것이 잘못 분포될 수밖에 없다.[31] 물음을 틀 짓는 두번째 방식은 가핀켈이 말하듯이 설명상 불안정하다.

우리가 다루고 있는 사례들에서의 일반적인 규준은 조건들의 작은 동요perturbation 하에서는 안정을 유지할 수 있는 설명 대상이 선택되어야 한다는 것이다. 여우계과 토끼계의 전체 극소공간에서, 그 여우에 의해 그 장소와 그 시간에 …… 그 토끼의 죽음에 상응하는 어떤 점이 있다. 이제 그 공간 위에 쳐진 일종의 그물──그 사건과 상관적으로 같은 것으로서 간주되어야 하는가를 결정해 줄 그물──을 상상해 보자(결국 이것이 설명의 대비공간이다). 만일 이 그물이 촘촘하다면, 결과적인 인과관계들은 상대적으로 불안정할 것이다. 초기 조건들을 미세하게 교란시키는 것(말하자면, 그 토끼를 그 여우와 아주 근접해서 지나가지 않도록 하는 것)은 다른, 등가적이지 않은 상황을 초래할 것이다(그 여우에게 잡아먹히지 않은 그 토끼). 하지만, 우리가 만일 충분히 큰 (또 충분히 정교한) 그물을 선택한다면, 큰 여우 개체군들과

---

31) Garfinkel, *Forms of Explanation*, pp. 58~62.

큰 토끼의 사망율 사이의 관계처럼, 안정된 관계를 포착할 수 있다〔토끼의 길을 바꾼다 하더라도 여전히 또 다른 여우에게 잡아먹힐 수 있게 된다〕.[32]

설명상의 안정성explanatory stability이라는 개념을 사용하면서, 가핀켈은 실재의 상이한 규모들에서 작동하는 설명의 유효성을 분화시키기 위해 대비공간들의 적용을 꾀한다. 개체들의 평탄한 존재론이라는 맥락에서, 이러한 분화는 중요하다. 하나의 설명이 개별적인 유기체들 수준에서 언제 유효한지, 그리고 언제 개별 종들의 시-공간적 크기에서 설명이 필요한지를 알 수 있는 객관적 기준이 주어지는 듯이 보이기 때문이다. 방금 전 언급된 사례에서, 개체군 수준의 강도적 속성(밀도)은 먹이-포식자계의 순환적인 행태에 대한 안정된 설명을 유기체 수준의 강도적 속성의 경우보다 더 잘 제공해 주기 때문이다. 마찬가지로 사회 현상들의 설명에 대해서도, 어떤 속성들은 개별적인 주체들의 규모에 알맞을 것이고, 또 다른 속성들은 개별적인 제도들의 규모에서 왜?라는 질문에 답을 하는 데에 기여할 것이며, 또 어떤 속성은 개별 도시들이나 국민국가들의 관련 인과관계를 포착하게 할 것이다.

요컨대, 각각의 창발적인 수준이 그 자체의 인과적 능력들을 가지고 있는 한 인과적 문제들은 정확한 수준에서 설정되어야 하는데, 그러한 능력들이란 이러한 개체들을 서로서로 구별 지위 주는 능력을 말

---

32) Ibid., p. 168.

한다. 그러나 의사-인과적 요인들의 경우는 어떨까? 그것들은 설명들의 성공과 실패에 어떤 식으로 영향을 주는가? 우리의 사례로 다시 돌아와서, 만일 먹이-포식자계라는 순환적 동역학의 속성들, 예를 들면 순환의 지속이 안정적이지 않다면, 즉 외적 충격들이 쉽게 이러한 지속을 바꿀 수 있다면, 의사-인과적 요인이 필요하지 않게 된다. 하지만 다른 한편으로, 그러한 충격들이 일시적으로 지속을 바꿀 뿐이고 그 순환 주기가 저절로 원래의 주기로 돌아온다면, 인과적 모델로는 설명이 되지 않는 동역학의 측면, 여전히 설명을 필요로 하는 메커니즘 독립적인 측면이 존재하게 될 것이다. 사실 개체군 생물학자들은 현장에서나 실험실에서 그러한 안정적이거나 확고한 순환 주기들을 관찰해 왔으며, 이 사실은 그 설명적 모델들의 일부로서 끌개들의 도입에 영향을 주었다.[33]

생물학적 사례를 선택하긴 했지만, 이 논의에서 특별히 생물학적이랄 것은 전혀 없다는 점을 강조해야겠다. 위와 정확하게 동일한 생각들이 비유기적 존재들의 (인과적으로 상호 영향을 미치는) 개체군들의 계에도 적용된다. 나는 여러 차례 대류와 교류의 흐름이라는 형태들regimes을 언급했다. 그러한 현상들을 설명할 때, 문제를 정확한 수준에서 설정해야 비상관적인 차이들을 끌어들이지 않게 된다. 예컨대

---

33) Robert M. May, "Chaos and the Dynamics of Biological Populations", *Dynamical Chaos*, ed. M. V. Berry, London Royal Society, 1987, pp. 31~2. 이 글에서 메이의 초점은 카오스적 끌개들에 맞추어져 있지만, 그는 또한 주기적 끌개들에 대해서도 언급한다(개체군 연구들에 있어 후자는 전자보다는 덜 논쟁적이다). 나는 본문에서 '카오스'에 대한 논의는 피했는데, 이는 이 주제를 둘러싼 과장들 때문이기도 하지만 더 중요하게는 존재론적으로 핵심 개념은 특수한 카오스적 경우가 아니라 끌개의 개념이기 때문이다. 다시 말해, 핵심은 의사-인과의 특수한 형식들 중 하나가 아니라 의사-인과 그 자체이다.

대류 세포[대류 운동의 단위]와 그것이 보여 주는 정합적인 순환적 행태 등이 있을 때, 이 현상에 대해 비상관적인 (서로 충돌하는 개별 분자들에 대한) 미시 인과적 설명들이 수없이 많이 있게 된다. 다시 말해, 미시 수준에서는, 동일한 거시 수준의 결과(정합적인 주기적 흐름 패턴)와 양립할 수 있는 많은 충돌 이력들collision histories을 포함하는 큰 인과적 잉여causal redundancy가 존재한다는 말이다. 여기서 적절한 수준의 설명은 거시 인과적 요인들을 포함하게 될 것이다. 온도와 밀도 그래디언트, 중력과 점성력 사이의 경쟁 등. 더욱이 그래디언트들을 위한 규칙적인 값들에서 반복되는 임계치들의 현존(구조적 불안정성들), 충격에 대한 반복적인 흐름 패턴들의 공고화(비대칭적 안정성)는 분기들과 주기적인 끌개들(혹은, 섭동과 같은 경우에는 혼돈스러운 끌개들)과 같은 부가적인 의사-인과적 요인들을 필요로 하게 될 것이다.

여기서 잠깐 논의를 멈추고 다른 논의들을 끌어들인 다음에, 여기서 얻은 결론들과 앞 장에서 도달했던 논의들을 연결시켜 보자. 나는 우선 (설명에 대한 연역적-법칙론적 모델로 예시되었던) 고전 역학에의 공리적 접근 방식은 법칙들을 객관적 진리(연역을 통해 정리들로 기계적으로 이전되는 진리)의 중요한 담지자들로 바라본다는 점을 논했다. 하나의 주어진 현상을 설명한다는 것은 논리적 논변으로 만들어진다는 것이고, 법칙의 진리 하에서 현상을 기술하는 정리의 진리를 포함하는 것이다. 대안적인 접근 방식인 문제론적 접근 방식은 근본 법칙들이 일반적인 진리들을 표현한다는 생각을 거부하며, 대신 그것들을 정확한 문제들을 제기하는 것으로 간주한다. 문제들은 대비공간들(설명을 하기 위해서 관련된 선택 사항들이 어떤 것들인지를 정의해 주는)에 의해서는 물론이고 전제들(설명될 수 없는 것들)에 의해서도 정의된다. 고전 역학에서의 설명들에 있어 특정한 경우들에서는 법칙들이 미분방정식으로 표현되거니와, 전제들은 (상태공간의 상이한 차원들을 구성하는) 상관적인 자유도로서 선택된 물리적 양들인 데 비해, 대비공간은 상태공간에서의 특이성들의 분포를 통해 즉 가능성들을 끌개의 여러 '장'들로 특정하게 분할함으로써 정의된다. 하지만 유체적 흐름에 대한 유체역학적 설명이 예시해 주듯이, 대비공간이란 더 복잡한 구조를 띤다. 대칭 파괴적 분기들의 연쇄는 그러한 여러 공간들을 연결시킬 수 있다는 점에서 그렇다. 어떤 방식으로인가? 바로 하나의 문제가 **점진적으로 스스로를 특화해**specify 가는 방식이다. 그 문제가 포함하는 상이한 대비공간들이 (한 번에 한 분기씩) 그것들을 드러냄으로써.

  이러한 결론들은 곧바로 내가 이전에 탐구했던 존재론적 생각들과 연결되지만, 이러한 연관관계를 살펴보기 위해서는 '문제'라는 개념을 과학적 설명들을 포함하는 문제들을 넘어 확장시켜야만 한다. 들뢰즈의 접근 방식에서, 제대로 제기된 설명상의 문제들과 참 혹은 거짓 해들 사이의 관계는 잠재적인 것과 현실적인 것 사이의 존재론적 관계에 대한 인식론적인 대응물이다. 설명상의 문제들은 잠재적 다양체들의 대응물이다. 들뢰즈가 말하듯이, "잠재적인 것은 수행되어야 할 과제들 혹은 해결되어야 할 문제들이라는 실재를 소유하기 때문"이다.[34] 한편 (다음 인용문이 보여 주듯이) 개별적인 해들은 현실적인 개별 존재들의 대응물이 될 것이다. "하나의 유기체는 어떤 문제에 대한 해가 아니라면 아무것도 아닐 것이다. 그것의 개별 기관들 — 빛이라는 문제에 대한 해로서의 눈에서처럼 — 이 그렇듯이."[35] 이 생각을 이전에도 들었던 간단한 예 — 구성 분자들의 상호 작용에서 유래하는 창발적 결과로서의 비누 거품과 소금 결정체 — 를 통해서 설명해 보자. 여기에서 분자들의 개체군을 위한 문제는 에너지의 최소점을 찾는 것(또는 그것이 최소점에로 이행하는 길을 계산하는 것)이다. 이는 결국 (표면 장력 항들에 서술되어 있는 최소화 문제를 집합적으로 푸는) 비누 막들에서의 분자들에 의해 그리고 (결합에너지 문제를 집합적으로 푸는) 결정체 구조들에서의 분자들에 의해 상이한 방식으로 풀리는 문제이다. 그것은 그 조건들이 하나의 유일한 특이성에 의해 정의되는 일종의 존재론적 문제와도 같다. 그것은 다양한 기하학적 해들(구형의 거품들, 6면체의 결정체들)을 내면서 스스로를 '펼친' explicated 것이다.[36]

---

34) Deleuze, *Difference and Repetition*, p. 212.
35) Ibid., p. 211.
36) 들뢰즈는 개체화 과정들에 의해 잠재적 문제를 푸는 것을 하나의 '설명' explanation으로서, 또는 차라리 하나의 '펼침' explication으로서 본다. 이 용어는 주로 개체화가 일어나는 동안의 강도적 차이들을 소거하는 것, 강도를 그것이 생겨나게 하는 형태들과 질들 아래에 숨기는 것을 가리킨다. "엄밀하게 말해서, 차이가 '설명 불가능할/펼쳐질 수 없을' inexplicable 수밖에 없다는 것은 놀랄 일이 아니다. 차이는 설명된다/펼쳐진다explicated. 그러나 그것이 소거되는 경향을 띠는 계들 내에서. 이는 단지 차이가 본질적으로 함축되어/접혀implicated 있다는 것을, 그것의 존재가 함축이라는 것을 뜻한다. …… 강도는 그것을 (그것이 스스로의 바깥에서 나타나고 질 아래에 숨겨지는) 외연도에 관련시키는 외연도성에 의해 전개되고 설명된다/펼쳐진다." Ibid., p. 228.
오늘날 어떤 과학자들(예컨대 크리스토퍼 랭턴)은 어떤 형태변이 과정들을 계산 computational 문제들에 대한 해를 포함하는 것으로서 보기 시작하고 있다. "액체 상태와 기체 상태 사이의 임계 전이점 근처에 있는 물질은 결국 그것이 액체로 정착할 것인가 기체로 정착할 것인가에 대한 거시적인 결정에 도달해야 한다. 이것이 거의 의인적으로 들릴지도 모르겠다. 그러나 여기에서 보고된 결과들에 따르면, 우리는 그러한 계들을 최소 에너지 상태에로의 길을 효과적으로 계산하는 것으로서 생각해야 한다." Christopher G. Langton, "Life at the Edge of Chaos", *Artificial Life II*, p. 82.

인식론과 존재론 사이의, 인간에 의해 제기되는 문제들과 스스로 제기되는 잠재적 문제들 사이의 이런 밀접한 관련성은 들뢰즈에게 특징적이다. 하나의 진정한 문제, 예컨대 뉴턴이 다소 모호한 기하학적 용어들로 제기했고 오일러, 라그랑주, 해밀턴이 점진적으로 명료화했던 것과 같은 문제는 진정한 잠재적 문제와 **동형적일**isomorphic 것이다. 유사한 방식으로 (특히 기계들에 대한 능숙한 취급과 실험실에서 현상들을 개별화하는 데 사용되는 기구들을 포함하는) 실험 물리학자들의 실행들은 실재에 있어 잠재적 문제를 풀려는 또는 설명하려는/펼치려는 강도적인 개체화 과정들과 동형적이다. 이론 물리학자들과 실험 물리학자들의 과제에 대한 개념화는 (그것을 실재를 거울처럼 복사하는 참된 사실들을 표현하는 언어적 명제들의 집합체를 산출하는 것으로 보는) 전통적인 실재론적 방식과는 상반된다. 이 오래된 낡은 견해에 따르면, 실재의 면과 물리학의 면 사이의 관계는 상사성의 관계이다. 그러나 들뢰즈도 말하고 있듯이, "두 면 사이에는 어떤 분석적 유사성도, 일치 또는 합일conformity도 존재하지 않는다. 그러나 그것들의 독립성이 …… 동형성을 미리 배제하지는 않는다."[37] 앞 장의 결론에서 말했듯이, 사실 여기에 포함되어야 하는 더 많은 동형성도 있다. 철학

---

37) 사실 이는 다른 맥락에서 일어난다. 들뢰즈는 결코 이 점을 이론 물리학 및 실험 물리학에 상대적인 것으로 만들지 않았지만, 내가 믿기로는 그의 생각은 그러한 방향으로 확장될 수 있다. 다음 인용문을 음미해 보자. "표현의 언어적 변항들만이 상항들의 추출을 도와주는 형식적 대립/구분과 관계 맺는 것이 아니다. 내용의 비언어적 변항들도 그렇다. 옐름슬레우Louis Hjelmslev가 지적하듯이, 하나의 표현은 예컨대 하나의 내용이 사회적, 동물적, 또는 물리적 단위들로 나뉘듯이 음성적 단위들로 나뉜다. …… 이항성들binarities 또는 수목형들의 네트워크는 두 경우 모두에 적용 가능하다. 그러나 두 면들 사이에는 어떤 분석적인 유사성, 상응, 또는 합치도 존재하지 않는다. 그러나 그들의 독립성이 동형성을 미리 배제하지는 않는다. ……" Deleuze and Guattari, *A Thousand Plateaus*, p. 108(강조는 인용자).

자는 의사-원인 작동자와 동일해져야 한다. 이는 곧 법칙을 표현하는 명제들로부터 문제들을 뽑아내는 것, 그리고 문제들에 (해들로의 환원 불가능성을 보장해 줄) 최소한의 자율성을 부여함으로써 그것들을 엮어 짜는 것 이외의 것이 아니다.

이제 이하 이 장의 두번째 부분에서, 나는 한편으로는 실험 물리학과 연관되고 다른 한편으로는 고전 물리학의 이론적 구성 요소들과 연관되는 이러한 동형성의 세부 사항들을 논의하고자 한다. 이 작업은 이 관계의 양쪽 측면을 다루는 것, 즉 물리학자들의 실험적이고 모델 구성적인 실행뿐만 아니라 이론가가 잠재적인 것에 접촉하기 위해 사용하는 수학적 모델들의 행동 및 실험실들에서 나타나는 물질적 현상들과 기계류의 행동까지도 다룬다는 의미일 것이다. 나는 스스로 조직하고 스스로 조립하는 물리적이고 에너지적인 계들의 능력, 물질과 에너지의 적절하게 문제론적인 측면들을 드러내는 능력이 물리학자들 혹은 철학자들이 더 복잡한 형태들을 희생해 가면서까지 선형적 인과성에 초점을 맞출 때 어떻게 은폐되는지를 토론하면서 시작할 것이다. 하지만 나는 또한 비록 연구 중인 물질계가 완전하게 선형화되고 순화되더라도 실험가, 기계들, 물질적 현상, 그리고 인과적 모델들 사이의 인과 관계는 여전히 비선형적이고 문제론적이라는 것도 논의할 것이다. 사실, 물리학 실험실은 이질적인 배치들 즉 진정한 강도적인 개체화 과정과 동일한 배치들이 형성하는 장소로 여겨질 수도 있다.

그런 다음에 나는 의사-인과성의 문제로 이동해서 들뢰즈가 상태공간에 인식론적으로 접근하는 방식(이론적 문제의 조건들을 정의하는 특이성들을 강조하는 방식)과 문제에 대한 해를 강조하는 분석철학자들의 접근 방식들(이론적 지식의 전달자로서 특이성이 아니라 상태공간 안의 궤도에 주목하는 방식)을 비교할 것이다. 궤도들이 실험실에서 측정된 양에 대한 기하학적 유사성의 관계를 담지하는 반면, 물리학에서 문제를 정의하는 특이성들은 잠재적 다양체의 조건들을 정의하는 특이성들과 동일한 구조를 띤다. 여기에서도 역시, 나는 수학적 모델들의 문제론적인 측면들을 은폐하는 것은 바로 선형방정식의 행동임을 논의할 것이다. 요컨대 우리가 원인들 혹은 의사-원인들을 다루든 실험 물리학 혹은 이론 물리학을 다루든, 결정적인 과제는 단순한 선형적 행동에 집착함으로써 초래된 것, 즉 문제들이 해들에 종속되는 것을 피하는 것이다.

비선형적-문제론적 과학

선형적 원인들에 과도하게 집중함으로써 결과한 물질 개념을 언급한 과학철학자 마리오 번지를 인용하면서 시작해 보자.

> 원자보다 먼저 장과 방사능은 일반적인 지식이 되어 버렸고, 심지어 '무생물' brute matter이 전적으로 자연발생성이 없는 동질적이고 조직되어 있지 않으며 활동성이 없는 어떤 것 ── 그러니까 유심론immaterialist 철학자들이 생각하는 물질 ── 이라는 믿음을 공유하고 있는 과학자들도 찾아 볼 수 있다. 모든 실험은 물질에의 개입이라는 사실로부터 그들은 물질이란 형상의 무산적無産的 수용자일 뿐이라는 아리스토텔레스의 결론으로 비약했다. 이것이 원자 단위의 모든 현상들을 산출하는 것

은 바로 실험가들이라고 주장하는 양자 이론가들이 여전히 견지하고 있는 믿음이다.[38]

그리고 나는 모든 현상들은 사회적으로 구성된다고 생각하는 과학 비평가들 또한 [이러한 믿음을] 견지하고 있다고 덧붙일 수 있겠다. 기본적으로 비활성적인 것으로 이해되는 물질 개념은 고전적 인과성을 정의하는 특성과 직접적으로 연계된다. 고전적 인과성에서 가장 중요한 것은 상이한 원인들에의 결과들의 단순한 부가additivity이다. 이처럼 명백하게 순진한 가정은 정말로 많은 결과들을 초래하는데, 그 중에서 어떤 것들은 내가 여기서 훑어보았던 철학적 기획에 대해 치명적이다. 특히 개체들의 평탄한 존재론은, 모든 시공간적 규모에서, 단순히 구성 요소들이 지닌 속성의 총합으로는 설명될 수 없으며 그것들의 인과적 상호 작용에서 창발하는 전체의 속성들이 존재한다고 가정한다. 안정적인 창발적 속성들과 새로운 인과적 능력들이 없다면, 이번에는 이것들이 더 큰 규모의 개별적인 붕괴라는 개념을 발생시킨다.

부가적 원인들이라는 관념은 연구 중인 시스템에 부여하는 명백한 단순함 때문에 물리학을 장악하게 되었다.[39] 전통적인 실험 관행에서, 인과적 영향들을 연구하기 위해서 그것들을 고립시키거나 분리시키는 것은 불가피한 작업이다. 완벽한 고립은 그야말로 근거 없는 이야기

---

38) Bunge, *Causality and Modern Science*, p. 175(강조는 인용자).
39) "선형계에서 두 개의 다른 원인들의 결합 작용에서 나타나는 궁극적인 결과는 개별적으로 취해진 각 원인의 결과들을 단순히 중첩(첨가)시킨 것이다. 하지만 비선형계의 경우 이미 제시된 하나의 원인에 작은 원인이 첨가되면 원인이 증폭되어서 공약수가 없는 극적인 결과를 일으킬 수 있다." Nicolis and Prigogine, *Exploring Complexity*, p. 59.

이지만(이와 반대되는, 우주의 모든 사건들이 상호 의존한다는 이야기도 마찬가지이다), 상대적으로 인과적인 고리들은 실험실에서 매 고리마다 특정한 인과적 요소들 혹은 그 결과들 가운데 하나를 골라내고 그 나머지를 무시함으로써 창조될 수도 있다. 번지가 지적하듯이, 이러한 과정은 존재론적으로는 반대할 만하지만 많은 경우 방법론적으로는 불가피하다.[40] 예컨대 물질의 인과적 행동에 이와 같은 단순화를 끌어 들이지 않고 고전 물리학이 어떻게 시작될 수 있었는지를 구체적으로 보여 주기란 어렵다. 마찬가지로, 인과적 분석을 수행할 수 있는 바로 그 가능성은 단순 부가적 종합에 따라오는 다른 요소들의 분리를 요청하는 것으로 보인다. 초기 물리학자들이 부가가 분석을 위한 실용적인 전제 조건일 때 그것을 사용했다고 비난하기는 어렵다. 하지만 이러한 실용적인 제약을 자연의 원리로 물화物化하는 것에 대해서는 반대할 만하다.

부가성additivity이라는 속성을 설명하는 고전적 인과성 개념의 구성 요소에는 몇 가지가 있다. 유일성, 필연성, 단일 방향성, 그리고 비례. 이러한 네 가지 구성 요소들은 또한 세계를 일종의 시계로 보는 세계관에서 전형적으로 나타나는 물질적 작인의 급격한 몰락을 설명해 준다. 유일성에서 시작해서 동일한 원인은 동일한 결과를 초래한다. 이 구성 요소들이 각각 무엇을 함축하는지를 간단하게 설명해 보자. 유일성은 두 개의 대안들과 대비된다. 그 하나는 몇 가지 다른 원인들이 똑같은 결과를 초래하는 것이고, 다른 하나는 똑같은 원인이 다양한 결과를 초

---

40) Bunge, *Causality and Modern Science*, p. 127.

래하는 것이다. 번지는 첫번째 대안의 예시로서 열의 발생(다양한 원인들, 마찰, 연소, 핵 연쇄 반응, 마이크로파에 의해 산출될 수 있는 하나의 결과)을, 그리고 두번째 대안에 대한 예시로서 "식물의 끝에 위치하게 되면 생장을 촉진하지만 뿌리에 위치하게 되면 생장을 억제하는"[41] 일정한 호르몬(옥신과 같은)의 작용을 들고 있다. 어느 경우이든, 원인과 결과 사이의 유일성의 관계가 없이 단순한 부가성이 이루어지고 있다. 즉 몇 가지 다른 원인들이 각기 독립적으로 하나의 결과를 산출한다면, 하나의 원인이 이미 작동하고 있을 때 두번째 원인을 부가하는 것은 아무런 결과를 내지 못할 수 있는 것이다. 그리고 반대로 똑같은 원인이 상황에 따라 다른 결과들을 산출할 수 있다면, 이런 원인이 두 번 발생한다 해도 그 합계가 반드시 각각의 결과의 총합이 되는 것은 아니다.

고전적인 인과성의 두번째 특성은 필연성이다. 동일한 원인이 예외 없이 항상 동일한 결과를 산출한다는 것이다. 여기서 대안은 필연적인 연계linkage를 제거하고 그것을 강화된 개연성의 의미로서의 연계로 대체하는 것이다. 이 경우 원인의 발생이 반드시 결과의 발생을 의미하는 것은 아니게 된다.[42] 이런 유형의 개연적 인과성은 인간이라는

---

41) Ibid., p. 49.
42) 이것이 웨슬리 새먼이 통계학적 인과를 특성화하는 방식으로서, 결국 높은 개연성을 통해 언급된 이전의 버전들을 대체하기 위한 것이다. 이 오래된 버전은 개연성의 값(거의 1)의 절대성으로 인해 단지 필연성(개연성이 1인 경우)이 약화된 것이라고 할 수 있다. 이 점에서 강화된 개연성과는 다르다. 강화된 개연성은 이전의 개연성들(원인의 현존 없이 한 사건이 일어날 개연성)만이 아니라 이후의 개연성들도 인식할 것을 요구한다. 강화된 개연성의 값이 거의 1인가의 여부는 새먼의 버전에서는 문제가 되지 않는다. 그래서 그것은 그것을 단지 약화시키는 것이 아니라 필연과 더불어 진짜로 부수어 버린다. 다음을 보라. Salmon, *Scientific Explanation and the Causal Structure of the World*, pp. 30~34.

개체군에 적용되었을 때 "흡연이 암의 원인이다"와 같은 사례들로 종종 예시된다. 담배 안에 들어 있는 독성물질은 질병의 개연성을 증가시키지만 다양한 사람들에게 다양한 방식으로 나타나기 때문에, 모든 흡연가가 실제로 암으로 죽지는 않는다는 결과가 나타난다. 필연성은 부가를 함축하지만 강화된 개연성은 그렇지 않다. 우리의 예에서, 인과적 과정으로 이해되는 흡연은 인체와의 다양한 유형의 상호 작용을 위한 개연성 분포를 동반한다. 그리고 상호 작용하려는 이러한 성향은 전체 개체군의 수준에서 단순한 방식으로 부가되지는 않는다.[43]

세번째 그리고 네번째 특성은 단일 방향성과 비례이다. 선형적인 인과 사슬에서, 결과들은 그 원인들에 거꾸로 작용하지 않는다. 즉 이러한 사슬에서 인과적 영향들은 상호적이지 않다. 하지만 고전 역학에서조차도 원인들의 단일 반향성은 절대적이지 않다. 아무리 작더라도 모든 작용은 반작용을 포함하기 때문이다. 원인들에 대한 결과들의 되먹임(피드백)이 (너무 약해서 비상관적이 되게 함으로써) 제거될 수 없다면, 단일 방향성의 부재는 비례성 ─ 작은 원인들은 항상 작은 결과들을 산출한다 ─ 의 실패를 함축할 수도 있다. 다시 말해, 피드백이 없으면 결과의 강도는 원인의 강도와 비례적인 경향을 띠게 되지만 상호 작용이 존재할 경우 인과적 영향은 감소하거나 증가될 수 있다. 결과가 원인을 억제하기 위해서 작용하는 경우들이 있는데(음의 피드백), 그러한 경우에 큰 원인들은 상대적으로 작은 결과들을 갖게 된다. 다른 경우들에서(양의 피드백) 결과는 원인을 증폭시키는데 그래서 작은 원인들

---

43) Salmon, *Scientific Explanation and the Causal Structure of the World*, p. 203.

은 큰 원인들을 가질 수도 있다.[44] 단일 방향성과 비례의 실패 또한 부가성을 부정하지 않는 것은 분명하다. 즉, 결과들과 상호 작용하는 원인들의 집합이 주어졌을 때(어떤 것들은 억제되고 있고 다른 어떤 것들은 자극을 받고 있는데), 그것들이 결합해 야기되는 결과는 정확히 억제가 자극을 무효로 만드는 경우(개연성이 없는 경우이지만)에만 단순한 총합이 될 것이다.

이러한 네 가지 속성들이 부가성을 설명해 주지만, 그 속성들 자체가 작용인이라는 아리스토텔레스의 개념에서 유래한 고전적 인과성의 또 다른 특성 —— 외재성externality —— 을 전제로 한다. 이 외재성의 관점에서 볼 때 원인들은 (상대적으로 수동적인) 대상들에 작용하는 외재적인 동인動因으로 여겨져서, 어떤 결과들이 산출되더라도 그 유일한 작인作因이 된다. 선형적 인과성의 이전 네 가지 특성은 작용을 받는 대상이 정확히 피동자가 되기를 그만둘 때 파기되는 한에서 외재성을 전제로 한다. 유일성의 실패는 하나의 원인이 그것의 작용을 받는 대상의 경향에 따라 여러 개의 결과를 산출할 때마다 발생한다. 그리고 동일한 결과가 다양한 원인에 의해 촉발되는 경우에도 마찬가지다. 강화된 개연성을 위한 필연성의 제거 그리고 하나의 인과적 과정이 전달한다고 할 수 있는 결과를 획득할 수 있는 상이한 개연성 또한 원인의 대상target이 담고 있는 감응받을 수 있는to be affected 개연성들에 좌우된다. 그리고 물론, 단일 방향성과 개연성의 실패는 원인에 의해 작용받는 대상들이 수동적이지 않고 자신들의 인과적 힘들을 거꾸로

---

44) Bunge, *Causality and Modern Science*, ch. 6.

반작용하고 실행할 수 있다는 사실과 곧바로 관련된다.[45]

이미 언급했었거니와, 여기서 옹호했던 개체들의 평탄한 존재론은 결정적으로 선형적 원인들의 제거, 아니면 적어도 그 원인들이 특수하게 제한적인 경우들이라는 점을 보여 줌으로써 그 비중을 줄여 나가는 데 의존한다. 이러한 존재론에서 개체들은 항상 가장 유의미하고 상관적인 인과 관계들이 통계적이거나 개연적인 성격을 띠게 되는 개체군의 부분으로서 존재한다. 이러한 개체들 가운데 어느 것도 외재적인 인과적 영향들을 위한 수동적인 수용자가 아니다. 그것들의 내적인 인과 구조가 항상 최종 결과를 결정하는 데에 일부 역할을 담당하기 때문이다. 유일성과 단일 방향성의 결여는 의사-인과 관계들의 존재로 인해 더욱 강화된다. 만일 어떤 개체의 내적인 동역학이 여러 대안적인 안정 상태들이 그것에 적용 가능한 그러한 것이라면, 동일한 결과(예를 들면, 두 개의 끌개 사이에 있는 스위치)가 다양한 원인들에 의해 초래될 수 있으며, 또한 반대로 동일한 외재적 원인이 하나의 개체가 분기에 혹은 끌개의 '장'의 경계에 얼마나 가까운지에 의거해 다른 결과들을 촉발할 수 있다 해도 별로 놀라운 일은 아니다.

요컨대, 선형적 인과성은 외적 원인에의 물질계의 반응을 기본적으로 비문제적인unproblematic 것으로 만들지만(원인이 주어질 때, 결과에는 설명을 요구하는 더이상의 아무것도 없다), 비선형적이고 통계적인 인과성은 물질계들이 자기조직화하고 자기조립할 수 있음을 보여 줌으로써 그것들을 재문제화한다re-problematize(이 경우 외부 요인의 단순

---

45) Bunge, *Causality and Modern Science*, ch. 8.

한 인용 이후에 결과에는 설명되지 않은 많은 것들이 남게 된다). 게다가 선형적 인과성과 비선형적 인과성은 질료와 형상 사이의 관계에 대한 두 가지 다른 모델을 수반한다. 이미 말했듯이, 부가성과 외재성은 법칙에 충실하고 바깥으로부터 부과된 형상에 대한 활력 없는 수용자인 질료를 전제한다. 한편, 비선형적이고 비평형적인 조건 아래에 있는 질료는 강도적이고 문제적이어서, 영향을 주고받는 복잡한 능력뿐만이 아니라 (특이성에 의해 정의된) 고유한 경향들에 의지하는 형상을 자연발생적으로 발생시킬 수 있다. 들뢰즈가 말하고 있듯이, 이 첫번째 모델은

> 고정된 형상과 동질적인 것으로 간주되는 질료를 가정한다. 모델의 정합성을 가정하는 것은 법칙의 관념이다. 법칙들이란 질료를 이런저런 형상에 복속시키는 것이며, 역으로 말해 형상으로부터 연역된 주어진 성질을 질료에 실현시키는 것이기 때문이다. …… 〔그러나 저〕 모델은 능동적이고 감응적인 많은 것들을 길가에 남긴다. 한편으로 우리는 형식화된 또는 형식화 가능한 질료에 (특이성들을 실어 나르는) 운동하는 전체 에너지–물질성을 덧붙여야 한다. …… 그것은 이미 기하학적이기보다는 위상학적인 함축적 형식들과도 같으며, 변형의 과정들과 결합되어 있다. 예컨대 나무 쪼개기의 조작들을 이끄는 섬유질의 가변적인 진동과 비틀어짐을 들 수 있다. 다른 한편, 우리는 형식적 본질로부터 유도되는 질료의 본질적 속성들에 (때로는 조작으로부터 결과하기도 하고 또 때로는 반대로 그것을 가능케 하기도 하는) 가변적인 강도적 감응태들을 덧붙여야 한다. 예컨대 다소간의 구멍이 있는,

다소간 탄력 있고 견고한 나무를 들 수 있다. 어쨌든 그것은 나무를 둘러싼 물음들이며, 그 결과 그것은 질료에 형상을 부과함으로써가 아니라 물질성에 조작들을 가함으로써 이루어진다.[46]

들뢰즈는 여기서 장인들(이 경우 목수들뿐만 아니라 대장장이들도)을 언급하고 있지만, 비슷한 결론이 실험 물리학자들에게도 적용된다. 해킹이 강력하게 주장하듯이, 실험 물리학은 (형상적 모델들로부터의 예측을 확증하거나 반증하는 테스트를 해주는) 이론 물리학의 단순한 부속물이 결코 아니며, 사실상 그 자체의 생명력을 가지고 있다. 예컨대 실험가들은 실험실의 현상들을 안정적이고 반복 가능한 방식으로 개별화해야만 한다. 현상들의 개별화는 법칙들에 대한 이론적 지식의 단순한 부산물이기는커녕 오히려, 해킹이 말하듯이, "자연은 새로운 방식으로 행동하게 만들 수 있는 예리한 능력"을 포함한다.[47] 전통적인 해석에 의하면 이러한 물질적이고 에너지적인 현상들은 이론적인 체제 바깥의 불가지적인 것으로 여겨졌지만, 반대로 해킹은 실험실의 현상들(예

---

46) Deleuze and Guattari, *A Thousand Plateaus*, p. 408.
47) Hacking, *Representing and Intervening*, p. 158(강조는 인용자). 해킹은 실험가들과 장인들을 명시적으로 비교한다. 이 두 계층은 활동하는 물질성에의 연관 때문에 공히 낮은 계층들에 속했다. 이 물질성은 단순한 이론적 법칙들을 따르지 않으며, 또는 그것 위에 일종의 명령으로서 씌어지는 외부적 형식들을 허용하지 않는다. Ibid., p. 151. 고전 물리학에서 아마도 이 두 과학적 카스트들의 가장 좋은 예로는 이론가들인 아이작 뉴턴 또는 로버트 보일과 실험가인 로버트 후크일 것이다. 어떤 과학자가 말했듯이, "뉴턴과는 달리 후크는 부엌, 조선소, 그리고 건물들에서, 인생의 일상적인 기계적 영역들에서 벌어지는 일들에 매우 관심이 많았다. …… 후크는 직인들을 멸시하지도 않았다. 그리고 아마도 그가 얻은 영감들 중 어떤 것들은 …… 그의 친구이자 런던의 뛰어난 시계공이었던 토머스 탐피언Thomas Tompion에게서 왔을 것이다." James Edward Gordon, *The Science of Structures and Materials*, Scientific American Library, 1988, p. 18.

컨대 편광 현상, 광합성 효과, 브라운 운동)은 전형적으로 새로운 이론들의 탄생과 죽음을 견디어 내거나 아니면 (결과적으로 같은 것이기는 하지만) 하나의 이론적 패러다임에서 그것과 통약 불가능한 또 다른 패러다임으로의 전환을 견디어 낸다는 것을 보여 준다. 현상의 개별화는 그것을 설명해 줄 이론의 발전보다 자주 우선할 뿐 아니라, 설명을 요구하면서 이러한 문제적 상태에 수십 년씩 남아 있곤 한다.[48]

자연적으로 발생할 수도 발생하지 않을 수도 있는 현상들을 개별화하는 것 외에도, 실험 물리학자들은 실험실 밖에서 발생하는 객관적인[자연적인] 과정들에 의해서 개별화되어 왔던 존재들을 분리하고 확인하고 조작하는 기법들이나 절차들을 개발해야만 한다. 이런 경우에도, 문제는 이론적인 법칙으로부터 해당 존재들의 형식을 연역하는 대신에 물질성에 조작을 접속시키는 문제이다. 해킹이 주장하듯 물리학자들은 인과적으로 세계에 간섭하고 실제 전자電子들과 상호 작용해서 그것들의 질량(1897년 톰슨Joseph Thomson이 그랬듯이)이나 전하(1908년경 밀리컨Robert Milikan에 의해 수행된 것처럼)는 물론 다른 성질들까지도 결정함으로써 전자와 같은 존재들을 개별화한다.[49] 전자들(과 아울러 다른 형식적으로 이론적인 존재들)의 개별화는 실험가들이 그것들의 수용력을 연구하기 위해 그것들의 속성을 초월해서 갈 때 훨씬 더 완전해진다. 전자들을 다른 존재들에 영향을 주고받는 이질적인

---

48) "현상들은 축적된다. 예를 들면, 윌리스 램Willis Lamb은 광자光子 없는 광학을 시도하고 있다. 램은 광자들을 절멸시킬 수는 있지만[예를 들면, 광학에 관한 새로운 이론이나 새로운 패러다임을 창조할 수는 있지만] 광전 효과는 여전히 거기에 있게 될 것이다." Hacking, *Representing and Intervening*, p. 56. 또한 pp. 155~162도 보라.
49) Ibid., pp. 83~84.

배치의 부분으로 만듦으로써 우리는 그것들에 대해 전문적 지식을 획득하고 그것들로부터 배운다. 그리고 이것이 일반 법칙들과 연관된 다른 어떤 것들보다도 더 인과적인 전문 지식이고, 이것이 우리에게 이러한 개체들이 실제로 존재한다는 확신을 준다. 해킹이 쓰고 있듯이,

> 탁월한 정확성이라는 바랐던 결과를 산출하기 위해서 전자들의 인과적인 속성들에 의존하는 수단들을 만드는 많은 방법들이 있다. …… 우리는 기구들을 만들지 못하고 그래서 전자들의 실재를 추론하는 것이다. 마치 우리가 가설을 시험할 때, 가설이 시험을 통과했다는 이유로 그것을 믿게 되는 것과 같다. 이것은 시간의 순서time-order를 잘못 매긴 것이다. 지금까지 우리는 우리가 조사하고자 하는 다른 어떤 현상들을 산출하기 위해 전자들에 대한 얼마간의 기초적인 진리들에 기반하는 기구를 고안해 왔다. …… 우리는 엄청난 시간을 들여서 제대로 작동하지도 않는 원형들prototypes을 만든다. 우리는 수도 없는 버그들을 제거한다. …… 이 기구는 우리가 사용하고자 하는 존재들의 각종 속성을 물리적으로 분리할 수 있어야만 하고, 또 도중에 끼어들지도 모르는 다른 모든 효과들을 약하게 해야 한다. 우리가 자연의 다른 좀더 가설적인 부분들에 접면하기 위해 전자들의 다양한 기존의 인과적 속성들을 사용하는 새로운 종류의 고안을 규칙적으로 구축하기 시작할 때, 그리고 종종 그러한 구축에 성공할 때, 우리는 전자들의 실재성에 대해 완전히 확신하게 된다.[50]

---

50) Hacking, *Representing and Intervening*, p. 265.

내가 이전에 언급했던 인과적 모델들(현실 세계와 교면하는 모델 개체군의 일부)이 전개되는 것은 바로 이러한 복잡한 실험실의 관행이라는 문맥에서이다. 과학사회학자 앤드류 피커링이 주장했듯이, 실험가들, 기계들, 인과적 모델들, 그리고 전자들(혹은 다른 물질적 존재들)은 특정한 실험적 프로젝트라는 맥락에서 이질적인 배치assemblage를 형성한다. 이러한 서로 구분되는 각각의 구성 요소들은 그것들 사이의 이질성을 유지하면서도, 하나의 복잡한 과정에 서로 짜 넣어진다 meshed. 이 과정에 있어, 인과적 모델들은 실험 결과에 더 잘 적응하도록 정교하게 조율되고, 기계들과 절차들은 현상들에 의해 영향을 주고받는 방식을 바꾸도록 다시 고안되고, 기술들은 정교하게 되어 미리 예측할 수 없는 어려움들과 직면하는 복잡한 과정 속에서 서로 서로 조직된다. 이러한 배치에 있어 구성 요소들 각각은 전체를 상호적으로 안정화하는 데 역할을 한다. 피커링이 쓰고 있듯이, "과학적 지식은 기계들, 도구들, 개념적인 구조들, 숙달된 관행들, 사회적 행위자들, 그리고 그들의 관계들 등의 다양하고 이질적인 공간에 위치하고 있는 상호적인 안정화에 의해 유지되는 것으로서 이해되어야만 한다."[51]

들뢰즈를 따라 이러한 복잡한 배치들을 존재론에서의 강도적인 것에 대한 인식론적인 대응물로 생각할 수 있다. 잠재적 다양체들(스스로 제기된 존재론적 문제들로 간주되는)이 점진적으로 존재론적인 해들을 발생시키는 생태계처럼 강도적인 배치에 의존하는 것만큼이나, 실험적인 문제들은 해결되기에 앞서 우선 강도적 배치에서 구현되어

---

51) Pickering, *The Mangle of Practice*, p. 70.

야만 한다. 실질적인 행위doing에 의해, 혹은 물질들과 상호 작용하고 또 그것들에 적응해 배워 감으로써, 기계들과 모델들, 실험가들은 주어진 실험에서 상관적인 것과 비상관적인 것을 점진적으로 분별하게 된다. 다시 말해 실험적인 문제를 정의하는 데 중요한 것과 중요하지 않은 것의 분포는 하나의 본질을 간파해 내듯이 단번에 포착되기보다는, 배치가 스스로 이질적인 구성 요소들의 상호 축적을 통해서 안정화하는 식으로 서서히 드러나게 된다. 이러한 배치에서 실험가들의 신체의 특이성들과 감응들은 기계들, 모델들, 그리고 물질적 과정들의 특이성들과 감응들에 엮어 넣어지게 되며, 그로써 배움이 발생하고 체화된 노련미가 축적된다.[52] 다른 한편, (다른 실험의 설계나 실행에 적용될 수 있고 그래서 강도적으로 남는) 이러한 체화된 지식 말고도, 실험실 관행의 외연적이거나 형식적인 산물들도 있다. 데이터의 개별적인 조각들, 개별적인 사실들, 개별적인 해들이 그것들로서, 이것들은 축적된 지식의 집합체 내에 자리를 잡는다. 들뢰즈가 쓰고 있듯이, "배움이란 어

---

[52] 사실 들뢰즈는 실험실 맥락에서의 배움에 대해서 언급하지는 않지만 강도적인 배치 혹은 문제론적인 장으로서의 배움이라는 그의 생각은 실험 물리학의 경우에 분명히 적용 가능하다. 여기서 들뢰즈가 이러한 생각을 어떻게 표현했는지 살펴보자. "왜냐하면 배움은 전적으로 그와 같은 문제들에 대한 총괄적 이해 속에서 진화한다. …… 수영이나 외국어를 배운다는 것은 자신의 고유한 신체나 언어의 독특한 점들을 어떤 다른 형태나 다른 요소의 독특한 점들과 조성한다composing 뜻이다. 이 다른 요소 때문에 우리는 사분오열의 상태에 빠지지만, 그럼에도 불구하고 이제까지 알지도 듣지도 못했던 문제들의 세계로 진입하게 된다." Deleuze, *Difference and Repetition*, p. 192. 그리고 들뢰즈는 물의 특이성들과 감응태들(수영할 때의 경우) 또는 한 언어의 소리들과 패턴들을 특성화하는 특이성들과 감응태를 가지고서 누군가의 특이성들과 감응태를 이렇게 구성하는 것이 하나의 문제론적 장을 형성한다고 덧붙인다. Ibid., p. 165. 하나의 '문제론적 장'은 다질적인 배치를 지시하는데, 왜냐하면 그가 말하고 있듯이 "배움이란 …… 차이를 차이에, 다름을 다름에 매개 없이 결합시키는 구조이기" 때문이다. Ibid., p. 166.

떤 문제의 객관성에 직면할 때 주체적인 행위에 의해 실행되는 것에 대한 적절한 명칭이다. …… 이에 반해 지식은 개념들의 일반성, 혹은 해들을 가능하게 하는 규칙의 조용한 소유만을 가리킨다."[53]

요약하자면, 인과적 영역에는 문제들보다 해들을 중요시하는 두 가지 다른 방법이 있다. 연구 중인 물질계의 비선형적 인과적 수용력을 제거하게 되는 것은 한편으로는 그것들을 등질화하는 것이고, 다른 한편으로는 강도 낮은 평형 상태에 초점을 맞추는 것이다. 어느 경우가 되었건, 인과적 연관성의 생산적인 측면이 무시될 수도 있고 항상적인 규칙성으로 환원될 수도 있는 법칙들에 그토록 순종적인 물질을 연구하는 것이다. 물질계를 문제적으로 만드는 것, 지속적으로 새로운 설명을 요청하는 것은 정확히 그것이 형성할 수도 있는 배치들의 개방성open-endedness 혹은 그것이 존재하게 될 다수의 안정적 상태들과 그것이 겪을 수도 있는 급작스런 전이들이다. 그러나 만일 우리가 항상 특이한 안정 상태가 존재한다거나 어떤 원인이 항상 단 하나의 똑같은 결과를 산출한다고 가정한다면, 문제에 대해서 잊어버리고 해——하나의 법칙에 의해 서술되는 것으로서의 일정한 규칙성 자체——에 초점을 맞추게 될 것이다. 다른 한편, 문제들이 해들에 복속되는 것은 실재에 있어서의 (실험가가 수행해야 하는) 복잡한 인과적 개입들과 또한 기계들 및 기술들과 "다수의 연동하는 낮은 수준의 일반화들"[54] 사이의 상호 조정이 부차적인 것으로서 폄하될 때, 그리고

---

53) Ibid., p. 164.
54) Hacking, *Representing and Intervening*, p. 209.

이 배치의 형식적인 인지적 산물들이 철학적 성찰이 가해져야 할 유일하게 가치 있는 대상들로서 간주될 때이다. 일단 상관성과 비상관성에 대한 실험적인 배움이 일어나는 강도적인 개체화의 맥락에서 떨어져 나오게 되면, 이러한 지식의 개별적인 항목들은 법칙들과 추상적 개념들이라는 이론적인 틀을 참조함으로써만 의미를 가지게 된다.

의사-원인 작동자의 인식론적 의미

이제 의사-원인의 영역에서 문제가 해들에 종속되는 문제로 가 보자. 이전에 이야기했듯이, 잠재적인 것과 교면하는 모델 개체군의 일부는 인과적 메커니즘들의 세부적인 모델들로 구성되는 것이 아니라 근본 법칙들을 표현하는 훨씬 더 단순한 것을 포함하는 것이다. 복잡한 인과적 모델들의 경우와는 달리 기본 법칙(그리고 그것들에서 직접적으로 유래된 모델들)의 경우에는. 상태공간에 대한 들뢰즈의 존재론적 분석 결과를 사용함으로써 해들에 대한 문제의 관계에 접근할 수 있다. 상태공간이라는 관념들은 두 가지 이유 때문에 인과적 모델에는 적용되지 않는다. 하나는 그것들의 순수한 복잡성이다. 상태공간을 분석하는 데 필요한 수학적인 기법들은 (그것을 낮은 차원성으로 정의하는) 작은 자유도의 모델들에서만 전형적으로 유효할 뿐, 더욱 복잡한 경우들에 적용될 만큼 충분히 발전되어 있지 않다. 이러한 한계는 이 기법들이 향상됨에 따라 언젠가는 제거될 수도 있으리라. 하지만 이러한 것들이 실험가들에게 여전히 제한적인 가치에 머물러야만 하는 좀더 중요한 이유가 있다. 상태공간들은 인과적 과정들에 대한 어떠한 정보도 포착하지 않는다.

설명해 보자. 상태공간에 대한 어떤 해석에서는 이 공간(즉 궤적이나 해 곡선)을 차지하는 일련의 가능한 상태들이, 뒤따라오는 것의 원인으로 간주되는 각각의 연속적인 상태와 함께, 과도한 인과적 중요성을 부여받는다(혹은 어떤 해석에서는 최종 상태가 결과일 때 초기 상태가 원인으로 여겨진다). 분명 이것은 균일한 계기의 과정(a process of uniform succession, 흄이 말한 규칙적 연접의 또 다른 버전)에 대한 생산적/발생적 측면들을 실증주의적 환원을 통해 수학적으로 표현한 것이다. 하지만 실증주의에 대한 비판가들이 지적했듯이, 오직 현실적 사건들actual events만이 원인들의 발생적 역할을 수행할 수 있다. 마리오 번지가 논했듯이,

> 상태들은 그 자체의 생산적인 힘virtue을 가질 수 없다. 물질계의 상태는 사건 혹은 사건들의 연속이 아니라 질들의 체계이다. 모든 상태들은 여러 결정 인자들에서 유래하는 결과outcome이다. …… 따라서 하나의 상태는 기존 체계의 또 다른 상태에 어떠한 행동도 할 수가 없다. 특히, 상태들 사이에서는 어떠한 인과적 고리들도 있을 수 없고 질들의 다른 어떤 체계들에서도 마찬가지다.[55]

다른 한편, 어떤 모델의 상태공간에 대한 분석은 우리에게 인과적 정보를 제공해 주지 않을 수도 있지만, 의사-인과 관계들에 대한 통찰을 제공해 줄 수는 있다. 하지만 이러한 인식론적인 결과는 상태공간

---

55) Bunge, *Causality and Modern Science*, p. 71.

의 내용에 대한 특정한 존재론적 해석에 의존하게 된다. 이미 말했듯이, 들뢰즈는 모델을 정의하는 미분적 관계들differential relations이 궤도를 구성하는 일련의 상태들을 생성시키는 법칙을 표현한다고 보지 않고 특이성들의 분포로서 그 체계의 전반적인 경향성들을 포착하는 벡터-장을 정의한다고 본다. 그가 말했듯이, "법칙들의 일반적인 작동 아래에서는 항상 특이성들의 놀이가 존재한다."[56] 이러한 특이성들은 해들과는 독립적으로 문제의 조건들을 정의하지만, 각각의 해 곡선은 벡터-장의 경향성에 의해 매 점마다 인도되는guided 특정한 개체화 과정의 산물이다.

> 라이프니츠가 이미 보여 주었듯이, 미적분은 …… 지금까지는 해결될 수 없던 나아가 제기될 수조차 없었던 문제들을 표현했다. …… 사람들은 특히 한 곡선의 종들의 완전한 결정complete determination에 관여하는 규칙적[보통의] 점과 특이점의 역할에 대해서 생각한다. 의심할 여지도 없이 특이점들의 특화는 적분 공식의 형식으로 수행되고, 적분 곡선들의 형식은 다시 미분방정식의 해들을 참조한다. 그럼에도 불구하고 전혀 다른 경우가, 즉 방정식 자체에 의해 정의되는 벡터-장에 의존하는 이런 점들의 존재와 분포에 관련해 완전 결정이라는 것이 존재한다. …… 더욱이, 이 점들의 특화가 이미 해 안에 들어 있는 문제의 필연적인 내재성을 보여 준다면, 그것이 적용되는 해 내에서의 연관은 점들의 존재 및 분포와 더불어 문제의 초월성 그리고

---

56) Deleuze, *Difference and Repetition*, p. 25.

해들 자체의 조직화에 관련해 그것이 행하는 주도적 역할을 증명해 준다.[57]

들뢰즈의 분석이 담고 있는 독창성을 드러내기 위해, (분석철학자들이 수행했던) 궤적들의 인식론적 역할에만 배타적으로 초점을 맞추는 분석들과 대조해 보는 것이 도움이 될 것이다. 예컨대 이런 접근 방식들 중 하나를 살펴보면, 궤적들의 역할은 모델이 되고 있는 관련 속성들의 계가 뒤따를 값들의 특정한 계서에 대한 예측으로 사용되는 데에 있다. 이러한 접근 방식에 따르면, 이 절차의 첫 단계는 실험실에서 실재하는 계의 속성들을 측정하고 결과적resulting 수치를 곡선으로서 기입하는 것이다. 만일 이 실험실-계가 모델과 동일한 초기 조건들에서 진화를 시작하는 방식으로 준비된다면, 이 곡선과 그에 상응하는 상태공간 궤적은 기하학적으로 유사해야 한다. (기입된 값들을 정확히 추적하는 상태-공간을 동반하는) 이 둘 사이의 완벽한 일치는 이 모델이 모델화된 계에 대해 참이라는 의미로 해석될 수 있다. 경험적인 한계들 때문에 우리가 추상적 모델과 동일한 초기 조건에 정확하게 시작할 수 있을 만큼 실험실-계를 준비할 수 없다고 한다면, 기입된 값들과 예측된 궤적들 사이의 관계가 완벽하게 일치하지 않는다는 점에서 그것들의 관계는 근사적인approximate 진리 가운데 하나가 될 것이다. 그럼에도 인식론적 목적을 위해 중요한 것은 바로 이 두 곡선들 사이의 기하학적 유사성 혹은 근사한 유사성이다.[58]

---

57) Ibid., p. 177.

다른 견해는 계량적인 대상들 사이의 이러한 외재적인 유사성을 무시하고 대신에 위상학적 불변항의 공동 소유를 강조한다. 어떤 물리학자는 다음과 같이 주장한다.

> 현재의 목적을 위해서는 하나의 계는 요소들의 집합을 통해 시공간에서 그 기능과 행동이 드러나는 물리적 현상의 장으로서 볼 수 있으며, 또한 동시에 물질적 장과 아마도 동일 구조일 수도 있는 추상적인 기술記述로서 보여질 수도 있다. …… 만일 안정성의 의미에서 넓게 걸쳐 두 계들이 운동〔공간이동〕에서의 똑같은 특이성들을 가지고 있다면 역학적 범위에서 기능적으로 동일한 구조로 보여질 것이다.[59]

이것은 들뢰즈의 분석을 채택할 경우 정확한 입장으로 볼 수 있을 것이다. 상태공간의 인식론적 의미는 모델에서의 특이성들과 모델화되고 있는 물리계에서의 특이성들 사이의 위상학적 동형성을 드러내는 데 있을 것이다. 반대로 이러한 동형성은 이 모델과 물질계가 동일한 잠재적 다양체(이 동형성이 어떤 범위 내에서만 유효하다고 가정한다면 동일한 다양체의 일부)를 함께 현실화한다는 것을 보여 줌으로써 설명될 것이다. 들뢰즈의 접근 방식은 궤적들과 기입된 값들 사이의 유사성이

---

58) "일반적으로 역학dynamic 이론에서는 모델이 되는 기하학적 구조가 모델로 만들어진 구조에 (적당한 측면으로) 접근하는 한에서만 거의 참에 가깝다고 말할 수 있다. 기본 사례는 모델에서 궤적들이 물리적으로 실제 행동들을 부호화하는 궤적들을 밀접하게 뒤쫓는 것(아니면, 적어도 그것들을 충분히 오랫동안 뒤쫓는 것)이다." Peter Smith, *Explaining Chaos*, Cambridge : Cambridge University Press, 1998, p. 72.
59) Iberall, *Toward a General Science of Viable Systems*, p. 7(강조는 인용자).

있을 수 있다는 가능성을 배제하지는 않지만, 이러한 유사성 자체는 곡선들을 산출하는 계들의 공통된 위상학적 속성들의 결과로 설명되어야만 한다. 철학자 넬슨 굿맨이 오랫동안 주장해 왔듯이, 공통 속성들의 소유가 모델과 실재계를 유사하게 만드는 것이라는 답변은 잉여적인 것이다. 굿맨이 주장했듯이, "두 사물이 특정한 속성을 공통으로 가지고 있기 때문에 상사성을 가진다고 말하는 것은 그것들이 그런 속성을 공통으로 가지고 있다고 말하는 것에 지나지 않는다."[60]

상태공간의 인식론에 철학적으로 접근하는 이 두 가지 방식 사이의 차이를 설명하는 또 다른 방법도 있다. 분석철학적인 접근 방식에서, 중요한 인식론적 관계는 (미분방정식으로 표현되는) 법칙들과 이 방정식의 해로 얻어진 궤적들 사이의 관계이다. 이 관계는 특수에 대한 일반의 관계의 하나이다. 다시 말해 만일 우리가 벡터-장이 궤적들의 개체화에서 행하는 역할을 무시한다면, 법칙들을 상태들의 계열의 진화를 지배하는 일반적인 규칙을 서술하는 것으로 보는 것, 그리고 각각

---

60) Nelson Goodman, "Seven Strictures on Similarity", *Problem and Projects*, Indianapolis: Boobs-Merrill, 1972, p. 445. 굿맨이 상사성의 개념을 공격한 것은 그것이 영향력 있는 것이었던 만큼이나 신랄하기도 하다. 그에 따르면 "철학적 문제들을 해결하고 장애물들을 넘어설 준비가 항상 되어 있는 상사성은 사기꾼, 야바위꾼, 돌팔이이다. 분명 그것은 그것의 자리와 유용성을 가지겠지만, 자주 그것이 가지고 있지 못한 설득력 professing powers, 그것이 결여하고 있는 전문성을 노출시킨다." Ibid., p. 437. 이 개념을 부활시킨 오늘날의 실재론 철학자들의 세대는 어떤 두 사물도 어떤 면에서는 비슷하다는 것, 그리고 따라서 상사성에 대한 유효한 판단들이 내려질 때마다 사물들이 비슷하다고 말해질 수 있는 관련 측면들이 명료화되어야 한다는 것을 배웠다. Ibid., p. 444. 그러나 물론 이것은 과제가 관련된 것과 관련되지 않은 것을 밝히는 것에로 바뀌었음을 뜻할 뿐이며, 바로 이것이 문제론적인 접근법이 겨냥하는 것이다. 이 점에서 상사성에 대한 옹호자들에 의해 제시되는 흔한 응답은 다시 주관주의에로 되돌아가는 것이며, 결국 상관성과 비상관성에 대한 물음들은 관심에 상대적일 뿐이라고 말하는 것이 되어 버린다.

의 궤적을 특수한 초기 조건에 그 법칙을 적용한 결과로서 간주하는 것이 자연스러울 수 있다. 반면에 들뢰즈의 접근 방식에서는, 동일한 끌음의 '장' 내의 여러 시작점들이 동일한 장소 즉 끌개에서 끝난다고 가정한다면, 궤적의 시작이라 할 수 있는 특수한 상태는 무의미해진다. 달리 말해, 초기 조건에서 (최종 상태에 관련해) 어떤 변화가 상관적이고 어떤 변화가 비상관적인지를 결정하는 것은 바로 특이성들의 분포 자체이다. 다른 한편, (주어진 궤적과 실재값들의 분포plot를 지배하는) 법칙의 일반성은 모델과 실재계가 공히 그 발산하는 현실화가 되는 잠재적 다양체들의 보편성에 의해 대체된다. 들뢰즈의 말처럼, "보편성이 일반 명제들을 넘어서는 것과 마찬가지로 특이성은 특수 명제들을 넘어선다."[61]

상태공간의 분석에 있어 해들에의 문제의 종속subservience은 다소 긴 역사, 들뢰즈가 적어도 아리스토텔레스까지 거슬러 추적한 '오

그러나 상관성을 주관적인 관심으로 상대화하는 것은 실재론에 대해 문제를 해결하기보다는 오히려 치명적이다. 최근의 과학사회학자들에게서 얻은 교훈이 하나 존재한다면, 그것은 하나의 경험적 사실의 문제로서 과학자들의 관심은 (어떤 본질적인 합리성 또는 강한 호기심에서 나오는) 순수하게 인식론적인 것으로 볼 수 없다는 것이다. 상관성을 관심으로 상대화해 버린다면, 우리는 여기에서 관심들의 충분한 목록을 가져와야 할 것이다 (이기적이며 학자적이고 제도적인 관심들만이 아니라 예컨대 과학자가 계급 또는 성의 위계들에서 차지하는 지위에서 나오는 관심들까지 포함해서). 이러한 작업이 때때로 발생시키는 난잡한 상대주의는 실재론의 옹호자들이라면 주의해야 할 교훈이다. 앨런 가핀켈은 대비공간의 선택, 즉 한 문제를 어떻게 제시할 것인가에서의 선택을 인간적 관심과 가치 — 예컨대 그가 예로 든, 목사와 도둑이 취했던 상이한 가치들 — 에 상대적인 것으로 말한다. 그러나 설명적 안정성explanatory stability의 물음은 상관적인 것과 비상관적인 것의 분포의 객관성을 가르쳐 주는 듯하다. 설명들에 어떤 상대성이 존재하든지 간에 그것은 여러 규모에서의 그것들 자체의 창발적인 인과적 능력들과 더불어 개체들의 실존에 의존함으로써 객관적인 것이다. 인간적 가치들은 이 규모들 중 어떤 것을 관심의 규모로서 선택할 때 문제가 된다. 그러나 올바른 설명은 가핀켈의 말처럼 "그 자체의 규모를 찾을 것이다." Garfinkel, *Forms of Explanation*, p. 59.

랜 왜곡'을 지닌 오류 가운데 한 가지 사례일 뿐이다.[62] 원래 문제들을 마치 명제들인 양 생각하는 사유의 습관에서, 즉 조건들(대비공간)의 비-언어적이고 외-명제적 본성을 놓침으로써 이러한 종속이 유래했다. 하지만 좀더 가까운 시기 즉 고전 역학이 발전했던 시기에, 해에 대한 종속은 더욱 특이한 형태, 더욱 수학적인 형태를 취하게 되었다. 들뢰즈가 보기에, 수학적 문제들은 하나의 문제의 잘 제기됨 여부가 그것의 해결 가능성(답을 찾을 가능성)을 통해 접근될 때마다 해에 종속되었다. 이하 이 장의 마지막 부분에서 나는 해결 가능성이 문제의 잘 제기됨의 결과가 됨으로써 이 전통적인 복속이 전도되었던, 수학의 역사에서 일어난 두 가지 에피소드를 다루고자 한다. 내가 이제 다루겠지만, 들뢰즈에게서 이러한 전도는 그 영향력이 일반적으로 인식되지 않았던 혁명적인 중요성을 갖는다. 이 에피소드들 중 하나는 대수방정

---

61) Deleuze, *Difference and Repetition*, p. 163. 들뢰즈가 여기에서 그러려고 하는 철학적 구분의 표지인 '보편적인'과 '특이한'이라는 개념들의 의미를 일상 언어로는 표현하기 어렵다. 사실 영미의 철학자들은 '일반적'과 '보편적'을 거의 혼용하며, '특수한'과 '특이한'을 상당히 가까운 의미로 사용한다. 『차이와 반복』에서 보편성과 특이성은 공히 객관적 문제들의 특성들이다. 전자가 (발산적으로 현실화될 수 있는) 잠재적 존재들로서의 그것들의 존재론적 위상을 정의한다면, 후자는 그것들의 조건들(상관적인 것과 비상관적인 것의 분포)을 정의해 주는 것의 위상을 정의한다. 이 책은 그 첫머리에서부터 "이렇게 특수한 것의 일반성으로서의 일반성은 특이한 것의 보편성으로서의 반복들에 대립한다"(Ibid., p. 1)고 쓰고 있다. 그러나 들뢰즈가 그의 용법에 있어 일관된 것은 아니다. 그리고 다른 곳에서 그는 "[다양체들의] 휘황한 무산성 또는 중성은 …… 보편적인 것과 특이한 것에, 일반적인 것과 특수한 것에, 개인적인 것과 집단적인 것에 무차이적이라고 말한다." Deleuze, *Logic of Sense*, p. 35.
62) "변증론은 문제와 물음의 기술이다. …… 하지만 변증론이 명제들로부터 문제들을 추적하는 데 만족할 때면 자신의 고유한 힘을 잃게 되었고, 이로써 변증론을 부정적인 것의 역량 아래 복속시키는 기나긴 변질의 역사가 시작된다. 아리스토텔레스는 이렇게 쓰고 있다. '문제와 명제의 차이는 문장을 바꾸면서 나타나는 차이이다.'" Deleuze, *Difference and Repetition*, p. 158.

식의 역사이고 해들에의 문제의 종속이 역전되면서 군 이론이 탄생하게 되었다. 또 다른 에피소드는 좀더 익숙한 것으로 미분방정식의 역사와 관련되며, 그 결과로 상태공간에 대한 현대적인 접근의 원천인 역학계 이론이 탄생했다.

  1) 먼저 아주 거친 방식으로 대수방정식의 경우에 있어 해결 가능성의 문제들이 연관된 기술적인 논점들을 설명하면서 시작해 보자. 방정식에 대한 해들에는 두 가지 종류, 즉 특수한 것과 일반적인 것이 있다. 하나의 특수 해는 그것이 방정식의 미지수들을 대체할 때, 그 방정식이 참이 되게 하는 수치에 의해 주어진다(예를 들면, $x^2+3x-4=0$이란 대수방정식은 $x=1$이란 해를 갖는다). 다른 한편, 일반적 해 혹은 엄밀한 해는 특정한 값이나 값들의 집합을 산출하지 않고 오히려 모든 특수 해들의 전체적인 패턴을 산출한다. 이러한 일반적인 패턴은 대개 또 다른 방정식이나 공식으로 주어진다. $x^2+ax-b=0$이라고 쓸 수도 있는 위의 예는 $x=\sqrt{a^2}/2+b-a/2$이란 일반 해를 갖는다. 수학자들이 방정식의 해결 가능성을 말할 때는 보통 엄밀한 해결 가능성을 의미하며, 문제의 해들에의 종속은 잘 제기된 문제는 단지 수치적인 해가 아니라 엄밀한 해를 가져야 한다는 요구로부터 유래한다. 17세기에 이르러, 수학자들은 엄밀한 해결 가능성이란 적어도 미지의 변수가 4차까지 올라간 방정식들(즉 x^2, x^3 그리고 x^4을 포함하는 방정식들)의 경우 달성 가능한 목표임을 알게 되었다. 하지만 그때 위기가 일어났다. 5차까지 올라간 방정식들은 이전까지는 성공적이었던 방법으로 풀리지가 않게 되었다. 정확한 해결 가능성의 결여는 5차 방정식으로 제기된 문제들에 뭔가 문제가 있음을 암시하는 것이었나?

해답은 처음의 네 경우의 해들에 일정한 패턴이 있었다는 점이 알려지면서 도래했다. 이 패턴이 'quintic'이라 불린 5차 방정식의 까다로움을 이해할 수 있는 열쇠를 쥐고 있었다. 처음에는 라그랑주와 아벨Niels Abel, 그 다음에는 갈루아가 오늘날 우리가 군 이론에 속한다고 인식하고 있는 수단들을 사용하는 이런 패턴의 연구에 접근하는 방법을 발견했다. 아주 간략하게 말하자면, 갈루아는 "공식으로 해결될 수 있는 방정식들은 특수한 유형의 군들을 가지고 있어야만 하거니와, 5차 방정식은 다른 종류의 군을 가지고 있음을 보여 주었다"고 말할 수 있겠다.[63] 여기서 갈루아의 업적에 대해서 전문적으로 세세하게 들어갈 수는 없지만, 그가 이룬 업적이 문제의 해들에의 종속을 전도시켰다는 것만은 말할 수 있겠다. 즉 문제의 올바름을 정의해 주는 것이 일반적 해결 가능성이라기보다는, 문제의 형식이 일반적 해결 가능성에 대한 설명이 된 것이다. 다시 말하면, 처음 네 가지 경우의 정확한 해결 가능성이 당연한 것으로 받아들여지기 전에 그것은 이제 네 가지 경우가 제기했던 문제의 보편적인 특성에 의해 설명될 수 있는 뭔가가 되었다. 이것이 바로 들뢰즈가 "문제에 일반성을 제공하는 것이 해가 아니라, 해에 보편성을 제공하는 것이 문제이다"[64]라고 말했을 때 그가 의미한 바이다(이 경우 보편성은 변환들의 군에 의해 포착된 보편성이다). 하지만 변환군이 문제를 문제로 정의하는, 즉 해에 독립적인 문제로 정의하는 보편적인 조건을 얼마나 정확히 포착하는가?

---

63) Stewart and Golubitsky, *Fearful Symmetry*, p. 42.
64) Deleuze, *Difference and Repetition*, p. 162.

이 문제에 답하기 위해 먼저 다른 사례, 물리 법칙에서의 불변항들을 연구하기 위한 변환군들의 사용을 생각해 보자. 이 경우 가장 전형적인 두 변환은 시간 혹은 공간 내에서의 변위들displacements이다. 실험실에서 재생될 수 있는 법칙적인 물리적 과정이 주어졌을 때, 만일 그것을 단순히 공간적으로 이동시킨다면(예컨대 실험실에서 꽤 먼 곳에서 그것을 재생산함으로써), 그것이 보이는 행동의 규칙적인 양상들은 불변으로 남는다고 예상할 수 있다. 마찬가지로, 만일 단순히 실험의 시작 시간을 바꾸면, 그 과정의 규칙성이 관련되는 한 이 시간 변위는 비상관적인 것이라고 예상할 수 있다. 중요한 것은 최초 상태와 최종 상태 사이의 시간적 차이일 뿐, 최초 상태가 발생한 절대 시간이 아니다. 그러므로, 법칙들을 표현하는 방정식들에 적용되는 변환들을 거쳐, 우리는 법칙과 무관한 변화의 유형들, 즉 법칙 같은 과정이 고려되는 한 중요하지 않은 변화의 유형들을 발견할 수 있다. 한 방정식의 군이 문제의 조건들을 포착한다는 것은 상관적인 것과 비상관적인 것의 분포를 드러낸다는 것을 의미한다(여기에서 비상관성은 예컨대 절대 시간 혹은 절대 위치를 법칙에의 입력으로 사용하는 것이다). 이러한 연관성을 이해한다는 것은 물리학의 역사에서 예컨대 일반 상대성이론의 발전에서 핵심적 역할을 할 정도로 심대한 함축을 띠고 있다고 과장 없이 주장될 수 있다.[65]

마찬가지로, 대수방정식에 대한 갈루아의 분석은 변화하는 것들은 방정식의 타당성(좀더 정확하게 말해서, 해들 사이의 관계의 타당성)에 상관적이라는 것을 (군으로서) 보여 주는 일정한 변환들의 사용(해들의 대입 또는 치환)에 의존했다. 특히, 다른 해에 의해서 하나의 해에 주어진 치환이 방정식을 유효하게 할 때, 두 개의 해는 어떤 의미에서 타당성이 고려되는 한 구별할 수 없게 된다. 방정식은 전환과 무관하다.

모리스 클라인이 쓰고 있듯이, "방정식의 군이 해결 가능성에 열쇠가 되는 이유는 그 군이 [해들의] 구별 불가능성의 정도를 표현하기 때문이다. 이를 통해서 우리는 해에 대해서 알 수 없다는 것을 알게 된다."[66] 또는 들뢰즈가 말하듯이, 군은 우리가 해들에 대해서 알고 있는 것이 아니라 우리가 그것들에 대해서 모르고 있는 것의 객관성 즉 문제 자체의 객관성을 드러낸다.[67] 게다가 에바리스트 갈루아의 방법은 원래의 군이 관계들을 불변량으로 남게 하는 대입들을 점진적으로 제한하는 하위 군들을 발생시킴에 따라 점차 더욱 정확하게 정의된다는 점에서 대칭 파괴적 연쇄라는 등가물을 담고 있다. 다시 말해, 원래의 군을 전개하

---

65) 군 이론이 물리학에 끼친 영향은 고전 물리학에서 상대성이론 물리학으로의 변화가 군에서 이론적인 용어로 기술될 수 있다는 사실에 의해서만이 아니라, 상대성이론 역학으로의 전환은 변환 하에서 불변량들이 물리 법칙 자체보다 더욱 중요해진 인식 전략을 포함하고 있다는 사실로도 드러난다. 물리학자 유진 위그너는 다음과 같이 주장한다. "아인슈타인의 특수 상대성이론에 대한 논문은 경향의 반전에 주목한다. 불변의 원리들이 운동의 법칙으로부터 유래될 때까지. 우리가 자연 법칙이라고 믿고 있는 것으로부터 불변의 법칙을 끌어내는 것보다는 오히려 자연 법칙을 끌어내서 불변의 법칙을 가지고 그 유효성을 검증하는 것이 자연스럽다. 일반 상대성이론은 불변의 역사에서 두번째로 획기적인 사건이다. …… 이것은 가장 단순한 불변 방정식을 선택해서 자연 법칙을 끌어내려는 최초의 시도이다. ……" Eugene P. Wigner, 'Invariance in Physical Theory', *Symmetries and Reflections*, p. 7.
66) Morris Kline, *Mathematical Thought from Ancient to Modern Times*, vol. 2, p. 759. 이런 생각은 변환군들을 사용해서 기하학적 형상을 분류하는 유비로 설명될 수 있다. 입방체는 군의 회전(rotation, 예를 들면 0, 90, 180 그리고 270도 회전을 포함하는 집합) 하에서 불변량으로 남는다고 말하면, 입방체의 외양이 변하지 않고 남아 있는 그런 변환을 수행한 후에, 변환을 목격하지 않았던 관찰자가 사실상 변화가 일어나지 않았다고는 말할 수 없을 것이라는 뜻이다. 마찬가지 방식으로, 갈루아가 대수적 관계들을 불변량으로 남아 있게 했던 치환군을 발견했다고 했을 때, 그는 그것들이 그렇게 변환된 후에 그것들을 다른 것과 구별할 수 없으므로, 해들에 대한 우리의 무지의 측도를 발견했다.
67) Deleuze, *Difference and Repetition*, pp. 180~181.

는 연쇄를 통해서 문제 그 자체는 점진적으로 더 특화되고, 개별적인 해들이 자기특화의 부산물로서 나타난다. 들뢰즈는 이렇게 쓰고 있다.

> 기술적인 관점에서, 미분법을 통해서만 그와 같은 수학적인 문제들이 표현된다고 생각할 수도 없다. …… 아주 최근에 다른 기법들이 이러한 역할을 더욱 잘 완수해 냈다. 문제 이론이 빠져드는 순환을 상기하라. 문제는 '참'인 한에서만 해결 가능하지만, 우리는 항상 문제의 해결 가능성을 가지고 문제의 참을 정의하려는 경향이 있다. …… 수학자 아벨은 이러한 원환을 깨뜨린 최초의 학자였다. 그가 공들여 완성한 방법에 따르면, 해결 가능성은 문제의 형식에서 비롯되어야만 한다. 주어진 방정식이 일반적으로 해결 가능한지 시행착오를 거치면서 찾아나서는 대신, 해결 가능성의 장들을 점진적으로 한정해 가는 문제들의 조건들을 규정해야 하고, 이런 규정 과정을 통해 언표가 해의 싹을 포함하는 수준에 이르러야 한다. 바로 여기서 문제-해 관계의 급진적 전복이 일어나고 있다. 이것은 코페르니쿠스적 혁명보다 훨씬 중요한 혁명이다.[68]

---

68) Deleuze, *Difference and Repetition*, pp. 179~180. 반대로, 이러한 '해결 가능성'은 문제의 어떤 내적인 성격에 의존해야만 한다. 그러니까 해결 가능성은 문제의 조건들에 의해 규정되어야 하며, 문제에 의해 문제 안에서 분만되는 실질적인 해들도 역시 그 문제의 조건들에 의해 규정되어야만 한다. 이러한 전도가 일어나지 않는다면, 그 유명한 코페르니쿠스적 혁명도 유명무실해진다. 게다가 유클리드 기하학을 넘어서지 않고서는 혁명 역시 기대할 수 없다. 우리는 반드시 연속체에서 출발하여 불연속체를 낳거나 해들의 근거를 문제의 조건들 안에서 찾는 경향을 보이는 리만식 미분기하학으로 나아가야만 한다. Ibid., p. 162.

2) 문제-해 관계의 전복은 또한 미분방정식의 경우에서도 혁명적인 결과를 초래했다. 대수방정식의 경우와는 매우 다르지만, 미분방정식들 또한 (적분법 연산자에 의해 산출되는) 특수한 해와 일반적인 해를 갖는다. 대부분의 미분방정식은 일반적인 방식 즉 엄밀한 방식으로 (적분법에 의해) 해결될 수 없다.

오늘날 우리는 컴퓨터를 사용해서 많은 숫자로 나타난 해들의 개체군을 산출함으로써 이러한 한계를 극복해 가고 있다. 이 개체군은 일반적인 패턴을 발견하는 데 사용될 수도 있다. 18세기에 뉴턴과 다른 학자들이 창조해 냈던 물리학에서 처음으로 미분법이 적용되었을 때, 당연한 일이겠지만 이 방법은 너무 난해해서 사용될 수가 없었다. 그 한 가지 결과는 그 구성방정식constituent equation들이 엄밀하게 해결할 수 없는 모델들을 무시하는 것이었다. 특수한 해들의 전반적인 패턴을 알 수 있는 방법이 없다고 할 때, 물리학자들이 이런 유의 모델로부터 얻어낼 수 있는 것은 적었던 것이다. 그래서, 아주 실질적인 의미에서, 한 문제의 해결 가능성은 그것을 연구할 만한 가치가 있는 것으로 만들어 주는 것이었다. 수학자 이언 스튜어트는 다음과 같이 쓰고 있다.

18세기의 수학자들은 그때까지 이론 역학을 괴롭혔던 한 문제로 곧바로 뛰어들었다. 방정식을 수립하는 것과 그것을 푸는 것은 별개의 문제였던 것이다. …… 18세기의 중요한 성취는 물리적 현상들을 모델화하는 데 방정식들을 사용한 데 있었다. 그것들을 푸는 데는 충분히 성공하지 못했다. …… 자기 선택의 과정이 정해지면, 자연히 그것을

가지고 해결될 수 없었던 방정식들은 해결될 수 있는 방정식들보다 덜 관심을 받게 되었다.[69]

이 수학자들과 물리학자들이 자기 선택의 과정에 희생되었다고 해서 비난하기는 힘들다. 이들은 당대의 수학적 기법이 부과했던 한계 안에서 작업했기 때문이다. 다른 한편, 문제의 선택을 그 해결 가능성에의 종속이 가져온 지속적인 결과는 그것을 실재에 대한 시계 상像에로 기울게 함으로써 그들(과 그 '계승자들')의 세계관에 영향을 주었다. 엄밀하게 풀릴 수 있는 방정식들은 공교롭게도 선형 방정식이었기 때문이다. 선형 방정식과 비선형 방정식 사이의 수학적 차이는 중첩 원리superposition principle로 설명된다. 이 원리에 따르면, 선형 방정식의 서로 다른 두 해가 주어졌을 때, 그들의 합은 유효한 해이다. 달리 말해 우리가 일단 하나의 방정식에 대해 몇 개의 해를 발견했다면, 더 많은 것들이 중첩 원리를 통해 쉽게 얻어질 수 있다는 것이다. 일반적으로 엄밀한 해들이 드물었던 시대에, 이러한 원리는 최적화하는 신의 합리성으로부터 받은 선물처럼 보일 것이 틀림없다. 역으로, 이 원리의 적용이 실패했을 때면 비선형 방정식들은 무시되기 일쑤였다.[70] 내가 이 장에서 사용했던 용어로는 중첩 원리, 즉 해의 행동이라는 속성

---

69) Stewart, *Does God Play Dice? The Mathematics of Chaos*, p. 38~39.
70) 비선형 방정식들은 종속변수라는 더 상위의 역량이 발현되는 것 같은 요인들 때문에 중첩 원리를 따르지 않는다. 선형성과 비선형성 사이의 차이에 대해서 그리고 비선형 방정식의 정확한 해결 가능성이라는 (드문) 조건들(자율과 분리 가능성)에 대해서는 David Acheson, *From Calculus to Chaos: An Introduction to Dynamics*, New York: Oxford University Press, 1997, ch. 3을 보라.

은 고전 역학의 이론적 구성 요소를 구성하는 모델들의 개체군을 창조하는 축적의 과정을 한쪽으로 치우치게 한다고 말할 수도 있다. 엄밀한 해결 가능성에 대한 필요성 때문에 비선형 모델을 희생해서라도 선형 모델을 더욱 축적하려 하고, 심지어 개체군의 일부가 되기로 허용된 몇몇 비선형 모델들은 선형화된 형식으로만 사용되었다(선형화linearization는 비선형 모델들을 까다로운 변수들의 매우 낮은 강도성을 위해서만 사용함으로써 달성된다). 스튜어트는 이렇게 말한다.

> 고전 수학은 건전한 실용적 이유 때문에 선형 방정식에만 몰두했다. 그래서 다른 것들은 어떤 것도 해결할 수 없었다. …… 선형 방정식은 다루기가 쉬워서 고전 수학자들은 물리학이 그 방정식들로 쉽게 정식화되기를 희망했다. 그래서 고전 이론에서는 얕은 파동들, 낮은 진폭의 진동들, 작은 온도의 변화도를 다룬다〔즉 비선형성들의 선형화〕. 1940년대와 1950년대까지 선형적 관습이 깊이 배어 들어, 많은 과학자들과 기술자들은 그 외의 것들에 대해서는 아는 것이 거의 없었다. …… 선형성은 덫인 것이다. 선형 방정식들의 행동은 전형적인 것과는 거리가 멀다. 하지만 만일 오직 선형 방정식만이 생각할 가치가 있는 것이라고 결정한다면, 자기 검열이 시작된다. 교과서에는 선형적 해석解析의 승전보로 가득 채워지고, 실패는 깊이 매장되어 그 무덤에는 아

이 두 가지 유형을 구별하는 기준이 되는 중첩 원리에 대해서는 David K. Campbell, "Nonlinear Science: From Paradigms to Practicalities", *From Calculus to Chaos*, ed. Necia Grant Cooper, New York: Cambridge University Press, 1989, p. 219를 보라.

무런 표시도 되어 있지 않고 무덤의 존재 자체도 지각되지 못한다. 18세기에는 시계처럼 자명한 세계를 믿었다면, 20세기 중반에는 선형적인 세계를 믿었다.[71]

아벨과 갈루아가 수행했던 문제-해 전복의 또 다른 한쪽은 미분방정식의 질적(혹은 위상학적) 연구에 대한 앙리 푸앵카레의 작업으로 대표된다. 그의 연구 방법은, 대수방정식들에의 군 이론적 접근과 마찬가지로, 해결하기 힘든 문제의 장벽을 깨뜨리기 위해 창조된 새로운 접근법이었다. 이 문제는 바로 삼체 문제three body problem로서, 이 문제는 태양계의 삼체(태양, 지구, 달) 사이의 상호 작용을 모델로 한 것이다. 다른 수학자들이 이미 특이점의 이웃에서 일어나는 행위를 해석함으로써 해의 연구에 접근했지만, 푸앵카레는 특이성들의 실존과 분포가 모든 해들의 공간을 조직하는 방식이라는 더 넓은 문제에 접근했다. 다시 말해 푸앵카레는, 갈루아가 그랬듯이, 전체global 정보를 얻기 위해 엄밀한 해결 가능성을 추구하는 대신 전체적인 문제 자체를 정의하는 공간을 조사하는 새로운 방법을 사용했다. 즉 모든 해들의 행동에서 나타나는 경향들에 대한 질적인 정보를 얻는 방식으로서 특이점들의 분포를 사용한 것이다.[72]

---

71) Stewart, *Does God Play Dice? The Mathematics of Chaos*, p. 83.
72) June Barrow-Green, *Poincaré and the Three Body Problem*, pp. 32~38.
  푸앵카레의 연구에 앞선 이러한 접근 방식에 대해서는 Kline, *Mathematical Thought from Ancient to Modern Times*, pp. 721~725를 보라.

결론

국면-상을 이용한 푸앵카레의 접근 방식은 물론 잠재적인 것과 문제적인 것의 존재론에 대해서 이 책에서 이야기된 내용의 기초를 형성한다. 하지만 갈루아의 접근 방식 역시 대칭 파괴 연쇄를 통해서 잠재적 다양체들의 점진적인 한정이라는 생각을 제공한다는 점에서 역시 중요한 것이었다. 요컨대 여기서 추적해 보았듯이 잠재성 이론은 근본적으로 문제-해 관계의 전복이 가져온 결과에 의존하며, 역으로 문제를 해들에 종속시키는 것은 잠재적인 것을 효과적으로 감추거나 현실세계가 설명되어야 할 모든 것이라는 착각을 부추기는 행위로 보일 수 있다. 이렇게 볼 때, 이러한 종속은 좀더 만족스러운 문제론적 접근에 대한 장애물로서 고전 물리학의 공리적 처리 방식과 결합한다.[73] 게다가, 실험 물리학에서는 원인이라고 하는 선형성에 의해서 그리고 이론 물리학에서는 모델이라고 하는 선형성에 의해서 부과되는 장애물들이 있는데, 전자의 부가가 후자의 중첩과 같은 것이기 때문에 이 둘은 긴밀하게 연관되어 있다. 부가와 중첩은 문제-장이 존재하지 않는 세계, 혹은 기껏해야 일시적으로만 문제적이거나 설명이 필요한 세계, 결국에는 초-법칙 혹은 아무것도 설명될 수 없는 모든 것의 이론을 산출하는 세계의 성격을 묘사한다. 반면에 비선형적 모델들과 그것들의

---

[73] "우리는 여전히 가상의 두 가지 측면을 거듭 발견하게 된다. 먼저 자연적 가상이 있고, 이것은 선재하는 것으로 가정된 어떤 명제들 — 논리학적 통념, 기하학적 공리, 대수방정식, 물리학적 가설, 초월론적 판단 등 — 을 기초로 문제들을 전사하는 데 있다. 다른 한편 철학적 가상이 있고, 이것은 '해결 가능성', 다시 말해서 가변적인 외재적 형식을 취하는 해의 가능성에 따라 문제들을 평가하는 데 있다." Deleuze, *Difference and Repetition*, p. 161.

다양한 끝개들, 더 나아가 비선형적 원인들과 그것들의 감응하고 감응받을 수 있는 복잡한 수용력이 예기치 못할 새로움이 출현함으로써 우리를 놀라게 하는 세상, 그리고 뭔가가 설명되고 그래서 영원히 문제적으로 남아 있을 세상을 정의한다. 번지는 다음과 같이 말하고 있다.

> 만일 여러 원인들이 연합된 작용이 항상 병치juxtaposition, 중첩일 뿐 결코 그 자신의 특징을 가지고 있는 종합이 아니라면, 그리고 만일 인과적 작인의 작용을 받는 가설적 피동자들이 자발성이나 자주적 행동을 할 수 없는, 요컨대 스스로 어떤 것에 인과적 속박을 추가할 수 없는 수동적인 것들이라면, 어떤 의미에서는 결과들이 그 원인들에 앞서 존재하게 된다. 인과 관계의 본질에 대한 이 극단적이지만 일관된 교의에 따르면, 오직 오래된 것들만이 변화의 산물이다. 과정들은 숫자상으로나 아니면 어떤 양적인 측면에서 새로운 대상들을 산출할 수는 있지만 어떤 식으로든 종적으로 새로운 대상들을 산출하지는 못한다. 아니면 다시금 새로운 질들이 출현할 수도 없다. 엄격하게 인과적인 패턴에 따라 움직이는 세계는 예컨대 요가 수행자들, 토마스주의자들, 그리고 18세기 뉴턴주의자들이 상상했듯이, 역사 없는 우주이다.[74]

이러한 선형적 세계와는 달리, 이 책에서 전개한 존재론은 온전히 역사적이다. 이러한 다른 세계에 서식하는 개체들 각각은 개체화라고 하는 한정된 역사적 과정의 산물이고, 개체의 정체성이 드러나는 속성들에 의해 정의되고 이러한 속성들이 개체의 부분들 사이에서 계속되는 인과적 상호 작용에 의존하는 한, 각각의 개체는 그 자체로 역사적

인과 과정이다. 의사-인과율의 영역은 또한 전적으로 역사적이지만, 앞 장에서 내가 설명했듯이 그것은 일시성이라고 하는 고유한 형식을 가지고 있고 그래서 인과적 역사와는 아무런 유사성도 없다. 다시 말하면 들뢰즈의 존재론에서는 두 개의 역사, 서로 복잡하게 상호 작용하는 현실적 역사와 잠재적 역사가 실존한다. 한편에는 다른 사건들의 산출에 발생론적으로 연루되는 현실적 사건들이라는 역사적 계열이 있고, 다른 한편에는 각각의 현실화된 개체가 구체적인 해에 불과한 잠재적 문제들의 객관적 영역을 정의하는 이데아적 사건들이라는 역사적 계열들이 똑같이 존재한다. 들뢰즈 자신의 말로 결론을 내리자.

> 사건들이 지니고 있는 이중의 계열을 정확하게 표상해야 한다. 이 이중의 계열은 두 면에서 펼쳐지고, 그런 가운데 서로에 대해 유사성 없는 메아리가 된다. 한쪽의 계열들은 산출된 해들의 수준에서의 현실적 계열들이고, 반면 다른 한쪽의 계열들은 문제의 조건들에 자리 잡고 있는 이데아적 계열들이다. 마치 우리의 역사를 이중화하는 신들의 행위, 아니 차라리 꿈처럼.[75]

---

74) Bunge, *Causality and Modern Science*, pp. 203~204. "비선형 이론들이 드물다는 사실은 자연이 독자성을 가지고 있다는 의미라기보다는 우리 과학이 미성숙했다는 뜻이다. 비선형성은 커다란 수학적 난관을 담고 있다. 수학적으로 다루기 힘들 뿐만 아니라, 물리적 존재라는 매우 상징적인 표상에 영향을 준다. 그래서 비선형적으로 추가된 힘들(중력이 그런 것처럼)은 벡터에 의해 정확하게 표상될 수 없다. 후자의 첨가는 중첩 '원리'를 따르기 때문이다. 강한 자성의 법칙들이 비선형적이라는 것을 깨닫게 되는 순간부터, 모든 물리 현상들은 적어도 미약하게나마 비선형적으로 밝혀질 수도 있고 선형성은 어떤 경우에는 탁월하지만 다른 경우에는 서툴기만 한 근사치로 존재한다는 것을 다소나마 의심해 보아야 한다." Ibid., p. 168.
75) Deleuze, *Difference and Repetition*, p. 189.

MANUEL DELANDA

보론

들뢰즈의
용어법

보론_들뢰즈의 용어법

들뢰즈는 한 편의 저작을 새로 쓸 때마다 그의 용어법을 바꾸곤 했다. 소수의 개념들만이 그 이름 또는 언어적 동일성을 보존했다. 이 용어법상의 현란함은 단지 동의어들을 사용하면서 차이를 부각시키려 한 것이 아니라 동일한 주제에 대한 다른 이론들을 전개하기 위한 것이었다. 그래서 그의 이론들 각각은 다른 이론들을 미묘하게 대체하면서도 또한 겹치곤 한다. 그 결과 도래한 것은 다질적인 배치로서 서로 엮인 meshed 이론들의 다양체이다. 그래서 하나의 개념이 얻게 되는 상이한 이름들은 엄밀한 동의어들이 아니라 근접한 동의어들 또는 때로는 밀접하게 관련되는 개념들을 정의해 주는 비-동의어적 용어들이다. 본문에서 나는 명료함을 위해서 들뢰즈의 용어법을 조심스럽게 등질화했지만, 이제 근접한 동의어들의 목록을 제시함으로써 들뢰즈 존재론의 단순화된 모습으로부터 그 본래의 모습으로 거슬러 올라가려는 독자들에게 도움을 줄 수 있을 것 같다. 사실 나는 단순히 목록을 제시하는 데 그치지 않고, 상이한 용어법들의 연관성을 그리고 각 저작들에서 들뢰즈의 존재론이 개념화되고 분절되는 상이한 방식들을 논하려 한다. 이 용어법의 카르토그라피를 그리기 위해서 다음과 같은 약어들을 사용할 것이다(장의 지시는 본 저작의 장들을 지시한다).

『안티오이디푸스』　　　　AO
『천의 고원』　　　　　　　TP
『차이와 반복』　　　　　　DR
『의미의 논리』　　　　　　LS
『철학이란 무엇인가?』　　WP

본 저작에서 핵심적으로 연구한 텍스트는 『차이와 반복』이다. 다양체들과 그것들이 형성하는 잠재적 연속체[virtual continuum, 혼효면]에 관한 이론이 가장 명료하게 나타나고 있는 저작이 이 저작이기 때문이다. 아울러 의사-원인 작동자[quasi-cause operator, 우발점/추상기계[1]]에 대한 가장 상세한 서술이 나타나고 있는 『의미의 논리』 역시 핵심적인 참고 문헌이다. 이 보론은 우선 들뢰즈 존재론의 핵심 요소들에서 시작한다.[2] 그후 이 '존재론적 목록'을 구성하는 일곱 개의

---

[1] 우발점과 추상기계를 동일시하는 데는 무리가 따른다. 데란다는 두 개념을 근접시키고서 'quasi-cause operator'라는 용어를 사용한다. 우발점은 배치/다양체를 돌아다니면서 또는 하나의 배치/다양체로부터 다른 배치/다양체로 이동해 가면서 변화를 유발시키는 동점 動點이다(라캉이 분석한 바 있는 '도둑 맞은 편지'가 좋은 예이다). 반면 추상기계는 실선으로 현실화된 배치 아래에서 점선으로 다양한 방식으로 그려져 있는, 유동적인 잠재적 배치이다. 더 정확히 말해, 이 잠재적 배치의 한 가능성이 현실화된 것이 현실의 배치이다. 굳이 두 개념을 연결시킨다면, 우발점들이 그리는 선線들이 모여 장場 ── 현실적 장이 아니라 잠재적 장 ── 을 이룰 때 추상기계가 성립한다고 보아야 한다. ─ 옮긴이

핵심어들 각각을 상세하게 설명한다. 이것은 본 저작에서 사용된 용어법들과 이 목록을 연결시키기 위한 것만은 아니다. 그것은 또한, 간명함을 위해서 남겨 놓았었지만, 존재론적 목록의 핵심어들을 다른 저작들의 핵심어들과 연결시키기 위해 필요한 세부 사항들을 보완하기 위한 것이기도 하다. 마지막으로 이 일곱 개의 핵심어가 『천의 고원』, 『안티오이디푸스』, 『철학이란 무엇인가?』의 핵심어들과는 어떤 관련성을 띠는지를 밝힐 것이다.

존재론적 목록

1) 강도들이 조직되는 심층 또는 강도공간spatium.
2) 심층/강도공간이 형성하는 이질적인 계열들, 그리고 이것들이 윤곽을 그려 주는 개체화의 장들(개체화 요인들).
3) 이 계열들을 소통하게 해주는 '어두운 전조'.
4) 연결고리들linkages, 내적 공명들, 그리고 (결과적으로 생겨나는) 강제된 운동들.
5) 계에 있어 수동적 자아들과 애벌레 주체들의 구성, 그리고 순수 시공간적 역동들dynamisms의 형성.
6) 계의 이중적 분화를 형성하며 앞선 요인들을 밑에 숨기는cover over[3] …… 질들과 외연들.
7) 역으로 질들과 외연성들이 전개된/펼쳐진 세계에서 이 요인들(위 6

---

2) Deleuze, *Difference and Repetition*, pp. 277~278.
3) 잠재성이 현실화되면서 외연성들과 질들이 성립하지만, 그 순간 강도적인 것(잠재성으로부터 현실성으로의 이행을 지배하는 것)은 그 현실성 아래로 숨어 들어간다는 뜻. —옮긴이

에서의 요인들]의 항속persistence을 시험하는 온축(蘊蓄, envelopment)의 중심들.

1. 강도공간

이 용어[intensive spatium]는 다양체들에 의해 형성되는 잠재적 연속체를 가리킨다. 본 저작에서는 이를 '혼효면' plane of consistency이라는 용어로 가리켰다. 이 용어는 『천의 고원』에서 주로 사용된다. 근접한 동의어들로는 '내재면'(WP), '탈기관체'(AO, TP), '기계적 필룸'(TP), '이데아적/형이상학적 표면'(LS)이 있다.[4] 여기에서 혼동을 불러일으킬 수 있는 것은 '강도적'이라는 말이다. 본 저작에서는 이 말을 잠재적 연속체에 관련해서가 아니라 개체화 과정들에 관련해 사용했다[강조는 옮긴이]. 들뢰즈는 이 말을 세 가지 맥락에서 사용한다.

  1) 원래는 열역학적 의미로 압력, 온도, 밀도 같은 강도적인 성질들을 가리킨다. 이 질들에서의 각종 차이가 형태발생적 효과를 낳으며 (예컨대 이 차이들이 물질/에너지의 와류들을 운반한다), 소거되지 않을 경우 (비평형 물리학에서처럼) 자기조직화를 위한 물질-에너지의 포텐셜 전체를 드러낸다.

  2) 파생적인 의미. 상이한 구성 요소들을 그것들 자체로서 모은 것을 뜻한다. 즉 구성 요소들 간 차이들이 등질화를 통해서 소거되지 않은 다질적 배치들의 창조를 가리킨다.

---

4) 원어는 각각 'plane of immanence', 'body without organs', 'machinic phylum', 'ideal or metaphysical surface'이다. — 옮긴이

3) 두번째 파생적인 의미. 서수적[5] 계열〔수학적으로는 급수〕의 성질들을 가리킨다. 이 계열들은 그 항들 사이의 차이에 의해, 즉 '사이에서의' in between와 같은 비대칭적 관계들에 의해 구성된다. 두 항 사이의 한 항에 대해 좀더 고려할 경우, 이 계열적 관계는 〔러셀적 의미에서의〕 '거리' distance라 불린다. 물론 이 용어는 ('길이'와 같은) 계량적metric 개념을 가리키는 일상적인 의미로부터 구분되어야 하며, 들뢰즈는 '해체 불가능한non-decomposable 거리들'이라는 용어를 사용하고 있다. 마지막으로 소거 불가능한 차이들, 구성적인 비등가성들이 존재한다. 서수적 계열들이 서로 비교될 때 이것들이 드러난다(엄밀한 등가성〔수학적으로는 '='〕에 대한 판단은 불가능하며, 더 큰가 아니면 더 작은가의 판단만이 가능하다). "차이〔생성〕, '거리', 비등가성은 강도공간으로서의 심층이 가지는 현동적인positive[6] 특성들이다"[7]라는 말이 가리키듯이, 'intensive spatium'이라는 표현이 사용되는 것은 주로 이 세번째 의미에서이다.

2. 다양체들과 발산적 계열들

'다양체' 개념은 위의 일곱 개 목록에 포함되어 있지는 않지만 당연히 그럴 자격이 있다. '이종적disparate 계열들'이란 한 다양체가 펼쳐지는 각 층위를 정의하는 특이성들을 계열적 형태로 확장한 결과에 다름

---

5) '서수적' ordinal은 '강도적' intensive과 근접 유사어이다. —옮긴이
6) 들뢰즈에게서 'positive'는 '드러나는', '나타나는'을 뜻한다. '실증적인'이라는 번역어는 표면에서의 드러남/나타남만을 뜻하기 때문에 '현동적' 現動的으로 번역했다. —옮긴이
7) Deleuze, *Difference and Repetition*, p. 238.

아니기 때문이다. 이 용어는 몇 개의 근접한 동의어들을 가진다: '부분대상들'(AO), '철학적 개념들'(WP), '이데아적 사건들'(LS). 들뢰즈는 때때로 다양체들을 그 구성 요소들을 경과해서 간접적으로 지시한다. 이 요소들이란 곧 '유목적 특이성들'과 '노에마적 빈위들'(LS), 또는 '모호한 본질들'과 '되기들'(TP)이다.

'이종적'이라는 용어는 '차이의 차이'를 뜻한다.[8] '이종적 계열들'에 대해 이야기하는 것은 비계량적 연속체를 형성하는 서수적 계열들이 긍정적 발산을 경과해 서로 관계 맺어야 한다는 것, 그래서 계열들이 차이들로 이루어질 뿐 아니라 그 발산적 관계들이 이 차이들을 더욱 차이화해야differentiate 한다는 생각을 표현하는 또 다른 방식이다.

> 차이는 그 요소가, 그 궁극의 단위가 되어야 한다. 따라서 그것[차이]은 그것을 결코 동일화하지 않는, 오히려 그것을 차이화하는 다른 차이들을 지시해야 한다. 이미 하나의 차이들인 계열들의 각 항들은 다른 항들과 가변적인 관계들을 맺어야 하며, 그로써 중심과 수렴이 없는 다른 계열들을 구성한다. 발산과 탈중심화는 계열들 자체에 있어 긍정되어야 한다.[9]

3. 어두운 전조

이 용어는 본 저작에서 '의사-원인 작동자'라 부른 것을 가리킨다. 근접한 동의어들로는 다음과 같은 것들이 있다. '의사-원인', '우발점

---

8) Ibid., p. 241.
9) Ibid., p. 56.

또는 역설점', '무의미' (이상 LS), '탈주선', '추상기계' (이상 TP), '욕망하는 기계들' (AO), '개념적 인물들' (WP), '대상=x' (DR, LS).

4. 공명들과 강제된 운동들

이 항목은 의사-원인 작동자가 다양체들과 그 계열들에 가하는 효과들을 포함한다. 본 저작의 재구성에서 나는 이 효과들에 대한 정보이론적 모델을 사용했으나(기호들의 방출 또는 '정보양자들' information quanta을 통해서), 들뢰즈 또한 공명에 입각한 대안적인 물리적 모델을 사용한다(DR, LS, WP). '공명' 개념 및 '강제된 운동' 개념은 단순한 물리학적 은유들로서 간주되어서는 안 된다. 차라리 우리는 공명은 양의 되먹임feedback으로서, 이질적인 요소들 가운데에서 공명들을 이끌어내는 상호 자극적인 짝짓기들(즉 '자가촉매')[10]의 이런저런 형식을 함축하는 발생적 과정으로서 보아야 하며, 강제된 운동은 본래적 차이들의 증폭으로서 보아야 한다.

    핵심적인 것은 의사-원인 작동자가 다양체들로부터 방사放射되어 나오는emanating 서수적 계열들을 짝지어 그것들을 하나의 비계량적 연속체[혼효면]로 짜야 한다는 것이다. 공명들은 짝짓기들을 도래시키는 수단이며, 결과적인 강제된 운동은 연속체를 생산한다.[11] 방금 말했듯이, 계열들 사이의 짝짓기는 그것들의 긍정적 발산을 확보해야 하며, 그로써 연속체로 하여금 개방적이면서 항상적인 변이에 노출

---

10) 원문은 "mutually stimulating couplings(e. g. autocatalysis)"이다. —옮긴이
11) Deleuze, *Logic of Sense*, pp. 239~240.

도록 해야 한다. 하지만 또한 그것은, 분리된 작동operation으로서(3장에서 '전현실화'로 불렀다), 계열들에서 약간의 수렴들을 이끌어 내야 한다. 현실화 과정은 이 수렴의 중심들로부터 시작되기 때문이다.

> 현실화된다는 것은 …… 보통점들의 계열 위로 뻗어간다는 것, 수렴의 규칙에 따라 선별된다는 것, 하나의 물체에 구현된다는 것, 한 물체의 상태가 된다는 것, 그리고 제한된 새로운 현실화들과 뻗어-감들을 위해 국소적으로 새롭게 된다는 것을 뜻한다.[12]

5. 수동적 자아들과 시공간적 역동들

이 항목은 내가 '강도적인 개체화 과정들'이라 했던 것의 두 구성 요소를 포함한다. '시공간적 역동'의 첫번째 의미는 문자 그대로 많은 비평형계들에서 일어나는 자기조직화의 현상들을 가리킨다. 자기조직적 동역학은 대개 미분적 관계들(짝지어진 변화율들 또는 상대적인 빠름과 느림의 관계들)을 특징 짓는 특이성들(끌개들과 분기들)에 의해 지배된다. 이런 의미에서 이 말은 강도적 차이들이 소거되지 않은 비평형 물질material에서처럼 '강도적'이라는 말의 첫번째 의미와 통한다. 그러나 이 말은 또한 '감응태들' 또는 두번째 의미에서의 '강도적'을 가리키기도 한다. 즉 다질적 배치들을 낳는 능력들과 동역학들을 가리킨다. 두 가지 의미가 밀접하게 연관되어 있다는 사실은 다음 구절에서 분명히 드러난다.

---

12) Ibid., p. 110.

이제 문제는 실체〔질료〕 위에 형식〔형상〕을 부과하는 것이 아니라 점차 풍부해지고 혼효 상태로 화하는 기저실체material를 정교화하는 것이다. 점차 강도가 높아지는 힘들을 잡아 낸다면 더 좋을 것이다. 기저실체를 점차 풍부하게 만들어 주는 것은 이질성들을 그 이질적임을 없애지 않으면서 취합하는 것과 같다."[13]

시공간적 역동들과는 달리 '수동적 자아' 개념과 '애벌레 주체' 개념은 본 저작에서는 그다지 다루지 못했다. 그 주된 이유는 내가 들뢰즈 존재론에 대한 서술을 되도록 인간중심주의로부터 멀리 떼어 놓으려 했기 때문이다. 첫번째 용어는 들뢰즈 시간론의 핵심인 '수동적 종합'과 연계된다. 이 종합은 시간을 계량화하는 또는 그것에 측도를 부여하는 '살아 있는 현재들'의 종합이다. 들뢰즈의 이론에서 이 종합은 주체성의 탄생과 직접 연관되지만(순간들을 하나의 현재로 수축하는 것은 관조하는 주체이다), 3장에서 설명했듯이 이 '관조들'은 미생물들에서까지 일어나는 원原지각들과 원原감정들의 형식으로 어느 곳에서나 일어난다. 그래서 우리는 현재에 대한 심리학적 감각을 종합하기 위해 순간들을 수축하는 것만이 아니다. 우리 자신이 미세수축들과 그것들의 현재들로 이루어져 있는 것이다.

우리는 수축된 물, 흙, 빛, 그리고 공기로 이루어져 있다——이것들의 재인 또는 재현에 앞서서, 뿐만 아니라 그것들이 감각되기도 전에. 모

---

13) Deleuze and Guattari, *A Thousand Plateaus*, p. 329.

든 유기체들은 그 수용적이고 지각적인 요소들에서만이 아니라 또한 그 내장에서도 수축들, 과거지향들retentions과 기대들의 총화이다.[14]

'애벌레 주체'라는 용어는 이상의 내용과 밀접한 관련이 있으며, 시공간적 역동을 추진시키는 강도들의 '열성적인 소비'를 가리킨다. 여기서 가장 좋은 예는 강도적 접힘들, 이동들, 그리고 (결국 그것을 완성된 유기체로 바꾸어 줄) 다른 변형들을 경험하는, 발생하는 배아이다. 분명, 나의 재구성에서는 '개체'라는 용어가 최종 산물(유기체들, 종들 등)을 가리키는 것으로 사용된 데 비해, 들뢰즈의 저작들에서는 애벌레 주체들 자체를 가리키는 것으로 쓰였다. 그것은 종종 라이프니츠의 '모나드'를 뜻하기도 하며, 전前현실화의 과정, 즉 잠재적 계열들에서 생겨나는 수렴의 중심들로부터 태어나는 것으로 이야기된다.

하나의 세계는 이미 수렴을 통해 선별된 특이성들의 무한한 체계를 온축하고 있다.[15] 그러나 이 세계 안에서 그 계의 특이성들 중 유한한 수를 선별하고 온축하는 개체들이 구성된다. …… 따라서 하나의 개체는 수렴의 원환으로서의 세계 내에 있고, 하나의 세계는 그것을 점유하는/채우는 개체들의 근처에서만 형성될 수 있을 것이고 사유될 수 있을 것이다.[16]

---

14) Deleuze, *Difference and Repetition*, p. 73.
15) 여기에서 수렴이란 라이프니츠의 '공가능성' compossibilité을 통한 빈위들(여기에서는 특이성들)의 수렴을 뜻하며, '무한한 체계'란 이런 수렴의 가능한 모든 방식들로 구성된 체계 ─ 라이프니츠에서의 '하나의' 세계 ─ 를 말한다. ─ 옮긴이

혼동을 피하기 위해서 나는 이 모나드들을 가리킬 때는 '강도적 개체'라는 말을, (개체들의 평탄한 존재론을 형성하는) 외연과 질을 부여받은 현실적 존재들을 가리킬 때는 그냥 '개체'라는 말을 사용할 것이다.

6. 외연(성)들과 질들

이 개념들은 현실적인 것의 영역 ─ 외연과 질을 띤 개체들의 충분히 구성된 세계 ─ 을 정의하는 두 특성들이다. 『천의 고원』에서는 이 두 특성이 각각 '실체들'과 '형식들'로 지칭되고 있다.[17] 이 관련성을 파악하기 위해서는 한편으로 공간(외연)을 차지하는 방식 외에는 다른 어떤 특성도 없는 실체를, 다른 한편으로 이 실체에 특정한 질들(예컨대 역학적인 또는 광학적인 성질들)을 부여하는 형식들/구조들을 생각해 봐야 한다. 어떤 실체도 순수하게 외연적이지는 않기 때문에, 이 두 특성은 "실재적으로 구분되는 것은 아니다.[18] 그것들은 모든 분절의 추상적인 구성 요소들이다."[19]

---

16) Deleuze, *Logic of Sense*, pp. 109~110.
17) 외연성과 질을 곧바로 실체와 형식에 대응시키는 것에는 약간의 무리가 따른다. 외연성을 공간적 외연을 말하고 실체는 그 외연을 채우는 질료를 뜻한다. 물질-공간을 생각할 경우 문제는 간단히 해소되지만, 들뢰즈/가타리의 입장이 정확히 이런 것인지는 분명치 않다. 또 질이란 실체=질료가 일정한 형식을 부여받아 나타나게 되는 결과이며, 따라서 형식 자체와 동일시하기는 힘들다. 외연성과 질의 개념쌍과 실체와 형식의 개념쌍은 개체를 파악하는 상이한 두 방식이라고 해야 할 것이다. ─ 옮긴이
18) 들뢰즈/가타리에게서 내용과 표현(여러 가지 맥락이 있지만, 대표적으로는 기계적 배치가 내용이고 언표적 배치가 표현이다)은 실재적으로 구분되지만, 내용의 실체와 형식(표현의 경우도 마찬가지)은 형식적으로만 구분된다. 이것은 외연(성)과 질의 경우도 마찬가지여서 이 둘도 형식적으로만 구분된다. ─ 옮긴이
19) Deleuze and Guattari, *A Thousand Plateaus*, p. 502.

7. 온축의 중심들

여기서 본문에서는 논의되지 않았던 이 개념을 도입하는 것은 그것이 논의되고 있는 존재론적 목록의 마지막 항을 차지하기 때문만이 아니라 그것에 대한 정의가 (용어법에의 물음을 함축하는) 현실적인 것의 이론의 측면들에 관련되기 때문이다. 현실적인 것의 상이한 영역들(거칠게 말해, 물리-화학적 영역, 유기체적 영역, 문화적 영역)은 목적론적 발전이나 "어떤 종류의 우스꽝스러운 우주론적 진화론도"[20] 전제하지 않고 고려되어야 한다. 다른 한편, 이 영역들 사이의 매우 실재적인 구분들도 존재한다. 특히, 형식들 또는 질들 아래 놓이는 '코드'가 한 구조의 3차원성에 두루 걸쳐 분포되는 물리-화학적 영역과 달리, 유기체적 영역에서 이 코드는 분리된 1차원 구조——유전 코드를 구성하는 핵산의 선형적 계열——로서 떼어진다. 들뢰즈가 볼 때, 유전 코드는 (물리-화학층에서는 개체들에 외부적인 것으로 머무는) 강도적인 개체화 요인들의 내부화를 나타낸다. 생명체들에서의 복잡성 증가를 특성화하는 이 내부화는 '발생의 중심'이라는 용어가 가리키는 바의 것이다.

> 이 중심들의 기능은 여러 가지 방식으로 정의될 수 있다. …… 나는 복잡계들이 점차 그것들의 구성적인 차이들을 내부화하는 경향이 있다고 생각한다. 온축의 중심들이 개체화하는 요인들의 이 내부화를 수행하는 것이다.[21]

---

20) Ibid., p. 49.
21) Deleuze, *Difference and Repetition*, p. 256.

요약

이제 존재론적 목록의 구체적 내용에 관해 이야기한 것을 요약해 보자. 1, 2, 3의 항목〔강도공간, 다양체들과 발산적 급수들, 어두운 전조〕은 잠재적인 것의 요소들을 구성한다: 연속체, 다양체들, 그리고 의사-원인 작동자. 4, 5의 항목〔공명들과 강제된 운동들, 수동적 자아들과 시공간적 역동들〕은 약간의 비틀기를 가한다면 강도적인 것에 상응시킬 수 있을 것이다. 약간의 비틀기가 필요한 이유는 그것〔강도적인 것〕이 계열들 사이에서 발산적인 관계들과 수렴적인 관계들을 분리시키는 것을 포함하기 때문이다(발산의 경우는 잠재적인 것에 속하고, 일종의 전-현실화로서의 수렴의 경우는 강도적인 것에 속한다). 수렴의 중심들은 몇몇 과학자들은 '형태발생적 장들'이라고 부르며 들뢰즈는 '개체화의 장들'이라 부르는 것에 상응할 것이다. 들뢰즈 자신은 '개체화의 장들'을 2항에 포함시키고 있으며, 4항의 공명들 또한 발산들을 생산하지만, 두 항을 따로 떼어 놓고 강도적인 것을 개체화의 장들과 (이 장들의 현실화를 실행하는) 시공간적 역동들을 동시에 동원해서 정의하는 것이 유용할 것이다. 마지막으로, 6, 7항은 현실적인 것의 내용을 이룬다. 정확히 잠재적인 것, 강도적인 것, 현실적인 것은 하나의 동일한 과정의 측면들, 또는 점진적 차이화/차이생성의 연쇄의 상이한 계기들이기에, 어떤 항들(4항과 7항)은 중첩의 영역들을 나타낸다(강도적인 것 내의 잠재적인 것의 어떤 것, 즉 수렴. 그리고 현실적인 것 내의 강도적인 것의 어떤 것, 즉 온축의 중심들). 이제 잠재적인 것, 강도적인 것, 현실적인 것이 다른 저작들에서는 어떻게 다루어지는지를 살펴보자.

『천의 고원』

『천의 고원』에서 현실세계를 구성하는 상이한 영역들(물리-화학적, 유기체적, 문화적 영역들)은 '층들' strata이라 불린다. '층화' stratification 라는 용어는 '현실화'에 근접하는 동의어이다. 현실세계를 특성화하는 상이한 외연성들과 질들은 '실체들'과 '형식들'로, 그리고 또한 '영토성들'과 '코드들'로 표현된다.[22] 그래서 들뢰즈는 층들이 "동시에 코드와 영토성에 의해 진행된다"고 쓰고 있다.[23] 층들을 낳는, 그리고서 층들 아래로 숨는 강도적 과정들은 '영토화'와 '코드화'로 불린다. 세계의 어떤 부분들이 그 평형 상태로부터 떨어져 나와 숨겨진 강도적 요인들을 드러낼 경우, '탈영토화'와 '탈코드화'라는 용어가 사용된다. 이 용어들은 층들의 견고함으로부터의 이 일탈들을, 또는 차라리 층들을 내부로부터 활성화하는 강도적 운동들을 가리킨다. 『차이와 반복』에서 들뢰즈는 이미 '탈-분화' de-differenciation이라는 용어를 도입했거니와,[24] 이 개념이 그 충분한 중요성을 획득하고서 현실화의 두 구성 성분들〔영토화와 코드화〕에 따라 분할되기에 이르는 것은 그 후이다.

3장에서 논했듯이, 분명 의사-원인 작동자는 '반反현실화'

---

22) 외연성과 질을 영토성과 코드에 대응시키는 것은 다소 무리를 동반한다. 앞에서 외연성과 질을 실체와 형식에 대응시키는 데 약간의 무리가 있다고 했거니와, 이것을 영토성과 코드에 대응시키는 것은 큰 무리를 동반한다. 들뢰즈/가타리에게 영토성은 기계적 배치에 상응하는 것이고, 코드는 언표적 배치에 상응하는 것이다. 그리고 기계적 배치가 내용을, 언표적 배치가 표현을 이룬다. 여기에서 내용도 실체와 형식을 가지고, 표현도 실체와 형식을 가진다. 다시 말해 기계적 배치(내용)와 언표적 배치(표현)의 관계와 외연성(실체)과 질(형식) —— 일단 대응시킨다면 —— 의 관계는 좌표 자체가 다른 관계이다. — 옮긴이
23) Deleuze and Guattari, *A Thousand Plateaus*, p. 40.
24) Deleuze, *Difference and Repetition*, p. 249.

counter-actualization라 불리는 작동에 있어 현실성으로부터의 이 일탈들을 가속화한다고 할 수 있다.[25] 『천의 고원』에서 들뢰즈는 현실적인 것으로부터 강도적인 것으로 향하는 운동들을 가리키기 위해 '상대적 탈영토화' 개념을 사용하며, 반현실화 ── 운동들이 모든 면에서 잠재적인 것에 도달할 수 있게 해주는 가속화 ── 를 가리키기 위해 '절대적 탈영토화' 개념을 사용한다. 잠재적인 것의 세 가지 성분(연속체, 이것을 구성하는 다양체들, 그리고 조성[26]을 효과화하는 의사–원인 작동자)가 『천의 고원』의 어떤 개념들에 상응하는가는 다음 인용문이 잘 보여 주고 있다.

> 첫번째 부류의 개념들에는 다음과 같은 것들이 있다. 탈기관체 또는 탈층화된 혼효면. 그리고 탈기관체나 혼효면에서 일어나는 면의 물질(강도적인 연속체들, 입자–기호들의 방출들, 흐름들의 통접들로 구성된 특이한 절편화되지–않은 다양체들). 그리고 탈기관체를 구축하거나 혼효면을 끌어내거나draw 일어나는 일을 '디아그람화'하는 추상기계, 즉 추상기계들(탈주선들, 또는 절대적 탈영토화).[27]

---

25) 반현실화 또는 반효과화counter-effectuation는 현실화 또는 효과화의 과정을 거꾸로 가는 것이다. 우리는 이미 잠재성이 현실화되어 있는 세계에 살고 있으며, 이 현실을 바꾸기 위해서는 다시 잠재성의 차원으로 가 보아야 한다. 예컨대 하나의 영토성에서 탈주하기 위해서는 그 하나의 영토성으로 굳어지기 이전의 잠재적 영토성들(전자가 실선으로 그려진 것이라면, 그 아래에 점선으로 그려졌던 것들)을 참조해야 한다. 이런 과정이 반현실화 또는 반효과화이다. 추상기계 또한 이런 맥락에서 이해할 수 있다. ─옮긴이
26) '조성' 造成으로 번역한 'composition'은 스피노자의 'compositio'에서 유래한다. 반대어 '해체' decomposition 역시 스피노자의 'decompositio'에 해당한다. ─옮긴이
27) Deleuze and Guattari, *A Thousand Plateaus*, p. 72.

다양체들은 혼효면에서 '일어나는' occur 것으로 이해되는데, 이것은 이미 이야기했지만 그것들이 이데아적인 사건들 또는 생성들이기 때문이다. '절편화되지-않은'이라는 용어는 '비계량(적인)'에, '서수적 연속체'로서의 '강도적 연속체'에 근접하는 동의어이다. '입자-기호들의 방출들'은 다양체들을 짝지어 주는 공명들이고, '흐름들의 통접들'은 상호 증폭들amplifications이나 강제된 운동들에 상응한다. 의사-원인 작동자(여기에서는 '추상기계'라 불리고 있다)는 '탈주선'에 의해 특성화된다. 그리고 탈주선은 반현실화의 과정을 가리키며, "면을 끌어내는" 것으로, 즉 실제 일어나는 일로부터 이데아적 사건들을 추출해 내고 이 다양체들을 다질적인 연속체에 엮어 넣는 것으로 묘사된다. 들뢰즈가 쓰고 있듯이, "혼효면은 그것을 드러내는unravel 탈영토화의 운동들에, 그것을 끌어내는 또는 표면에로 올라오게 만드는 탈주선들에, 그것을 조성하는 생성들에 선행하지 않는다."[28] 마지막으로, '온축의 중심들'은 특별한 이름을 부여받고 있지는 못하지만, 다음 인용구에서 간접적으로 지시되고 있다. "추상기계는 그것이 끌어내는 탈층화된 면에서 동시적으로 전개되어 존재하며, 그것이 그 조성의 통일성을 정의해 주는 각 층들에 온축되어 있다."[29]

거칠게 말해서 이것이 하나의 용어군[DR, LS]을 다른 용어군[TP]에로 사상寫像한 결과이다. 그러나 『천의 고원』에서는 원래의 존재론적 구성 성분들이 새롭게 다듬어져 새로운 용어들과 생각들을 도입하

---

28) Ibid., p. 270.
29) Ibid., p. 70.

고 있음을 확인할 수 있다. 특히 『천의 고원』에서 현실세계는 단순히 외연성들과 질들에 의해 정의되고 있지 않으며, 외연적인 것과 질적인 것의 매우 특별한 분절들이 도입되고 있다. 본문에서도 다루었지만, 현실적인 것은 전적으로 개별적 존재들로 이루어져 있으며 각각의 척도scale에서의 개별자들은 하위 척도의 개별자 개체군들의 상호 작용으로부터 창발된다. 들뢰즈는 모든 층들에서의 이 [상대적인] 두 척도를 '분자적' molecular과 '몰적' molar이라는 개념쌍으로 파악한다. 층화란 '분자-개체군'들을 생산해 그것들을 '몰적인' 것들로, 또는 더 큰 척도의 집적체들로 조직하는 데에 있다(분명 '분자들'은 몰적인 척도가 유기체나 종일 때는 세포들 또는 유기체들일 수 있다). 그래서 모든 층들은 이중 분절을, 즉 실체들과 형식들, 외연성들과 질들의 이중 놀이를 필요로 한다.[30] 하나는 분자적 개체군들의 층위에서, 다른 하나는 몰적 집적체들의 층위에서.

 첫번째 분절은 불안정한 입자-흐름들에서, 준안정적 분자/의사-분자 단위들(실체들)로부터 선택하고 이끌어 낸다. 이것들에 접속들과 계기繼起들의 통계적 질서(형식들)를 부여하는 것이다. 두번째 분절은 함수적인, 조밀한, 안정적인 구조들(형식들)을 수립하고, 구조들이 동시적으로 현실화되는 몰적 화합물(실체들)을 구축한다.[31]

---

30) 좀더 정확히 말한다면, 이중 분절double articulation이란 한 번은 내용과 표현으로, 다시 한 번은 내용과 표현 각각의 실체와 형식으로 분절됨을 뜻한다. 다만 전자는 실재적 구분 real distinction에 의한 분절이고, 후자는 형식적 구분formal distinction에 의한 구분이다. ─옮긴이
31) Deleuze and Guattari, *A Thousand Plateaus*, pp. 40~41.

이 과정이 '이중 분절'이라 불리는 과정이다. 존재론적인 목록에 이미 '이중 분화'라는 용어가 포함되어 있지만, 그것은 영토성들과 코드들의 이 좀더 정교한 상호 놀이가 아니라 실체와 형식이라는 짝을 지시할 뿐이다. 유사한 정교화가 강도적인 것을 다루는 방식에서도 분명히 나타난다. 본문의 2장에서 논했듯이, 가장 견고하게 계량적인(또는 "가장 강하게 층화되어 있는") 개별자조차도 영향을 주고받을 수 있는 미未현실화된 능력들을 가지고 있으며, 단일한 안정적 평형에 제한되기보다는 그것에 유용한 미-현실화된 안정적인 상태들을 풍부하게 가지고 있다. 강도적인 것의 이 두 측면 — '감응태들'과 '특이성들' — 은 '병행층들' parastrata과 '방계층들' epistrata로 발전된다. 한편으로, 감응태들은 개체들에게 낯선 환경들과 새롭게 접속할 수 있는 능력들을 준다. 산소 저장소에 또는 다른 비-영양 에너지 원천들에 '적응할 수' tap into 있는 능력의 진화가 동반된다. 유기체들은 또한 거미가 집을 짓고 비버가 댐을 쌓는 것처럼 그들의 환경을 능동적으로 모양 지을 수 있는 능력을 가진다. 이 능력들을 들뢰즈는 '병행층들' 즉 "연접된annexed 또는 연합된 환경"[32]과 접속할 능력이라고 부른다. 다른 한편, 충분히 형성된 개체는 임계점들을 가로지름으로써 현실화될 수 있을 다양한 안정된 상태들을 취할 수 있으며, "동일성의 일정한 문턱 아래에서 용인되는are tolerated 변이들"을 일으킨다.[33] 이 "매개적인 층들 또는 환경들"을 들뢰즈는 '방계층들'이라 부른다. 그가

---

32) Ibid., p. 51.
33) Ibid., p. 50. "동일성의 일정한 문턱"이란 하나의 현실성(동일성)이 그 잠재성을 향해 탈영토화할 때, 그 한계(문턱)가 있음을 가리킨다. 이 동일성의 문턱이 견디어 낼 수 있는

쓰고 있듯이, "하나의 단일한 화학 물질(황 또는 탄소 등)조차도 다소 간 탈영토화된 여러 층들을 가진다."[34] 강도적 요인들을 위한 상이한 용어들의 관계는 다음과 같이 요약될 수 있다.

형식들은 코드들과 코드화 과정들 그리고 방계층들에서의 탈코드화에 관련된다. 형상을 부여받은 물질들로서의 실체들은 영토성들과 영토화의 과정들 그리고 방계층들에서의 탈영토화에 관련된다.[35]

마지막으로, 의사-원인 작동자 자체의 현실화(또는 효과화)를 가리키는 용어가 있다. 이 문제는 상세하게 논할 여유가 없었지만, 상전이(또는 '카오스의 가장자리')의 이웃관계에 대해 2장에서 언급한 바 있다. 들뢰즈 자신이 제시하는 예는 값들의 선線에 속한 임계점點들이 아니라 부피를 띤 대상들에서의 임계면들이다[36] (두 경우 모두 의사-원인은 3장에서 논의되었듯이 n-1차원에서 작동한다). 『천의 고원』에서 임계면으로서의 유기적 막膜은 의사-원인 ── 이 경우 현실적인 것에서 효과화되는 것으로서 방계층과 병행층들을 조직하는 것 ── 의 한 심급으로서 유지된다.[37] 그러나 이제 하나의 특수한 용어가 이 현실화된

범위를 넘어가 버리면 그 현실성은 다른 것이 되어 버린다. 이때의 동일성은 견고한 동일성이 아니라 그 '문턱' 안에서는 계속 변형될 수 있는 "비정확한anexact 본질", 또는 "명료하지만 모호한" 본질이다. 그것이 무엇인가를 말할 수 있다는 점에서 본질이고 명료하지만, 그 경계가 고착되어 있지 않기 때문에 비정확하고 ── 부정확한 것과는 전혀 다른 의미이다 ── 모호한 그러한 본질/동일성이다. ─옮긴이

34) Deleuze and Guattari, *A Thousand Plateaus*, p. 53.
35) Ibid., p. 53.
36) Deleuze, *Logic of Sense*, p. 103.
37) Deleuze and Guattari, *A Thousand Plateaus*, pp. 49~50.

의사-원인 작동자를 가리키기 위해 등장한다. '기계적 배치'가 그것이다. 들뢰즈는 다음과 같이 쓰고 있다. "모든 문제들 중 가장 중요한 문제는 다음과 같다. 하나의 기계적 배치가 주어졌을 때, 그것과 추상기계가 맺는 효과화의 관계는 무엇인가? 기계적 배치는 어떻게, 어떤 적실화adequation를 통해 추상기계를 효과화하는가?"[38]

의사-원인 즉 추상기계가 잠재적 연속체에 혼효를 제공하는 것과 마찬가지로, 기계적 배치는 현실적 존재들에 혼효를 준다. "우리가 기계적이라 부르는 것은 이질성들 자체의 바로 이 종합이다."[39] 기계적 배치는 층화에 포함되는 상이한 조작들을 수행한다. 예컨대 그것은 하나의 층을 그것의 하위층substratum ─ 예컨대 유기적 층들의 경우 전前생명적 액체 ─ 으로서 기능하는 층(그 층이 어떤 것이든)을 분절/접속하며, 또한 (주어진 층을 정의하는) 상이한 외연성들과 질들, 실체들과 형식들을 이중으로 분절/접속한다.[40] 나아가 현실화된 의사-원인으로서의 기계적 배치는 반현실화 배면의 작인作因이다.

배치는 두 극 또는 벡터를 가진다. 하나의 벡터는 층들을 향해 정향되어 있으며, 층들에 영토성들, 상대적 탈영토화들, 재영토화들을 분포시킨다. 다른 한 벡터는 혼효면 또는 탈층화를 향해 정향되어 있으며, 그것에 탈영토화의 과정들을 통합시키고conjugates 그것들을 대지의 절대적인 것을 향해 나른다.[41]

---

38) Ibid., p. 71.
39) Ibid., p. 330.
40) Ibid., p. 71.

『안티오이디푸스』

이 책에서는 존재론적 목록의 항목들을 사상寫像시키는 것이 좀더 어렵다. 특히 잠재적인 것과 강도적인 것은 (앞에서 이야기한) '분자적'이라고 일컬어지는 과정에서 통합적으로 다루어지고 있으며, 현실적인 것은 '몰적'이라고 일컬어진다. 모든 종류의 층들이 고려되는 『천의 고원』과는 달리, 『안티오이디푸스』에서는 인간사회들의 현실화만이 다루어지며, 따라서 몰적인 것은 안정적 개인들, 정치적 또는 경제적 제도들, 농업적 또는 공업적 기계들과 같은 '거대한 사회적 집적체들'과 동의어가 된다. 그러나 '몰적'의 의미가 이렇게 좁아진 것은 초점의 문제이지 밑에 깔린 이론상의 변화는 아니다.

사실 얼마간의 조심스러움을 동반한다면 존재론적 목록의 상이한 요소들은 『안티오이디푸스』에서 그 짝들을 찾을 수 있다. 현실화에서의 잠재적인 것 그리고 현실화의 강도적 과정들은 '욕망하는 생산'으로 불리고 있으며, 세 가지의 분리된 '수동적 종합들'로 이루어져 있는 것으로 정의된다.[42] 이 세 가지는 '연접적connective 종합', '이접적disjunctive 종합', '통접적conjunctive 종합'이라 불린다(이 세 가지로의 분류는 *Logic of Sense*, p. 174에서 처음으로 등장한다). 이접적離接的 종합은 계들 사이의 발산적 관계들의 창조를 포함하며, 탈기관체 위에서 일어나는 것으로 규정된다.[43] 따라서 그것은 잠재적 연속체를,

---

41) Deleuze and Guattari, *A Thousand Plateaus*, p. 145.
42) Deleuze and Guattari, *Anti-Oedipus: Capitalism and Schizophrenia*, trans. Robert Hurley, Mark Seem and Helen R. Lane, Minneapolis: University of Minnesota Press, 1977, p. 26.
43) Ibid., p. 13.

"끊김 없이 흘러가는, 충만한 체의 표면 위를 흐르는, 자유 상태에 있는 순수 와류fluid"[44]를 가리킨다. 통접적統攝的 종합은 계열들 사이의 수렴적인 관계들의 창조를 포함하며, 이것은 앞에서도 언급했듯이 강도적인 것을 미리 윤곽 지어 주는(전현실화) '개체화의 장들'을 형성시킨다. 이 종합은 강도적인 것의 측면들 중 하나——애벌레 주체 또는 수동적 주체의 출현/창발——를 포착하고 있다. 이 주체는 곧 "어떤 고정된 동일성도 가지지 않는, 탈기관체 위를 방황하는, …… 그것이 소비하는 〔강도적〕 상태들로부터 태어나는 …… 이상한 주체"이다.[45] 마지막으로 통접적 종합은 강도적인 것의 또 다른 측면——기계적 배치——을 포착한다. 그것은 '에너지 흐름'의 방출을 통해서 이질적인 '부분대상들 또는 기관들'을 연접시키고 짝짓는다. 여기에서 '부분(적)'이라는 말은 외연적인 맥락에서 사용되고 있지 않다. 그것은 주어진 강도에 이르기까지 공간을 채우는 물질의 의미로 사용되고 있다. "물질의 정도들로서의 눈, 입, 항문."[46]

    세 가지 종합에 대한 이런 해석은 우리에게 잠재적인 것의 요소들 중 하나(혼효면 또는 탈기관체)와 강도적인 것의 〔요소들 중〕 둘(애벌레 주체들, 배치들)을 제공하지만, 여러 가지의 것들은 가려 버린다. 특히 잠재적인 것의 다른 두 요소, 즉 다양체들과 의사-원인 작동자는 포함되어 있지 않은 듯이 보인다. 『안티오이디푸스』에서 다양체들은 '부분대상들'이 "그토록 많은 이접점離接點들로서 탈기관체에 자신들을 부

---

44) Deleuze and Guattari, *Anti-Oedipus*, p. 8.
45) Ibid., p. 16.
46) Ibid., p. 309.

착시킬 때" 그것들〔부분대상들〕로서 나타난다("이 점들 사이에서는 이제 새로운 종합들의 전체적인 그물망이 짜여지며, 표면을 격자와도 같은 좌표계들로 표식한다"[47]). 이것은 다양체들이 자기조직적 과정들에 구현된 강도적인 것의 영역에 실존하긴 하지만, '평탄한 다양체들' 또는 '순수 사건들' 로서 이것들로부터 추출될 수 있으며 그 자체로서 혼효면 위에서 펼쳐진다는 생각과 일치한다. 이제 의사−원인 작동자는 '욕망하는 기계' 로 일컬어진다.

> 욕망하는 기계가 탈기관체와 부분대상들을 (통일하거나 통합하기보다) 모으는 한에서, 그것은 탈기관체 위에 부분대상들이 분포하는 것 그리고 또한 탈기관체에 의해 부분대상들에 가해지는 효과의 평탄화(이로부터 전유가 결과한다)의 분포로부터 분리 불가능하다.[48]

욕망하는 기계는 그 이전移轉의 도구로서 '연쇄들' 을 가진다고 한다.[49] '연쇄' 라는 용어는 '계열' 이라는 용어 대신 사용되고 있다. 그것은 '마르코프 연쇄' Markov chain의 의미를 가진다.[50] 이 연쇄는 사건들의 연쇄로서, 여기에서 모든 사건이 발생할 개연성은 연쇄=계열에서의 바로 앞 사건에만 의존한다. 다시 말해 하나의 '연쇄' 는 부분적으로 우발점aleatory point이다. 이것은 (2장과 3장에서 간단히 논했

---

47) Deleuze and Guattari, *Anti-Oedipus*, p. 12.
48) Ibid., p. 327.
49) Ibid., p. 327.
50) Ibid., p. 39.

던) 의사-원인의 효과들 중 하나에 상응한다. 이 효과란 현실세계에서의 개체군들을 특성화하는 '정주적인' 확률 분포들에 대립하는 것으로서의 '유목적인' 분포들을 창조하기 위해 잠재적 특이성들의 분포들에 기회/우연chance을 주입하는 것을 뜻한다. 이것은 의사-원인은 모든 주사위 던지기와 더불어 모든 기회들을 긍정해야 한다고 말하는 것과 같은 이야기이다.[51] '연쇄'라는 용어는 또한 '기표 연쇄'라는 표현에서처럼 (언어적인 것이든 다른 것이든) 어떤 고정된 코드에의 참조 없이 사용되기도 한다. 차라리 이 이질적인/다질적인 연쇄들은 "그것들 안에 상이한 문자들로부터 유래하는 기호들에 의한 기입inscription만이 아니라 (둘 이상의 지푸라기들을, 그리고 어쩌면 하나의 시체를 갖춘) 다양한 형상들figures을 포함하는 …… 날아가는 벽돌들"로 만들어져 있다.[52]

아래에서 논할 다른 저작(『철학이란 무엇인가?』)으로 중요한 다리를 놓아 줄 또 하나의 세부 사항을 논해야 할 것이다. 다양체들이 그것들의 분산을 통해서 잠재적 연속체로 짜이고woven 또한 그 계열들이 수렴할 때 개체화의 장들을 형성하는 것과 같이, '탈기관체 위의 이접점들은 욕망하는 기계들로 수렴하는 원환들을 형성한다. 그 결과 주체는 …… 원환의 모든 정도들degrees을 통과하며, 하나의 원환에서 다른 원환으로 이행한다."[53] 여기에서 '이행하기' passing라는 용어는 '생성'과 동의어로 사용되고 있으며, '원환의 정도들'은 "그 순수 상태에

---

51) Deleuze, *Logic of Sense*, pp. 59~60.
52) Deleuze and Guattari, *Anti-Oedipus*, p. 40.
53) Ibid., p. 30.

있어서의 강도량들"⁵⁴⁾과 동의어로 사용되고 있다. 여기에서 제시되고 있는 생각은 동일성이 결여된 이 애벌레 주체는 하나의 개체화 장으로부터 다른 개체화 장으로 옮겨 가면서 면 위를 움직여 갈 수 있고, 그래서 그것이 소비하는 강도들에 의존하는 이 강도적 개체가 되었다가 또 저 강도적 개체가 되었다가 한다는 것이다. 이것이 『안티오이디푸스』와 『천의 고원』에서 '동물-되기'(또한 '여성-되기', '분자-되기' 등)라 불린 과정 뒤에 놓인 핵심 발상이다. 이 개념이 처음 등장하는 곳은 『차이와 반복』이다.

> 주어진 종의 개체들이 그들이 다른 종들에 참여하는가의 여부에 따라 구별된다고 말해서는 안 된다. 마치 예컨대 모든 인간에게 당나귀나 사자, 늑대나 양이 존재한다고 할 때처럼. 분명 그 모든 것들이 존재하며, 윤회는 그 상징적 진리를 보존한다. 하지만 당나귀나 늑대는 개체화의 장들에 관련해서만 종들로서 규정될 수 있다. …… 〔누군가의 영혼이〕 결코 신체들을 바꾸는 것이 아니라는 것〔이 사실이다〕. 차라리 그것의 신체가 필요시 다른 개체화 장들에 들어가기 위해서 …… 재온축되거나 re-enveloped 재함축될 re-implicated 수 있을 것이다.⁵⁵⁾

달리 말해서, 동물-되기는 현실적인 것의 층위에서, 즉 한 종의 충분히 성장한 개체에서 다른 종의 개체로의 변환에 의해 수행될 수

---

54) Deleuze and Guattari, *Anti-Oedipus*, p. 18.
55) Deleuze, *Difference and Repetition*, p. 254.

없는 과정이다. 그러나 우리가 잠재적인 것에로, 아직-현실화되지-않은 종들 사이의 소통들이 여전히 존재하는 개체화의 장들 또는 수렴의 원환들로 이행한다면, 우리는 다른 장에서 '재온축될' 수 있다. 이 테마는 『안티오이디푸스』[56]와 『천의 고원』[57]에서 정교화되며, 『철학이란 무엇인가?』에서 논의된 바의 예술적 실천에 관한 이론의 핵심 성분이 된다.

『철학이란 무엇인가?』

『안티오이디푸스』가 존재론의 초점을 좁히고 사회적 구조들의 현실화만을 다룬다면, 『철학이란 무엇인가?』는 전적으로 한편으로는 잠재적인 것, 강도적인 것, 그리고 현실적인 것의 관계를, 다른 한편으로 어떤 사회들에서 사유가 가정하는 상이한 형식들(철학적, 예술적, 과학적 사유 형식들)을 다루고 있다. 여기에서 잠재적인 것은 철학적인 사유에 의해 탐사되는explored '내재면'으로서 등장하며, 강도적인 것은 예술적 사유에서 나타나는 '조성면'으로서, 현실적인 것은 과학적 사유에 의해 탐구되는investigated '지시면' the plane of reference으로서 등장한다. 현실세계에서 출발해서 이 '면들'을 하나씩 논해 보자.

지시면을 생각하는 한 방식은 개체들의 평탄한 존재론으로 보는 것이다. 이 해석에서 과학의 주제는 충분히 성장한 개체들의 세계이며 또 그것들이 형성하는 계량적이고 측정 가능한 시공時空일 것이다. 달

---

56) Deleuze and Guattari, *Anti-Oedipus*, p. 86.
57) Deleuze and Guattari, *A Thousand Plateaus*, p. 238.

리 말해, 현실적 개체들은 과학적 언표들의 지시(대상)를 형성하며, 모든 지시대상들은 정확히 (적어도 존재론적으로는) 그것들이 위계적인 구조를 가지지 않으며 오로지 시공간 규모에서만 변이하는 '평탄한' 집합으로 머문다는 의미에서 하나의 '면'을 형성할 것이다. '다양체'라는 철학적 개념을 논했던 1, 2장에서 나는 관련된 과학적 관념들(미분적 관계들, 특이성들)은 그것들이 수학적 함수들에 연관되어 있는 본래의 맥락으로부터 떼내져야 한다는 점을 강조했다. 내가 이 변환을 위해 제시한 정당화는 함수들이 일반적으로 사용되는 맥락에서 볼 때 개체화를 전제한다는 것이었다. 분명 그것들은 그 사용에 있어 얼마간은(예컨대 상태공간 또는 상공간을 창조하는 경우) 이 공간들 내에서 상태들의 개체화를 위한 과정을 정의한다. 이 사태들은 하나의 지시대상을 구성하며, 따라서 함수들의 사용은 잠재적인 것으로부터 그것의 현실화로 가는 선을 따라가며 오로지 최종 산물만을 유지한다.

이것이 들뢰즈가 과학의 대상은 "담론체계들에서 명제들로서 나타난 함수들"[58]이라고 주장할 때 그가 뜻했던 바의 일부분이다. 아래에서 나는 과학을 이런 식으로 특징 지을 수 있는가의 물음으로 되돌아올 것이다. 4장에서 다룬 바 있거니와, 나는 '과학' 일반과 같은 어떤 것이 존재하지 않는다고 보며 그래서 『철학이란 무엇인가?』에 나오는 이런 특징 지음의 세부 사항들 중 상당 부분을 거부한다. 그럼에도 내가 받아들이는 부분은 대부분의 과학 분야들이 세계를 현실화의 방향에서 연구하는 경향이 있다는 주장이다. 때로는 최종 산물에 초점

---

58) Deleuze and Guattari, *What Is Philosophy?*, p. 117.

을 맞출 뿐 과정은 무시함으로써(예컨대 평형열역학), 또 때로는 과정을 연구하기는 하지만 늘 최종 산물의 방향으로 연구함으로써.

다른 한편 예술은 강도적인 것 자체를 연구한다거나 또는 강도적인 것에 참여한다고 할 수 있다. '강도적인 것'이라는 용어는 다양한 방식으로 사용되며, 이 사용법들 중 일부만이 이런 특징 지음에 연관된다. 존재론적 목록에 주어진 강도적인 것의 구성 요소들 중 하나는 강도들을 그 자체로서 소비하는, 이 열성적인 소비들로부터 태어나고 거듭 태어나는 애벌레 주체였다. 이 경우, 강도적인 상태가 우선 등장한다, 또는 그것을 살아가는 개체에 선행한다.[59] 달리 말해, 객관적인 강도들은 심리적인 감각작용들보다는 '감각적인 것의 존재',[60] (강도들이 질들과 외연성들 아래로 숨게 될 때) 그 자체 심리학적으로는 지각 불가능한 한 존재[61]이다. 『철학이란 무엇인가?』에서 이 감각적인 것의 존재는 두 구성 요소로 나뉜다: '지각태들' percepts과 '감응태들' affects.

> 물질적인 것들(페인트, 캔버스, 브러시 등)을 경유해서 예술은 대상들의 지각들 및 지각하는 주체의 상태들로부터 지각태를 떼어 내며, 한 상태로부터 다른 상태로의 이전移轉으로서의 감응들로부터 감응태를 떼어 낸다. 이것은 곧 감각작용들의 블록을, 감각작용들의 순수 존재를 추출해 내는 것이다.[62]

---

59) Deleuze and Guattari, *Anti-Oedipus*, p. 20.
60) Deleuze, *Difference and Repetition*, p. 140.
61) Ibid., p. 230.

이야기를 다소 단순화시켜 우리는 '지각태들'이 실재의 모든 층위(유기적 세계와 비유기적 세계)에서의 살아 있는 현재들의 종합에 관련되는 수동적 자아들에 관련되어 있다고 말할 수 있을 것이다. 이 현재들이 "과거와 미래의 순간들의 수축" 또는 "관조"에 의해 구성된다 해도, 그것들은 어떤 심리학적 실재를 지시하지 않는다. 들뢰즈는 다음과 같이 쓰고 있다.

> 식물은 그것의 유래를 이루는 요소들 —— 빛, 탄소, 그리고 소금 —— 을 수축함으로써 관조하며, 각각의 경우 그것의 다양성과 구성 성분을 보완해 주는 색들과 냄새들로 그 스스로를 채운다. 그것은 마치 꽃들이 …… 신경계와 뇌를 갖춘 어떤 행위자에 의해 지각되기 나아가 냄새 맡아지기 전에 …… 그것들을 구성하고 있는 것을 냄새 맡음으로써 그것들 스스로를 냄새 맡는 것과도 같다.[63]

다른 한편 감응태들은 '생성'(위에서 논한 동물-되기 또는 식물-되기의 의미에서)으로서 이해되어야 하는 상태 전이들을 가리킨다. 예술가는 하나의 개체화 장에서 다른 개체화 장으로 이행할 수 있는, 그로써 "비결정의, 식별 불가능의 지대에 도달할 수 있는(마치 사물들, 동물들, 사람들이 …… 그들의 자연적 분화에 직접적으로 앞서는 그 점에 끝없이 도달하는 듯이)"[64] 강도적 상태에 도달해야 한다. 마지막으로, 감

---

62) Deleuze and Guattari, *What Is Philosophy?*, p. 167.
63) Ibid., p. 212.
64) Ibid., p. 173.

각적인 것의 존재에 도달한 예술가는 이 지각태들과 감응태들을 그것들 자신의 면에, 조성의 면에, "〔감각작용들의〕 화합물이 그 자체로서 성립한다는 것을 그 창조의 유일한 법칙으로 삼는"[65] 하나의 블록(감각작용들의 화합물)을 놓아야 한다.

그래서 문자 그대로의 의미에서 예술은 강도적인 것의 (흔히 숨겨진) 영역을 지각 가능하도록 만드는 것에 관련된다. 유사하게 철학은 잠재적인 것을 이해 가능하도록 만들어야 한다. 철학은 지각태들과 감응태들의 애벌레 주체들이 강도적 생성을 겪는 수렴의 중심들을 넘어가야 하며, 그로써 그 충분한 발산과 차이에서의, 그 연속적인 또는 "분리 불가능한 변이들"[66]에서의 잠재적인 것에 도달해야 한다. 철학은 잠재적인 것을 지시하는 일련의 명제들을 통해서는 이 과제를 수행할 수 없다. 차라리 철학은 잠재적인 것과 동형적인isomorphic 사유를 구축해야 한다. 따라서 어떤 철학도 잠재적인 것의 세 가지 성분들 —— 다양체들, 의사-원인 작동자〔추상기계〕, 그리고 연속체〔혼효면〕 —— 로부터 구축되어야 한다. 『철학이란 무엇인가?』에서 이 세 성분은 각각 '개념들', '개념적 인물들' 그리고 '내재면'으로 일컬어지고 있다.

'개념'이라는 용어는 의미론적 존재를, 즉 ('엔트로피' 같은 과학적 개념들도 포함해) 일상적 의미에서의 개념들을 가리키지 않는다. 차라리 그것은 잠재적 다양체들과 동형적이라 할 존재로서 정의된다.

---

65) Ibid., p. 164.
66) Ibid., p. 126.

〔하나의 개념은〕 하나의 다양체, 하나의 절대적인 표면 또는 부피〔수학적 다양체〕로서 …… 이웃관계의 질서에 따르는 일련의 분리 불가능한 강도적 변이들로 구성되어 있으며, 조망survey 상태에 있는 한 점에 의해 가로질러진다.[67]

하나의 개념이 "그것의 성분들을 이웃관계의 지대들에 의해 정리한다"[68]고 말하는 것은 그것이 포함하는 관계들이 비계량적 또는 서수적이라고 말하는 것이다. 이것은 위에서 정의된 대로의 '강도적인'의 세번째 의미와 1장에서 논한 위상공간들의 정의를 가리키며, 또한 한 개념의 성분들은 '강도적 경도들'[69]이라고 말함으로써 표현된다. 따라서 개념들은 의미론적으로 사유되어서는 곤란하며, 상태공간 또는 상 공간들로서 즉 특이성들에 의해 구조화되고 그 차원들 또는 강도적 경도들에 의해 정의되는 가능성들의 공간들로서 문자 그대로 사유되어야 한다. 들뢰즈가 말하듯이, "따라서 모든 개념은 과학에서와 같은 방식으로는 아니겠지만 하나의 상(相, phase)을 가진다."[70] 예컨대 '나는 생각한다' Cogito와 같은 데카르트의 개념은 세 차원(회의하기, 사유하기, 존재하기)을 갖는 하나의 공간일 것이고, 이 각각은 특이성들을 통해서 상들(예컨대 회의의 상이한 상들로서, 회의-유類의 상이한 종들에 대립하는 것으로서의 지각적, 과학적, 집착적 회의하기)로 분할된다.

---

67) Deleuze and Guattari, *What Is Philosophy?*, p. 32.
68) Ibid., p. 20.
69) Ibid., p. 20.
70) Ibid., p. 25.

"조망 상태에 있는 한 점"이라는 생각은 본문에서는 다룰 수 없었지만 의사-원인의 작동을 가리킨다. 다양체들이 그 차이들을 보존하면서 하나의 연속체로 엮여야 하듯이('외생-혼효' *exo*-consistency), 한 다양체의 이질적 성분들은 그것들 자체도 '절대적 조망의 점'[71]에 의해 엮여야 한다. 이 점이 무한한 속력으로 그것들을 연속적으로 가로지름으로써 그것들의 '내생-혼효' *endo*-consistency를 가능케 한다. 『철학이란 무엇인가?』에서 외생-혼효는 발산하는 계열들 사이의 공명들을 통해 설명된다.

> 모든 좌표들의 바깥에 존재하는 (내생-)혼효 또는 강도적 경도들만을 가지는 개념들은 비담론적 공명의 관계에 자유롭게 들어간다. …… 개념들은 진동의 중심들이며, 그 각각은 자체 내에 있으면서 모든 것들과 관계 맺는다. 바로 이 때문에 그것들은 정합적이 되거나 서로 상응하기보다는 모두 공명한다. …… 그것들은 하나의 벽을 형성하지만, 이 벽은 자연석自然石의 벽이며, 모든 것이 오직 발산하는 선들을 따라서만 서로 응결한다.[72]

이 내생-혼효와 외생-혼효의 효과들 뒤에서 의사-원인 작동자는 '개념적 인물(페르소나)'로서 지시된다. 그래서 들뢰즈는 다음과 같이 쓰고 있다. "개념적 인물은 면 위에서 개념들을 창조하도록 요구

---

71) Ibid., p. 21.
72) Ibid., p. 23.

받는다, 마치 면이 놓여지도록 요구받는 것처럼. 그러나 이 두 수행은 인물에게서 융합되지 않는다. 인물 자체가 하나의 두드러진 작동자로 나타나기에."[73] 개념적 인물들은 의사-원인 작동자의 모든 특성들을 부여받고 있다. 의사-원인 작동자가 잠재적 계열에 있어 특이한 것과 보통의 것의 분포에 기회/우연을 투사해야 하는 것만큼, "인물은 …… 각각의 주사위 던지기와 한 개념의 강도적 특징들 사이의 상응을 수립한다."[74] 작동자가 실제 일어나는 것으로부터 이데아적 사건들을 추출해 낸다고(즉 반현실화 또는 '반효과화'를 수행한다고) 말해지듯이, 철학에 있어 "사건을 반효과화하는 것은 정확히 개념적 인물이다."[75]

하지만 왜 '인물' persona이라는 표현을 쓴 것일까? 이 표현의 의미를 밝혀 줄 열쇠는 『의미의 논리』에 나오는 몇 군데의 언급에서 힐끗 볼 수 있다. 방금 말했듯이, 전前현실화 단계의 다양체들에 의해 정의되는 수렴의 원환들에서 하나의 강도적인 개체가 발생한다(애벌레 주체). 이 개체는 수렴하는 계열들이 형성하는 세계를 표현한다. 마찬가지로, 발산하는 계열들에서 '잠재적 인물'이 발생하며, 이 인물은 많은 상이한 세계들에 공통되는 것을 표현한다.[76] 하지만 좀더 상세한 설명은 『차이와 반복』에서의 논의로부터 나온다. 애벌레 주체가 (심리학적 현상들을 지시하기보다는 감각적인 것의 존재 자체인) 지각태들과 감응태들로부터 태어나는 것과 마찬가지로, 인물들은 지적인 것의 존

---

73) Deleuze and Guattari, *What Is Philosophy?*, p. 76
74) Ibid., p. 75.
75) Ibid., p. 76.
76) Deleuze, *Logic of Sense*, p. 115.

재 자체를 구성하는 것에 밀접히 연결된다.[77] 강도에서의 차이는 감각적인 것의 존재('sentiendum')이며 동시에 (충분히 성장한 개체들에 의해서는) 감각될 수 없는 것이기도 하다. 그것이 늘 외연성들과 질들로 덮여 있기 때문이다.[78] 이와 유사하게, 지적인 것의 존재cogitandum는 오로지 사유될 수만 있는 것이며 또한 동시에 (역시 충분히 현실화된 사유자의 관점으로부터는) 사유될 수 없는 불가능성을 표식하는 것이다. 그래서 이 'cogitanda', 즉 '사유-사건들'을 포착하기 위해 개념적 인물들을 발명할 필요가 있다. "사상가 안에 강도 높게 살고 있으며 그로 하여금 사유하도록 추동하는"[79] 한 페르소나를.

마지막으로, 세번째의 성분이 존재한다. 잠재적 연속체 자체, 또는 각 철학의 '내재면'이 그것이다. 이것은 각 철학의 전제들을 가리키며, 그 중 주된 것으로는 [각 철학에서] 가정되고 있는 '사유의 이미지'이다.[80] 달리 말해, 사유한다는 것은 무엇인가에 대한 전개념적인 직관이다. "모든 철학은 그것의 개념들이 강도의 가벼운 차이들을 통해 …… 지속적으로 전개하는 하나의 직관에 의존한다."[81] 이것이 의미하는 바를 이해하는 한 방식은 개념들과 내재면 사이의 관계를 해들과 문제들의 관계처럼 생각해 보는 것이다. 4장에서 논했듯이, 문제들은 그 해들로 환원될 수 없으며 차라리 그 조건들—특이한 것과 보통의 것, 중요한 것과 중요하지 않은 것의 주어진 분포—에 의해 정

---

77) Deleuze, *Difference and Repetition*, p. 141.
78) Ibid., p. 144.
79) Deleuze and Guattari, *What Is Philosophy?*, p. 70.
80) Ibid., p. 37.
81) Ibid., p. 40.

의된다. 바로 그렇게 문제들은 내속적으로inherently "애매하지만 분명하며", 그 해들 각각을 점진적으로 특화하는 과정을 통해서만 명료함을 획득한다. 위에서 언급한 직관은 분명하지만 애매한 것으로서의 하나의 문제 자체를 파악하는 것을 가리키며(이 점에서 하나의 본질을, 명료하지만 모호한 이데아를 파악하는 것과 대비된다), 스스로를 개념들로서 점진적으로만 드러낼 수 있는 직관은 해의 경우들로서 창조된다.

개념이 하나의 해라면, 철학적 문제의 조건들은 개념들에 의해 전제되는 내재면 위에서 발견된다. …… 문제의 알려지지 않은 대목들은 그것이 부르는 개념적 인물들에게서 발견된다. …… 이 세 심급들 각각은 다른 심급들 안에서 발견되지만, 그것들이 같은 종류인 것은 아니다. 그것들은 하나가 다른 하나로 사라져 감 없이 공존하고 존속한다. …… (철학적 방법)을 구성하는 세 활동은 연속적으로 하나에서 다른 하나로 이행하며, 서로를 지지하며, 때로는 앞서고 때로는 뒤서며, 하나가 해의 경우로서의 개념들을 창조하면, 다른 하나는 한 문제의 조건들로서 하나의 면을 그리고 그 면 위에서의 운동을 놓으며, 나머지 하나는 문제의 알려지지 않은 대목으로서 인물을 발명한다.[82]

들뢰즈의 존재론을 재구성하면서 나는 논의를 이끌 제약con-straint[83]으로서 유형학적 사유[84]의 범주들 ─ 유사성, 동일성, 유비, 모

---

82) Deleuze and Guattari, *What Is Philosophy?*, p. 81.
83) 여기에서 '제약'이란 본질주의에 빠지지 않기 위해서 미리 설치하는 방벽防壁을 뜻한다. ─옮긴이

순——의 극복을 들었다. 그러나 나는 또한 이 구축을 이끄는 것은 이 범주들에 함축되어 있는 사유의 이미지 — "진리를 위한 능력 또는 진리인 것에의 친화성을 …… 부여받은 사유를 위한 자연적 능력"[85] — 의 극복이라는 점을 지적할 수도 있었다. 들뢰즈에 따르면, 이 이미지는 철학사를 따라다녔으며 내재면을 초월면으로 전환시키는 결과를 가져왔다. 또는 같은 이야기가 되겠지만, 철학을 (그 지시대상들에 대해 참일 수도 거짓일 수도 있는) 언어적 명제들에 연결시킴으로써 그것을 지시면에 속박하는 결과를 가져왔다. 물론 이 작업은 잠재적인 것 또는 문제적인 것에 이르는 길을 막아 버렸다. 반면 사유의 이미지가 내재면으로 이끌 경우 철학은 "아는 데에 있는 것이 아니게 되며 진리에 의해 고무되기를 그치게 된다. 차라리 공이나 실패를 결정하는 것은 흥미로운 것, 주목할 만한 것, 중요한 것과 같은 범주들이다."[86] 이 문제적 효과를 가지는 사유의 이미지는 사유가 순수한 강도적 차이들(감각적인 것의 존재)과의 마주침이 주는 강제적인 충격 — 철학자로 하여금 그의 다른 능력들과 소통할 수 있게, 그 결과 순수한 잠재적 차이들(지적인 것의 존재)로 모든 방향으로 이끌어 갈 수 있게 해주는 충격 — 으로부터 태어나게 되는 이미지이다.[87]

여기에서는 철학에 대한 이런 견해에 찬성 또는 반대하는 논의를 할 수 없다. 모든 철학체계들이 진정 잠재적인 것의 세 성분을 통해서

---

84) 데란다는 들뢰즈가 극복하고자 하는 사유를 '본질주의' essentialism와 '유형학적 사유' typological thought로 개념화하고 있다. —옮긴이
85) Deleuze, *Difference and Repetition*, p. 131.
86) Deleuze and Guattari, *What Is Philosophy?*, p. 82.
87) Deleuze, *Difference and Repetition*, p. 140.

분석될 수 있는가의 여부는 열린 물음으로 남는다. 다른 한편, 나는 『철학이란 무엇인가?』가 전개하고 있는 과학의 이미지에 대해 다루어야 한다고 생각하는데, 이것은 내가 가지고 있는 [들뢰즈와의] 의견 차가 좁은 과학적 물음들에 관련된 것이 아니라 심층적인 존재론적 문제에 걸리기 때문이다. 특히 들뢰즈의 존재론으로부터 내가 주로 일탈하는 곳은 개체들의 평탄한 존재론의 층위이다. 들뢰즈의 경우 '개체'라는 말을 강도적 존재들(애벌레 주체들)을 위해 사용하는 데 비해 나는 외연성과 질을 띤 현실적 존재들을 위해 사용한다는 점을 지적했다. 하지만 이런 차이는 단지 용어법상의 차이는 아니다. 평탄한 존재론이 들뢰즈의 여러 생각들(예컨대 현실적 시간을 상이한 지속들의 원환적인 현재들이 포개진 집합으로서 보는 이론)과 잘 엮이는 것은 사실이지만, 그가 어느 정도까지 그러한 견해에 동의하고 있는지는 분명치 않다. 특히 여기에서 내가 전개한 한에서의 평탄한 존재론은 '사회' 일반이라든가 '과학' 일반 같은 어떤 종류의 총체성들도 자리를 찾을 수 없다. 그러나 들뢰즈는 그러한 존재들을 우려하고 있지 않은 듯이 보인다. 예컨대 내가 모든 사회에 상응하는 잠재적 다양체(즉 '사회적 이데아' 또는 '사회적 다양체')에 대해 결코 이야기하지 않지만, 들뢰즈는 주저 없이 그렇게 하고 있다.[88]

『철학이란 무엇인가?』에서 정의된 것으로서의 '과학'의 경우, 즉 담론적 명제들로서 작동하는 함수들을 통한 과학의 정의는 이 이미지가 20세기 전반 영미의 과학철학자들에 의해 창조된 이미지와 너무

---

[88] Deleuze, *Difference and Repetition*, p. 186.

근접하다는 문제를 낳는다. 『철학이란 무엇인가?』에서 제시된 'functives'(함수들의 성분들)의 모든 예들이 고전 역학들에서 온 예들이다. 예컨대 양자역학의 연산자들에 대해서는 아무런 언급이 없다(양자역학은 함수들 자체를 입력들과 출력들로서 사용한다). 그리고 물론 화학적 또는 생물학적 함수들의 성격에 대한 물음도 거의 다루어지고 있지 않다. 이것은 결국 과학을 마치 그것의 고전 역학이 그것의 '본질'인 듯이 정의하는 것이다. 더 나아가 낡은 분석철학적 전통이 물리학자들에 의해 사용되는 실제의 수학 모델들을 무시하고 집합론에 배타적으로 초점을 맞추듯이, 들뢰즈는 집합론을 과학의 지시면을 구성하는 도구로서 본다.[89] (개별 분야로서의) 고전 역학에 대해 내가 4장에서 행한 분석은 이 모두와 다르다. 그것은 고전 물리학이 (다른 여러 과학 분야들과 마찬가지로) 대부분 지시면(현실적 존재들, 계량공간들)에 관련된다는 생각을 유지하지만, 표상들보다는 인과적 개입들에 좀더 강세를 둠으로써 지시(또는 지시의 고정)가 어떻게 이루어지는가에 대해 매우 다른 개념화를 사용한다. 수학적 모델들에 대한 논의의 경우도 유사하다. 수학적 모델들은 언어적 존재들(명제들로서의 함수들)로 축소되어서는 곤란하며, 그 독특성들에 있어 다루어져야 하는 것이다.

다른 한편, 고전 물리학에 대한 나의 분석은 들뢰즈가 다른 곳에서 전개한 과학론과는 잘 어울린다. 생성면을 초월면으로부터 방어하기 위해서 유형학적 사유의 범주들을 극복해야 한다는 요구는 또한 우리가 "고전적인 사유의 이미지, 그리고 그것이 야기하는 정신적 공간

---

89) Deleuze and Guattari, *What Is Philosophy?*, p. 121.

의 홈 파기"[90]를 극복해야 한다는 요구로도 표현될 수 있다. '홈 파인 공간'이라는 용어는 계량공간을 가리키며, 반면 비계량공간들, 즉 "벡터적, 사영적, 또는 위상학적"[91] 공간은 '매끄러운' 공간으로 불린다. 하지만 사유 자체의 계량공간으로의 변환은 철학의 내적인 과제가 아니다. 반대로 그것은 개별 철학자들(예컨대 헤겔)과 개별 국가 또는 국가적 제도들 사이의 관계들에 직접적으로 연결된다. 실제 공간(예컨대 농사를 위한 땅들, 도시의 구역들)을 처음으로 홈 파고 또는 계량화하고 그 후 정신적 공간들에 동일한 조작을 펼치는 것은 바로 이 제도들이다. 반대의 변환(사유를 위한 비계량공간을 창조하는 것)은 국가 바깥에서 작업하는 철학자들(예컨대 스피노자)에 의해 수행된다.

과학적 분야들 사이에서도, 나아가 한 분야 내의 상이한 실천들(실험적 실천과 대비되는 이론적 실천) 사이에서조차도 유사한 구분이 이루어진다. 한편으로 '왕립 과학'(국가에 봉사하는 위대한 국립 또는 왕립 학회들 또는 아카데미들의 과학)이 있고, 다른 한편으로 보다 덜 특권적인 환경에서 작업하는 '소수자 과학들'이 있다. 거칠게 말해서, 공리적인 또는 정리적인axiomatic or theorematic 과학적 실천들과 문제론적인problematic 과학적 실천들 사이를, 계량적이고 정확하게 측정 가능한 공간들 내에서 작업하는 과학들과 비정확하지만 엄밀한 비계량공간들을 다루는 과학들을, 이상 고체들이나 이상 기체들 같은 물질의 단순한 행동에 초점을 맞추는 과학과 액체들의 복잡한 행동(예컨

---

90) Deleuze and Guattari, *A Thousand Plateaus*, p. 379.
91) Ibid., p. 361.
92) Ibid., p. 361.

대 섭동)을 다루는 과학들을, 항상적이고 등질적인 법칙들에 강세를 두는 과학들과 생성과 이질성들에 강세를 두는 과학들을 구분할 수 있다.[92] 고전 물리학에 대해 내가 제시한 설명은 그 분야가 스스로에 대해 가지고 있는 왕립적이고 합법적인 이미지에 비추어 볼 때 분명 낯설 것이다. 이 설명은 소수자 과학의 관점에서의 설명이라고 할 수 있을 것이다. 그러나 마찬가지의 이유에서 그것은 『철학이란 무엇인가?』가 과학과 철학 사이에 수립한 구분으로 하여금 과학 자체의 정중앙을 관통하도록 한다. 나로서는 이것이 〔지금의〕 주제에 대한 "들뢰즈보다 더 들뢰즈다운" 접근이라고 생각한다.

참고문헌

Abraham, Ralph, "Dynamics and Self-Organization", *Self-Organizing Systems: The Emergence of Order*, ed. F. Eugene Yates, New York: Plenum Press, 1987.

Abraham, Ralph and Christopher Shaw, *Dynamics: The Geometry of Behavior*, vol. 1, Santa Cruz: Aerial Press, 1985.

_____, "Dynamics: A Visual Introduction", *Self-Organizing Systems: The Emergence of Order*, ed. Eugene Yates, New York: Plenum, 1987.

Acheson, David, *From Calculus to Chaos: An Introduction to Dynamics*, New York: Oxford University Press, 1997.

Adam, Neil Kensington, *The Physics and Chemistry of Surfaces*, New York: Dover, 1968.

Barrow-Green, June, *Poincaré and the Three Body Problem*, American Mathematical Society, 1997.

Bergson, Henry, "Fictitious Time and Real Time", *Bergson and the Evolution of Physics*, ed. P. A. Y. Gunter, Knoxville: University of Tennessee Press, 1969.

Brannan, David, Matthew Esplen and Jeremy Gray, *Geometry*, Cambridge: Cambridge University Press, 1999.

Bunge, Mario, *Causality and Modern Science*, New York: Dover, 1979.

Campbell, David K., "Nonlinear Science: From Paradigms to Practicalities", *From Calculus to Chaos*, ed. Necia Grant Cooper, New York: Cambridge University Press, 1989.

Cao, Tian Yu, *Conceptual Development of 20th Century Field Theories*, Cambridge: Cambridge University Press, 1997.

Cartwright, Nancy, *How the Laws of Physics Lie*, Oxford: Clarendon Press, 1983.

Collins, H. M., *Changing Order*, Chicago: University of Chicago Press, 1992.

DeLanda, Manuel, *War in the Age of Intelligent Machines*, New York: Zone Books, 1991.

_____, *A Thousand Years of Nonlinear History*, New York: Zone Books, 1997.

Deleuze, Gilles, *Bergsonism*, trans. Hugh Tomlinson and Barbara Habberjam, New York: Zone Books, 1988 [『베르그송주의』, 김재인 옮김, 문학과지성, 1996].

_____, *Logic of Sense*, trans. Mark Lester and Charles Stivale, ed. Constantin V. Boundas, New York: Columbia University Press, 1990 [『의미의 논리』, 이정우 옮김, 한길사, 1999].

_____, *Difference and Repetition*, trans. Paul Patton, New York: Columbia University Press, 1994 [『차이와 반복』, 김상환 옮김, 민음사, 2004].

_____, *The Fold: Leibniz and the Baroque*, trans. Tom Conley, Minneapolis: University of Minnesota Press, 1997 [『주름: 라이프니츠와 바로크』, 이찬웅 옮김, 문학과지성, 2004].

Deleuze, Gilles and Félix Guattari, *Anti-Oedipus: Capitalism and Schizophrenia*, trans. Robert Hurley, Mark Seem, and Helen R. Lane, New York: Viking Press, 1977 [『앙띠 오이디푸스』, 최명관 옮김, 민음사, 1994].

_____, *A Thousand Plateaus*, trans. Brian Massumi, Minneapolis: University of Minnesota Press, 1987 [『천 개의 고원』, 김재인 옮김, 새물결, 2004].

_____, *What is Philosophy?*, trans. Hugh Tomlinson and Graham Burchell, New York: Columbia University Press, 1994 [『철학이란 무엇인가』, 이정임·윤정임 옮김, 현대미학사, 1995].

Douglas, Angela, *Symbiotic Interactions*, New York: Oxford University Press, 1994.

Drexler, K. Eric, "Biological and Nanomechanical Systems: Contrasts in Evolutionary Capacity", *Artificial Life*, ed. Christopher G. Langton, Redwood City: Addison-Wesley, 1989.

Duncan, Michael A. and Dennis H. Rouvray, "Microclusters", *Scientific American*, December 1989.

Dupree, John, *The Disorder of Things: Metaphysical Foundations of the Disunity of Science*, Cambridge: Harvard University Press, 1955.

Edelman, Gerald M., *Topobiology: An Introduction to Molecular Embryology*, New York: Basic Books, 1988.

Eldredge, Niles, *Macro-evolutionary Dynamics: Species, Niches, and Adaptive Peaks*, New York: McGraw-Hill, 1989.

Eubank, Stephen and Doyne Farmer, "Introduction to Dynamical Systems", *Introduction to Nonlinear Physics*, ed. Lui Lam, New York: Springer-Verlag, 1997.

Feynman, Richard, *The Character of Physical Law*, Cambridge, Mass.: MIT Press, 1995.

Fodor, Jerry, "Special Science, or The Disunity of Science as a Working Hypothesis",

The Philosophy of Science, eds. Richard Boyd, Philip Gasper and J. D. Trout, Cambridge, Mass.: MIT Press, 1993.

Fontana, Walter, "Functional Self-Organization in Complex, Systems", *1990 Lectures in Complex Systems*, eds. Lynn Nadel and Daniel Stein, Redwood City: Addison-Wesley, 1991.

Forrest, Stephanie, "Emergent Computation: Self-organizing, Collective and Co-operative Phenomena in Natural and Artificial Computing Networks", *Emergent Computation*, ed. Stephanie Forrest, Cambridge, Mass.: MIT Press, 1991.

Fox, Ronald F., *Energy and the Evolution of Life*, New York: W. H. Freeman, 1988.

Galison, Peter, "Introduction: The Context of Disunity", *The Disunity of Science*, eds. Peter Galison and David J. Stump, Stanford: Stanford University Press, 1996.

Garfinkel, Alan, *Forms of Explanation*, New Haven: Yale University Press, 1981.

―――, "The Slime Mold Dictyostelium as a Model of Self-Organization in Social Systems", *Self-Organizing Systems: The Emergence of Order*, ed. F. Eugene Yates, New York: Plenum Press, 1987.

Ghiselin, Michael T., *Metaphysical and the Origin of Species*, Albany: State University of New York Press, 1997.

Gibson, James J., *The Ecological Approach to Visual Perception*, Boston: Houghton Mifflin Company, 1979.

Giere, Ronald, "Constructive Realism", *Images of Science: Essays on Realism and Empiricism with a Reply by Bas C. Van Fraasen*, eds. Paul M. Churchland and Clifford A. Hooker, University of Chicago Press, 1985.

―――, *Explaining Science: A Cognitive Approach*, Chicago: University of Chicago Press, 1988.

Glass, Leon and Michael C. Mackey, *From Clocks to Chaos: The Rhythms of Life*, Princeton: Princeton University Press, 1988.

Glisin, Vladimir, "Molecular Biology in Embryology: The Sea Urchin Embryo", *Self-Organizing Systems: The Emergence of Order*, ed. Eugene Yates, New York: Plenum, 1987.

Goodman, Nelson, "Seven Strictures on Similarity", *Problem and Projects*, Indianapolis: Boobs-Merrill, 1972.

Goodstein, David L., *States of Matter*, New York: Dover, 1985.

Goodwin, Brian, "The Evolution of Generic Forms", *Organizational Constraints on the Dynamics of Evolution*, eds. J. Maynard Smith and G. Vida, Manchester: Manchester University Press, 1990.

―――, *How the Leopard Changed its Spots*, New York: Scribner's Sons, 1994.

Gordon, James Edward, *The Science of Structures and Materials*, New York: Scientific American Library, 1988.

Gutting, Gary, *Michel Foucault's Archaeology of Scientific Reason*, Cambridge:

Cambridge University Press, 1993.
Hacking, Ian, *Representing and Intervening*, Cambridge: Cambridge University Press, 1992.
Hinchliffe, Richard, "Toward a Homology of Process: Evolutionary Implications of Experimental Studies on the Generation of Skeletal Pattern in Avian Limb Development", *Organizational Constraints on the Dynamics of Evolution*, eds. J. Maynard Smith and G. Vida, Manchester: Manchester University Press, 1990.
Hull, David L., *Science as a Process*, Chicago: University of Chicago Press, 1988.
Iberall, Arthur, *Toward a General Science of Viable Systems*, New York: McGraw-Hill, 1972.
Kauffman, Stuart, "Random Grammars: A New Class Models for Functional Integration and Transformation in the Biological, Neural and Social Sciences", *1990 Lectures in Complex Systems*, eds. Lynn Nadel and Daniel Stein, Redwood City: Addison-Wesley, 1991.
_____, *The Origin of Order: Self-Organization and Selection in Evolution*, New York: Oxford University Press, 1993.
_____, "Self-Organization, Selective Adaptation and its Limits", *Evolution at a Crossroads*, eds. David J. Depew and Bruce H. Weber, Cambridge, Mass.: MIT Press, 1996.
Kline, Morris, *Mathematical Thought from Ancient to Modern Times*, vol. 2~3, New York: Oxford University Press, 1972.
_____, *Mathematics and the Physical World*, New York: Dover, 1981.
Krieger, Martin H., *Doing Physics: How Physicists Take Hold of the World*, Bloomington and Indianapolis: Indiana University Press, 1992.
Langton, Christopher G., "Computation at the Edge of Chaos", *Emergent Computation*, ed. Stephanie Forrest, Cambridge, Mass.: MIT Press, 1991.
_____, "Life at the Edge of Chaos", *Artificial Life* II, eds. Christopher G. Langton, Charles Tayler, Doyne Farmer and Steen Rasmussen, Redwood City: Addison-Wesley, 1992.
Lemons, Don. S., *Perfect Form: Variational Principles, Methods, and Applications in Elementary Physics*, Princeton: Princeton University Press, 1997.
Lewis, David, "Counterpart Theory and Quantified Modal Logic", *The Possible and the Actual*, ed. Michael Loux, Ithaca: Cornell University Press, 1979.
Lindsay, Robert Bruce and Henry Margenau, *Foundations of Physics*, Woodbridge: Ox Bow Press, 1981.
Mayo, Deborah G., *Error and the Growth of Experimental Knowledge*, Chicago: University of Chicago Press, 1996.
Mitchell, Melanie, James P. Crutchfield and Peter T. Hraber, "Dynamics, Computation, and the 'Edge of Chaos': A Reexamination", *Complexity: Metaphors, Models,*

and Reality, eds. George A. Cowan, David Pines and David Meltzer, Redwood City: Addison-Wesley, 1994.

Murray, J. D., *Mathematical Biology*, Berlin: Springer-Verlag, 1989.

Nicolis, Gregoire and Ilya Prigogine, *Exploring Complexity*, New York: W. H. Freeman, 1989.

Parree, Howard H., "Instabilities and Information in Biological Self-Organization", *Self-Organizing Systems: The Emergence of Order*, ed. F. Eugene Yates, New York: Plenum Press, 1987.

Pickering, Andrew, *The Mangle of Practice: Time, Agency, and Science*, Chicago: University of Chicago Press, 1995.

Pimm, Stuart L., *The Balance of Nature?: Ecological Issues in the Conservation of Species and Communities*, Chicago: University of Chicago Press, 1991.

Plantinga, Alvin, "Transworld Identity or World Bound Individuals", *The Possible and the Actual*, ed. Michael Loux, Ithaca: Cornell University Press, 1979.

Prigogine, Ilya, *From Being to Becoming*, New York: W. H. Freeman, 1980.

Prigogine, Ilya and Isabelle Stengers, *Order out of Chaos, Man's New Dialogue with Nature*, New York: Bantam Books, 1984.

Quine, Willard, "Reference and Modality", *From a Logical Point of View*, New York: Harper & Row, 1965.

Raff, Rudolf A., *The Shape of Life: Genes, Development and the Evolution of Animal Form*, Chicago: University of Chicago Press, 1996.

Raff, Rudolf A. and Thomas C. Kauffman, *Embryos, Genes, and Evolution: the Developmental-genetic Basis of Evolutionary Change*, Bloomington: Indiana University Press, 1991.

Reichenbach, Hans, *The Philosophy of Space and Time*, New York: Dover, 1958 [『시간과 공간의 철학』, 이정우 옮김, 서광사, 1986].

Rescher, Nicholas, "The Ontology of the Possible", *The Possible and the Actual*, ed. Michael Roux, Ithaca: Cornell University, 1979.

Rosen, Joe, *Symmetry in Science*, New York: Springer-Verlag, 1995.

Roux, Michael J., "Introduction: Modality and Metaphysics", *The Possible and the Actual*, ed. Michael Roux, Ithaca: Cornell University, 1979.

Russell, Bertrand, *Principles of Mathematics*, New York: W. W. Norton, 1938.

Salmon, Wesley C., *Scientific Explanation and the Causal Structure of the World*, Princeton: Princeton University Press, 1984.

Sayre, Kenneth M., *Cybernetics and the Philosophy of Mind*, London: Routledge and Kegan Paul, 1976.

Schwemmler, Werner, "Symbiogenesis in Insects as a Model for Cell Differentiation, Morphogenesis, and Speciation", *Symbiosis as a Source of Evolutionary Innovation*, eds. L. Margulis and R. Fester, Cambridge, Mass.: MIT Press, 1991.

Sklar, Lawrence, *Space, Time, and Space-Time*, Berkeley: University of California Press, 1977.
_____, *Physics and Chance: Philosophical Issues in the Foundations of Statistical Mechanics*, Cambridge: Cambridge University Press, 1995.
Smith, Cyril Stanley, "Structure, Substructure, and Superstructure", *A Search for Structure*, Cambridge, Mass.: MIT Press, 1982.
Smith, Peter, *Explaining Chaos*, Cambridge: Cambridge University Press, 1998.
Sober, Elliot, *The Nature of Selection*, Cambridge, Mass.: MIT Press, 1987.
Stewart, Ian, *Does God Play Dice? The Mathematics of Chaos*, Oxford: Basil Blackwell, 1989.
Stewart, Ian and Martin Golubitsky, *Fearful Symmetry*, Oxford: Blackwell, 1992.
Timoshenko, Stephen P., *History of Strength of Materialsm*, New York: Dover, 1983.
Van Fraasen, Bas, *Laws and Symmetry*, Oxford: Clarendon Press, 1989.
Van Wylen, Gordon, *Thermodynamics*, New York: John Wiley & Sons, 1963.
Wheeler, John A., "Time Today", *Physical Origins of Time Asymmetry*, eds. Jonathan J. Halliwell, Juan Perez-Mercader and Wojciech H. Zurek, Cambridge: Cambridge University Press, 1996.
Wigner, Eugene P., "Invariance in Physical Theory", *Symmetries and Reflections*, eds. Walter Moore and Michael Scriven, Woodbridge: Ox Bow Press, 1979.
Winfree, Arthur T., *When Time Breaks Down: The Three-Dimensional Dynamics of Electrochemical Waves and Cardiac Arrhythmias*, Princeton: Princeton University Press, 1987.
_____, *Biological Clocks*, New York: Scientific American Library, 1987.
Woodcock, Alexander and Monte Davies, *Catastrophe Theory*, New York: E. P. Dutton, 1978.
Zurek, W. H. and W. C. Schieve, "Nucleation Paradigms: Survival Thresholds in Population Dynamics", *Self-Organization and Dissipative Structure: Applications in the Physical and Social Sciences*, eds. William C. Schieve and Peter M. Allen, Austin: University of Texas Press, 1982.

찾아보기

ㄱ

가능성(들) 30, 74, 76~77, 80, 88
　~의 공간 30, 267
　~의 실현 87
　~의 집합 257
가능세계(들) 86, 75, 267
가능한 것 67, 81, 85, 87~88, 138
가설 288
가우스Gauss, Karl Friedrich 31~33
가우스 분포 214
가핀켈Garfinkel, Alan 265, 268, 270, 298
갈루아Galois, Évariste 54, 216, 301, 303
갈릴레이Galilei, Galileo 261
감응(들) 190, 262
감응태(들)affect(s) 130~131, 135, 145, 208~209, 321, 331, 341, 346
강도(들) 124, 135~136, 275, 316
강도적intensive
　~개체 338
　~공간 63~64, 317
　~과정(들) 135, 334
　~그래디언트 129
　~발생 18
　~성질(들) 62, 64, 99
　~시간성 176, 197
　~인 개체화 110
　~인 것 100, 109, 124~126, 232, 289
　~차이(들) 18, 135
같은 것the identical 88
개념(들) 343~345
　~의 창조 236
개념적 인물(들) 343, 345~347
개별화 74, 76~77
개산槪算 251
개연성 336
　강화된~ 281~283
개체군(들) 104, 107, 128, 252
　~밀도 203~205
　~의 복원력 204
　~이론 104~105
　짝지어진 ~들의 순환적인 행태 269
개체들의 평탄한flat 존재론 103, 241, 271, 279, 284, 324, 339, 350
개체화 89, 175, 234
　~과정(들) 87, 92, 100, 200, 275, 317
　~의 강도적 과정(들) 168
　~하는 함수(들) 148
거리(들)distance(s) 55~56, 62, 153, 318
　계량적~ 218
　서수적~ 153, 161
결과(들) 91, 282, 310
결정론 83~85
계량공간 55~57, 61, 63, 65, 99, 224, 352

계량 기하학 61
계량적
  ~시간론 195~196
  ~시공간의 출현 210
계량화metrization 122
계서(들)sequence(s) 49, 152
  반복적인~ 49
  사건들의 선형적~ 200
  역사적~ 76
  유체역학적~ 51
  현실적 상태들의~ 78
  형태발생적~ 51
계열/급수(들)serie(s) 150~151
  무한~ 159
  서수적~ 318, 320
  이종적~ 318
  잠재적~ 214
계통학(들) 89~90
고개(들)saddle point(s) 38, 149
고전 물리학 172~174, 177
고전 역학 82, 171, 242, 252, 254, 260, 273, 282, 299, 351
고전 열역학 135~136
공리 250, 254
공생共生, symbiosis 206~207, 209
공진화 207~208, 213
과결정 268
과정(들) 310
  ~의 유사성(들) 29
과학 340, 350
  ~의 이미지 350
  소수자~들 352
  왕립~ 352
관세계적 동일성transworld identity 86
교류攪流 50, 272
구球 45
구체적 보편자(들) 52~53, 66
구축주의 236

국면-상 69, 76
군(들) 303
군론群論 44, 219, 300, 303
굿맨Goodman, Nelson 297
굿윈Goodwin, Brian 51, 141
궤도(들) 188, 278, 294
궤적(들) 78~79, 82~83, 295
규칙성(들) 78~79, 173, 247
근본 법칙(들) 244, 253, 255
근접성contiguity 55~56
급수級數 150
기셀린Ghiselin, Michael T. 101
기어Giere, Ronald 76~78, 250
깁슨Gibson, James J. 132
끌개(들)attracter(s) 39, 52, 66, 71~72, 81, 117~118, 136, 138~139, 148, 228
  상태~ 180
  점~ 49, 82
  주기적~ 49, 85, 180, 191~192, 228
  카오스적~ 49, 228
끌음attraction 39~40

ㄴ

난卵 형성 44
난로(들)foci 38, 149
내부성 44
내생적endogenic 33
내생-혼효endo-consistency 345
내속하는inherent 33, 39
내재면 339, 343, 347~349
내재성 메커니즘 211, 225, 227, 231
내재적immanent 16, 29, 33, 53, 89
노드(들)node(s) 38, 149
논변(들) 248
뉴턴Newton, Isaac 218, 246, 261, 286
뉴턴의 운동 법칙(들) 175, 219, 244
니콜리스Nicolis, Gregoire 84, 137, 181

ㄷ·ㄹ

다시성多時性, heterogeneity 201
다양성 diversity 127
다양체(들) multiplicitie(s) 28, 40, 42, 48, 52~53, 64~65, 72, 88, 151, 227, 318, 326~328, 337
    ~의 보편성 52
    ~의 양상론적 지위 67
    ~의 혼효면 231
다윈 Darwin, Charles 92, 101
다윈주의 106, 202
단일 방향성 280, 282~284
대류對流 50, 63, 272
대비공간 contrast space 266, 270, 274
대수방정식(들) 300, 308
대수학 31~32
대안(들) 217
대칭성 45~46
대칭 파괴 47~51, 54, 58
    ~적 분기(들) 72
    ~적 사건(들) 180, 196, 217
    ~적 연쇄 49, 54, 56, 59, 63, 99, 162, 196, 234, 309
    ~적인 전이 46~48, 61
데데킨트 Dedekind, Julius 154
데카르트 Descartes, René 30, 261, 344
독립변수 147
돌연변이 120
동시화同時化, synchronize 193~194
동일성(들) 28, 88, 90~92
동조 entrainment 193~194, 215
동조화同調化 193
드렉슬러 Drexler, Eric 121
들뢰즈 Deleuze, Gilles
    ~의 과정존재론 16
    ~의 다양체 34~36, 68
    ~의 상태공간 분석 68
    ~의 시간론 175
    ~의 인식론 19~21
    ~의 잠재적 시간 개념 218
    ~의 존재론 15~16, 175, 348, 350
딕티오스텔리움 dictyostelium 195
라그랑주 Lagrange, Joseph Louis 276, 301
라이프니츠 Leibniz, Gottfried von 294
라이헨바흐 Reichenbach, Hans 185
랭턴 Langton, Christopher G. 165, 275
러셀 Russell, Bertrand 152~153
리만 Riemann, Georg 31, 33, 229
린네 Linné, Carl von 89

ㅁ

마르코프 연쇄 Markov chain 336
마이어 Mayr, Ernst 104
말단 추가 terminal addition 200~201
말안장(들) → 고개(들)
매끄러운 공간 56~57, 352
매듭(들) → 노드(들)
먹이사슬(들) 204, 207, 213
메커니즘 독립적인 41, 50, 52, 117, 162, 194, 259, 264, 272
면 외적인 34
모기 191~193
모델(들) 18, 65~66, 72, 82
모델 개체군 254, 260, 307
모델화 69, 147
목적인目的因 258~259
몰적인 것(들) 330, 334
무리수 이론 154
무한소 infinitesimally small point 31, 80
    ~적 근접성 56
문제(들) problem(s) 20, 260, 263~264, 274
    ~의 원천 264
    ~의 제기 260~261, 274
문제론적인 인식론 20, 273

문제-해 관계의 전복 305
물음(들) 264
물질 278
미결정 268
미분기하학 31, 60
미분방정식(들) 38, 76, 294, 300
미적분학 31~32

ㅂ

반-현실화counter-actualization 232, 237, 328~329
발산 155, 326
배아발생embryonic development 43~44, 52, 119, 197, 202
배움 290, 292
배치(들) 132, 135, 290, 292, 333
   기계적~ 333
번지Bunge, Mario 247, 278, 280~281, 293, 310
법칙(들) 173, 218, 244~245, 260, 285
   ~의 대칭성 173
   ~의 불변성 173
   ~자체의 시간성 218
베르그송Bergson, Henri 56, 174, 185
벡터-장 69~72, 79~82, 294, 297
변분법 257~259
변이 104~105
변화율(들) 31, 100, 108, 128, 198
변환(들) 45~46, 60, 175
   선형적~ 58
   엄밀한~ 58
변환군(들) 45~46, 58, 302
병렬 처리 네트워크 200, 205, 208, 212
병행층(들) 331
보일Boyle, Robert 286
보통 점(들) 221, 232
보통의 것(들)the ordinary 20

보통의 순간(들) 177, 195
보편성 299~301
복잡성 137
본질(들) 16, 18, 41~42, 52~53, 64~65, 85~86, 89, 92, 250, 263
   ~의 구체화(들)instantiation(s) 52
   ~의 대체 41
본질주의 16, 86, 92~93, 128, 244
볼츠만Boltzmann, Ludwig 171
부가(성)additivity 280~281, 283, 285
분기分岐 48, 50, 52, 66
분석철학 21, 297
분자적인 것(들) 331
분포(들) 234
   유목적인~ 57, 214
   정주적~ 57
분화 54, 58
불변항(들)invariant(s) 45, 58
비계량공간 56, 224
비누 거품 40~41, 53, 127, 275
비등가성 318
비례 280, 282~283
비본질적인 것 42
비상관적인 것 290, 302
비선형
   ~계(들) 137~138
   ~공간 267
   ~동역학 180
   ~방정식 137, 306
   ~진동자(들) 181~182, 191, 193
비실재론 15~16, 18
비-실증주의 264
비유클리드 기하학 57
비율(들) 198
   ~에 무관한 현상(들) 199
   ~에 의존하는 현상(들) 199
비정확한anexact 42
빅뱅 이론 47, 64

ㅅ

사건(들) 46, 159, 293
사영기하학 58~59, 152
사지tetrapod limb 140
삼체 문제three body problem 308
상-식common sense 57
상관적인 것 20, 290, 298
상대성이론 64, 171, 184, 217~218, 303
상동(들)homologie(s) 140
상사성(들) 92, 140, 276, 297
상전이(들)hase transition(s) 47, 49~50, 164, 332
상태(들) 20, 79, 293~294
상태공간(들)state space(s) 37, 40~41, 48~49, 66~70, 76, 80, 130, 267, 292~293
상相-특이성phase singularity 192
상호 작용 150, 189~190, 198, 269
새로움의 출현 200, 209
생물학적 진동자(들) 191, 193~194
생성 342
　　~없는 순수 존재(들) 220
　　현실적~ 220
생식상의 격리 101~102
생태계(들) 197~198, 204, 209
서수급수ordinal series 153~154
　　무한~ 152
선형계 137
선형 방정식 80, 306~307
설명(들) 250, 263, 271~272, 275, 291
섭동(들) 51, 72, 84, 164
세이어Sayre, Kenneth M. 164
세포(들) 121, 166
　　~분열 113, 116
　　~유형(들) 116
소금 결정 53, 127, 275
속도벡터 68~69
속력(들) 208, 209

수동적 자아(들) 321, 342
수용력(들) 130~132, 193, 207~208
수정란 43, 48
수축收縮 183~184, 222
수학적
　　~다양체manifold 30~31, 33, 35
　　~모델(들) 77, 144, 160, 245, 250, 260, 351
　　~문제(들) 299
　　~현실화 145
순간값(들) 68
순간 변화율 31~32, 80, 148
순수 사건 233
순수 생성(들) 220~222
스클라Sklar, Lawrence 188
스튜어트Stewart, Ian 305, 307
시간
　　비계량적~ 175, 218
　　~의 가역성 172, 174
　　~의 강도적 특성 177, 194
　　~의 계량화 210
　　~의 방향성 174
　　~의 수축 183~185
　　외연도적~ 176, 178, 183, 196
　　현실적~ 223
실재론 18, 20
　　~적 존재론realist ontology 15
　　소박한~ 19
실재적인 것the real 73, 87, 136
실재화(들)realization(s) 65, 73, 88
실증주의 254, 263
실험실 135, 162, 254, 277, 280, 286, 290, 302

ㅇ

아리스토텔레스Aristoteles 89, 101, 283
아벨Abel, Niels 301, 304

아이버럴Iberall, Arthur 176, 181~182, 188~189
아이온Aion 215, 221, 224
아인슈타인Einstein, Albert 64
아핀기하학 58~59
『안티오이디푸스』 334~339
애매함 43
애벌레 주체 323, 335, 338, 341, 346
양—식good sense 57
양자역학 351
에델만Edelman, Gerald M. 112
에이브러햄Abraham, Ralph H. 225
역사(들) 311
　　가능한~ 79~81
　　~적 과정(들) 29
연결고리(들) 316
연속체continuum 143, 326, 328
연역적-법칙론적 설명 모델 248~249
연접connection 63
　　~고리(들) 121, 123
열역학 173~174
영토성(들) 327, 333
오일러Euler, Leonhard 276
완전도degree of perfection 18, 106
외-명제적extra-propositional 본성 262
외생-혼효exo-consistency 345
외연도적 100
　　~공간(들) 63~64
　　~성질(들) 61, 99
　　~속성(들) 123
외연성(들) 234, 324, 327
외재성externality 283, 285
외적 충격(들) 118, 195
운명destiny 85
원인(들) 65, 282, 310
위그너Wigner, Eugine P. 173, 303
위상공간topological space 56, 99, 196
위상동형사상homeo-morphisms 60

위상학적
　　~동형성 296
　　~불변항(들) 66, 228, 296
　　~알 123
　　~접속성 120
윈프리Winfree, Arthur T. 114, 177, 191
유기체(들) 121, 178~179, 209, 235
유도induction 44, 116
유사성(들) 28~30, 88~89, 91~92, 297
　　근사한~ 295
　　기하학적~ 295
　　외재적인~ 296
유일성uniqueness 104, 280, 284
유전자(들) 200
유전적 차이(들) 128~129
유클리드 공간 55, 57
유클리드 기하학 55, 58~60, 218, 304
유형학적 사유 89~90, 211, 348
의사-원인 158~159, 259, 292, 333
의사-원인 작동자 159, 162, 167, 211, 222, 224, 227, 230, 232~233, 277, 315, 319~320, 326, 328, 332, 336, 345~346
의사-인과율 311
의사-인과적인 것 263~264, 277
이데아(들)Idea(s) 42, 53, 104, 258, 348
이데아적 사건(들) 149~150, 161, 212, 232, 237, 311, 319, 346
이동(들) 122, 323
이완 시간(들) 188~190, 204
이웃관계(들)neighbourhood(s) 55~56, 112, 123, 332
이접disjunction 155
이질성 104~105
인과성 247, 263~264
　　고전적~ 279~281
　　비선형적~ 245, 284~285
　　선형적~ 245, 277, 283~285
인과적 관계(들) 244, 247, 291

인과적 모델(들) 253~254, 264, 289
인접성proximity 55
일반성 253, 301
임계값(들) 47, 49, 192, 203, 213
임계 시점critical timing 195

ㅈ

자극 독립성 117, 122, 194
자기조직화 이론 225
자연도태 91, 101, 120
자연발생적 65, 234
자유도(들) 36, 38, 68, 76~77, 229
자전 주기 194
자체 내의intrinsic 33, 39, 181, 194
작용인作用因 258~259
잠세적潛勢的, potential 53
잠재성 73~74, 81, 138, 328
잠재적 53
　　~감응태(들) 158
　　~구조(들) 142
　　~다양체 74, 88, 109, 154, 237, 264
　　~시공간 210, 224
　　~연속체 158, 167, 225, 333, 337, 347
잠재적인 것the virtual 73, 88, 95, 109, 130, 136, 140, 222, 232, 292, 328, 349
　　~의 경험론 211
　　~의 공간적 측면 215
　　~의 시간(성) 218, 224
　　~의 양상론적 지위 156
　　~의 존속 211
장(들) 81, 83, 138, 188, 278, 284, 298
전-개체적 146, 159
전도傳導 49
전도-대류-교류 50, 217, 228
전성설前成說, preformism 43
전체 좌표공간global embedding space 32
전-표상적sub-representative 본성 262

전-현실화pre-actualization 232~233, 237
점근선적 71
　　~안정성 71
　　~접근 82
점진적 분화 44, 48, 53, 56, 143, 216
점진적 차생progressive differentiation 54
접속성connectance 117, 213
접힘folding 111, 113, 323
정보 경로information channel 160, 212, 214
정보 전송 163~164, 166~167
조립assembly 119, 122, 131, 133, 145
조성造成 328
조성면 339
조절 스위치(들)control knob(s) 48
존재(들)entitie(s) 42, 144
　　~없는 생성 175, 220
종(들) 102~103, 105, 100, 244
　　~의 개체화 91, 101
　　~형성speciation의 과정 91
종속변수 147
종합 310
　　수동적~ 322, 334
　　연접적~ 334
　　이접적~ 334
　　통접적~ 334~335
좌표 31, 216
주기(들) 179~180
　　~의 포개진 집합 178, 195
중간 구조(들) 93
중간 상태(들)transient state(s) 83
중심(들)center(s) 38, 149
중첩 원리superposition principle 306
지각태(들) 341, 346
지시면 339
진동(들) 177, 192
　　~의 선형적인 계서 195
　　~의 소멸 192

진화 119, 122
진화율(들)evolutionary rate(s) 205~206
질(들) 100, 110, 126, 316, 324, 327
질료 65
짝짓기(들) 216, 320

ㅊ

차이(들) 90, 127, 129, 136, 275, 318~319
차이생성 54
창발적 컴퓨테이션 165
『천의 고원』 327~333
『철학이란 무엇인가?』 339~353
첨가adjunction 216
초기 조건(들) 76~77, 298
초월면 349
초월적인 것 16, 29
초점(들) → 난로들
초코드화 231
총체성(들) 242
최소 원리 256
최종 상태 39~40, 82~83, 302
최종 이론 262
추상기계 329, 333
층(들) 327

ㅋ · ㅌ

카오스 272
카우프만Kauffman, Stuart 116, 199, 131, 213
카우프만 모델 116~118
카트라이트Cartwright, Nancy 252, 255
콜린스Collins, H. M. 245
콰인Quine, Willard 74, 76~77
크로노스chronos 183
클라인Kline, Felix 56, 58, 61, 66
클라인Kline, Morris 32~33, 255, 261, 303

탈기관체 337
탈영토화(들) 333
탈주선 235~236, 329
통접conjunction 246
특수한 해(들) 305
특이성(들)singularitie(s) 38~41, 48, 65, 70~72, 79, 81, 130~131, 149, 151, 232, 261~262, 294, 331
  ~의 분포 83, 215, 268, 298
  ~의 응축 151, 215
특이점 64, 70, 221
특이한 것(들)the singular(s) 20, 299
특이한 순간(들) 177, 195

ㅍ

파리 193
파인먼Feynman, Richard Phillips 219
판명함 42~43
패티Pattee, Howard H. 199
페르마Fermat, Pierre de 30, 256
펼침explication 275
평균 104, 126
포텐셜(들) 88, 138, 157, 235
폰타나Fontana, Walter 131
표면(들) 32~33, 234
표현 139, 276
푸앵카레Poincare, Jules-Henri 38~39, 68, 308
푸앵카레 절단 228
푸코Foucault, Michel 90
프랙탈 231, 237
프레셰Fréchet, Maurice 55
프리고진Prigogine, Ilya 84, 137, 174, 181, 209
플라톤Platon 101
플라톤주의 41
피드백 282

피커링Pickering, Andrew 289
필연성 82~83, 85, 280~281
필연적인 것 85
핌Pimm, Stuart L. 203

ㅎ

하루 길이에 가까운 194
함수(들) 146, 148, 340
함입invagination 111, 113
해결 가능성 301, 304~305, 307
해밀턴Hamilton, William 276
해밀턴의 원리 256, 261~262
해부학적 형질(들) 202
해킹Hacking, Ian 246, 263, 286~288
허용치affordance 132~133
현상(들) 163, 279
　　~의 개별화 286~287
현실적 사건(들) 149~150
현실적인 것the actual 67, 73, 110, 325
현실주의actualism 77

현실화actualization 73, 75, 88, 111, 140, 222, 232, 296, 298, 321
현재(들) 183~184, 190, 220~221, 342
　　생생한~ 190
　　~의 종합 183~185, 222
형상 65, 278
형태(들) 46, 107
형태발생 65, 111, 127, 141
　　~적 과정 28, 35
　　~이론 18, 29
호프 분기Hopf bifurcation 180~181, 197
혼효면plane of consistency 30, 35, 55, 144, 154, 229~230, 317,
홈 파인 공간 352
확산 작용 173
효소(들) 121, 199
후성설後成設, epigenesis 43
후크Hooke, Robert 286
휠러Wheeler, John A. 174
흄Hume, David 184, 245~246
흐름 패턴(들) 49, 85